정신현상학 2

Phänomenologie des Geistes

Georg Wilhelm Friedrich Hegel

Published by Acanet, 2022

한국연구재단총서 학술명저번역 638

정신현상학 2

Phänomenologie des Geistes

게오르크 빌헬름 프리드리히 헤겔 지음 | 김준수 옮김

아카넷

차례

일러두기

1. 이 책의 번역은 G. W. F. Hegel, *Phänomenologie des Geistes*, Gesammelte Werke Bd. 9, Hg. W. Bonsiepen/R. Heede, Düsseldorf, 1980을 기본 원문으로 삼았다.
2. 위의 기본 원문이 G. W. F. Hegel, *Phänomenologie des Geistes*, Hegel Werke in 20 Bde., Bd. 3, Frankfurt/M., 1970과 유의미한 차이를 보이는 경우에는 후자의 문장이나 문구를 각주에서 (Werke)로 표기하고 이에 따른 번역문을 제시했다. 단, 강조 문구나 문장 부호 등의 소소한 차이는 따로 표기하지 않았다.
3. 번역문 내의 (　)는 헤겔 자신이 표기한 것이다. 하지만 고딕체로 된 (　) 안의 문구는 번역자가 독자의 이해를 돕기 위해 첨가한 것이다.
4. 고딕체로 적은 소제목은 원문의 차례에는 명기되어 있지만 본문에서는 생략된 것을 번역자가 삽입한 것이다.
5. 번역문 내의 [　]는 원문에 있는 문구이지만 가독성을 높이기 위해 번역자가 괄호로 묶은 것이다.
6. 원문 내의 긴줄표(—)는 문장과 문장 사이에 있는 경우에만 번역문에서도 표기를 유지했다. 긴줄표가 문장 안에 있는 경우에는 생략했으며, 필요한 경우에는 (　)를 첨가했다.
7. 독일어 원어를 병기할 경우 원문의 고어체 단어는 현대 독일어로 바꾸어 표기하였다.
8. 원서의 강조 부분은 **볼드체**로 처리하였다.
9. 본문에 등장하는 인칭 명사의 알파벳 표기는 찾아보기를 참고하라.

(C)

(BB) 정신

VI
정신

자신이 곧 일체의 실재라는 확신이 진리로 고양되어 자기 자신을 자신의 세계로 의식하고 또 세계를 자기 자신으로 의식함으로써 이성은 정신이 된다. — 바로 앞에서(「이성」 장에서) 이루어진 운동에서는 의식의 대상인 순수한 범주가 이성의 개념으로 고양되었는데, 이러한 운동이 정신의 생성을 보여주었다. **관찰하는** 이성에서는 이런 **자아**와 **존재, 대자**와[306] **즉자** 존재의 순수한 통일이 **즉자**나 **존재**라고 규정되고, 이성의 의식은 이를 **발견한다.**[307] 그러나 관찰의 진리는 오히려 이렇게 직접적으로 발견하는 본능의 지양, 그러한 통일의[308] 무의식적 현존재의 지양이다. **직관된** 범주 내지 **발**

---

306) (Werke) **대자** 존재와
307) (Werke) 이성의 의식은 **자신을 발견한다.**
308) 지시대명사가 '그러한 통일' 대신에 '관찰하는 이성' 또는 '관찰의 진리'를 지시하는 것으로 독해할 수도 있다.

견된 사물은 이제 대상적 본질 속에서 자신을 **자기**(自己)로서 인지하는 자아의 **대자 존재**로서 의식 안으로 들어선다. 그러나 이런 즉자 존재에 대립하는 대자 존재라는 범주의 규정은 그에 못지않게 일면적이며 자기 자신을 지양하는 계기이다. 그렇기 때문에 범주는 의식에 대해 그것이 자신의 보편적 진리 속에 있는 바대로 **즉자 대자적으로** 존재하는 본질이라고 규정된다. **사태 자체**를 이루는 이런 아직 **추상적인** 규정은 이제 비로소 **정신적 본질**이고, 이런 정신적 본질의 의식은 정신적 본질이 지닌 이러저러한 몇 가지 내용을 소일거리로 삼는 그런 정신적 본질에 관한 형식적 지(知)이다. 이런 정신적 본질의 의식은 실제로는 여전히 개별적인 것으로서 실체와 구별되며, 자의적인 법칙을 제정하거나 아니면 즉자 대자적으로 존재하는 바대로의 법칙을 자신의 지 자체 안에 지닌다고 사념하면서 스스로를 이런 법칙을 평가하는 위력으로 간주한다. — 또는 이를 실체의 측면에서 고찰하면, 실체는 아직 자기 자신의 **의식**이 아닌 그런 **즉자 대자적으로 존재하는** 정신적 본질이다. — 이에 반해 자신을 동시에 의식으로서 현실적으로 표상하고 또 자기 자신을 표상하는 그런 **즉자 대자적으로 존재하는** 본질이 곧 **정신**이다.

정신의 정신적 **본질**은 이미 **인륜적 실체**라고 지칭되었다. 그러나 정신은 **인륜적 현실**이다. 정신은 현실적 의식의 **자기**(自己)인데, 이 현실적 의식에게 정신이 또는 오히려 이 현실적 의식이 스스로에게 대상적인 현실적 **세계**로서 마주 서 등장하지만,[309] 이런 대상적인 현실적 세계는 이에 못지않게 자기(自己)에 대해 낯선 것이라는 의미 일체를 상실했고, 이와 마찬가지로 자

---

309) 이 구절은 다음과 같이 여러 가지로 번역할 수 있다. "이 현실적 의식에게 정신이 마주 서 등장하지만, 또는 오히려 이 현실적 의식이 스스로에게 대상적인 현실적 세계로서 마주 서 등장하지만," 또는 "이 현실적 의식의 자기(自己)에게 정신이 또는 오히려 이 현실적 의식의 자기가 스스로에게 대상적인 현실적 세계로서 마주 서 등장하지만," 등.

기(自己)도 그런 현실적 세계와 분리된 채로 종속적이거나 또는 비종속적인 대자 존재라는 의미 일체를 상실했다. 정신은 **실체**이자 보편적이고 자기 동일적이면서 지속적인 본질이고, 만인의 행동을 위한 굳건하고 해체되지 않는 **근거**이자 **출발점**이며, 모든 자기의식들의 사유된 **즉자**로서 만인의 **목적**이자 **목표**이다. — 이런 실체는 이에 못지않게 각자 모두의 **행동**을 통해 그들의 통일이자 동일성으로서 산출된 보편적 **작업 성과**이다. 왜냐하면 이 실체는 곧 **대자 존재**, 자기(自己), 행동이기 때문이다. **실체로서의 정신**은 흔들리지 않는 올곧은 **자기 동일성**이다. 그러나 **대자 존재로서의 정신**은 해체되고 스스로를 희생하는 자비로운 본질인데, 이런 본질에서 각자는 자신의 고유한 작업을 완수하면서 보편적 존재를 산산이 찢어 그로부터 자신의 몫을 취한다. 이러한 본질의 해체와 개별화는 바로 만인의 행동이자 자기(自己)라는 **계기**이다. 이런 만인의 행동이자 자기라는 계기가 곧 실체의 운동이자 영혼이고 작동된 보편적 본질이다. 실체가 자기(自己) 속에서 해체된 존재라는 바로 그 점에서 실체는 죽은 본질이 아니라 **현실적**이고 **생동하는** 것이다.

이로써 정신은 자기 자신을 담지하는 절대적인 실제적 본질이다. 지금까지의 모든 의식 형태들은 그것의 추상물들이다. 정신이 스스로를 분해(분석)하고 자신의 여러 계기들을 구별하고서 개별적인 것들에 머물며 천착한다는 것, 바로 이것이 지금까지의 의식 형태들이다. 그런 계기들을 유리(遊離)하는 일은 정신 자체를 **전제**이자 **존립**으로 삼는다. 또는 그런 유리는 바로 그 실존인 정신 속에서만 실존한다. 이 계기들이 그렇게 유리된 채로는 마치 그 자체로서 **존재하는 듯한** 가상을 지닌다. 그러나 그것들이 얼마만큼이나 단지 계기들이나 사라지는 크기들에 불과한지는 그것들이 자신의 근거이자 본질로(정신으로) 나아가고 후퇴하는 운동이 보여준다. 그리고 이 본질은 바로 그런 계기들의 운동이자 해체이다. 정신이 또는 정신의 계기들의 자기 내 반성이 정립되어 있는 여기서 우리의 반성은 간략하게나마 이런 측면에서 이 계기들을 상기시켜줄 수 있다. 이 계기들은 바로 의식과 자기의식과 이성이었다. 그러니까 정신이 자기 자신을 분해하면서 그가 자신에게 **대상적인 존재하는** 현실이라는 계기를 고수하고 또 이런 현실이 바로 그 자신의 대자 존재라는 점을 추상시키는 한에서, 정신은 감각적 확신과 지각과 오성을 자신 안에 포괄하는 **의식** 일반이다. 이와 반대로 자신의 대상이 곧 자신의 **대자 존재**라고 하는 분해의 또 다른 계기를 정신이 고수하면, 정신은 곧 자기의식이다. 하지만 **즉자 대자 존재**의 직접적 의식으로서, 즉 의식과 자기의식의 통일로서 정신은 **이성을 지닌** 의식이다. 그런데 '**지닌다**(Haben)'는 표현이 말해주듯이, 이런 의식이 대상을 **즉자적으로는** 이성적으로 규정된 것으로서 또는 범주의 가치를 가지고 있는 것으로서 지니기는 하지만, 정신이[310] 그에 관한 의식에 대해서는 아직 범주의 가치를 지니지 못한다. 정신은 우리가 방금 그것에 관한 고찰에서부터 도달한 의식이다. 마지막으로 정신이 **지니는** 이런 이성이 정신에 의해 이성인 이성으로서(이성으로 존재하는 이성으로서) 또는 정신 속에서 **현실적**이고 또 그것이 곧 정신의 세계인 그런 이성으로서 직관되면, 정신은 자신의 진리 속에 있게 된다. 그것이 곧 **정신이다.**(이때 비로소 정신은 정신으로서 존재한다.) 정신은 **현실적인 인륜적** 본체이다.

---

310) 대부분의 번역서는 여기서 인칭대명사가 '정신' 대신에 '대상'을 지시하는 것으로 독해한다. 이 경우에 이 문장은 다음과 같이 번역한다. "그런데 '**지닌다**'라는 표현이 말해주듯이, 이런 의식이 대상을 **즉자적으로는** 이성적으로 규정된 것으로서 또는 범주의 가치를 가지고 있는 것으로서 지니기는 하지만, 대상이 그것에 관한 의식에 대해서는 아직 범주의 가치를 지니지 못한다."

직접적 진리인 한에서의 정신은 한 **민족의 인륜적 삶**이다. 즉, 이때 정신은 하나의 세계인 개체이다. 정신은 자신이 직접적으로 그것인 바를 넘어서 의식으로 전진해야만 하며,[311] 아름다운 인륜적 삶을 지양하고 일련의 형태들을 거치면서 자기 자신에 관한 지에 도달해야 한다. 그런데 이 (정신의) 형태들은 실재하는 정신들, 즉 본래의 현실들이라는 점에서 그리고 단지 의식의 형태들 대신에 하나의 세계라는 형태들이라는 점에서 앞서의 (의식, 자기의식, 이성이라는 의식의) 형태들과 구분된다.

　　생동하는 인륜적 세계는 자신의 **진리** 속에 있는 정신이다. 그런 정신이 처음에는 자신의 본질에 관한 추상적 **지**에 이르는 것과 마찬가지로, 인륜성은 법의 형식적 보편성 속에서 몰락한다. 이제 자기 자신 안에서 양분된 정신은 엄혹한 현실인 자신의 대상적 요소 속에서 자신의 세계 가운데 하나인 **도야의 왕국**을 그리고 이에 대치하여 사고라는 요소 속에서 (다른 하나의 세계인) **신앙의 세계**, 즉 **본질의 왕국**을 기술한다. 그런데 이런 자기 자신의 상실에서 벗어나 자신 안으로 들어가는 정신에 의해, 즉 **개념**에 의해 파악되면서, 이 두 세계는 **통찰**과 그 확산을 통해, 즉 **계몽**을 통해 혼란스러워지고 혁명적으로 뒤바뀐다. 그리고 **차안**과 **피안**으로 나뉘어서 확장된 왕국은 자기의식으로 복귀하는데, 이런 자기의식은 이제 **도덕성** 속에서 자신을 본질성으로서 그리고 본질을 현실적 자기(自己)로서 파악하며, 자신의 **세계**와 그 **근거**를 더 이상 자신 외부에 내놓아서 정립하지 않고 이 모든 것을 자신 안에서 불타 사그라지게 만들고는 **양심**으로서 **자기 자신을 확신하는** 정신이 된다.

---

311) 이 문구는 다음과 같이 번역할 수도 있다. "정신은 자신이 직접적으로 그것인 바에 관한 의식으로 전진해야만 하며."

그러므로 인륜적 세계, 차안과 피안으로 찢겨 갈라진 세계, 도덕적 세계관이 바로 그런 정신들(정신의 여러 형태들)이다. 이 정신들이 정신의 대자적으로 존재하는 단순한 자기(自己)를 향해 운동하면서 그 안으로 되돌아가는 과정이 이제 전개될 것이고, 그 목표와 결과로 절대 정신의 현실적 자기의식이 출현하게 될 것이다.

A. 참된 정신, 인륜성

그의 단순한 진리 속에서의 정신은 의식이고, 이런 (의식으로서의) 정신은 자신의 여러 계기들을 갈라놓는다. **행위**는 정신을 실체와 이에 관한 의식으로 분리하며, 또한 실체도 또 의식도 (각각 다시 내적으로 자신을) 분리한다. 보편적 **본질**이자 **목적**으로서의 실체는 **개별화된** 현실로서의 자신에 대립하여 등장한다. 무한한 매개 중심은 자기의식인데, **즉자적으로** 자신과 실체의 통일인 이런 자기의식이 이제 **대자적으로** 바로 그런 것이 된다. 즉, 자기의식은 개별화된 현실을 보편적 본질로 고양시키면서 인륜적으로 행위하고 또 보편적 본질을 개별화된 현실로 끌어 내려 단지 사유된 실체에 불과했던 목적을 수행하면서 보편적 본질과 자신의 개별화된 현실을 통합한다. 자기의식은 자신의 자기(自己)와 실체의 통일을 **자신의 작업 성과**로서 그리고 이와 더불어 **현실**로서 산출해낸다.

이렇게 의식이 갈라져 나오면서 단순한 실체는 부분적으로는 자기의식에 대한 대립을 유지하고, 또 부분적으로는 그렇게 함으로써 이에 못지않게 실체 자체에서도 자신을 자기 자신 안에서 구별한다는 의식의 본성을 자신의 집단들로 분지화된 세계로 서술한다. 따라서 단순한 실체는 인간법(menschliches Gesetz)과 신법(göttliches Gesetz)이라는 서로 구별되는 인륜적 본질들로 갈라진다. 이와 마찬가지로 이 실체와 마주하여 등장하는 자기의식도 자신의 본질에 따라서 이런 위력들(인간법과 신법) 중 하나에 자신을 배속시키며, 지로서는 자신을 (내적으로 구별하여 각각) 자신이 무엇을 행하는지에 대한 무지와 자신이 무엇을 행하는지에 대한 지, 그런 까닭에 기만당한 지인 그런 지로 배정한다. 따라서 자신의 행실에서 자기의식은 실체가 자신을 양분했던 **그런 위력들의** 모순과 상호 파괴를 경험할 뿐만 아니라 또한 자신의 행위가 지닌 인륜성에 관한 자신의 지와 즉자 대자적으로 인륜적인 것 사이의 모순도 경험하면서 **자기 자신의** 몰락을 맞이하게 된다. 그러나 실제로는 이러한 운동을 통해서 인륜적 실체가 **현실적 자기의식**이 되었다. 또는 이를 통해 **바로 이** 자기(自己)가 **즉자 대자적으로** 존재하는 것이 되었지만, 바로 그렇게 하는 가운데 인륜성은 붕괴되었다.

a. 인륜적 세계, 인간법과 신법, 남성과 여성

정신의 단순한 실체는 의식으로서 자신을 분할한다. 또는 (의식의 단계에서) 추상적 존재인 감각적 존재에 관한 의식이 지각으로 이행하듯이, 실재하는 인륜적 존재의 직접적 확신 또한 그렇게 이행한다. 그리고 감각적 지각에 대해서는 단순한 존재가 다수의 특성들을 지닌 사물이 되듯이, 인륜적 지각에 대해서는 행위라는 사안이 다수의 인륜적 관련들을 지닌 현실이다. 그런데 감각적 지각에는 특성들의 쓸모없는 다수성이 개별성과 보편성 사이의 본질적 대립으로 결집되듯이, 정화된 실체적 의식인 인륜적 지각에는 더더욱 인륜적 계기들의 다수성이 개별성의 법칙(법률)과 보편성의 법칙이라는 이중적인 것이 된다. 그렇지만 실체를 이루는 이런 집단들 그 각각은 전체적인 정신으로 유지된다. 감각적 지각에서는 사물들이 개별성과 보편성이라는 두 가지 규정 이외에는 그 어떤 다른 실체도 지니지 않는다면, 여기서는 그런 실체의 집단들이[312] 단지 그 두 측면 서로 간의 피상적인 대립을 표현할 뿐이다.

우리가 여기서 고찰하는 본질에서 개별성은 우연한 개별적 의식이라는 의미를 지니는 것이 아니라 **자기의식** 일반이라는 의미를 지니고 있다. 그러므로 이런 규정 속에서 인륜적 실체는 **현실적** 실체, 즉 현존재하는 **의식의 다수성 속에서 실현된** 절대 정신이다. 이런 절대 정신이 곧 **공동체**(Gemeinwesen)이다. 그런데 이런 공동체는 이성이 실천적 형태화에 들어설 때 **우리에 대해** 무릇 절대적 본질이었으며, 자신의 진리 속에 있는 여기서는 그것이 의식적인 인륜적 본질로서 그 자체 **대자적으로** 출현하고 또 우리가 대상으로 삼고 있는 의식에 **대해 본질**로서 출현한다. 공동체는 정신이 **개인들의 되비춤**(Gegenschein) 속에서 자신을 보존함으로써 **대자**이고[313] 또 정신이 개인들을 자신 속에서 보존함으로써 **즉자**나 실체인 그런 정신이다. **현실적 실체**로서의 정신은 **한 민족**이며, **현실적 의식**으로서의 정신은 그 민족의 **시민**이다. 이 의식은 단순한 정신에서 자신의 **본질**을 지니고, 이 정신의 **현실태**인 민족 전체에서 자기 확신을 그리고 직접적으로 그 속에서 자신의 **진리**를 지니며, 따라서 현실적이지 않은 그 어떤 것에서가 아니라 **실존하고 또 유효한** 그런 정신에서 자신의 진리를 지닌다.

이런 정신은 본질적으로 **자기 자신을 의식하는 현실**이라는 형식을 띠고 있으므로 인간법이라고 부를 수 있다. 이 정신이 보편성이라는 형식에서는

---

312) 인칭대명사가 '실체의 집단들' 대신에 '사물들'을 지시하는 것으로 독해할 수도 있다.
313) (Werke) **대자적으로** 존재하고

잘 알려진(공지된) 법률과 **현존하는** 관습이다. 이 정신이 개별성이라는 형식에서는 **개인** 일반에게서의 현실적인 자기 확신이다. 그리고 **단순한 개체성**으로서의 자기 확신은 정부로서의 정신이다. 그런 정신의 진리는 백일하에 놓여 있는 공개적인 **유효성**이다. 이는 직접적 확신에 대해 자유롭게 방면된 현존재의 형식을 취하는 그런 **실존**이다.

그런데 이런 인륜적 위력과 공개성(현시성, Offenbarkeit)에는 또 다른 위력인 **신법**이 마주 서 등장한다. 왜냐하면 **자각적인 행동의 운동**으로서 인륜적 **국가 권력**(Staatsmacht)은 인륜성의 **단순하고 직접적인 본질**에서 자신의 대립항을 지니기 때문이다. **현실적 보편성**으로서의 국가 권력은 개인적 대자존재에 맞서 있는 권력(폭력, Gewalt)이고, 현실태 일반으로서의 국가 권력은 아직 자신과는 다른 타자를 (인륜성의 단순한) **내적** 본질에서 지닌다.

인륜적 실체가 실존하는 상반된 양식들이 저마다 인륜적 실체 전체와 그 내용을 이루는 모든 계기들을 내포하고 있다는 점은 이미 환기되었다. 그러므로 공동체가 자각적인 현실적 행동으로서의 인륜적 실체라면, (그런 인륜적 실체의) 다른 측면은 직접적인 실체 또는 존재하는 실체라는 형식을 띤다. 그래서 이 다른 측면은 한편으로는 인륜성 일반의 내적 개념이나 보편적 가능성이지만, 다른 한편으로는 자기의식이라는 계기도 마찬가지로 자체에 지니고 있다. 이런 **직접성**이나 **존재**라는 요소 속에서 인륜성을 표현하는 이 자기의식이라는 계기가, 또는 타자 속에서 본질로서의 그리고 또한 이런 자기(自己)로서의 자신에 관한 **직접적** 의식이, 즉 **자연적인 인륜적** 공동체가 바로 **가족**이다. 아직 내적인 **무의식적** 개념으로서의 가족은 자기 자신을 의식하는 현실태에 마주 서 있고, 민족의 현실을 이루는 **요소로서**의 가족은 민족 자체에 마주 서 있으며, **직접적인** 인륜적 **존재**로서의 가족은 보편자를 위한 **노동**을 통해서 자신을 도야하고 보존하는 인륜성에 마

주 서 있고, 페나테스는 보편적 정신에 마주 서 있다.[314]

 그러나 가족의 **인륜적 존재**가 분명 **직접적인** 인륜적 존재로 규정된다고 할지라도, 가족이 그 구성원들의 **자연**(본성)**의** 관계인 **한에서는** 또는 그 구성원들 사이의 관련이 **개별적인 현실적 구성원들의 직접적** 관련인 **한에서는**, 가족이 그 내부에서는 **인륜적** 본체가 아니다. 왜냐하면 인륜적인 것은 즉자적으로 **보편적**이며, 이런 (가족이라는) 자연의 관계는 그에 못지않게 본질적으로 정신이고 또 오직 정신적 본질로서만 인륜적이기 때문이다. 이제 이런 자연의 관계의 고유한 인륜성이 어디에 존립하는지를 살펴보자.― 먼저 인륜(das Sittliche)은 즉자적으로 보편적인 것이기 때문에, 가족 구성원들 사이의 인륜적 관련은 감정의 관련이거나 사랑의 관계가 아니다. 이제 인륜은 **개별적** 가족 구성원이 실체로서의 가족 **전체**와 맺는 관계 속에 놓여 있을 수밖에 없는 듯이 보인다. 그래서 개별적 가족 구성원의 행동과 현실이 오직 실체로서의 가족 전체를 목적이자 내용으로 삼아야만 하는 듯이 보인다. 그러나 이 전체의 **행동**이 지닌 의식적 목적은 이 전체 자체를 지향하는 한에서 그 자체가 개별적인 것이다. 위력과 부의 획득 및 보존은 부분적으로는 단지 욕구를 지향하면서 욕망에 귀속되며, 부분적으로는 그것이 더 상위의 규정을 띠게 되면 단지 간접적인 어떤 것에 불과하다. 이런 더 상위의 규정은 가족 자체에 귀속되지 않고 오히려 참으로 보편적인 것, 즉 공동체를 향해 나아간다. 그런 규정은 오히려 가족에 대해서 부정적이며, 개별자를 가족 밖으로 떼어내고 개별자의 자연성과 개별성을 억제하고서 그를 **덕**으로, 즉 보편자 안에서 보편자를 위한 삶으로 양성하는 데에

---

314) (Werke) 페나테스로서의 가족은 보편적 정신에 마주 서 있다.
    페나테스는 로마 고대 종교에서 가정의 신들이다.

존립한다. 가족의 고유한 **긍정적** 목적은 개별자 자체이다. 이제 이런 관련이 인륜적인 것이 되려면, 개별자는 행위하는 자(행위 주체자)로서도 또 행위가 그와 관련되는 자(행위 대상자)로서도, 이를테면 어떤 도움을 주거나 봉사를 할 때처럼, **우연성**에 따라 등장해서는 안 된다. 인륜적 행위의 내용은 실체적이거나 전체적이면서 보편적이어야만 한다. 그렇기 때문에 인륜적 행위는 오직 **전체적** 개별자 또는 보편자로서의 개별자와만 관련될 수 있다. 게다가 이조차도 다음과 같은 식이어서는 안 된다. 즉, **봉사**가 직접적이고 현실적인 행위인 바대로는 단지 어떤 개별적인 것만을 그 (봉사의 대상이 되는) 개별자에게서 행하는 반면에 그것이 그 개별자의 전체적인 행복을 증진할 것이라고 단지 **표상할** 뿐이거나, 또는 가족에 대해서 부정적인 목적 이외에는 **현실적 행위**가 단지 제한된 내용만을 지니고 있는 곳에서 그런 봉사가 또한 현실적으로 양육으로서 **일련**의 노력을 기울여 그 개별자를 전체로서 대상으로 삼아 작업 성과로 배출해낸다거나, 또는 마지막으로 그런 봉사가 정말로 그 개별자 전체를 구호하는 긴급 구제이거나 하는 식이어서도 [왜냐하면 그런 봉사는 그 자체가 전적으로 우연한 행실이고, 그렇게 할 기회는 있을 수도 있고 또 없을 수도 있는 통상적인 현실이기 때문에] 안 된다. 그러므로 혈족의 실존 전체를 포괄하는 행위, 그리고 [시민은 가족에 속하지 않으므로 시민인 개별자도 아니고, 또 **바로 이 개별자**로서 유효하기를 **멈추고서** 시민이 되어야 할 그런 개별자도 아니다] 오히려 가족에 속하는 **바로 이** 개별자인 그런 개별자를 감각적 현실태인 개별적 현실을 탈피한 **보편적** 본질로서 자신의 대상이자 내용으로 삼는 그런 행위(가 바로 가족 안에서의 인륜적 행위인데), 이런 행위는 더 이상 **살아 있는 자**에게는 해당하지 않고 오히려 **죽은 자**, 즉 자신의 분산된 현존재의 긴 계열에서 벗어나 자신을 완성된 **하나의** 형태로 집약하고 또 우연한 삶의 불안정에서 벗어나 자신을 단순한 보편성의 안정으로 고양한 그런 죽은 자에게 해당한다. — 개별자는 오직 시민으로서만 **현실적**이고 **실체적**이기 때문에, 시민이 아니라 가족에 속하는 바대로의 개별자는 단지 **비현실적인 자**, 생기 없는 그림자일 뿐이다.[315]

개별자가 **개별자**로서 도달한 이런 보편성은 **순수한 존재**, 즉 **죽음**이다. 그것은 **직접적이고 자연적인 생성태**(Gewordensein)이지 **의식의 행동**은 아니다. 그렇기 때문에 가족 구성원의 의무는 이런 (의식적 행동의) 측면을 (자연적 보편성인 죽음에) 덧붙이는 것인데, 이는 또한 개별자가 남긴 최후의 **존재**, 즉 이런 **보편적** 존재가 오로지 자연에만 귀속되어 어떤 비이성적인 것으로 남지 않고 오히려 그것이 **행한 것**이 되고 그 안에서 의식의 권리가 주장되어 있기 위해서이다. 또는 오히려 개별자의 자기의식적 본질의 안정과 보편성이 진실로 자연에 귀속하는 것은 아니기 때문에, 자연이 찬탈한 그와 같은 행동의 가상이 떨어져 나가면서 진리가 수립된다는 것이 바로 그 행위(사자의 장례를 치르는 가족의 행위)가 지닌 의미이다. — 자연이 그에게서 행한 바는 곧 그가 보편자로 되는 것이 **존재자**의 운동으로 서술되게끔 만드는 측면이다. 물론 이런 측면조차도[316] 인륜적 공동체 내에 귀속되고 또 인륜적 공동체를 목적으로 삼고 있다. 죽음은 개인 자신이 인륜적 공동체를 위해서 떠맡는 완성이자 최고의 노동이다. 그러나 개인이 본질적으로 **개별자**인 한에서는, 그의 죽음이 보편자를 위한 그의 노동과 직접적으로 관련되어 있을지 그리고 그런 노동의 결과일지 여부가 우연적이다. 한편으로 그의 죽음이 그러하다면, 그의 죽음은 **존재자**로서의 개별자의 **자연적** 부정성이자

---

315) (Werke) 단지 **비현실적인** 생기 없는 그림자일 뿐이다.
316) 인칭대명사가 '이런 측면' 대신에 '존재자의 운동'을 지시하는 것으로 독해할 수도 있다.

운동이고, 그 안에서는 의식이 자신 안으로 복귀하여 자기의식이 되지 못한다. 또는 **존재자**의 운동이 바로 존재자가 지양되어서 **대자 존재**에 도달하는 것이라면, 죽음은 그렇게 도달한 대자 존재가 처음 운동에 들어섰던 존재자와는 다른 타자가 되는 그런 분열의 측면이다. — 인륜성은 그 **직접적** 진리 속에서의 정신이기 때문에, 정신의 의식이 갈라져 나간 측면들도 역시 이런 **직접성**의 형식에 귀속되며, 개별성은 그가 **그 자체 즉자적으로** 아무런 위로도 또 화해도 없이 **현실적**이면서 **외적인 행위**를 통해서 **본질적으로** 받아들일 수밖에 없는 이런 **추상적** 부정성으로 넘어간다. — 그러므로 혈연 친족이 의식의 운동을 덧붙이고 자연의 작업을 중단시키고서 혈족을 파괴로부터 빼내 옴으로써 또는 그보다는 개별자가 순수한 존재로 되는 것인 파괴가 필연적이기에 혈연 친족이 스스로 파괴의 행실을 떠맡음으로써 추상적인 자연적 운동을 보완한다. — 이를 통해 **죽은** 존재, 즉 보편적 **존재** 역시 자신 안으로 복귀한 존재, 즉 **대자 존재**가 되거나 힘없는 순수한 **개별적** 개별성이 **보편적 개체성**으로 고양되는 일이 이루어질 것이다. 죽은 자는 자신의 **존재**를 자신의 **행동**이나 부정적 단일자로부터 자유롭게 방면했으므로, 그는 공허한 개별성, 단지 수동적인 **대타 존재**이고, (곤충이나 벌레 같은) 온갖 하등(下等)의 비이성적인 개체와 (무기 물질 같은) 추상적인 소재들의 힘에 내맡겨져 있으며, 그런 하등의 비이성적인 개체는 그것이 지닌 생명 덕분에 그리고 추상적인 소재들의 힘은 그것의 부정적 본성 덕분에 사자(死者)보다 더 막강한 위력을 가지고 있다. 가족은 이렇게 사자의 명예를 실추시키는 무의식적 욕망과 추상적 본체들의 행동을 사자에게 접근하지 못하도록 막고서 그 대신에 자신의 행동을 설정하여 (죽은) 친족을 불멸의 요소적 개체인 토지의 모태와 혼인시킨다(땅에 매장한다). 이를 통해 가족은 친족을 오히려 [친족에 맞서 자유롭게 되어 그를 파괴하려고 했던 개별적 소재들의 힘과 하등의 생명체들을 압도하면서 묶어 두는] 공동체의 동료로 만든다.

그러므로 이런 (사자에 대한) 최후의 의무가 완전한 **신적** 법을 또는 개별자에 대한 긍정적인 **인륜적** 행위를 이룬다. 개별자에 대한 관계가 단지 사랑에 머물지 않고 인륜적인 것이라면, 그와 같은 (사랑의 관계나 사자와의 인륜적 관계와는) 다른 모든 관계는 인간법에 속하며, 개별자가 **현실적** 개별자로서 속한 자연적 공동체 안에 밀폐되어 있는 상태를 넘어서 개별자를 고양시킨다는 부정적 의미를 지니고 있다. 그런데 이제 인간의 권리(menschliches Recht)가 이미 현실적이면서 자각적인 인륜적 실체인 민족 전체를 자신의 내용과 위력으로 삼는 데에 반해 신의 권리와 법은 현실의 피안에 존재하는 개별자(죽은 자)를 자신의 내용과 위력으로 삼고 있다 하더라도, 그렇다고 해서 이 개별자가 아무런 위력도 지니지 못하는 것은 아니다. 그의 위력은 바로 **추상적인** 순수한 **보편자**라는 것이다. 즉, 그는 [자신을 (자연의) 요소에서 떼어내고서 민족의 자각적인 현실을 이루는] 개체성을 자신의 본질인 순수한 추상 속으로 [이러한 본질이 개체성의 근거인 만큼이나] 되잡아 채어 오는 그런 **요소적** 개인이다. ― 이런 위력이 어떻게 자신을 민족 자체에서 서술하는지는 앞으로 더 상세하게 전개될 것이다.

그런데 그중 한 가지 법칙 속에는 다른 한 가지 법칙에서와 마찬가지로 또한 **구별들**과 **단계들**이 있다. 왜냐하면 그 두 가지 본질이 자체에 의식이라는 계기를 지니고 있으므로 저마다 자체 내에서 구별을 펼쳐나가기 때문이다. 이것이 바로 이 두 가지 본질의 운동과 고유한 삶을 이룬다. 이러한 구별들에 관한 고찰은 인륜적 세계를 이루는 이 두 가지 **보편적 본질**들이 **작동**하고 **자기의식**을 지니는 양식을 그리고 그것들 사이의 **연관**과 상호 **이행**을 보여준다.

공동체, 즉 백일하에 공개적으로 유효한 상위의 법칙(인간법)은 자신의 현실적 생동성을 **정부**에서 지니는데, 이런 정부에서는 공동체가 개체이다. 정부는 **자신 안으로 반성된 현실적** 정신, 인륜적 실체 전체의 단순한 **자기**(自己)이다. 물론 이런 단순한 힘은 (인륜적) 본체로 하여금 자신을 분지화하여 확장하고서 각각의 부분에 존속과 고유한 대자 존재를 부여하도록 허용한다. 바로 여기서 정신은 자신의 **실재성** 또는 자신의 **현존재**를 지니며, 가족은 이런 실재성의 **요소**이다. 그렇지만 정신은 동시에 전체의 힘인데, 이 전체의 힘은 그 부분들을 다시 부정적 단일자 안으로 집약하고 부분들에 자신의 비자립성에 대한 감정을 부여하며 자신의 생명을 오직 전체 속에서만 지닌다는 의식 속에서 부분들을 보존한다. 그러므로 한편으로 공동체는 자신을 인격적 자립성과 소유의 체계, 즉 인격권과 물권의 체계로 조직할 수도 있고, 마찬가지로 우선은 (취득과 향유라는) 개별적 목적을 위한 노동의 여러 양식들을 저마다 고유한 회합(조합, Zusammenkunft)들로 분할하여 독립시킬 수도 있다. (그러니 다른 한편으로) 보편적 회합(공동체)의 정신은 이렇게 자신을 유리하는 체계들의 **단순성**이자 **부정적** 본질이다. 이 체계들이 이러한 유리 속에 뿌리를 내려 고착화함으로써 전체가 붕괴하고 정신이 증발하지 않게끔 하기 위해서, 정부는 때때로 이 체계들을 그 내면에서 전쟁을 통해 뒤흔들고, 이를 통해 그 체계들의 잘 정돈된 질서와 자립성의 권리를 깨뜨리고 헝클어뜨려야 하며, 또 이런 체계 속에 몰입하여 자신을 전체로부터 떼어내고는 (법적) 인격자의 불가침적 **대자 존재**와 안녕을 추구하는 개인들에게는 그처럼 (전쟁을 위해) 부과된 노동 속에서 자신들의 주인인 죽음을 실감하게끔 만들어야 한다. 이렇게 (개별적 인격자의 소유와 권리의 체계들이 지닌) 존립의 형식을 해체함으로써 정신은 인륜적 현존재로부터 자연적 현존재로 침몰하는 것을 방지하고, 그의 의식의 자기(自己)를 보존하면서 **자유**와 자신의 **힘**으로 고양한다.[317] ─ 부정적 본질은 자신이 공동체 본래의 **위력**이자 공동체의 자기 보존의 **힘**이라는 점을 보여준다. 그러므로 공동체는 자신이 지닌 위력의 진리와 확증을 **신법**의 본질과 **지하의 왕국**에서 지닌다.

가족을 주재하는 신법도 마찬가지로 나름대로 자체 안에 구별들을 지니고 있는데, 이 구별들 사이의 관련이 곧 신법이 지니는 현실성의 생동하는 운동을 이룬다. 그런데 남편과 아내의 관계, 부모와 자식의 관계, 형제자매의 관계라는 세 가지 관계 중에서 먼저 **남편**과 **아내의 관계**는 타자 속에서 한 의식의 **직접적** 자기 인식이자 상호적으로 승인받은 존재(승인받았음)의 인식(Erkennen des gegenseitigen Anerkanntseins)이다. 이러한 관계는[318] **자연적** 자기 인식이지 인륜적 인식은 아닌 까닭에 단지 정신의 **표상과 상**(像, Bild)에 불과하고 현실적 정신 자체는 아니다.─그런데 표상이나 상은 그 현실태를 자신과는 다른 타자에게서 지닌다. 그렇기 때문에 이 (남편과 아내의) 관계는 자신의 현실태를 자기 자신에게서가 아니라 자식에게서 지니는데, 자식은 이 관계가 바로 그의 생성이고 또 그에게서 이 관계 자체는 사라지게 되는 그런 타자이다. 그리고 이렇게 이어져 나아가는 세대(性, Geschlechter)의

---

317) 전쟁의 인륜적 필연성에 관해서는 헤겔, 『법철학』, §§ 323 이하 및 *Über die wissenschaftlichen Behandlungsarten des Naturrechts*, p. 450(『자연법』, 119쪽 이하) 참조. 이미 칸트에게서도 이와 유사한 생각이 발견된다. I. Kant, *Kritik der Urteilskraft*, B 107: "전쟁조차도 그것이 질서 있게 그리고 시민법을 신성하게 존중하면서 수행될 경우에는 그 자체로 어떤 숭고함이 있으며, 또한 동시에 그와 같은 방식으로 전쟁을 수행하는 국민이 더 많이 위험에 처해 그러한 상황 아래에서 용감하게 자신을 주장할 수 있으면 있을수록 전쟁은 그 국민의 사유 방식을 더욱더 숭고하게 만든다. 반면에 오랜 평화는 한낱 **상업 정신** 그리고 이와 더불어 천박한 이기심과 비겁함과 문약함을 만연시키면서 국민의 사유 방식을 저열하게 만들곤 한다."

318) 인칭대명사가 '관계' 대신에 '인식'을 지시하는 것으로 독해할 수도 있다.

교체는 민족 속에서 영속적인 존립을 지니게 된다.— 그러므로 남편과 아내 상호 간의 경애(Pietät)는 자연적 관련 및 감정과 섞여 있으며, 그들 사이의 관계는 자신의 자기 내 복귀를 자기 자신에게서 지니지 못한다. 두 번째 관계인 **부모**와 **자식** 상호 간의 **경애**도 이와 마찬가지이다. 자식에 대한 부모의 정성(경애)은 바로 자신의 현실성에 관한 의식을 타자(자식)에게서 지니고 있고 또 (자신의) 대자 존재를 돌려받지 못한 채 낯선 고유의 현실태로 남게 되는 대자 존재가 이 타자 속에서 생성되는 것을 본다는 그런 감상으로 물들어 있다. 역으로 부모에 대한 자식의 공경(효성)은 자기 자신의 생성이나 즉자를 소멸되어가는 타자(부모) 속에서 지니고 있고 또 오직 근원으로부터의 분리를 통해서만 (이러한 분리 속에서 그 근원은 고갈되지만) 대자 존재와 자신의 고유한 자기의식을 획득한다는 감상으로 물들어 있다.

이 두 가지 관계는 그런 관계로 나뉘어 있는 양측 사이의 이행과 불평등 내에 머물러 있다.— 이에 반해 혼합되지 않은 관계는 **형제**와 **자매** 사이에서 이루어진다. 이들은 하나의 같은 혈통이지만, 그 피는 그들에게서 자신의 **안정**과 **균형**에 도달했다. 그런 까닭에 그들은 서로를 욕망하지도 않고, 그 한 사람이 다른 한 사람에게 이런 대자 존재를 주고받지도 않으며, 오히려 그들은 서로에 대해서 자유로운 개체성이다. 그렇기 때문에 자매로서의 여성은 인륜적 본질에 관한 최상의 **예감**이다. 그녀가 인륜적 본질의 **의식**과 현실태에는 도달하지 못한다. 왜냐하면 가족의 법칙은 **즉자적으로** 존재하는 **내적** 본질이고, 이런 본질은 의식의 환한 대낮에 놓여 있는 것이 아니라 내적 감정에 그리고 현실을 벗어난 신적인 것에 머물기 때문이다. 여성은 이런 페나테스와 결부되어 있으며, 페나테스 속에서 부분적으로는 자신의 보편적 실체를 직관하고 또 부분적으로는 자신의 개별성도 직관하기는 하지만 이런 개별성의 관련이 동시에 쾌락의 자연적 관련은 아니다.─이제 **딸**로서 여성은 부모가 사라져가는 것을 인륜적 평온을 유지하면서 자연적인 운동으로 볼 수밖에 없다. 왜냐하면 딸은 오직 이런 관계를 비용으로 치르고서야 그녀가 될 수 있는 **대자 존재**에 도달하기 때문이다. 따라서 딸은 부모 속에서 자신의 대자 존재를 긍정적인 방식으로 직관하지는 못한다.─이에 반해 **어머니**와 **아내**라는 관계는 개별성을 부분적으로는 쾌락에 속해 있는 어떤 자연스러운 것으로 지니기도 하고, 부분적으로는 오직 자신의 소멸만을 거기서 목도하는 어떤 부정적인 것으로 지니기도 하며, 또 부분적으로는 바로 그런 까닭에 그 개별성이 다른 개별성으로 대체될 수도 있는 어떤 우연한 것이다. 인륜성의 가정(家庭) 안에서는 **바로 이** 남자나 **바로 이** 자식이 있는 것이 아니라 **어느 한 남자**나 **자식들 일반**이 있는 것이고, 여성의 이런 관계가 근거로 삼는 것은 감정이 아니라 보편자이다. 여성의 인륜성이 남성의 인륜성과 구별되는 점은 바로 다음과 같은 데에 있다. 즉, 여성은 개별성을 위한 자신의 규정과 자신의 쾌락 속에서도 직접적으로 보편적이며, 욕망의 개별성과는 이질적으로 남는다. 이에 반해 남성에게서는 그 두 측면이 서로 분리되어 등장하며, 그가 시민으로서 **보편성의 자기의식적** 힘을 점유하는 가운데 그럼으로써 **욕망**의 권리를 얻어내는 동시에 또한 욕망으로부터의 자유를 획득한다. 따라서 여성의 이런 관계 속에는 개별성이 개입되어 있으므로 그 인륜성은 순수하지 않다. 그런데 이 인륜성이 바로 그러한 한에서 개별성은 **아무런들 상관없으며**, 여성은 자신을 **바로 이** 자기(自己)로서 타자 속에서 인식한다는 계기를 결여하고 있다.─이에 반해 자매에게 형제는 평온한(정적인) 동질적 본체 일반이고, 형제 속에서 자매의 승인은 순수하고 자연적 관련이 개재되어 있지 않다. 그렇기 때문에 개별성의 아무런들 상관없음과 인륜적 우연성이 이 관계에는 현존하지 않는다. 오히려 여기서는 승인하고 승인받는 **개별적 자기**

(自己)라는 계기가 자신의 권리를 주장할 수 있는데, 왜냐하면 그것이 혈연의 균형 및 욕망 없는 관련의 균형과 결부되어 있기 때문이다. 그렇기 때문에 형제를 잃는 것은 자매에게 보상할 수 없는 일이 되고, 형제에 대한 그녀의 의무는 최고의 의무이다.

이러한 관계는 동시에 자신 안에 밀폐되어 있는 가족이 해체되고서 자신 밖으로 나가게 되는 경계이기도 하다. 형제는 가족의 정신이 다른 것을 향해 나아가는 개별성이 되면서[319] 보편성의 의식으로 이행하게 되는 측면이다. 형제는 자기의식적이면서 현실적인 인륜성을 획득하고 산출해내기 위해서 이런 **직접적**이고 **요소적**(기초적)이며 그렇기 때문에 본래 **부정적인** 가족의 인륜성과 결별한다.

형제는 그가 그 영역 안에서 생활하던 신법에서 벗어나 인간법으로 이행한다. 이에 반해 자매나 아내는 가정의 수장이자 신법의 보존자가 되거나 그런 역할로 남는다. 이런 식으로 양성(兩性)은 그들의 자연적 본질을 극복하며, 자신의 인륜적 의미 속에서 인륜적 실체가 스스로에게 부여하는 두 가지 구별자를 각자 나누어 갖는 상이성으로 등장한다. 이런 인륜적 세계의 두 가지 **보편적** 본체는 자신의 규정된 **개체성**을 **자연적으로** 구별된 자기의식들에게서[320] 지니는데, 그 까닭은 인륜적 정신이 (가족에서는) 자기의식과 실체의 **직접적** 통일이기 때문이다. 따라서 이러한 **직접성**은 실재성과 구별이라는 측면에서 동시에 (남성과 여성 또는 형제와 자매라는) 자연적 구별의

---

319) 이 문구는 다음과 같이 번역할 수도 있다. "가족의 정신이 타자에 대항하는 개별성이 되면서"

320) 원문에는 단수 명사 'Selbstbewußtsein'으로 표기되어 있으나 문법적으로나 문맥상으로나 복수 명사의 오기로 보인다. Werke판 역시 복수 명사로 수정하였다. 본문 전체에서 이와 동일한 사례가 자주 발견된다.

현존재로 나타난다. — 이것이 바로 그 자신에게 실제적인 개체성이라는 형태에서는 정신적 본질이라는 개념 속에서 **근원적으로 규정된 자연**으로 나타났던 측면이다. 이 계기는 그것이 거기서 여전히 지녔던 무규정성을 잃게 되고 또 소질과 능력의 우연한 상이성도 잃게 된다. 그것은 이제 양성(兩性)의 규정된 대립이 되는데, 이런 양성의 자연성은 동시에 그것의 인륜적 규정(사명)이라는 의미를 획득한다.

그렇지만 양성의 구별 그리고 각각의 인륜적 내용의 구별은 실체의 통일성 안에 머물며, 그런 구별의 운동은 바로 실체의[321] 지속적인 생성이다. 남성은 가족 정신을 벗어나 공동체로 내보내지고 공동체 속에서 자신의 자기의식적 본질을 발견한다. 그럼으로써 가족이 공동체 속에서 자신의 보편적 실체와 존속을 지니듯이, 역으로 공동체는 가족에서 자신의 현실성의 형식적 요소를 지니고 또 신법에서 자신의 힘과 입증을 지닌다. 그 둘 중 그 무엇도 혼자만으로는 즉자 대자적이지 못하다. 인간법은 그 생동하는 운동 속에서 신법을 벗어나고,[322] 지상에서 유효한 것은 지하를 벗어나며, 의식적인 것은 무의식적인 것을, 매개는 직접성(무매개성)을 벗어나지만, 이에 못지않게 자신이 벗어나 온 바로 그것으로 되돌아간다. 반면에 지하의 위력은 지상에서 자신의 **현실성**을 지닌다. 지하의 위력은 의식을 통해서 현존재와 활동이 된다.

그러므로 보편적인 인륜적 본체들은 바로 보편자로서의[323] 실체와 개별적 의식으로서의 실체이다. 이들은 민족과 가족을 자신의 보편적 현실로

---

321) 지시대명사가 '실체' 대신에 '실체의 통일성'을 지시하는 것으로 독해할 수도 있다.
322) 이 문장에서 동사 'ausgehen von'을 '~을 벗어나다' 대신에 '~에서 유래하다'로 독해할 수도 있다.
323) 인칭대명사가 '보편자' 대신에 '보편적 의식'을 지시하는 것으로 독해할 수도 있다.

삼고 있는 반면에, 남성과 여성을 자신의 자연적 자기(自己)이자 작동시키는 개체로 삼고 있다. 우리는 앞서 실체를 결여한 의식 형태들이 스스로 설정했던 목표가 이런 인륜적 세계의 내용 속에서 달성되었음을 본다. 이성이 단지 대상으로 파악했던 것은 자기의식이 되었으며, 자기의식이 단지 자기 자신 속에 지니고 있던 것은 참된 현실로서 현존한다. — 자기(自己)가 아무런 지분도 지니지 않는 **소여된 것**이라고 관찰이(관찰하는 이성이) 알고 있던 것이 여기서는 소여된 관습이긴 하되 동시에 발견하는 자의 행실이자 작업 성과인 그런 현실이다. — **자신의 개별성을 향유하려는** 쾌락을 찾는 개별자는 그런 쾌락을 가족에서 발견하며, 그런 쾌락이 사그라들게 되는 필연성은 그 민족의 시민인 개별자 자신의 자기의식이다. 또는 그것은 바로 **마음의 법칙**을 만인의 마음의 법칙으로서 인지하고 또 **자기**(自己)의 의식을 승인된 보편적 질서로서 인지하는 바로 그런 것이다. 그것은 자신의 희생이 낳은 결실을 향유하는 **덕**이다. 그런 덕은 자신이 지향하는 것, 즉 본질을 현실적 현전으로 끄집어 올리는 일을 이룩하며, 덕의 향유는 바로 그런 보편적 삶이다. — 마지막으로 **사태 자체**에 관한 의식은 그런 공허한 범주라는 추상적 계기를 긍정적인 방식으로 포함하고서 보존하고 있는 실재하는 실체 속에서 만족을 얻는다. 실재하는 실체는[324] 인륜적 위력들(신법과 인간법)에서 [건전한 이성이 제정하려고 하고 인지하려고 하는 실체를 결여한 계율을 대신하여 등장하는] 참다운 내용을 지니며, 또한 이를 통해 법칙의 검증이 아니라 행해지는 것의 검증을 위한 내용이 충만하고 자신에게서 자기 규정된 척도를 지닌다.

---

324) 인칭대명사가 '실재하는 실체' 대신에 '사태 자체'를 지시하는 것으로 독해할 수도 있다.

전체는 모든 부분의 안정된 균형이고, 각각의 부분은 [자신의 만족을 자신의 피안에서 찾는 것이 아니라, 오히려 그 자신이 이런 전체와의 균형이기 때문에 자신 안에 만족을 지니고 있는] 그런 토착적인 정신이다.— 물론 이런 균형은 오직 그 안에서 불균등(비동일성)이 발생하고 또 **정의**(正義)에 의해 균등성(동일성)으로 되돌려짐으로써만 생동할 수 있다. 그렇지만 이 정의는 피안에 자리 잡고 있는 낯선 본질도 아니고 쌍방간의 술책이나 배신, 배은망덕 등의 무가치한 현실도 아니다. 그런 무가치한 현실은 사고를 결여한 우연의 방식으로 불가해한 연관과 무의식적인 행동이나 부작위로서 (불균등에 대한) 판결을 집행할 것이다. 오히려 균형에서 이탈하는 계층과 개인의 대자 존재 및 자립성을 보편자 속으로 되돌려 놓는 **인간적** 법(옳음, Recht)의 정의로서의 정의가 곧 민족의 정부인데, 이런 정부는 보편적 본질이 지닌 스스로에게 현전하는 개체성이자 만인들 자신의 자기의식적 의지이다.— 그런데 개별자들을 압도하게 되는 보편자가 균형으로 되돌려 놓는 정의는[325] 그에 못지않게 불법(부당한 일. Unrecht)을 당하는 자의 단순한 정신이며, 그것은 (한편으로) 불법을 당하는 자와 (다른 한편으로 정의를 실행하는) 피안의 본질로 쪼개지지 않는다. 불법을 당하는 자[326] 자신이 지하의 위력이고, 복수를 실행하는 이는 바로 **그의**(피해자 자신의) 에리니에스이다.[327] 왜냐하면 그의 개체성 및 그의 피는 가정 속에서 계속 살아 있고 또 그의 실체는 지

---

325) 이 문구는 다음과 같이 번역할 수도 있다. "그런데 개별자들을 압도하게 되는 보편자를 균형으로 되돌려 놓는 정의는"

326) 인칭대명사가 '불법을 당하는 자' 대신에 '단순한 정신'을 지시하는 것으로 독해할 수도 있다.

327) 그리스 신화에서 에리니에스는 복수의 여신, 분노의 여신, 질투의 여신이라는 세 자매로 이루어진 복수의 여신들이며, 로마 신화에서 푸리아에 해당한다.

속적인 현실성을 지니고 있기 때문이다. 인륜성의 왕국에서 개별자에게 가해질 수 있는 불법은 오직 그에게 순수하게 무슨 일이 **벌어진다**고 하는 바로 그것뿐이다. 의식을 하나의 순수한 사물로 만드는 불법을 의식에 저지르는 위력은 곧 자연이며, 그것은 **공동체**의 보편성이 아니라 **존재**의 **추상적** 보편성이다. 그리고 개별성(개별자)은 자신이 당한 불법을 해소하려고 할 때 [그가 공동체로부터 피해를 입은 것은 아니기 때문에] 공동체에 대항하는 것이 아니라 존재(죽음)에 대항한다. 우리가 보았듯이 개인의 피(혈연)의 의식은 이런 불법을 다음과 같이 해소한다. 즉, **최종적인 것**인 존재가 또한 **의욕된 것**이고 그럼으로써 기쁜 일이 되게끔 하기 위해서 (낯선 외적 사건으로서) **벌어진** 일이 오히려 (혈족이 치르는 의식적인 장례 행위의) **작업 성과**가 되도록 함으로써 불법을 해소한다.[328]

이런 방식으로 인륜적 왕국은 그 **존립**에서 그 어떤 분열로도 더럽혀지지 않은 오점 없는 세계이다. 이와 마찬가지로 인륜적 왕국의 운동도 그것이 지닌 한 가지 위력이 다른 하나의 위력으로 평온하게 전화되어서 그 각각의 위력이 다른 위력 자체를 보존하고 산출하는 것이다. 우리는 물론 그 두 개의 위력이 두 가지 본체와 그 각각의 현실태로 분할되는 것을 보았다. 그렇지만 그것들 간의 대립은 오히려 그 하나가 다른 하나를 통해 입증되는 것이며, 그것들이 현실적인 것으로서 직접적으로 서로 접촉하는 가운데 그것들의 매개 중심이자 요소가 되는 것은 그것들 간의 직접적인 삼투이다. 그 한 극단인 자신을 의식하는 보편적 정신은 **남성의 개체성**을 통

---

328) 이 문장은 다음과 같이 번역할 수도 있다. "즉, **벌어진** 일이 오히려 **작업 성과**가 되고, 그럼으로써 **최종적인 것**인 존재가 또한 **의욕된 것**이고 이와 더불어 기쁜 일이 되도록 함으로써 불법을 해소한다."

해서 자신의 힘이자 자신의 요소인 그의 다른 극단, 즉 **무의식적** 정신과 함께 결합된다(추론 속에서 함께 묶인다). 이에 반해 **신적** 법칙은 자신의 개체화를, 또는 개별자의 **무의식적** 정신은 자신의 현존재를 여성에게서 지니는데, **매개 중심**으로서의 여성을 통해서 무의식적 정신은 자신의 비현실성에서 벗어나 현실성으로, 알지 못하고 알려지지 않은 것에서 벗어나 의식된 왕국으로 올라선다. 남성과 여성의 통합은 전체의 활동적 매개 중심을 이루며, 또 신법과 인간법이라는 극단으로 양분되어 있으면서도 이에 못지않게 이 양극단의 직접적 통합인 그런 요소를 이룬다. 이러한 통합은 처음의 두 가지 추론을 한 가지 똑같은 추론으로 만든다. 그리고 이 통합은 상반된 운동을, 즉 (한편으로) 비현실성을 향해 내려가는 현실성의 운동, 즉 죽음의 위험 및 입증을 향해 내려가면서 자신을 자립적 분지(分枝)들로 조직하는 인간법의 운동과 (다른 한편으로) 환한 대낮의 현실성 및 의식적 현존재를 향해 올라가는 지하의 법칙의 운동을 (그중 전자의 운동은 남성에게, 그리고 후자의 운동은 여성에게 배속되는데) **하나의** 운동으로 통합한다.

b. 인륜적 행위. 인간적 지와 신적 지, 죄과와 운명

그런데 이 (인륜성의) 왕국에서 대립이 바로 그런 상태에 있듯이, 자기의식도 아직 자신의 권리를 누리면서 **개별적 개체성**으로 등장하지는 않는다. 자기의식에게 개체성은 한편으로는 단지 **보편 의지**로 간주될 뿐이고, 다른 한편으로는 가족의 **피**로 간주된다. **바로 이 개별자**는 단지 **비현실적인 그림자**로서만 유효하다. — **아직 그 어떤 행실도** 행해지지 **않았다**. 그런데 행실은 **현실적 자기**(自己)이다. — 행실은 인륜적 세계의 안정된 조직과 운동을 교란한다. 인륜적 세계에서는 그 하나가 다른 하나를 입증하면서 완성하는 그 두 본체들의 질서와 융합으로 나타나는 것이 행실을 통해서는 **대립자들** 사이의 이행으로 되는데, 이러한 이행 속에서 그 각각은 자신이 자기 자신과 그 타자를 입증하는 것임을 증명하기보다는 오히려 자기 자신과 그 타자가 헛된 것임을 증명한다. 그것은 가공(可恐)할 **운명**의 부정적 운동 또는 영원한 필연성이 되는데, 이러한 운동 내지 필연성은 신법과 인간법을 그리고 이러한 위력들이 자신의 현존재를 지니게 되는 두 자기의식(남성과 여성)을 자신의[329] **단순성**의 심연(Abgrund) 속으로 삼켜버린다. 그리고 우리에 대해서는 이러한 운동 내지 필연성이 순수하게 개별적인 자기의식의 **절대적 대자 존재**로 이행한다.

이러한 운동이 그로부터 비롯되고 또 그 위에서 진행하게 되는 **근거**(Grund)는 인륜성의 왕국이다. 그렇지만 이 운동의 **활동은**(이 운동을 추동하고 수행하는 활동자는) 자기의식이다. **인륜적** 의식으로서의 이 자기의식은 인륜적 본질태를 향한 **단순하고 순수한 방향성**이나 의무이다.[330] 이런 자기의식 속에는 법칙의 제정과 검증을 포기함으로써 그 어떤 자의도 또 마찬가지로 그 어떤 투쟁이나 미결정도 없다. 오히려 그에게 인륜적 본질태는 직접적인 것, 흔들리지 않는 것, 모순이 없는 것이다. 따라서 격정과 의무의 충돌 상태 속에 있게 되는 조악한 연극도 없고, 의무와 의무의 충돌 상태 속에 있게 되는 희극적인 것도 없다. 의무와 의무의 충돌은 내용상 격정과 의무 사이의 충돌과 똑같은 한가지이다. 왜냐하면 격정도 이에 못지않게 의

---

329) 여기서 소유격 인칭대명사 'sein'이 정확히 무엇을 지시하는지는 불분명하나 문맥상 '운명'을 지시하는 것으로 보인다. 아니면 이 문장의 주어인 '운동 내지 필연성'을 지시할 터일 'ihr'의 오기로 추정할 수도 있다.
330) (Werke) **인륜적** 의식으로서의 이 자기의식은 인륜적 본질태나 **의무**를 향한 **단순하고 순수한 방향성**이다.

무로 표상될 수 있는데, 그 까닭은 의식이 자신의 직접적인 실체적 본질태를 벗어나 자신 안으로 퇴거하는 만큼 의무도, 앞에서 밝혀졌듯이, 그 어떤 내용이건 똑같이 잘 들어맞는 형식적으로 보편적인 것이 되기 때문이다. 하지만 의무들 사이의 충돌은 하나의 **대립된 절대적인 것**의 모순을, 즉 (한편으로는) 절대적인 것과 (또한 동시에 다른 한편으로는) 직접적으로 이런 이른바 절대적인 것이나 의무의 무효성을 표현하기 때문에 희극적인 것이다.— 이에 반해 인륜적 의식은 무엇을 행해야 하는지를 알고 있으며, 신법이나 인간법 중 어디에 소속되는지가 결정되어 있다. 인륜적 의식의 결정성이 지닌 직접성은 **즉자** 존재이고, 따라서 동시에 우리가 보았듯이 자연적 존재라는 의미를 지니고 있다. 상황이나 선택의 우연이 아니라 자연(본성)이 한쪽 성(性)은 이 법칙에 그리고 다른 쪽 성은 다른 법칙에 배속한다. 또는 역으로 그 두 가지 인륜적 위력 자체가 양성(兩性)에서 저마다 자신의 개체적 현존재와 실현을 스스로에게 부여한다.

이제 한편으로는 인륜성이 본질적으로 이런 직접적 **결정성**에 존립하고, 따라서 의식에 대해 오직 **하나의** 법칙만이 본질이 된다는 점을 통해서, 그리고 다른 한편으로는 인륜적 위력들이 의식의 **자기**(自己) 속에서 현실적으로 존재한다는 점을 통해서, 인륜적 위력들은 서로를 **배제하고** 서로 **대립해** 있다는 의미를 얻게 된다. 인륜적 위력들이 인륜성의 **왕국**에서는 단지 **즉자적으로** 존재할 뿐이듯이, 자기의식 속에서는 **대자적으로** 존재한다. 인륜적 의식이 인륜적 위력들 중 한 가지로 **결정되어** 있기 때문에 그것은 본질적으로 **품성**(Charakter)이 된다. 인륜적 의식에 대해 두 가지의 동등한 **본질태**가 있는 것은 아니다. 그렇기 때문에 (두 인륜적 위력들 사이의) 대립은 의무가 단지 무법적인 **현실**과 부딪치는 **불행한** 충돌로 나타난다. 인륜적 의식은 이러한 대립 속에서의 자기의식으로 존재하며, 그러한 것으로서 인륜적 의식은 동시에 이 대립하는 현실을 그가 속한 법칙에 폭력으로 굴복시키거나 아니면 기만하는 데로 나아간다. 인륜적 의식은 오직 자기 쪽에서만 법(정당함)을 보는 반면에 다른 쪽에서는 불법(부당함)을 보기 때문에, 양쪽 중에서 신법에 속하는 의식은 다른 쪽(인간법)에서 인간적인 우연한 **폭력 행위**를 목도한다. 이에 반해 인간법에 배속되어 있는 의식은 다른 쪽(신법)에서 내면적 대자 존재의 아집과 **불복종**을 목도한다. 왜냐하면 정부의 명령은 백일하에 놓여 있는 공개적인 보편적 의미이기 때문이다. 반면에 다른 법칙(신법)의 의지는 내면 속에 밀폐되어 있는 지하의 의미인데, 이런 지하의 의미는 그 현존재에서는 개별성의 의지로 나타나고 또 전자와의 모순 속에서는 무도함이 된다.

이를 통해 의식에게서 **알고 있는 것**과 **모르는 것**의 대립이 발생하고, 이와 마찬가지로 실체 속에서는 **의식적인 것**과 **무의식적인 것**의 대립이 발생한다. 그리고 인륜적 **자기의식**의 절대적 **권리**는 (인륜적) **본질**의 신적 **권리**와 분쟁에 **빠지게** 된다. 의식으로서의 자기의식에 대해 대상적 현실은 그 자체로서 본질을 지니고 있다. 하지만 그 실체에 따르면 자기의식이 자신과 이런 대립자의 통일이다. 그리고 인륜적 자기의식은 실체의 의식이다. 그런 까닭에 자기의식에 대립하는 것으로서의 대상은 대자적으로 본질을 지니고 있다는 의미를 완전히 상실한다. 대상이 단지 **사물**에 불과한 그런 영역들이 이미 오래전에 사라졌듯이, 의식이 무엇인가를 자신 밖에[331] 고착시키고서 개별적인 계기를 본질로 만드는 이런 영역들도 사라졌다. 그와 같은 일면성에 맞서 현실은 자신의 고유한 힘을 지니고 있다. 현실은 진리와 동맹을 맺고서 의식에 맞서며, 진리가 무엇인지를 비로소 의식에게 제

---

331) '자신 밖에' 대신에 '자신으로부터'로 독해할 수도 있다.

시해준다. 반면에 인륜적 의식은 대자 존재가 지닌 그리고 대자 존재의 목적과 그 특유의 개념들이 지닌 모든 일면성의 망각을(모든 일면성을 망각하게 만드는 물을) 절대적 실체의 잔(盞)에서 들이켰고, 그럼으로써 동시에 대상적 현실이 지닌 모든 고유한 본질성과 자립적 의미를 이런 저승의(이승과 저승을 가르며 저승을 돌아 흐르는 스틱스강의, stygisch) 물속에 빠뜨려 잊히도록 만들었다. 그렇기 때문에 인륜적 의식의 절대적 권리란 바로 그가 인륜 법칙에 따라서 행위하는 가운데 이런 실현 속에서 오직 이 법칙 자체의 완수 이외의 그 어떤 것도 발견하지 못하고 또 그 행실이 다름 아니라 인륜적 행동이라는 점을 보여준다는 것이다. — 절대적 **본질**이자 동시에 절대적 **위력**으로서 인륜은 결코 자신의 내용이 전도되는 일을 당할 수가 없다. 만약 인륜이 단지 위력을 결여한 절대적 **본질**에 불과하다면, 그것은 개체성에 의한 전도를 겪을 수도 있을 것이다. 그러나 인륜적 의식으로서의 개체성은 일면적인 대자 존재를 포기하는 것과 더불어 전도 행위도 단념했다. 이와 마찬가지로 만약 위력이 아직 그와 같은 (본질을 결여한 일면적인) 대자 존재에 불과하다면, 그런 한낱 위력은 역으로 본질에 의해 전도될 것이다. 이러한 (인륜 속에서 절대적 본질과 절대적 위력의) 통일 덕분에 개체성은 그 내용이 되는 실체의 순수한 형식이고, 그 행동은 사고로부터 현실로의 이행, 게다가 그것의 계기들이 그 어떤 서로 다른 특수한 내용과 본질성도 지니고 있지 않은 그런 본질 없는 대립의 운동으로서의 이행이다. 따라서 인륜적 의식의 절대적 권리는 곧 **행실**이, 즉 그의 **현실성**이 지닌 **형태**가 다름 아니라 **자신이 알고 있음**이라는 것이다.(인륜적 의식이 지닌 절대적 권리는 바로 그의 행위와 지의 통일에 있다.)

그러나 인륜적 본질(본체)은 자기 자신을 두 가지 법칙으로 갈라놓았고, 법칙에 대해서 양분되지 않은 태도를 취하며 관계하기로서의 의식은 그중 단지 **하나의** 법칙에 배속되어 있다. 이런 **단순한** 의식이 인륜적 의식으로서의 그에게는 (인륜적) 본질이 **즉자적으로** 존재하는 바대로 **현상하고** 있다는 절대적 권리를 고수하듯이, 또한 이 본질은 자신의 **실재성**의 권리를 또는 자신이 이중화되어 있다는 점을 고수한다. 그렇지만 이런 본질의 권리는 동시에 다른 어디엔가 존재하는 듯이 자기의식에 마주 서 있는 것이 아니며, 오히려 이 본질은 곧 자기의식 자신의 본질이다. 이 본질은 오직 자기의식 속에서만 자신의 현존재와 위력을 지니며, 그의 대립자는 **자기의식**의 **행실**이다. 왜냐하면 자기의식이 스스로에게 자기(自己)로서 존재하면서 행실에 착수하는 가운데 자기의식은 **단순한 직접성**으로부터 자신을 끌어 올리고서 스스로 **양분화**를 정립하기 때문이다. 자기의식은 행실을 통해 직접적 진리의 단순한 확신이라는 인륜성의 규정성을 포기하며, 활동자로서의 자신과 이에 대해 부정적인 마주 서 있는 현실로의 자기 자신의 분리를 정립한다. 따라서 자기의식은 행실을 통해서 **죄과**(罪過)가 된다(자기의식은 행위한다는 것 자체만으로 이미 잘못을 범하고 이에 대해서 책임을 지게 된다). 왜냐하면 죄과는[332] 자신의 **행동**이고, 행동은 자신의 가장 고유한 본질이기 때문이다. 그리고 **죄과**는 또한 **범죄**라는 의미도 얻게 된다. 왜냐하면 단순한 인륜적 의식으로서의 자기의식은 한 가지 법칙으로 향하고서 다른 법칙은 거부했으며, 이런 자신의 행실을 통해 이 다른 법칙을 위배했기 때문이다. — **죄과**는 결코 [마치 그 행동에 속하지 않는 어떤 외적이고 우연한 것이 그 행동에 결부될 수도 있고, 그래서 이런 측면에 관해서는 그 행동에 죄가(책임이) 없다는 듯이] 백일하에 **현실적으로** 드러나 있는 바대로의 행실이 죄과를 범하는 자기(自己)의 **행동**일 수도 있고 그렇지 않을 수도 있다는 그런 아무런

---

332) 인칭대명사가 '죄과' 대신에 '행실'을 지시하는 것으로 독해할 수도 있다.

상관없는 양의적인 본질이 아니다. 오히려 행동은 그 자체가 (한편으로는) 자신을 대자적으로 정립하고 또 (다른 한편으로는) 이에 마주하여 낯선 외적 현실을 정립하는 그런 양분화이다. 그와 같은 양분화라는 점이[333] 행동 자체에 속하고 또 행동에 의해 존재하는 것이다. 그렇기 때문에 아무 죄가 없는 것은 오직 돌의 존재 같은 무작위(행동하지 않음, Nichttun)뿐이고 심지어 어린이의 존재조차 그렇지 않다. — 그러나 내용상으로 인륜적 **행위**는 범죄라는 계기를 자체에 지니는데, 그 까닭은 그것이 두 가지 법칙을 양성(兩性)에 **자연적으로** 배분하는 일을 지양하지 않기 때문이다. 오히려 인륜적 행위는 **자연적 직접성** 내에서 법칙을 향한 **양분되지 않은** 정향으로 머물며, 행동으로서 [본질이 지닌 두 측면 중에서 오직 한 가지 측면만을 움켜쥐고서 다른 측면에 대해서는 부정적인 태도를 취한다는, 즉 다른 측면을 침해한다는] 그런 일면성을 곧 죄과로 만든다. 보편적인 인륜적 삶 속에서 죄과와 범죄, 행동과 행위가 어디에 귀속되는지는 차후에 더 확실하게 표현할 것이다. 다만 여기서 직접 밝혀지는 것은 행위하면서 죄를 짓는 자는 **바로 이 개별자**가 아니라는 점이다. 왜냐하면 **바로 이** 자기(自己)로서의 개별자는 단지 비현실적인 그림자에 불과하기 때문이다. 또는 그는 오직 보편적 자기(自己)로서만 존재하고, 개체성은 순수하게 **행동 일반의 형식적** 계기일 따름이며, 그 내용은 법률과 풍습이고, 개별자에 특정하면 그 내용은 그가 속한 계층의 법률과 풍습이다. 그는[334] 유(類)로서의 실체인데, 이 유가 비록 그 규정성을 통해서 종(種)이 되기는 하지만 이 종은 동시에 유의 보편자

---

333) 이 문구는 "그와 같은 낯선 외적 현실이 존재한다는 점이"로 번역할 수도 있다.
334) 인칭대명사가 '개별자'를 뜻하는 '그' 대신에 '내용'을 지시하는 것으로 독해할 수도 있으나, 이는 이어지는 문장과의 문맥에 비추어볼 때 개연성이 떨어진다.

로 남는다. 민족 내에서 자기의식은 보편자로부터 오직 특수성으로까지만 하강할 뿐이지 자신의 행동 속에서 배타적 자기(自己) 내지 스스로에게 부정적인 현실을 정립하는 그런 개별적 개체성으로까지 하락하지는 않는다. 오히려 그의 행위에는 전체를 향한 확고한 신뢰가 근저에 놓여 있으며, 이런 신뢰 속에는 그 어떤 낯선 것도, 아무런 공포도 또 적대성도 개입되지 않는다.

이제 그가 신법을 추종하건 또는 인간법을 추종하건 간에 인륜적 자기의식은 자신의 행실에서 **현실적** 행위의 전개된 본성을 경험하게 된다. 그에게 공개적인 법칙은 (인륜적) 본질 속에서 그것에 대립하는 법칙과 결부되어 있다. (인륜적) 본질은 그 두 법칙의 통일이다. 그렇지만 행실은 그중 오직 한 가지만을 다른 하나에 맞서 수행했다. 그러나 본질 속에서는 그 하나가 다른 하나와 결부되어 있어서 그 하나의 충족은 다른 하나를 불러일으키며, 침해받는 것으로서의 이 다른 하나가 행실에 의해서 그렇게 되듯이 이제 적대적이고 복수를 요구하는 본질을 불러일으킨다.[335] 그런데 행위 속에는 결단(결정) 전반의 오직 한쪽 측면만이 백일하에 놓여 있다. 하지만 결단은 **즉자적으로** 부정적인 것이며, 이 부정적인 것은 그에게 타자인 것을, 즉 지인 자신에게 낯선 것을 맞은편에 대치한다. 그렇기 때문에 현실은 지에는 낯선 다른 측면을 내부에 은폐된 채로 붙들어두며, 자신이 즉자 대자적으로 어떠한지를 의식에게 보여주지 않는다. 이를테면 자신을 모욕한 탓에 맞아죽는 자가 실은 자신의 아버지임을 아들에게 보여주지 않고, 자신이 아내로 맞이하는 여왕이 자신의 어머니임을 보여주지 않는

---

335) (Werke) 게다가 행실이 이 다른 하나를 그렇게 만들었듯이 침해받고서 이제 적대적이고 복수를 요구하는 본질로서 불러일으킨다.

다.[336] 이런 방식으로 빛을 꺼리는 위력이 인륜적 자기의식을 쫓아다니는데, 이 음침한 위력은 행실(범행)이 벌어질 때에 비로소 출현하면서 범행의 순간에 인륜적 자기의식을 사로잡는다. 왜냐하면 완수된 행실은 인지하는 자기(自己)와 그에 마주 서 있는 현실의 지양된 대립이기 때문이다.(왜냐하면 행위가 완수되었다는 것은 인지하는 자기와 그에 마주 서 있는 현실 사이의 대립이 지양되었다는 것을 뜻하기 때문이다.) 행위자는 범죄와 자신의 죄과를 부인할 수가 없다. 행실은 곧 움직이지 않는 것을 움직이게 만들고 또 이제 겨우 단지 가능성 속에 함축되어 있던 것을 (현실태로) 산출해내며, 그럼으로써 무의식적인 것을 의식적인 것에 결부하고 또 존재하지 않는 것을 존재에 결부하는 바로 그런 것이다. 그러므로 이러한 진리 속에서 행실은 백일하에 드러난다. 즉, 여기서 행실은 그 안에서는 의식적인 것이 무의식적인 것과 결합되어 있고 또 나의 것은 낯선 것과 결합되어 있는 그러한 것으로 등장한다. 다시 말해 의식이 그것의 다른 측면을 자신의 측면으로 경험하기도 하지만 또한 자신에 의해 침해당해서 적대적으로 격앙된 위력으로서 경험하는 그런 양분된 본질로서 행실은 등장한다.[337]

배후에 매복해 있는 권리(옳음. 법)가 행위하는 **의식**에 대해 그 특유의 형태로 현존하지 않고 단지 **즉자적으로**, 즉 결단과 행위의 내적 책임(죄과)으

---

336) 소포클레스의 「오이디푸스 왕」에 의하면 오이디푸스는 길에서 우연히 만나 다투게 된 라이오스를 테베의 왕이자 자신의 아버지인지 모르고서 살해했고, 또 자신의 어머니인지 모르고서 테베의 여왕 이오카스테와 결혼하여 테베의 왕위에 오른다. 이 모든 일은 행위자인 오이디푸스의 의지나 앎을 벗어나서 신탁에 의해 예견되어 벌어진 필연적 사건들이다. 그럼에도 불구하고 오이디푸스는 자신이 반인륜적 범죄를 저질렀다는 사실을 부인할 수 없었고 자신의 범행에 마땅한 책임을 지는 비극적 운명을 감수해야만 했다.

337) (Werke) 다시 말해 의식이 자기 자신의 측면과 마찬가지로 또한 그것의 다른 측면을 경험하지만 자신에 의해 침해당해서 적대적으로 격앙된 위력으로서 경험하는 그런 양분된 본질로서 행실은 등장한다.

로서만 현존할 수도 있다. 그렇지만 인륜적 의식이 자신과 대치해 있는 법률과 위력을 **미리 알고 있었고** 이를 폭력과 불법으로, 즉 인륜적 우연성으로 간주하면서 안티고네처럼 알면서도 고의로 범죄를 저지를 경우, 인륜적 의식은 좀 더 완전하고 그의 책임은 더 순수하다. 완수된 행실은 인륜적 의식의 의도를 전도(顚倒)한다. **인륜적인** 것은 **현실적**이어야만 한다고 (행위의) **완수**는 그 자체로 언표한다. 왜냐하면 목적의 **현실성**이 곧 행위의 목적이기 때문이다. 행위는 바로 **현실**과 **실체**의 **통일**을 언표한다. 즉, 행위는 현실이 본질에 우연한 것이 아니라 오히려 본질과 동맹을 맺고서 참된 권리가 아니라면 그 무엇에도 현실성이 주어지지 않는다고 언표한다. 인륜적 의식은 그 자신의 것으로서의 이러한 현실 때문에 그리고 자신의 행동 때문에 자신의 대립자를 승인해야만 한다. 인륜적 의식은 자신의 죄과를 인정해야만 한다.

> **우리가 고통을 당하기 때문에 우리는 우리가 잘못을 저질렀다는 것을 인정한다.**[338]

이러한 승인은 인륜적 **목적**과 **현실** 사이의 지양된 분열을 언표한다.(이러한 승인은 인륜적 목적과 현실 사이의 분열이 지양되었음을 언표한다.) 그것은 올바른 것 이외의 그 무엇도 유효하지 않다는 점을 알고 있는 인륜적 **심정**의 귀환을 언표한다. 그러나 그렇게 함으로써 행위자는 자신의 **품성**과 자기(自己)의 **현실성**을 포기하고서 몰락한다. 그의 **존재**는 바로 그의 실체로서의 자신의

---

338) 소포클레스, 「안티고네」, 132쪽(925 이하): "(**안티고네**) 하지만 그렇게 하는 것이 신들의 마음에 드신다면 / 나는 고통당하며 내가 죄를 지었음을 시인하겠어요."

인륜적 법칙에 소속되어 있다는 것이다. 그런데 행위자가 대립자를 승인하면서 이 인륜적 법칙은 더 이상 행위자에게 실체가 아니게 되었으며, 행위자는 자신의 현실성 대신에 비현실성에, 즉 심정에 도달했다. — 물론 실체는 개체**에서** 그의 **열정**(Pathos)으로 나타나고, 개체는 실체에 생기를 불어넣어 주는 것으로, 그래서 실체보다 우위에 있는 것으로 나타난다. 그러나 실체는 동시에 행위자의 품성인 그런 열정이다. 인륜적 개체성은 직접적이며, 즉자적으로 이런 자신의 보편자와 하나이다. 인륜적 개체는 자신의 실존을 오직 이 보편자 속에서만 지니며, 이런 인륜적 위력이 그에 대립하는 위력에 의해 파멸당하는 것을 견뎌내고서 살아남지는 못한다.

그러나 이때 그의 열정이 이렇게 대립하는 위력인 개체는(이렇게 다른 법칙에 대립하는 위력에 속해 있어서 이를 자신의 열정으로 삼고 있는 개체는) **자신이 가한 것보다 더 많은 해악을 입지 않는다**는 확신을 인륜적 개체는 가지고 있다. 인륜적 위력들 서로 간의 운동과 인륜적 위력들을 생명과 행위 속에 정립하는 개체들의 운동은 양측이 다 똑같은 파멸을 경험하는 데에서 그 **참된 결말**에 도달한다. 왜냐하면 그 위력들 중 어느 것도 다른 것보다 실체의 **좀 더 본질적인** 계기가 되는 데에 하등 앞서 있지 않기 때문이다. 양측의 동등한 본질성 그리고 그것들의 아무런들 상관없는 병존이 곧 그것들의 자기(自己)를 결여한 존재이다. **행실** 속에서는(실제로는) 그것들이 자기 본질로서 존재하기는 하지만 상이한 것으로서 존재하는데, 이는 자기(自己)의 통일과 모순되고 또 그것들의 무법성(권리 없음)과 필연적 파멸을 이루는 것이다. 이와 마찬가지로 (인륜적 실체 속에서 한쪽 법칙에 귀속됨으로써 개인이 지니는) **품성**이 한편으로는 그의 열정이나 실체에 따라서는 (인륜적 실체의 두 가지 법칙 중에서) 오직 한쪽에 소속되지만, 다른 한편으로는 이쪽이든 저쪽이든 모두 그 지라는 측면에서는 의식적인 것과 무의식적인 것으로 양분되어 있다. 그리고 그 각각이 스스로 이런 대립을 불러일으키고 또 무지(無知) 역시 행실을 통해서 산출한 자신의 작업 성과이므로, 각자는 자신을 먹어 치우는 죄과 속에 스스로를 놓는다. 그러므로 그 한쪽 위력 및 그 품성이 거둔 승리와 다른 쪽의 패배는 단지 일부분일 뿐이고 끊임없이 양쪽의 균형을 향해 나아가는 미완의 작품에 불과하다. 양측이 똑같이 굴복해야만 비로소 절대적 권리(법)가 완수되며, 양측을 모두 집어삼키는 부정적 위력으로서의 인륜적 실체가 또는 전능하고 정의로운 **운명**이 등장한다.

그 두 가지 위력을 그것들의 규정된 내용과 그 개체화에 따라서 살펴본다면, 그것들 사이의 형태화된 쟁투는 그 형식적 측면에서는 인륜성 및 자기의식이 무의식적 자연 및 이를 통해 현존하는 우연성과 벌이는 쟁투의 모습을 띠고 나타난다. 이때 후자는 전자에 맞서 권리(정당성)를 지니는데, 왜냐하면 전자가 오직 **참된** 정신일 따름이고 자신의 실체와 단지 **직접적인** 통일 속에 있을 뿐이기 때문이다. 그리고 이 쟁투는 그 내용에 따라서는 신법과 인간법 사이의 분쟁이라는 모습을 띠고 나타난다. — 청년은 무의식적 본질인 가족 정신을 떠나서 공동체의 개체가 된다. 그러나 그가 떨어져 나온 자연에 여전히 속해 있다는 사실은 동등한 권리를 가지고서 공동체를 힘으로 차지하려는 두 형제라는 우연성 속에서 그 청년이 출현한다는 점에서 입증된다.[339] 인륜적 본체 속으로 들어서는 **그들을 위해서는** 출생의 선후라는 불평등이 자연의 구별로서 아무런 의미도 없다. 그러나 민족 정신의 단순한 영혼 내지 자기(自己)로서의 정부는 개체성이 지닌 이원성을 용인할 수가 없다. 그리고 이런 통일의 인륜적 필연성에 자연이 다수성

---

339) 「안티고네」에서 오이디푸스의 쌍둥이 아들이자 안티고네의 오빠들로서 테베의 왕권을 놓고 다툰 폴리네이케스와 에테오클레스를 말한다.

의 우연으로서 대치하여 등장한다. 그렇기 때문에 이 둘은 하나가 되지 못하며, 국가 권력에 대해서 그들이 지닌 동등한 권리는 또한 동등한 불법(부당함)을 지닌 그 둘을 모두 분쇄해버린다. 인간적인 방식으로 본다면, 공동체를 **점유하지** 못한 채 그 정상에 다른 사람이 서 있는 그 공동체를 공격하는 자가[340] 범죄를 저지른 셈이다. 반면에 다른 사람을 공동체에서 떨어져 나간 한낱 **개별자**로 포착할 줄 알고 이런 무력함 속에서 추방하는 자는[341] 권리를 자신의 편에 둔다. 그는 단지 개인 자체만을 건드렸을 뿐이지 공동체를, 즉 인간적 권리(인간법)의 본질을 건드린 것은 아니다. 공허한 개별성에 의한 공격을 받았다가 방어에 성공한 공동체는 스스로를 보존하지만, 두 형제는 둘 다 서로에 의해 상호 파멸을 겪게 된다. 왜냐하면 **자신의 대자 존재에다** 전체의 위험을 결부하는(전체를 위험에 빠뜨리면서 자신의 대자 존재를 실현하려는) 개체는 그 자신을 공동체에서 제명하고서 내적으로 해체되기 때문이다. 그런데 공동체는 자기편을 지킨 자에게는 경의를 표하게 된다. 반면에 이미 성벽 위에서 공동체의 궤멸을 공언한 자에게는 공동체의 자기(自己)의 복원된 단순성인 정부가 최후의 경의(장례)를 박탈하는 처벌을 내린다. 의식의 최고 정신인 구역 공동체(die Gemeine, 즉 테베)에서 잘못 처신한 자는 그의 완성된 본질 전체의 명예, 즉 사별한 정신의 명예를 박탈당할 수밖에 없다.

그러나 보편자가 비록 이렇게 그 피라미드의 순수한 정점을 쉽사리 축출해버리고 또 항거하는 개별성의 원리인 가족에 대해서 **승리**를 거둔다고 할지라도, 이를 통해 보편자는 신법과, 즉 자기의식적 정신은 무의식적

---

340) 폴리네이케스.
341) 에테오클레스.

인 것과 단지 **투쟁**에 들어서게 된 것일 뿐이다. 왜냐하면 무의식적 정신은 또 다른 본질적인 위력, 그래서 자기의식적 정신에 의해 파괴되지 않고 단지 모욕을 당했을 뿐인 위력이기 때문이다. 그러나 권력을 지니고서 백일하에 놓여 있는 법칙에 맞서 무의식적 정신은 (자신이 지닌 권리의) **현실적** 수행을 위한 도움을 오직 핏기없는 그림자에서만 지닐 뿐이다. 그렇기 때문에 약자와 어둠의 법칙으로서 무의식적 정신은 처음에는 환한 대낮과 힘의 법칙에 굴복한다. 왜냐하면 전자의 권력은 지상이 아니라 지하에서 유효하기 때문이다. 하지만 내면적인 것으로부터 그 명예와 위력을 탈취한 현실적인 것은 그렇게 함으로써 자신의 본질을 먹어 치운 셈이다. 공개적인(현시된) 정신은 자신의 힘의 뿌리를 지하 세계에 두고 있다. 자기를 자신하고 자기 자신을 보증하는 민족의 **확신**은 만인을 하나로 결속하는 맹세의 **진리**를 오직 만인의 무의식적인 무언(無言)의 실체인 망각의 강에서 지닐 따름이다.³⁴²⁾ 이를 통해 공개적인 정신의 완성은 그 반대로 전환되며, 그는 자신의 최고 권리가 최고의 불법이고 또 자신의 승리가 오히려 자기 자신의 파멸이라는 것을 경험한다. 그렇기 때문에 (폴리네이케스나 안티고네처럼) 자신의 권리를 훼손당한 사자(死者)는 자신의 복수를 위해서 그를 침해한 위력과 동등한 현실성과 권력을 갖춘 수단을 발견할 수 있다. 이러한 위력은 바로 또 다른 공동체들이다. 개와 새가 이들의 제단을 시신으로 더럽혔는데(이들의 제단은 짐승들이 훼손한 사자의 시신으로 더럽혀졌는데), 이 시신은 그에 합당하게 요소적 개체에 반환됨으로써(땅에 매장하는 장례를 치름으로써) 무의식적 보편성

---

342) 그리스 신화에서 이승과 저승을 가르는 강은 모두 다섯 개인데, 그중에서 맹세의 증인이 되는 강은 스틱스이고 망각의 강은 레테이다. 헤겔은 종종 이 두 강의 이름과 의미를 뒤섞어 사용한다.

으로 고양되는 것이 아니라 지상에서 현실의 왕국에 머물면서 신법의 힘으로서 이제 자기의식적인 현실적 보편성을 획득한다. 이런 위력들이 적대적으로 들고 일어나서 자신의 힘인 가족 간의 공경심을 모독하고 부숴버린 공동체를 파괴한다.[343]

이러한 표상 속에서 인간법과 신법의 운동이 지닌 필연성은 개인들에게서 표현된다. 이때 보편자는 개인들에게서 **열정**으로 나타나고, 그 운동의 활동은 인간법과 신법의 운동의[344] 필연성에 우연성이라는 가상을 부여하는 **개인적** 행동으로 나타난다. 그런데 개체성과 행동은 그 순수한 보편성에서 내적 신법이라고 불리던 개별성의 원리 일반을 이루는 것이다. 공개적인 공동체의 계기로서 이런 개별성의 원리는 단지 앞서 언급한 지하의 작용성이나 그 현존재에서 외적인 작용성만을 지니는 것이 아니라 또한 이에 못지않게 현실적 민족에서 현실적인 공개적 현존재와 운동도 지니고 있다. 이런 형식에서 보면, 개체화된 열정의 단순한 운동으로 표상되었던 것이 또 다른 모습을 띠게 되며, 범죄와 그로 야기된 공동체의 파괴는 그 현존재의 특유한 형식을 획득하게 된다. — 그러니까 그 보편적 현존재에서의 인간법은, 즉 그 작동 일반에서는 남성이고 그 현실적 작동에서는 정부인 공동체는, 페나테스의 분리나 여성이 주재하는 가족들로의 자립적 개별화를 자신 안으로 집어삼키고서 이것들을 자신의 유동성이 지닌 연속성 속에서 해체된 상태로 보존함으로써 (비로소) **존재하고 운동하며** 또 스스로를 **보존한다.** 그러나 동시에 가족은 무릇 공동체의 요소(공동체를 구성하는 본질적인

---

343) 「안티고네」에서 안티고네가 감옥에서 자결한 후에 이에 상심하여 그녀의 약혼자이자 크레온의 아들인 하이몬과 그의 어머니이자 크레온의 아내인 에우리디케가 연이어 자살한다.

344) 지시대명사가 '인간법과 신법의 운동' 대신에 '운동의 활동'을 지시하는 것으로 독해할 수도 있다.

요소)이고, 개별적 의식은 (인간법의 운동을) 작동하는 보편적 근거이다. 공동체가 오직 가족의 행복을 교란하고서 자기의식을 보편자 속으로 해체함으로써만 자신의 존립을 확보하는 가운데, 공동체는 자신이 억압하는 것이자 동시에 자신에게 본질적인 것인 여성성 일반에서 자신의 내부의 적(敵)을 산출해낸다. (공동체의 영원한 아이러니인) 여성은 암계를 써서 정부의 보편적 목적을 사적 목적으로 뒤바꾸고, 정부의 보편적 활동을 바로 이 특정한 개인의 작업으로 변질시키며, 국가의 보편적 소유물을 가족의 점유물이자 장식품으로 전도한다. 이를 통해 여성은 (쾌락이나 향유 그리고 현실적 활동 같은) 개별성이 소멸되고서 오직 보편자만을 생각하며 염려하는 성년의 진지한 지혜를 미성숙한 젊은이의 경솔함을 위해 조롱거리로 만들고 또 젊은이의 열광을 위해 경멸의 대상으로 만든다. 여성은 무릇 젊은이의 힘을 유효한 것으로 만든다. 즉, 어머니가 자신의 주인으로 낳은 아들의 힘을, 자매가 자신과 동등한 자로서 남성을 소유하게 되는 형제의 힘을, 또한 딸이 그를 통해 자신의 비자립성에서 벗어나 여성다움을 향유하면서 그 품격에 도달하게 되는 청년의 힘을 유효한 것으로 만든다.—그런데 공동체는 오직 이런 개별성의 정신을 억압함으로써만 자신을 보존할 수 있다. 물론 개별성의 정신이 (공동체에) 본질적인 계기이기 때문에 공동체는 개별성의 정신을 이에 못지않게 산출해내는데, 그것도 바로 적대적 원리로서의 개별성의 정신에 대한 억압적 태도를 통해 산출해낸다. 그러나 이 원리가 보편적 목적에서 분리되면 단지 악하고 내적으로 헛된 것에 불과하므로, 공동체 스스로가 젊은이의 힘을, 즉 아직 성숙하지 못한 채로 개별성 내에 머물러 있는 남성성을 전체의 **힘**으로서 승인하지 않는다면, 그 원리는 아무것도 하지 못한다. 왜냐하면 공동체는 곧 하나의 민족이고, 그 자체가 개체성이기 때문이다. 즉, 공동체는 본질적으로 오직 **대자적**이어서 다른 개체들은 그것에 대해(그것을 위해) 존재할 따름이며, 공동체는 다른 개체들을 자신으로부터 배제하고 또 자신이 다른 개체들로부터 독립적임을 알고 있다. 내향적으로는 개체들의 개별화를 억압하는 반면에 외향적으로는 자기 활동적이라는 공동체의 부정적 측면은 개체성을 자신의 무기로 삼는다. 전쟁은 일체의 현존재로부터 벗어난 인륜적 자기 본질의 절대적 자유라는 인륜적 실체의 본질적 계기가 그 현실성을 얻고 검증되면서 현존하게 되는 정신이자 형식이다. 한편으로 전쟁은 소유와 인격적 자립성의 개별적 체계들에 그리고 또한 개별적 인격성 자체에 부정적인 것의 힘을 느끼도록 만드는 가운데, 다른 한편으로는 바로 이 부정적 본질이 전쟁 속에서 스스로를 전체의 보존자로 고양한다. 여성이 자신의 쾌락을 얻는 용감한 청년이라는 억압된 타락의 원리는 백일하에 등장하여 유효한 것이 된다. 이제 자연적 힘이 그리고 행운의 우연으로 나타나는 것이 바로 인륜적 본질의 현존재와 정신적 필연성을 결정한다. 인륜적 본질의 현존재가 강함과 행운에 의거하고 있으므로, 인륜적 본질이 붕괴한다는 것은 이미 결정되어 있다.―앞서 한낱 페나테스가 민족 정신 속에서 붕괴했듯이, (직접적 인륜성의) 생동하는 민족 정신들은 그 개체성에 의해 이제 (세계 정신의 역사 속에서 새롭게 등장하는) 하나의 보편적 공동체 속에서 붕괴한다. 그런데 이런 보편적 공동체의 단순한 보편성은 정신을 결여하고 있고 죽어 있으며, 그 생동성은 개별자로서의 개별적 개인이다. 정신의 인륜적 형태는 사라졌고, 그 대신에 다른 형태가 들어선다.

그러므로 이런 인륜적 실체의 붕괴와 다른 형태로의 이행은 인륜적 의식이 본질적으로 법칙을 직접적으로 지향한다는 사실에 의해 규정되어 있다. 이런 직접성이라는 규정 속에는 무릇 자연이 인륜성의 행위 안으로 침투해 들어온다는 점이 담겨 있다. 인륜성의 행위가[345] 산출하는 현실은 인륜적 정신의 아름다운 단합과 안정된 균형이 바로 이 안정과 아름다움 자체에서 지니고 있는 모순과 타락의 단초만을 현시할 따름이다. 왜냐하면 직접성은 자연의 무의식적 안정이자 또한 정신의 자기의식적인 불안정한 안정이라는 모순된 의미를 지니고 있기 때문이다.— 이런 자연성 때문에 이 인륜적 민족은 무릇 자연에 의해 규정되어 있기에 제약된 개체이며, 그러므로 자신의 지양을 다른 개체에서 발견하게 된다. 그런데 현존재 속에 정립된 채로는 제약이지만 그에 못지않게 부정적인 것 일반이고 또 개체의 자기(自己)인 이 규정성이 사라지면서 정신의 생명과 이런 만인 속에서 자기의식적인 실체는 상실되고 만다. 실체는 만인에게서의 **형식적 보편성**으로서 밖으로 나오며, 더 이상 생동하는 정신으로서 만인에게 내재하는 것이 아니다. 오히려 그 개체성의 단순한 견고함은 수많은 점(點)들로 파열되었다.

c. 법적 상태

개체와 실체의 생동하는 직접적 통일이 그 안으로 후퇴하는 보편적 통일은 정신을 결여한 공동체인데, 이러한 공동체는 더 이상 개인의 자기의식을 결여한 실체가 아니며,[346] 그 안에서는 이제 개인들이 그들의 개별적 대자 존재에 따라서 자기 본질이자 실체로 간주된다. 절대적으로 다수의 개인이라는 원자들로 산산이 흩어진 보편자, 이런 죽은 정신이 곧 **모두**가 **각자**로서, 즉 (법적) **인격자**로서 유효한 **평등**(동일성. 균등성)이다.— 인륜성

---

345) 지시대명사가 '인륜성의 행위' 대신에 '인륜성'을 지시하는 것으로 독해할 수도 있다.

346) (Werke) 이러한 공동체는 더 이상 개인의 그 자체 의식을 결여한 실체가 아니며,

의 세계에서는 숨어 있는 신법이라고 불리던 것이 행실 속에서(실제로) 자신의 내면에서 벗어나 현실로 들어섰다. 인륜성의 세계에서는 **개별자**가 오직 **가족**의 보편적 **혈통**으로서만 현실적으로 유효했고 또 그렇게 존재했다. **바로 이** 개별자로서의 개별자는 **자기**(自己)를 **결여한 사별한** 정신이었다. 그러나 이제 개별자는 자신의 비현실성을 벗어나 출현한다. 인륜적 실체가 단지 **참된** 정신에 불과하기 때문에 개별자는[347] 자기 자신에 대한 **확신**으로 후퇴한다. 개별자는 **긍정적인** 보편자로서는 인륜적 실체이지만, 그의 현실은 **부정적인** 보편적 **자기**(自己)라는 것이다. — 우리는 인륜적 세계의 위력들과 형태들이 공허한 **운명**의 단순한 필연성 속에서 침몰하는 것을 보았다. 이런 인륜적 세계의 위력은 자신을 자신의 단순성 속으로 반성하는 실체이다. 그런데 자신 안으로 반성하는 절대적 본질, 즉 바로 저 공허한 운명의 필연성은 다름 아니라 자기의식의 **자아**이다.

그리하여 이 자기의식의 자아가 이제 **즉자 대자적으로** 존재하는 본질로 간주된다. 이런 **승인받은 존재**(Anerkanntsein)가 곧 그의 실체성이다. 그러나 이 실체성은 **추상적 보편성**인데, 그 까닭은 이 실체성의 내용이 실체 속에서 용해된 것이 아닌 **바로 이 완강한 자기**(自己)이기 때문이다.

그러므로 여기서 (법적) 인격성이 인륜적 실체의 삶에서 벗어나 등장한다. 인격성은 의식의 **현실적으로 유효한** 자립성이다. **현실성**에 대한 **단념**을 통해서 생성되는 자립성에 관한 **비현실적 사고**는 앞서 **스토아적** 자기의식으로 등장했다. 스토아적 자기의식이 **자기의식**의 직접적 현존재인 지배와 예

---

347) 이 문장과 다음 문장에서 인칭대명사가 '개별자' 대신에 '정신'을 지시하는 것으로 독해할 수도 있다. 이 경우 이 문장들은 다음과 같이 번역한다. "인륜적 실체가 단지 **참된** 정신에 불과하기 때문에 정신은 자기 자신에 대한 **확신**으로 후퇴한다. 정신은 **긍정적인** 보편자로서는 인륜적 실체이지만, 그의 현실은 **부정적인** 보편적 **자기**(自己)라는 것이다."

속으로부터 발현했듯이, 인격성은 만인의 보편적 지배 의지이자 또한 이에 못지않게 만인의 봉사하는 복종인 직접적 **정신**으로부터 발현한다. 스토아주의에는 단지 **추상** 속에서만 **즉자**이던 것이 이제는 **현실적 세계**가 된다. 스토아주의는 다름 아니라 법적 상태의 원리인 정신을 결여한 자립성을 그것의 추상적인 형식으로 이끄는 의식이다. 이 의식은 **현실**로부터 도피함으로써 단지 자립성에 관한 사고에 도달했을 뿐이다. 이 의식은 자신의 본질을 그 어떤 현존재에도 결부하지 않고 모든 현존재를 포기하고서 자신의 본질을 오로지 순수한 사유의 통일 속에만 정립함으로써 절대적으로 **자신을 위해 존재한다**(대자적이다). 이와 똑같은 방식으로 인격자의 권리(법)도 개인 자신의 더 풍요롭고 더 강력한 현존재에 결부되어 있는 것도 아니고(특정한 개인이 자신 안에 다른 사람보다 더 풍요롭고 강력한 현존재를 가지고 있기 때문에 권리를 지니는 것도 아니고) 또한 생동하는 보편적 정신에 결부되어 있지도 않으며, 오히려 자신의 추상적 현실성의 순수한 단일자에 또는 자기의식 일반으로서의 순수한 단일자에 결부되어 있다.

스토아주의의 **추상적** 자립성이 이제 그런 추상적 자립성의 실현을 서술했듯이, 또한 이 후자(인격자의 법이 지닌 정신을 결여한 자립성)도 전자의 운동을 반복하게 될 것이다. 전자는 의식의 회의주의적 혼란으로 이행한다. 즉, 그것은 [아무런 형태도 없이 존재와 사고의 한 가지 우연성에서 또 다른 우연성으로 전전하면서 헤매고, 이런 우연성을 비록 절대적 자립성 속에서 해체하지만 그에 못지않게 이를 다시 산출해내면서, 실은 단지 의식의 자립성과 비자립성 사이의 모순에 불과한] 그런 부정적인 것의 산만함으로 이행한다.— 이와 마찬가지로 **법**의 인격적 자립성도 오히려 이와 동일한 보편적 혼란과 쌍방적 해체이다. 왜냐하면 절대적 본질로 간주되는 것은 바로 (법적) 인격자의 순수하고 **공허한 단일자**로서의 자기의식이기 때문이다. 이런 공허한 보편성에 맞서 실체는 **충만함**과 **내용**의 형식을 지니고 있으며, 이 내용은 이제 완전히 자유롭게 방면되어서 정돈되지 않은 상태로 있다. 왜냐하면 내용을 속박하여 그 통일성 속에서 결집할 만한 정신이 더 이상 현존하지 않기 때문이다. — 그렇기 때문에 이런 인격자의 공허한 단일자는 그 **실재성**에서는 아무런 존속에도 이르지 못하는 우연한 현존재이자 본질을 결여한 운동과 행동이다. 그러므로 회의주의가 그러하듯이, 법의 형식주의는 자신의 개념상 그 특유의 내용을 결여하고 있으며, 잡다하게 존립하고 있는 것을, 즉 점유(Besitz)를 미리 주어진 것으로 발견하고서는 그것에 회의주의와 마찬가지의 똑같은 추상적 보편성을 각인시키는데, 이를 통해 점유는 **소유**(Eigentum)라고 불리게 된다. 그런데 회의주의에서는 그렇게 규정된 현실이 무릇 **가상**이라고 일컬어지면서 단지 부정적인 가치만을 지녔던 데에 반해, 법에서는 그렇게 규정된 현실이 긍정적인 가치를 지닌다. 전자의 부정적인 가치는 현실적인 것이 사유로서의, 즉 **즉자적으로** 보편적인 것으로서의 자기(自己)라는 의미를 지니고 있다는 데에 존립하는 반면에, 후자의 긍정적인 가치는 현실적인 것이 범주라는 의미에서, 즉 **승인된 현실적** 효력이라는 의미에서 **나의 것**이라는 데에 존립한다. — 그 두 가지는 모두 똑같이 **추상적 보편자**이다. 그것이 외적 점유가 되었건 또는 정신과 성격의 내적 풍부함이나 빈곤함이 되었건 간에 나의 것이 지니는 현실적 내용이나 **규정성**은 이런 공허한 형식 속에 포함되어 있지 않고 또 이런 형식과는 아무 상관이 없다. 그러므로 그 내용은 형식적으로 보편적인 것과는 다른 우연과 자의(恣意)라는 **고유한 위력**에 귀속된다. — 그렇기 때문에 법의 의식은 자신이 현실적인 효력을 지니게 되는 것 자체에서 오히려 자신의 실재성의 상실과 자신의 완전한 비본질성을 경험하게 되며, 어느 한 개인을 (법적) **인격자**라고 부르는 것은 경멸의 표현이다.

그 내용이 지닌 자유로운 위력은 자신을 다음과 같이 규정한다. 즉, 인격적 원자(原子)들의 절대적 **다수성**으로 분산되었던 것은 동시에 이런 규정성의 본성에 의해서 인격적 원자들에는 낯설고 또 그에 못지않게 정신을 결여한 **하나의** 점(點)으로 결집된다. 그런데 이 점은 한편으로는 원자들의 인격성이 지닌 완강함과 똑같은 순수하게 개별적인 현실태이지만, (다른 한편으로는) 원자들의 공허한 개별성과 대립하여 동시에 내용 일체라는 의미, 그리하여 원자들에 대해 실제적 본질이라는 의미를 지니고 있으며, 원자들의 절대적이라고 오인된, 그러나 즉자적으로 본질을 결여한 현실에 맞서 있는 보편적 위력이자 절대적 현실이다. 이와 같은 방식으로 이런 세계의 주인(Herr der Welt)은 (한편으로) 스스로에게 절대적이면서 동시에 모든 현존재를 자신 안에 포괄하는 인격자이며, 그의 의식에 대해서는 그 어떤 더 상위의 정신도 실존하지 않는다. 그는 인격자이되, **만인**과 대치해 있는 고독한 인격자이다. 만인이 이 인격자의 유효한 보편성을 이룬다. 왜냐하면 개별자로서의 개별자는 오직 개별성의 보편적 다수성으로서만 참으로 존재하며, 이 보편적 다수성과 격리된 채로는 고독한 자기(自己)가 실제로 비현실적이고 무력한 자기이기 때문이다. ─ 동시에 (다른 한편으로) 이 개별자는[348] 저 보편적 인격성에 대치해 있는 내용의 의식이다. 그런데 자신의 부정적 위력으로부터 해방된 이 내용은 바로 속박에서 벗어나 격렬한 방종 속에서 요소적(기초적) 본질로서 서로에 맞서 난폭하고 파괴적으로 움직이는 정신적 위력들의 혼돈이다. 정신적 위력들의 무력한 자기의식은 (정신적 위력들 일체를 자신의 내용으로 삼고 있지만 실은 이 정신적 위력들의 운동에 대해 무력한 세계의 주인이 지닌 자기의식은) 그것들의 소란을 아무런 힘도 없이 둘러싸는 것이고 또 그

---

348) 인칭대명사가 '개별자' 대신에 '(고독한) 자기'를 지시하는 것으로 독해할 수도 있다.

런 소란의 지반이다. 세계의 주인은 이렇게 (한편으로는) 자신을 모든 현실적 위력들의 총괄 개념으로 인지하면서 자신을 현실적인 신(神)으로 알고 있는 어마어마한 자기의식이다. 그러나 (다른 한편으로는) 세계의 주인이 정신적 위력들을 제어하지 못하는 단지 형식적 자기(自己)에 불과하므로, 그의 운동과 자기 향유도 이와 마찬가지로 엄청난 방종이다.

세계의 주인은 자신이 무엇인지에 관한 현실적 의식을, 즉 그와 대치해 있는 그의 신민(臣民)들의 자기(自己)에 대해서 그가 행사하는 파괴적 폭력 속에서 현실의 보편적 위력이라는 의식을 가지고 있다. 왜냐하면 그의 위력은 그 속에서 인격자들이 자기 자신의 자기의식을 인식할 만한 정신의 **합일**이 아니며, 오히려 인격자들은 인격자로서 대자적으로 존재하면서 자신의 점성(點性)이 지닌 절대적 완강함에서 타자와의 연속성을 배제하기 때문이다. 따라서 인격자들은 서로에 대해서와 마찬가지로 세계의 주인에 대해서도 단지 부정적인 관계 속에 있을 뿐이다. 이러한 연속성으로서의 세계의 주인은 인격자들이 지닌 형식주의의 본질이자 내용이다. 하지만 그는 인격자들에게는 낯선 내용이고, 바로 그들에 대해 자신들의 본질로 간주되는 것을, 즉 내용 없는 대자 존재를 오히려 지양하는 적대적 본질이며, 또 그들의 인격성의 연속성으로서 그는 바로 이 인격성을 파괴하는 것이다. 그러므로 자신에게 낯선 내용이 자신 안에서 유효하게 되고 또 자신에게 낯선 내용이 바로 자신의 실재성인 까닭에 자신 안에서 유효하게 됨으로써 법적 인격성은 오히려 자신의 무실체성을 경험하게 된다. 이에 반해 이런 본질을 결여한 지반에서 이루어지는 파괴적인 파헤침은 그에게(세계의 주인에게) 자신의 전반적 지배에 관한 의식을 부여하지만, 이런 자기(自己)는 한낱 황폐화일 뿐이고, 따라서 단지 자신 외부에 존재할 뿐이며, 오히려 자신의 자기의식을 내던져버리는 것이다.

자기의식이 절대적 본질로서 **현실적으로** 존재하는 측면은 바로 이런 상태에 있다. 그런데 이런 현실로부터 **자신 안으로 되몰려 들어간 의식**은 이런 자신의 비본질성을 사유한다. 우리는 앞에서 순수한 사유의 스토아적 자립성이 회의주의를 거쳐 간 다음에 불행한 의식에서 자신의 진리를 발견한다는 점을 보았다. 그리고 이는 곧 그러한 의식의 즉자 대자 존재가 어떠한지에 관한 진리였다. 그때에는 이러한 지가 단지 그와 같은 의식으로서의 의식이 지닌 일면적인 견해로 나타났을 뿐이라면, 여기서는 그것의 **현실적** 진리가 등장한 것이다. 이 현실적 진리는 바로 이런 자기의식의 **보편적 유효성**이 자기의식으로부터 소외된 실재라는 데에 존립한다. 이러한 **유효성**이 자기(自己)의 보편적 현실성이지만, 이런 보편적 현실성은 그에 못지않게 직접적으로 그 전도(顚倒)이다. 즉, 자기(自己)의 보편적 현실성은 자신의 본질의 상실이다. ─ 인륜적 세계에서는 현존하지 않았던 자기(自己)의 현실성이 **인격자** 안으로 후퇴함으로써 획득되었으며, 인륜적 세계에서는 합일되어 있던 것이 이제는 전개되어서, 그러나 소외된 상태로 등장한다.

B. 자신으로부터 소외된 정신; 도야

인륜적 실체는 (남성과 여성, 신법과 인간법, 원자화된 다수의 개별자들과 세계의 주인 사이의) 대립을 자신의 단순한 의식 속에 함축한 상태로 보존했고, 또 이런 단순한 의식을 자신의 본질과의 직접적 통일 속에서 보존했다. 그렇기 때문에 본질은 의식에 대해 **존재**라는 단순한 규정성을 지니며, 이때 의식은 직접적으로 이런 존재를 지향하고 또 존재가 지닌 관습이 바로 이 의식이다.[349] 의식이 스스로에게 **바로 이 배타적 자기**(自己)로서 유효하지도 않았고, 또 실체가 의식으로부터 배제된 현존재라는 의미를 지니고 있어서 의식이 오직 자기 자신의 소외를 통해서만 자신을 이런 현존재와 하나로 정립하고 또한 동시에 이런 자기 자신으로부터의 소외를[350] 산출해내야만 하는 것도 아니었다. 그러나 그것의 자기(自己)가 절대적으로 이산된 것(das absolut diskrete)인 그런 정신은 자신의 내용을 이에 못지않게 자신에 맞서 있는 엄혹한 현실로 지니고 있으며, 여기서 세계는 외적인 것이라는, 즉 자기의식에 대해서 부정적인 것이라는 규정을 가지고 있다. 그러나 이 세계는 정신적 본체이다. 즉, 이 세계는 즉자적으로 존재와 개체성의 (상호) 삼투이다. 이런 세계의 현존재는 자기의식의 **작업 성과**이다. 그러나 그것은 또한 이에 못지않게 자기의식에게 낯선 직접적으로 현존하는 현실이며, 이러한 현실은 특유의 존재를 지니고 있어서 그 속에서는 자기의식이 자신을 인식하지 못한다. 이 세계는 외적인 본체이자 법의 자유로운 내용이다. 그러나 법의 세계의 주인이 자신 안에 포괄하고 있는 이런 외적 현실은 단지 이런 자기(自己)에 대해 우연하게 현존하는 요소적(기초적) 본체에 불과한 것이 아니라 오히려 자기(自己)의 노동(자기의식이 행한 노동의 산물), 그러나 긍정적이지 않은 노동, 즉 자기(自己)의 부정적 노동이다. 이 세계는 자신의 현존재를 자기의식 **자신의** 외화와 탈본질화(Entwesung)를 통해서 획득하는데, 이러한 자기의식 자신의 외화와 탈본질화는 법의 세계를 지배하는 황폐화 속에서 풀려난 요소들의 외적 폭력을 자기의식에게 가하는 듯이 나타난다. 이렇게 풀려난 요소들 홀로는 단지 순수한 황폐화이자 자기 자신의 해

---

349) 대명사의 지시 관계에 따라 이 구절은 다음과 같이 번역할 수도 있다. "또 의식이 지닌 관습이 바로 이 존재이다."

350) 인칭대명사가 '자기 자신으로부터의 소외' 대신에 '실체'를 지시하는 것으로 독해할 수도 있다.

체일 따름이다. 그렇지만 이런 해체, 바로 이 요소들의 부정적 본질이 바로 자기(自己)이다. 그것은 요소들의 주체이고 또 요소들의 행동이자 생성이다. 그런데 실체를 현실화하는 이런 행동과 생성은 인격성의 소외이다. 왜냐하면 **직접적으로**, 즉 **아무런 소외 없이** 즉자 대자적으로 유효한 자기(自己)는 실체가 없는 것이고 저 광포한 요소들의 유희이기 때문이다. 그러므로 **자기**(自己)**의** 실체는 자기(自己)의 외화 자체이며, 외화는 곧 실체, 또는 자신을 하나의 세계로 질서 있게 정렬하고 이를 통해 자신을 보존하는 정신적 위력들이다.

이런 방식으로 실체는 곧 **정신**, 즉 자기(自己)와 본질의 자기의식적 **통일**이다. 그러나 그 두 가지(자기와 본질)는 또한 서로에 대해 소외라는 의미를 지니고 있다. 정신은 대자적으로 자유로운 대상적 현실의 **의식**이다. 그러나 이런 의식에 자기(自己)와 본질의 통일이 대치해 있으며, **현실적** 의식에 **순수한 의식**이 대치해 있다. 한편으로 현실적 자기의식은 자신의 외화를 통해 현실적 세계로 이행하고, 또 현실적 세계는 현실적 자기의식으로 되돌아간다. 그러나 다른 한편 바로 이 현실은, 즉 인격자와 대상성은 모두 지양되어 있다. 인격자와 대상성은 순수하게 보편적인 것이다. 그것들의 이런 소외가 곧 **순수한 의식**이나 **본질**이다. 현전(현실 세계에 현전하는 것)은 직접적으로 그 대립자를 자신의 사유이자 사유된 존재(Gedachtsein)인 자신의 **피안**에서 지니며, 이 피안은 그 대립자를 자신으로부터 소외된 자신의 현실인 차안에서 지닌다.

그렇기 때문에 이러한 정신은 단지 **하나의** 세계를 형성하는 것이 아니라 이중화되고 분리되어 대립하는 세계를 형성한다.— 인륜적 정신의 세계는 인륜적 정신 자신의 **현전**이다. 그렇기 때문에 이 세계의 위력들 각각은 그러한 통일 속에 있으며, 두 위력이 서로 구분되는 한에서는 전체와의 균형 속에 있다. 그 무엇도 자기의식에 대해서 부정적인 것이라는 의미를 지니지 않는다. 사별한 정신조차도 친족의 **핏**속에서, 즉 가족의 **자기**(自己) 속에서 현전하며, 정부의 보편적 **위력**은 **의지**, 즉 민족의 자기(自己)이다. 반면에 여기서는(소외된 세계에서는) 현전하는 것이 단지 자신의 의식을 피안에 두고 있는 대상적 **현실**을 의미할 뿐이다. **본질**로서의 개별적 계기들은 각각 이렇게 현전하는 것을 맞아들이고, 그럼으로써 그 현실성을 다른 계기로부터 수여받는다. 그리고 각각의 계기가 현실적으로 존재하는 한, 그것의 본질은 자신의 현실과는 다른 것이다. 그 무엇도 자기 자신 안에 근거를 두고서 깃들어 있는 정신을 지니지 못하며, 자신 밖의 낯선 것 속에서 존재한다. 또한 전체의 균형은 자기 자신에 머무는 통일과 그런 통일이 자신 안으로 복귀한 안정화가 아니며, 그것은 오히려 대립자의 소외에 기반을 둔 것이다. 그렇기 때문에 전체는 각각의 개별적 계기와 마찬가지로 자신으로부터 소외된 실재이다. 전체는 두 개의 왕국으로 와해되는데, 그 하나는 그 안에서 **자기의식**이 **현실적으로 자신**이면서 또한 자신의 대상이기도 한 왕국이고, 다른 하나는 첫 번째 왕국의 피안에서 현실적 현전을 지니는 것이 아니라 **신앙** 속에 존재하는 그런 **순수한** 의식의 왕국이다. 인륜적 세계가 신법과 인간법 그리고 그 형태들의 분리에서 벗어나고 또 인륜적 세계의 의식이 지와 무의식으로의 분리에서 벗어나 자신의 운명으로, 즉 이런 대립의 **부정적 위력**으로서의 **자기**(自己)로 되돌아가듯이, 이렇게 자신으로부터 소외된 정신의 두 왕국 또한 **자기**(自己)로 복귀한다. 그러나 전자가 최초의 직접적으로 유효한 **자기**(自己)인, 즉 개별적 **인격자**였다면, 자신의 외화로부터 자신 안으로 복귀한 이 두 번째 자기는 **보편적 자기**가, 즉 **개념**을 포착하는 의식이 될 것이다. 그리고 그 계기들 모두가 고정된 현실과 비정신적인 자기 존립을 주장하는[351] 이런 정신적 세계들은 **순수한 통찰**

속에서 해체될 것이다. 자기 자신을 **포착하는** 자기(自己)로서의 순수한 통찰은 도야를 완성한다. 순수한 통찰은[352] 오직 자기(自己)만을 파악하고 모든 것을 자기로서 파악한다. 즉, 순수한 통찰은 모든 것을 **개념적으로 파악하며**, 일체의 대상성을 폐기하면서 모든 **즉자** 존재를 **대자** 존재로 전환한다. 피안에 놓여 있는 낯선 **본질**의 왕국으로서의 신앙에 대항하면서 순수한 통찰은 **계몽**이 된다. 계몽은 소외된 정신이 자신을 자기 동일적 안정의 의식을 향해 구원하려고 하는 이 왕국(신앙의 왕국)에서조차 소외를 완성한다. 소외된 정신의 의식이 (피안의 세계에 속해 있는 만큼이나 또한) 마찬가지로 차안의 세계에도 속해 있기 때문에, 소외된 정신은 차안의 세계의 용구들이 자신의 소유물임을 부인하지 못한다. 그런데 계몽은 이런 차안의 세계의 용구들을 이 (신앙의) 왕국 안으로 가지고 들어옴으로써 소외된 정신이 여기서 영위하는 살림살이를 엉망으로 만들어버린다. — 이런 부정적인 업무 속에서 순수한 통찰은 동시에 자기 자신을 실현하면서 자신의 고유한 대상인 불가지의 **절대적 본질과 유용한 것**을 산출해낸다. 이런 방식으로 현실이 일체의 실체성을 상실하고서 더 이상 그 무엇도 이 현실 안에서 **즉자적으로** 존재하지 않게 됨으로써 신앙의 왕국과 마찬가지로 실재하는 세계도 전복되며, 이러한 혁명은 **절대적 자유**를 산출해낸다. 이런 절대적 자유와 더불어 앞서의 소외된 정신은 자신 안으로 완전히 되돌아가서 도야의 나라를 떠나 또 다른 나라로, 즉 **도덕적 의식**의 나라로 넘어간다.

---

351) 이 문구는 다음과 같이 번역할 수도 있다. "그리고 그 계기들 모두가 고정된 현실과 비정신적인 존립을 스스로 주장하는"

352) 이하의 문장에서 인칭대명사가 '순수한 통찰' 대신에 '도야'를 지시하는 것으로 독해할 수도 있다.

I. 자신으로부터 소외된 정신의 세계

이러한 정신의 세계는 이중의 세계로 와해된다. 그 하나는 현실의 세계 또는 정신의 소외 자체의 세계이며, 그 반면에 다른 하나는 정신이 자신을 첫 번째 세계 너머로 고양시키면서 순수한 의식의 에테르 속에서 스스로 건립하는(자신을 감화시키는) 세계이다. 그런 소외에 **대립해 있는** 이 세계는 바로 그렇기 때문에 소외로부터 자유롭지 못하며, 오히려 단지 소외의 또 다른 형식에 불과하다. 이때 소외는 바로 두 개의 세계 속에서 의식을 지니고 있다는 데에 존립하며, 소외는 그 두 세계를 모두 포괄하고 있다. 그러므로 여기서 고찰되는 것은 즉자 **대자적으로** 존재하는 바대로의 절대적 본질에 관한 자기의식인 종교가 아니라, 현실 세계로부터의 **도피**이고 그래서 즉자 **대자적이지** 못하는 한에서의 **신앙**이다. 그렇기 때문에 이러한 현전의 왕국으로부터의 도피는 그 자체가 직접적으로 이중적인 것이다. 정신이 스스로를 그를 향해 고양시키는 요소는 바로 순수한 의식이다. 그러나 순수한 의식은 단지 **신앙**의 요소만이 아니라 또한 **개념**의 요소이기도 하다. 그렇기 때문에 그 두 가지는 서로 함께 등장하며, 신앙은 오직 개념과의 대립 속에서만 고찰될 것이다.

a. 도야와 그 현실의 왕국

이러한 세계의 정신은 스스로에게 **바로 이 대자적으로 존재하는** 자기의식으로서 직접적으로 현전하면서 **본질**을 자신과 대치하는 현실로 알고 있는 그런 **자기의식**에 의해 삼투된 정신적 **본질**이다.[353] 그러나 이 세계의 현존재 및 자기의식의 현실은 자기의식이 자신의 인격성을 포기하고(외화하고) 그럼으로써 자신의 세계를 산출하고서는 이 세계를 이제 비로소 장악해야만 하는 낯선 세계로 취급하는 그런 운동에 기반을 두고 있다. 그런데 자신의 대자 존재를 단념하는 일은 그 자체가 현실을 창출하는 것이며, 그래서 자기의식은 그러한 대자 존재의 단념을 통해서[354] 직접적으로 현실을 장악한다. — 또는 자기의식은 오직 자기 자신으로부터 소외되는 한에서만 **그 무엇**(Etwas)이 되고, 그런 한에서만 **실재성**을 지닌다. 이를 통해 자기의식은 자신을 보편적인 것으로 정립하며, 이런 자신의 보편성이 곧 자신의 효력이자 현실성이다. 그렇기 때문에 이런 모든 사람과의 **동일성**(Gleichheit)은 앞에서 등장한 법의 평등(Gleichheit)과는, 즉 자기의식이 **존재한다**는 바로 그 이유에서 직접적으로 승인받고 효력을 지니는 것과는 다르다. 오히려 자신을 보편자에 부합하도록 만들었다고 하는 소외시키는 매개(entfremdende Vermittlung)를 통해서 자기의식이 유효성을 지니는 것이다. 정신을 결여한 법의 보편성은 개성 및 현존재의 그 어떤 자연적 방식도 자신 안으로 받아들이고서 이에 권리를 부여한다. 반면에 지금 여기서 유효성을 지니는 보편성은 **생성된** 보편성이며, 바로 그렇기 때문에 **현실적인** 것이다.

그러므로 여기서 개인이 효력과 현실성을 지니게 되는 것은 **도야**를 통해서이다. 그의 참된 **근원적 본성**(자연)과 실체는 **자연적** 존재의 **소외**라는

---

353) 이 문장은 다음과 같이 번역할 수도 있다. "이러한 세계의 정신은 **자기의식**에 의해 삼투된 정신적 **본질**인데, 이러한 본질은 스스로에게 **바로 이 대자적으로 존재하는 것**으로서 직접적으로 현전하면서 **본질**을 자신과 대치하는 현실로 알고 있다." 그러나 이는 문맥상 개연성이 떨어진다.

354) 인칭대명사의 지시 관계에 따라 "그러한 대자 존재의 단념을 통해서" 대신에 "그러한 현실의 창출을 통해서"로 번역할 수도 있다.

정신이다. 그렇기 때문에 이러한 포기(외화)는 개인의[355] 목적이자 또한 **현존재**이다. 그러한 포기는 **사유된 실체**로부터 **현실**로의 **매체**(수단)나 **이행**이자 또한 동시에 역으로 **규정된 개체성**으로부터 **본질성**으로의 매체나 이행이다. 이 개체는 자신을 그가 **즉자적으로** 그것인 바로 **도야시키며**, 이를 통해 비로소 그는 **즉자적으로 존재**하고 또 현실적 현존재를 지닌다. 그가 도야한 바로 그만큼, 그는 현실성과 위력을 지닌다. 비록 자기(自己)가 여기서 **바로 이** 자기로서 현실적이라고 그렇게 자신을 인지하고 있을지라도, 그의 현실성은 오로지 자연적 자기의 지양에 존립한다. 그렇기 때문에 근원적으로 **규정된** 본성은 **비본질적인 양**(量)의 차이로, 즉 의지가 지닌 에너지의 더 많고 적음으로 환원된다. 그런데 자기(自己)의[356] 목적과 내용은 오로지 보편적 실체 자체에 귀속되며, 오직 보편자로서만 존재할 수 있다. 본성(자연)의 특수성이 목적과 내용이 되면, 그것은 **무기력하고 비현실적인** 어떤 것이다. 그것은 자신을 작동하게끔 만들려고 가소롭게 헛되이 애를 쓰는 **종**(種)이다. 그것은 직접적으로 보편자인 현실성을 특수자에 부여하려는 모순이다. 그렇기 때문에 개체성이 잘못된 방식으로 본성과 개성의 **특수성**에 설정되면, 실재하는 세계에서는 그 어떤 개체성과 개성도 발견되지 않으며, 개인들은 오히려 서로에 대해 동일한 현존재를 지니게 된다. 그와 같이 오인된 개체성은 바로 **사념된** 현존재에 불과한데, 오직 자기 자신을 포기하는 것만이, 따라서 오직 보편자만이 현실성을 획득하는 이 세계에서는 사념된 현존재가 아무런 지속성도 지니지 못한다. ─ 그러므로 **사념된 것**은 그것이 바로 그러한 바로, 즉 종으로 간주된다. '종'이 "범속함을 지칭하는

---

355) 지시대명사가 '개인' 대신에 '자연적 존재'를 지시하는 것으로 독해할 수도 있다.
356) 지시대명사가 '자기' 대신에 '의지'를 지시하는 것으로 독해할 수도 있다.

것이어서 최고 단계의 경멸을 표현하기 때문에 모든 별명 중 가장 끔찍한 것"인 '족속(espèce)'과 전적으로 똑같은 것은 아니다.[357] 그렇지만 독일어에서 '종'이라는 것 그리고 '그 종에서(in seiner Art) 좋다(그 나름대로 괜찮다)'는 것은 그와 같은 (족속이라는 경멸적) 의미에다가 마치 그처럼 나쁘게 생각한 것은 아닌 듯한 진지한 표정을 덧붙이는 표현이거나 또는 실제로도 종이 무엇이고 도야와 현실이 무엇인지에 관한 의식을 아직 내포하고 있지 않은 표현이다.

개별적 **개인**과 관련하여 개인의 도야로 나타나는 것은 **실체** 자체의 본질적 계기이다. 즉, 그것은 실체의 사유된 보편성에서 현실로의 직접적 이행이거나 또는 **즉자를 승인된 것**이자 **현존재**가 되게끔 만드는 실체의 단순한 영혼이다. 그렇기 때문에 자신을 도야시키는 개체의 운동은 직접적으로 개체가 보편적인 대상적 본질로서 생성되는 것, 즉 현실적 세계의 생성이다. 비록 현실적 세계가 개체에 의해 생성된 것이기는 하지만, 그것이 자기의식에 대해서는 직접적으로 소외된 것이고, 자기의식에 대해 흔들리지 않는 현실이라는 형식을 지니는 것이다. 그런데 동시에 현실적 세계가 자신의 실체라는 점을 확신하면서도 자기의식은 현실적 세계를 장악하러 나선다. 자기의식은 도야를 통해 현실적 세계에 대해서 이런 위력을 획득하는데, 이때 도야는 이런 측면에서 자기의식이 자신을 현실에 부합하게끔 만드는 것으로 나타나면서 (개인이 지니고 있는) 근원적 개성과 재능의 에너지만

---

357) D. Diderot, *Rameau's Neffe*, übers. von J. W. Goethe. Leipzig, 1805, p. 310.(드니 디드로, 『라모의 조카』, 황현산 역, 고려대학교출판부, 2006, 156쪽: "우리가 떨거지들이라고 부르는 것이 그건데, 어쭙잖다는 뜻이니까, 형용어 중에서도 가장 지독한 형용어고, 최악의 경멸이지요.")

큼 그에게 허용된다. 여기서 실체가 당하게 되고 그럼으로써 지양되게끔 만드는 개인의 폭력은 실체의 실현과 똑같은 한가지이다. 왜냐하면 개인의 위력은 바로 그가 자신을 실체에 부합하게끔 만든다는 데에, 즉 개인이 자신의 자기(自己)를 포기하고, 그리하여 자신을 존재하는 대상적 실체로 정립한다는 데에 존립하기 때문이다. 그런 까닭에 개인의 도야와 그의 고유한 현실은 곧 실체 자체의 실현이다.

자기(自己)는 스스로에게 오직 **지양된 것**으로서만 현실적이다. 그렇기 때문에 그것은 자기(自己)에 대해 자기 자신의 **의식**과 대상의 통일을 이루는 것이 아니며, 오히려 자기(自己)에게는 대상이 그를 부정하는 것이다.—그러므로 실체는 그 영혼으로서의 자기(自己)를 통해 자신의 계기들 속에서 다음과 같이 자신을 형성한다. 즉, 대립자가 그 타자에게 정신을 불어 넣고, 그 각각이 자신의 소외를 통해서 타자에게 존립을 부여하면서 또한 타자로부터 존립을 얻어낸다. 동시에 각각의 계기는 자신의 규정성을 뛰어넘을 수 없는 효력을 가진 것으로서 지니고 또 타자에 대항하여 확고한 현실성을 지닌다. (오성적) 사유는 가장 일반적인 방식으로 이런 (대립자들 사이의) 구별을 서로 회피하면서 결코 같은 것이 될 수 없는 **선**과 **악**의 절대적 대립으로 고착시킨다. 그러나 이런 고정된 존재는 대립자로의 직접적 이행을 자신의 영혼으로 삼는다. 현존재는 오히려 그 각각의 규정성이 자신의 대립된 규정성으로 전도(顚倒)되는 것이며, 오직 이런 소외만이 바로 전체의 본질이자 보존이다. 이제 이렇게 계기들이 실현되는 운동과 정신화를 고찰해야 한다. 소외는 자기 자신을 소외시킬 것이고, 전체는 소외를 통해서 자신을 자신의 개념 안으로 환수할 것이다.

먼저 아직 정신이 불어 넣어지지 않은 채로 현존재하는 그 계기들의 직접적인 조직화 속에서 단순한 실체 자체를 고찰해야 한다.—자연은 자신을 보편적 요소들로 펼쳐 놓는다. 그중에서 **공기**는 순수하게 보편적이고 투명한 **지속적 본질**(본체)이다. 반면에 물은 늘 **희생되는** 본질이다. 또한 **불**은 보편적 요소들의[358] 대립을 항상 해소하는 만큼이나 또한 보편적 요소들의 단순성을 대립 속으로 분열시키는 그런 보편적 요소들의 **영혼을 불어넣는** 통일이다. 마지막으로 **흙**은 이러한 분지화의 **확고한 매듭**이자 이런 본질들과 그 과정의 **주체**, 이 본질들의 외출과 복귀이다. 이와 마찬가지로 자기의식적 현실의 내적 **본질**이나 단순한 정신도 자신을 하나의 세계로서 바로 그처럼 보편적이지만 정신적인 집단들로 펼쳐 놓는다. **첫 번째** 집단은 **즉자적 보편자**, 스스로에게 **자기 동일적인** 정신적 본질이다.[359] 다른 한 집단은 **대자적이고** 자신 안에서 **동일하지 않게** 된, 자신을 **희생하고 내주는** 본질이다. **세 번째** 본질은 자기의식으로서 주체이며, 불의 힘을 직접적으로 자체에 지니고 있다. 첫 번째 본질 속에서 자기의식적 현실의 내적 본질은 자신을 **즉자 존재**로 의식한다. 이에 반해 두 번째 본질 속에서는 그것이 보편자의 희생을 통한 **대자 존재**의 생성이다. 그러나 정신 자신은 전체의 즉자 **대자 존재**인데, 이때 전체는 자신을 지속적인 것으로서의 실체와 자신을 희생하는 것으로서의 실체로 **양분하면서** 또한 그에 못지않게 이것들을 자신의 통일 속으로, 즉 분출하면서 이것들을 집어삼키는 불길이자 그 지속적인 형태로서의 통일 속으로 **환수한다.**—우리는 이러한 본질들이 인륜적 세계의 공동체와 가족에 상응하되 이것들이 지녔던 토착적인 정신은 결여하고 있다는 점을 본다. 반면에 이 토착적인 정신에게는 운

---

358) 이 문장 전체에서 인칭대명사가 '보편적 요소들' 대신에 '자연'이나 '공기와 불'을 지시하는 것으로 독해할 수도 있다.

359) (Werke) 첫 번째 집단은 즉자적으로 보편적이고 자기 자신과 동일한 정신적 본질이다.

명이 낯선 것이라면, 여기서는 자기의식이 이 본질들의 현실적 위력으로서 존재하고 또 자신을 그렇게 인지하고 있다.

우선 이런 지체들이 어떻게 순수한 의식 내에서 **사고로서** 또는 **즉자적으로** 존재하는 것들로서 표상되는지에 따라서 고찰해야 하고, 또한 그것들이 어떻게 현실적 의식 속에서 **대상적** 본체들로서 표상되는지에 따라서 고찰해야 한다. ─ 전자의 단순성이라는 형식 속에서 그 첫 번째는 모든 의식들의 **자기 자신과 동일한** 직접적이고 불변적인 **본질로서의 선(善)**, 즉 거기에는 대자적으로 존재하는 의식의 운동이 단지 주변에 관여되어 있을 뿐인 **즉자의** 독립적이고 정신적인 위력이다. 이에 반해 그 타자는 **수동적인** 정신적 본질, 다시 말해 자신을 포기하고 자신에게서 개인들로 하여금 그들의 개별성에 관한 의식을 취하도록 놓아두는 한에서의 보편자이다. 그것은 곧 헛된 본질, 즉 **악(惡)**이다. ─ 이런 본질의 절대적 해체됨은 그 자체가 지속적이다. 첫 번째 본질이 토대이고 개인들의 출발점이자 결과이면서 그 안에서는 개인들이 순수하게 보편적인 것이라면, 이에 반해 두 번째 본질은 한편으로는 자신을 희생시키는 **대타 존재**(타자를 위한 존재)이고, 다른 한편으로는 바로 그렇기 때문에 **개별자**이자 그들의 지속적인 **대자화**(자신을 위하게 됨. Fürsichwerden)로서의 자기 자신을 향한 개인들의 끊임없는 귀환이다.

그러나 이런 선과 악에 관한 단순한 **사고**는 그에 못지않게 직접적으로 자신으로부터 소외되어 있다. 그런 사고는 **현실적이며**, 현실적 의식 속에서 **대상적** 계기들로서 존재한다. 그리하여 그 첫 번째 본질은 **국가 권력**이고, 다른 본질은 **부(富)**이다. ─ 국가 권력은 단순한 **실체**인 만큼이나 또한 보편적 **작업 성과**이다. 즉, 국가 권력은 그 안에서 개인들에게 그들의 **본질**이 언표되고 또 그들의 개별성이 전적으로 오직 그들의 **보편성**에 관한 의식일 따름인 그런 절대적 **사태 자체**이다. 또한 국가 권력은 그것이 개인들의 **행동**으로부터 유래한다는 사실이 사라지고 난 작업 성과이자 단순한 **결과**이다. 그것은 개인들의 행동 일체의 절대적 토대이자 존립이다.— 이렇게 개인들이 영위하는 삶의 **단순한** 에테르 같은 실체는 개인들의 불변하는 자기 동일성이라는 규정에 의해서 곧 **존재**이고, 이와 더불어 단지 **대타 존재**일 뿐이다. 그러므로 그것은 그 자체에서(즉자적으로) 직접적으로 자기 자신의 대립자인 **부**이다. 비록 부가 수동적인 것이거나 헛된 것이긴 하지만, 그것도 마찬가지로 보편적인 정신적 본질이다. 즉, 부는 **만인의 노동**과 **행동**을 통해서 끊임없이 **생성되는 결과**이면서 또한 그것은 다시 만인의 **향유** 속으로 해체된다. 비록 향유 속에서 개체는 **대자적으로** 또는 **개별적인 것**으로 되지만, 이런 향유 자체가 보편적 행동의 결과이며, 또한 향유는 상호적으로 만인의 보편적 노동과 향유를 유발한다. **현실적인 것**은 직접적으로 보편적이라는 정신적 의미를 전적으로 지니고 있다. 물론 각 개별자는 이러한 계기 속에서 자신이 **이기적으로** 행위하고 있다고 사념한다. 왜냐하면 이는 개별자가 그 안에서 자신에게 대자적으로 존재한다는 의식을 부여하는 계기이고, 그런 까닭에 개별자가 이 계기를 어떤 정신적인 것으로 받아들이지는 않기 때문이다. 그러나 단지 표면적으로 볼 때조차도 각자는 자신의 향유 속에서 만인에게 향유할 것을 제공하며, 자신의 노동 속에서 자신을 위해 노동하는 것 못지않게 만인을 위해 노동하고 또 만인이 그를 위해 노동한다는 점이 드러난다. 그렇기 때문에 그의 **대자** 존재는 즉자적으로 **보편적이며**, 자기 이익은 자신이 사념하는 바를, 즉 모두에게 도움이 되는 무엇인가를 행하지는 않는다는 것을 현실화하는 데에 도달하지 못하는 단지 어떤 사념된 것에 불과하다.

그러므로 자기의식은 이 두 가지 정신적 위력(국가 권력과 부) 속에서 자신의 실체와 내용과 목적을 인식한다. 자기의식은 그 속에서 자신의 이중적 본질을 직관하는데, 즉 그중 하나에서는 자신의 **즉자 존재**를 그리고 다른 하나에서는 자신의 **대자 존재**를 직관한다.— 그러나 동시에 정신으로서의 자기의식은 개체성과 보편자의 존립과 분리의 또는 현실과 자기(自己)의 부정적 **통일**이다.[360] 그렇기 때문에 지배와 부는 개인에 대해 대상으로서 현존한다. 즉, 개인에 대해 지배와 부는 개인이 그것들로부터 **자유롭다고** 알고 있고 또 그중에서 선택할 수도 있고 심지어는 아무것도 선택하지 않을 수도 있다고 사념하는 그런 것으로서 현존한다. 이런 자유롭고 **순수한** 의식으로서 자기의식은[361] 오직 **자기의식에 대해** 존재할 뿐인 것으로서의 본질에 대치하여 등장한다. 그리하여 자기의식은 **본질**로서의 본질을 자신 안에 지니고 있다.— 이런 순수한 의식 속에서 자기의식에게 실체의 계기들은 국가 권력과 부가 아니라 **선과 악**이라는 사고이다.— 그런데 더 나아가 자기의식은 자신의 현실적 의식에 대한 자신의 순수한 의식의 관련, 대상적 본질에 대한 사유된 것의 관련이다. 즉, 자기의식은 본질적으로 **판단**이다.— 물론 현실적 본질의 두 측면에 대해 그중 무엇이 선한 것이고 무엇이 악한 것인지는 그것들의 직접적 규정에 의해서 이미 밝혀졌다. 즉, 선한 것은 국가 권력이고 악한 것은 부이다. 그렇지만 이런 최초의 판단이 정신적 판단으로 간주될 수는 없다. 왜냐하면 이 최초의 판단에서는 그 한 측면이 단지 **즉자적으로** 존재하는 측면이나 긍정적인 측면으로서만 규정되고, 다른 측면은 단지 **대자적으로** 존재하는 측면이나 부정적인 측면으로서만 규정되어 있기 때문이다. 그러나 그 두 측면은 정신적 본질들로서 저마

---

360) 이 문장은 다음과 같이 번역할 수도 있다. "그러나 자기의식은 동시에 정신으로서 개체성과 보편자의 또는 현실과 자기(自己)의 존립과 분리의 부정적 **통일**이다."
361) 이 문장과 이하의 두 문장에서 인칭대명사가 '자기의식' 대신에 '개인'을 지시하는 것으로 독해할 수도 있다.

다 그 두 계기의 (상호) 삼투이며, 따라서 그와 같은 (일면적) 규정 속에서 소진되지 않는다. 그리고 자신을 그 두 측면과 관련짓는 자기의식은 **즉자 대자적**인 것이다. 그렇기 때문에 자기의식은 그 두 측면 각각에 자신을 이중의 방식으로 관련지을 수밖에 없는데, 이를 통해 자기 자신으로부터 소외된 규정이라는 그 두 측면의 본성이 명확히 드러날 것이다.

이제 자기의식에게 **선하고 즉자적인** 대상은 그 속에서 자기의식이 자기 자신을 발견하는 대상인 반면에, 그에게 악한 대상은 그 속에서 그가 자신의 반대를 발견하는 대상이다. **선**은 자기의식과 대상적 실재의 **동일성**이고, 반면에 **악**은 양자의 **비동일성**이다. **자기의식에 대해** 선하거나 악한 것은 동시에 **즉자적으로** 선하거나 악한 것이기도 하다. 왜냐하면 자기의식은 바로 그 안에서 **즉자**와 **자기의식에 대한** 존재(Für es sein)라는[362] 두 가지 계기가 한가지 똑같은 것이기 때문이다. 자기의식은 대상적 본체들의 현실적 정신이며, 그 판단은 대상적 본체들을 **즉자적으로** 그것인 바로 **만드는** 그런 대상적 본체에 대한 자기의식의 위력을 입증하는 것이다. 대상적 본체들이 직접적으로 그 자체 즉자적으로 **동일자**이거나 **비동일자**, 즉 추상적 즉자이거나 대자 존재인[363] 바대로가 아니라, 오히려 정신이 그것들과 맺는 관련 속에서 그것들이 무엇인지가, 즉 정신과 그것들의 동일성이나 비동일성이 그것들의 기준이자 진리이다. 처음에는 **대상**으로 정립되었던 대상적 본체들이 **정신에 의해서 즉자**가 된다고 하는 그런 대상적 본체들과 정신의 **관련**은 동시에 대상적 본체들의 **자기** 내 **반성**이 되는데, 이를 통해 대상적 본체들은 현실적인 정신적 존재를 획득하고 또 **그것들의 정신**이 되

---

362) (Werke) **즉자** 존재와 **자기의식에 대한** 존재라는
363) (Werke) 추상적 즉자 존재이거나 대자 존재인

는 것이 출현한다. 그렇지만 대상적 본체들의 최초의 **직접적 규정**이 그것들과 정신의 **관련**과는 구분되는 듯이, 또한 세 번째 것인 대상적 본체들의 고유한 정신도 이 두 번째 것과 구분된다. — 정신이 대상적 본체들과 맺는 관련을 통해 출현하는 이 대상적 본체들의 **두 번째 즉자**가 우선은 이미 **직접적** 즉자와는 다른 상태로 귀착될 수밖에 없다. 왜냐하면 이런 정신의 **매개**는 오히려 **직접적** 규정성을 움직여서 어떤 타자로 만들기 때문이다.

이에 따라 이제 **즉자 대자적으로** 존재하는 의식은 **국가 권력**에서 분명 자신의 **단순한 본질**과 **존립** 일반을 발견하기는 하지만 자신의 **개체성** 자체를 발견하지는 못하고, 또 자신의 **즉자를**[364] 발견하기는 하지만 자신의 **대자 존재**를 발견하지는 못한다. 오히려 즉자 대자적으로 존재하는 의식은 국가 권력에서 개별적(개인의) 행동으로서의 행동이 부인되고 복종하게끔 굴복당한다고 여긴다. 그러므로 개인은 이런 위력에 직면하여 자기 자신 안으로 반성한다. 개인에게는 이 위력이 억압적인 본질이고 **악**이다. 왜냐하면 이 위력은 (개인의 개체성과) 동일한 것이 아니라 개체성과 전적으로 동일하지 않은 것이기 때문이다. — 이에 반해 **부는 선**이다. 부는 보편적 향유를 지향하며, 자신을 희생하면서 만인에게 그들의 자기(自己)에 관한 의식을 마련해준다. 부는 **즉자적으로** 보편적인 시혜이다. 만일 부가 그 어떤 시혜를 베풀지 못하고 어떤 욕구라 할지라도 이를 흡족하게 만들지 못한다면, 이는 자신을 모든 개별자에게 나누어주는 천수(千手)의 공여자라는 부의 보편적이고 필연적인 본질을 전혀 훼손하지 않은 우연일 따름이다.

이 두 가지 판단은 그것이 우리에 대해 지녔던 내용과는 반대가 되는 내용을 선과 악이라는 사고에 제공한다. — 그런데 자기의식은 단지 겨우 불

---

364) (Werke) 즉자 존재를

완전하게, 즉 단지 **대자 존재**라는 척도에 따라서만 자신을 자신의 대상과 관련지었을 뿐이다. 하지만 의식은 이에 못지않게 **즉자적으로** 존재하는 본질이며, 이러한 측면 역시 척도로 만들어야만 하는데, 이를 통해 비로소 정신적 판단이 완전해지는 것이다. 이 측면에 따르면 **국가 권력**이 의식에게 그의 **본질**을 언표해준다. 국가 권력은 한편으로는 정적인 법률이고, 다른 한편으로는 정부이자 또한 보편적 행동의 개별적 운동들을 지시하여 배치하는 명령이다. 그 하나는 단순한 실체 자체이고, 다른 하나는 그 자신과 만인에게 생기를 불어넣고 보존하는 실체의 행동이다. 그러므로 개인은 그 속에서 자신의 근거와 본질이 표현되고 조직되고 작동되고 있음을 발견한다.— 반면에 개인은 **부**의 향유로는 자신의 보편적 본질을 경험하지 못하며, 단지 **덧없는** 의식만을 그리고 대자적으로 존재하는 **개별성**이자 자신의 본질과의 **비동일성**으로서의 자기 자신의 향유만을 획득할 뿐이다.— 그러므로 여기서 선과 악의 개념은 앞서와 상반된 내용을 얻게 된다.

이 두 가지 판단 양식은 저마다 하나의 **동일성**과 하나의 **비동일성**을 발견한다. 첫 번째 판단하는 의식은 국가 권력을 자신과 **동일하지 않다고** 여기고 부의 향유를 자신과 **동일하다고** 여긴다. 이에 반해 두 번째 판단하는 의식은 전자를 자신과 동일하다고 여기고 후자를 자신과 **동일하지 않다고** 여긴다. 두 가지 실재하는 본질태들과의 이중의 **동일하다고 여김**과 이중의 **동일하지 않다고 여김**이라고 하는 상반된 관련이 현존하는 것이다.— 우리는 이 서로 다른 판단 행위들 자체에 관해 판단해야 하는데, 이를 위해 우리는 앞서 제시된 척도에 의거해야만 한다. 이에 따르면 **동일하다고 여기는** 의식의 관련이 **선**이고 동일하지 않다고 여기는 관련이 **악**이다. 그리고 이 두 가지 관련 방식은 그 자체가 이제 **의식의 상이한 형태들**로서 고수되어야 한다. 의식이 그 자체 선하다거나 악하다는 상이성의 규정 아래로 포섭되는 것은 의식이 상이한 방식으로 태도를 취하며 관계함으로써 그렇게 되는 것이지 의식이 **대자 존재**나 아니면 순수한 **즉자 존재**를 원리로 삼기 때문에 그렇게 되는 것은 아니다. 왜냐하면 이 두 가지는 똑같이 본질적인 계기들이기 때문이다. 그런데 우리가 고찰한 이중의 판단 행위들은 이 원리들을 분리하여 표상하며, 그럼으로써 단지 **판단 행위**의 **추상적인** 양식을 획득할 뿐이다. 현실적 의식은 그 두 가지 원리들을 모두 자신에게서 지니고 있으며, 구별은 오로지 그의 **본질**에, 즉 실재하는 것과 맺는 그 자신의 **관련**에 귀속될 따름이다.

이러한 관련 방식은 상반된 것이다. 즉, 그 한 가지 방식은 국가 권력과 부에 대해서 **동일한 것**으로서 태도를 취하며 관계하는 것이고, 다른 하나는 이에 대해서 **동일하지 않은 것**으로서 태도를 취하며 관계하는 것이다.─동일하다고 여기는 관련의 의식은 **고결한** 의식이다. **고결한 의식**이 공적 권력에서는 바로 여기서 자신의 **단순한 본질**과 그것의 작동을 지니고 있으며 이에 현실적으로 복종하고 또한 내적으로도 존중하면서 봉사하고 있다는 점에서 자신과 동일한 것을 간취한다. 이에 못지않게 부에서도 고결한 의식은 부가 그에게 자신의 또 다른 본질적 측면인 **대자 존재**에 관한 의식을 마련해준다는 점에서 자신과 동일한 것을 간취한다. 그렇기 때문에 고결한 의식은 부도 마찬가지로 자신과의 관련 속에서 **본질**로 간주하며, 그에게 향유할 것을 제공해주는 자를 시혜자로 인정하면서 자신이 감사의 의무를 지고 있다고 여긴다.

이에 반해 또 다른 관련의 의식은 그 두 가지 본질태들과의 **비동일성**을 고수하는 **저열한** 의식이다. 그리하여 저열한 의식은 지배자의 권력에서 **대자 존재**에 대한 사슬과 억압을 보며, 그래서 지배자를 증오하면서 오직 흉계를 품은 채로 복종할 뿐 항상 반란을 일으킬 채비를 하고 있다. 또한 저열한 의식은 자신의 대자 존재를 향유할 수 있게끔 해주는 부에서도 마찬가지로 단지 비동일성만을, 즉 지속적 **본질**과의 비동일성만을 간취한다. 저열한 의식은 부를 통해서 단지 개별성과 덧없는 향유에 관한 의식에 도달할 뿐이고, 부를 사랑하면서도 경멸하며, 즉자적으로 사라지는 것인 향유의 사라짐과 더불어 또한 자신이 부와 맺는 관계도 사라졌다고 간주한다.

이러한 관련들은 이제 겨우 **판단**을, 즉 의식에 대한 **대상**으로서의 두 가지 본질일 뿐이지 아직 즉자 **대자적으로** 두 가지 본질은 아닌 것의 규정을 표현한다. 판단 속에서 표상되어 있는 반성은 한편으로 겨우 **우리에 대해서만** 그 한 가지 규정 내지 다른 한 가지 규정의 정립이고, 그렇기 때문에 그 두 가지 규정의 똑같은 지양일 뿐이지 아직 의식 자체에 대한 그 규정들의 반성은 아니다. 다른 한편으로 그 규정들은 이제 겨우 직접적으로 **본질일 뿐이지** 아직 본질로 **생성된** 것도 아니고 또 그 자체에서 **자기** 의식인 것도 아니다. 그것에 대해 이 규정들이 존재하고 있는 것(의식)은 아직 이 규정들에 생기를 불어 넣어주는 것이 아니다. 이 규정들은 술어이지 아직 그 자체가 주어(주체)는 아니다. 또한 이러한 분리 때문에 정신적 판단 행위의 전체도 아직 두 가지 의식에 갈라져 귀속되는데, 그 의식들 각각은 하나의 일면적인 규정 아래에 놓여 있다.—소외의 두 측면 중에서 그 하나는 순수한 의식의 **즉자**라는 측면, 즉 선과 악에 관한 규정된 **사고**라는 측면이고, 다른 하나는 국가 권력과 부라는 그 **현존재**의 측면이다. 그런데 이제 우선 이 소외의 두 측면 사이의 **아무런들 상관없음**이 두 측면 사이의 관련인 **판단**으로 고양되었듯이, 이런 (판단이라는) 외적 관련이 내적 통일로 또는 현실에 대한 사유의 관련으로 고양되어야 하며, 두 가지 판단 형태의 (통일된) 정신이 출현해야 한다. 이는 **판단**이 **추론**으로 됨으로써, 즉 판단을 이루는 두 측면의 필연성과 매개 중심이 출현하는 매개 운동이 됨으로써 이루어진다.

그러므로 국가 권력이 아직 자기(自己)가 아니라 이제 겨우 보편적 실체이기는 하지만 이 보편적 실체를 자신의 **본질**로, 즉 목적이자 절대적 내용으로 의식하고 있는 방식으로 고결한 의식은 판단 속에서 국가 권력과 마주하고 있다고 여긴다. 자신을 이렇게 국가 권력과[365] 긍정적으로 관련짓는 가운데 고결한 의식은 자신의 고유한 목적과 자신의 특수한 내용과 현존재에 대해서는 부정적으로 태도를 취하면서 관계하며, 이런 것들이 사라지도록 만든다. 이는 곧 **봉사**의 영웅주의이다. 즉, 그것은 개별적 존재를 보편자에 희생시키고서 이를 통해 보편자를 현존재하게끔 만드는 **덕**이며, 또한 점유와 향유를 스스로(자신으로부터) 단념하고서 현존하는 위력을 위하여 행위하고 그렇게 현실적으로 존재하는 그런 **인격자**이다.

이러한 운동을 통해서 보편자는 현존재 일반과 함께 결합되며(추론 속에서 함께 묶이며), 이와 마찬가지로 현존재하는 의식은 이러한 외화(포기)를 통해서 자신을 본질성으로 도야시킨다. 현존재하는 의식이 봉사 속에서 그로부터 소외되는 것은 바로 자신의 현존재 속에 함몰되어 있는 의식이다. 그런데 자신으로부터 소외되어 있는 **존재**는 곧 **즉자**이다. 그러므로 현존재하는 의식은[366] 이러한 도야를 통해서 자기 자신에 대한 존경과 타인들에게서의 존경을 얻는다. — 이에 반해 이제 겨우 단지 **사유된** 보편자 내지 **즉자**에 불과했던 국가 권력은 바로 이 운동을 통해서 **존재하는** 보편자, 즉 현

---

365) 인칭대명사가 '국가 권력' 대신에 '보편적 실체'를 지시하는 것으로 독해할 수도 있다.
366) 인칭대명사가 '현존재하는 의식' 대신에 '자신으로부터 소외되어 있는 존재'를 지시하는 것으로 독해할 수도 있다.

실적 위력이 된다. 오직 국가 권력이 곧 **본질**이라는 자기의식의 **판단**을 통해서 그리고 자기의식의 자유로운 희생을 통해서 획득되는 현실적인 복종 속에서만 국가 권력은 현실적 위력이 된다. 본질을 자기(自己)와 함께 결합하는(추론 속에서 함께 묶는) 이런 행동이 **참된** 현실성을 지니는 것으로서의 자신과 **유효성을 지니는 참된 것**으로서의 국가 권력이라는 **이중의** 현실을 산출한다.

　그러나 이러한 소외를 통해서 국가 권력이 아직 스스로를 국가 권력으로서 인지하는 자기의식이 된 것은 아니다. 유효성을 지니는 것은 오직 국가 권력의 **법률**이나 그것의 **즉자**일 뿐이다. 국가 권력은 아직 **특수 의지**를 지니고 있지 않다. 왜냐하면 봉사하는 자기의식이 아직 그의 순수한 자기(自己)를 외화하고서(포기하고서) 이를 통해 국가 권력에 정신을 불어 넣은 것이 아니라 이제 겨우 자신의 존재를 가지고서 그렇게 한 것이기 때문이다. 봉사하는 자기의식은 국가 권력에 단지 자신의 **현존재**를 희생했을 뿐이지 그의 **즉자** 존재를 희생한 것은 아니다. ― 이런 자기의식은 **본질**에 부합하는 것으로서 유효하며, 그는 자신의 **즉자 존재** 때문에 승인받은 것이다. 타인들은 이 자기의식 속에서 그들의 **본질**이 작동하고 있음을 발견하지만 그들의 대자 존재가 작동하고 있음을 발견하는 것은 아니다. 또한 그들은 이 자기의식 속에서 그들의 사유나 순수한 의식이 충족되었음을 발견하지만 그들의 개체성이 충족되었음을 발견하는 것은 아니다. 그렇기 때문에 이 자기의식은 그들의 **사고** 속에서 유효성을 지니면서 **명예**를 누린다. 그는 [국가 권력이 고유한 의지가 아니라 **본질적** 의지인 한에서 국가 권력을 위해 활동하고 또 오직 이런 **명예** 속에서만, 즉 개체의 **고마워하는** 표상 속에서가 아니라 오직 보편적 의견(Meinung)의 **본질적** 표상 속에서만 유효성을 지니는] 그런 **자부심 높은** 가신(家臣)이다. 왜냐하면 그가 개체로 하여금

대자 존재가 되도록 도와준 것은 아니기 때문이다. 그가 아직 생성되지 않은 국가 권력의 고유한 의지와 관계할 경우라면, 그의 **언어**는 보편적 최선을 위해 진언하는 **조언**(Rat)일 것이다.

그렇기 때문에 국가 권력은 이런 조언에 대해서 아직 자신의 의지를 결여하고 있으며, 보편적 최선에 관한 여러 의견들 사이에서 결정을 내리지 못한다. 국가 권력은 아직 **정부**가 아니며, 따라서 아직 진실로 현실적인 국가 권력이 아니다.— **대자 존재**는, 즉 아직 의지로서 희생되지 않은 **의지**는 계층의 유리된 내적 정신인데, 이런 유리된 내적 정신은 **보편적** 최선에 관한 자신의 말 맞은편에 자신의 **특수한** 최선을 자신에게 간직해 놓으면서 이런 보편적 최선에 관한 잡담을 행위의 대용물로 만드는 경향을 띠고 있다. 봉사에서 일어나는 현존재의 희생이 만약 죽음으로까지 진전된다면 분명 완전한 것이다. 그러나 살아남아 이겨낸 죽음의 위험 자체는 특정한 현존재를 그리고 이와 더불어 **특수한 대자**를 남겨놓는데, 그런 특수한 대자는 보편적 최선을 위한 조언을 양의적이고 의심스러운 것으로 만들며, 실제로 국가 권력에 맞서 자신의 고유한 의견과 특수 의지를 자신에게 간직해 놓는다. 그렇기 때문에 그런 특수한 대자는 국가 권력에 대해서 여전히 동일하지 않은 태도를 취하면서 관계하며, 늘 모반을 일으킬 태세를 갖추고 있는 저열한 의식이라는 규정 아래로 전락한다.

대자 존재가[367] 지양해야 할 이런 모순은 이렇게 국가 권력의 보편성에 대해서 **대자 존재**가 비동일성을 지니고 있다는 형식 속에 동시에 그와 같은 현존재의 외화(포기)가 바로 죽음 속에서 자신을 완성시키는 가운데 그 자체 존재하는 외화이지 의식 속으로 복귀하는 외화는 아니라는 형식을 내

---

367) 인칭대명사가 '대자 존재' 대신에 '특수한 대자'를 지시하는 것으로 독해할 수도 있다.

포하고 있다. 즉, 이 모순은 동시에 대자 존재가[368] 현존재의 외화를 견디고 살아남아서 즉자 **대자적으로** 존재하는 것이 아니라 오히려 단지 화해되지 않은 반대항으로 이행할 뿐이라는 형식을 내포하고 있다. 그렇기 때문에 **대자 존재**의 진정한 희생은 오직 대자 존재가 자신을 죽음에 이를 만큼 온전히 내맡기면서도 이런 외화 속에서 이에 못지않게 자신을 보존하는 그런 희생일 따름이다. 이를 통해 대자 존재는 그가 즉자적으로 그것인 바로서, 즉 자기 자신과 그 대립자로서의 자신 사이의 동일적 통일로서 현실적으로 존재하게 된다. 유리된 내적 정신인 자기(自己) 자체가 출현하고 또 자신으로부터 소외되는 것을 통해서 동시에 국가 권력도 고유한 자기(自己)로 고양된다. 이처럼 만약 이런 소외가 없다면, 고귀한 의식이 행하는 명예의 행위들과 그의 통찰이 주는 충언들이 그와 같은 특수한 의도와 아집(자신의 고유한 의지. Eigenwille)의 유리된 저의를 담고 있는 양의적인 것으로 남게 될 것이다.

그런데 이런 소외는 오직 **언어** 속에서만 일어나는데, 여기서 언어는 그 특유의 의미를 띠고서 등장한다. — 인륜성의 세계에서는 **법칙**(법률)과 **명령**이고 또 현실의 세계에서는 겨우 **조언**에 불과한 언어는 **본질**을 내용으로 삼고 있으며, 또 그 자체가 바로 본질의 형식이다. 그러나 여기서는(도야의 세계에서는) 언어가 언어라는 형식 자체를 내용으로 삼으면서 **언어**로서 유효성을 지닌다. 수행해야 할 것을 수행하는 것은 바로 그 자체로서의 말하기가 지닌 힘이다. 왜냐하면 언어는 자기(自己)로서의 순수한 자기(自己)의 **현존재**이기 때문이다. 언어 속에서 자기의식의 **대자적으로 존재하는 개별성** 자체가 실존에 들어서면서 **대타적으로** 존재하게 된다. 그렇지 않을 경우에는

---

368) 지시대명사가 '대자 존재' 대신에 '특수한 대자' 또는 '의식'을 지시하는 것으로 독해될 수도 있다.

바로 이 **순수한** 자아로서의 **자아**가 **거기에 현존하여**(da) 존재하지 못한다. 자아는 그 밖의 그 어떤 표출에서도 현실 속에 함몰되어 있으며, 그로부터 자아가 자신을 철회할 수도 있는 그런 형태 속에 있다. 자아는 자신의 행위로부터 그리고 또한 자신의 관상학적 표현으로부터 자신 안으로 반성되어 있으며, 그처럼 늘 너무 많은 만큼이나 또한 너무 적은 것을 담고 있는 불완전한 현존재를 영혼을 박탈한 채로 내버려 둔다. 이에 반해 언어는 자아를 그 순수성 속에서 내포하고 있고, 오직 언어만이 **자아**를, 더욱이 자아 자체를 언표한다. 이런 자아의 **현존재**는 **현존재**로서 자아의 참된 본성을 그 자체에 지니고 있는 대상태이다. **자아**는 바로 이 (특정한 개별적) 자아이지만 그에 못지않게 또한 **보편적** 자아이기도 하다. 자아가 현상한다는 것은 이에 못지않게 직접적으로 **바로 이** 자아의 외화이자 사라짐이며, 또한 이를 통해 그 보편성 속에서 자아가 유지되는 것이다. 자신을 언표하는 **자아**는 **경청된다**(타인들이 그의 말을 알아듣는다). 그것은 그들에 대해 자아가 현존재하는 그런 사람들과의 통일로 자아가 직접적으로 이행하여 보편적 자기의식이 되는 전염이다. — 자아가 **경청된다**는 사실 속에서 자아의 **현존재** 자체가 직접적으로 **점점 사그라진다**(그 울림이 점점 더 희미해지면서 사라져 간다). 이런 자아의 타자 존재는 자신 안으로 환수되었다. 그리고 바로 이것이 자아가 현존재하는 만큼이나 현존재하지 않고 또 이런 사라짐을 통해서 현존재한다는 자기의식적 **지금**(Jetzt)으로서의 자아의 현존재이다. 그러므로 이런 사라짐은 그 자체가 직접적으로 자아의 유지됨이다. 그것은 자아의 자신에 관한 고유한 지이며, 다른 자기(自己)로 이행하고 경청되어서 보편적 자아가 된 그러한 것으로서의 자신에 관한 자아의 지이다.

여기서 정신이 이러한 현실성을 획득하는 까닭은 그것들의 **통일**이 바로 정신인 그런 극단들이 이에 못지않게 대자적으로 고유한 현실태라는 규정을 직접적으로 지니고 있기 때문이다. 극단들의 통일은 그 각각이 상대편에 대해서 상대로부터 배제된 현실적 대상인 그런 완강한 측면들로 파열되어 있다. 그렇기 때문에 통일은 그 측면들의 격리된 현실로부터 배제되고 구별되는 그런 **매개 중심**으로서 출현한다. 그래서 통일은[369] 그 자체가 자신의 측면들과 구별되는 현실적 대상태이며, 그것은 **자신의 측면들에 대해** 존재한다. 즉, 그 통일은 현존재하는 것이다. 이런 순수한 자기(自己)를 **직접적으로 유효한** 현실로서 인지하고 또 그러는 가운데 이에 못지않게 오직 소외시키는 **매개**를 통해서만 그렇게[370] 된다는 것을 직접적으로 인지하는 그런 자기의식을 자신의 측면들로 획득함으로써 **정신적 실체**는 비로소 정신적 실체로서 실존하게 된다. 그런 순수한 자기를 통해서 이 계기들은 자기 자신을 인지하는 범주로 정화되며, 그럼으로써 정신의 계기들이 되는 데에 이르기까지 정화된다. 이를 통해 정신은 정신성으로서 현존재에 들어선다. — 그렇게 정신은 이런 극단들을 전제하고서 그것들의 현존재를 통해서 산출되는 매개 중심이지만, 또한 이에 못지않게 자신을 극단들로 양분하고 또 각각의 극단을 이 전체와 접촉함으로써 그 원리 속에서 산출해내는 정신적 전체, 그처럼 극단들 사이에서 분출되어 나오는 정신적 전체인 그런 매개 중심이다.[371] — 양극단이 이미 **즉자적으로** 지양되어 있고 또 파

---

369) 이 문장과 다음 문장에서 인칭대명사가 '통일' 대신에 '매개 중심'을 지시하는 것으로 독해할 수도 있다.

370) 지시대명사가 앞의 문구 전체를 가리키는 '그렇게' 대신에 '순수한 자기'를 지시하는 것으로 독해할 수도 있다. 이 경우 이 단어는 "순수한 자기가"로 번역한다.

371) 이 문장은 다음과 같이 번역할 수도 있다. "그렇게 정신은 이런 극단들을 전제하고서 그것들의 현존재를 통해서 산출되는 매개 중심이지만, 또한 이에 못지않게 정신은 그처럼 극단들 사이에서 분출되어 나오는 정신적 전체인데, 이 정신적 전체가 자신을 극단들로 양분하고 또 각각의 극단은 이 전체와 접촉함으로써 그 원리 속에서 산출되는 것이다."

열되어 있다는 점이 바로 그것들의 통일을 산출해내며, 이러한 통일은 양극단을 함께 결합하고(추론 속에서 함께 묶고) 그것들의 규정을 서로 교환하면서 그 규정들을,[372] 더욱이 **각각의 극단 속에서**, 함께 결합하는 그런 운동이다. 그럼으로써 이러한 매개는 양극단 각각의 **개념**을 그 현실성 속에 정립한다. 또는 이러한 매개는 각각의 극단이 **즉자적으로** 그것인 바를 그것의 **정신**으로 만든다.

국가 권력과 고결한 의식이라는 양극단은 고결한 의식에 의해 파열되어 있다. 즉, 국가 권력은 (한편으로는) 복종을 얻어내는 추상적 보편자와 (다른 한편으로는) 아직 스스로 이 보편자에 부응하지 않고서 대자적으로 존재하는 의지로 파열되며, 또한 고결한 의식은 (한편으로는) 지양된 현존재의 복종 또는 자기 존중 및 명예의 **즉자 존재**와 (다른 한편으로는) 아직 지양되지 않은 순수한 대자 존재, 즉 배후에 매복한 채로 남아 있는 의지로 파열된다. 이 두 측면이 그것을 향해 순화되고 또 그렇기 때문에 언어의 계기가 되는 두 계기는 각각 보편적 최선이라고 불리는 **추상적 보편자**와 봉사하면서 복잡다단한 현존재 속에 함몰된 자신의 의식을 거부하는 **순수한 자기**(自己)이다. 이 두 계기가 개념 속에서는 한 가지 똑같은 것이다. 왜냐하면 순수한 자기는 바로 추상적으로 보편적인 것이며, 따라서 그것들의 통일이 그것들 사이의 매개 중심으로 정립되어 있기 때문이다. 그러나 **자기**(自己)는 이제 겨우 의식이라는 극단에서 현실적으로 존재할 뿐이고, 이에 반해 **즉자**는 이제 겨우 국가 권력이라는 극단에서 현실적으로 존재할 뿐이다. 의식에게는 국가 권력이 단지 **명예**로서만이 아니라 현실적으로도 의식에게로 이행했다는 점이 결여되어 있으며, 또한 국가 권력에는 단지 이른바 **보**

---

372) 인칭대명사가 '그 규정들' 대신에 '두 극단'을 지시하는 것으로 독해할 수도 있다.

편적 **최선**으로서의 국가 권력에 복종하는 것이 아니라 의지로서의 국가 권력에 복종한다는 점이 또는 국가 권력이 결정을 내리는 자기(自己)라는 점이 결여되어 있다. 국가 권력이 여전히 그 안에 서 있고 또 의식이 그것을 향해 자신을 정화시킨 그런 개념의 통일은 이런 **매개하는 운동** 속에서 현실적으로 되며, 그 **매개 중심**으로서의 단순한 현존재가 바로 언어이다.— 그렇지만 언어가 아직 **자기**(自己)로서 현존하는 두 개의 자기(自己)를 자신의 측면들로 가지고 있는 것은 아니다. 왜냐하면 국가 권력은 이제 비로소 자기(自己)가 되도록 그것에 정신이 불어 넣어졌을 뿐이기 때문이다. 그렇기 때문에 언어는 아직 자신을 완전히 인지하고서 언표하는 그와 같은 정신은 아니다.

고결한 의식은 자기(自己)라는 극단이기 때문에 **언어**가 그로부터 시작하는 것으로 나타나는데, 이 언어를 통해서 그 관계의 측면들은 영혼이 불어 넣어진 전체로 형태화된다.— 말 없는 봉사의(묵묵히 봉사하는) 영웅주의는 **아첨**의 **영웅주의**가 된다. 이런 봉사의 발화(發話)하는 반성은 자신을 파열시키는 정신적 매개 중심을 이루며, 자기 자신이라는 극단을 자기 자신 안으로 되돌이켜 반사할 뿐만 아니라 또한 보편적 권력이라는 극단도 바로 그 극단 자체로 되돌이켜 반사해서 이제 겨우 **즉자적으로** 존재하는 보편적 권력을 **대자 존재로** 그리고 자기의식의 개별성으로 만든다. 이를 통해 **무제한적 군주**(절대 군주)라는 이 위력의 정신이 **무제한으로** 되고, 아첨의 말은 이 위력을 그 정화된 **보편성**으로 고양한다. 언어의 산물로서 정신으로까지 정화된 현존재라는 이 계기는 순수해진 자기 동일성, 즉 **군주**이다. 이에 못지않게 아첨의 말은 **개별성**도 그 정점으로 고양한다. 단순한 정신적 통일이라는 이런 측면에 따라서 고결한 의식이 포기하는 것은 바로 **그의 사유의** 순수한 **즉자**, 즉 자신의 자아 자체이다. 더 확실하게는 군주에게 고유한 **호칭**을 부여함으로써 아첨의 말은 통상 단지 **사념된 것**에 불과한 개별성을 그것의 현존재하는 순수성으로 고양시킨다. 왜냐하면 모든 타자로부터 개별자의 **구별**이 **사념된** 것이 아니라 모두로부터 현실적으로 이루어지는 것은 오직 호칭에 말미암을 뿐이기 때문이다. 개별자는 호칭에 근거하여 더 이상 단지 자신의 의식 속에서만이 아니라 만인의 의식 속에서 순수한 개별자로서 **유효하다.** 따라서 군주는 호칭으로 말미암아 만인으로부터 전적으로 떼어져 분류되고 제외되어 고독하게 된다. 호칭 속에서 군주는 자신의 본질에서 (타인과) 아무것도 함께 나누지(소통하지) 못하고 또 자신과 동일한(동등한) 것을 지니지 않는 원자(原子)이다. ― 그래서 이 호칭은 **그 자체에서** 보편적 위력을 지니는 자기 내 반성 또는 **현실성**이다. 호칭을 통해서 보편적 위력은 **군주**가 된다. 역으로 귀족들이 국가 권력에 봉사하기 위하여 준비되어 있을 뿐만 아니라 왕좌를 둘러싸고 있는 **장식품**으로 자신을 제공하면서 왕좌에 앉아 있는 이에게 항상 그가 누구**인지**를 **말해주는** 것을 통해서 **바로 이 개별자**인 군주는 **자신이** 보편적 위력으로서의 **바로 이 개별자**임을 인지한다.[373)]

　이런 식으로 귀족들이 말하는 칭송의 언어는 **국가 권력**(Staatsmacht) **자체** 안에서 양극단을 함께 결합하는(추론 속에서 함께 묶는) 정신이다. 칭송의 언어는 추상적인 위력을 자신 안으로 반사해서 그것에 다른 극단의 계기인 의욕하고 결정을 내리는 **대자 존재**를 그리고 이를 통해 자기의식적 실존을 부여한다. 또는 이를 통해 바로 이 **개별적인 현실적** 자기의식이 자신을 위력으로서 **확신하면서 인지하는** 데에 이른다. 칭송의 언어는[374)] 다수의 점(點)

---

373) (Werke) … **바로 이 개별자**인 군주는 **바로 이 개별자**인 **자신**을 보편적 위력으로서 인지한다.

들이 **내적 확신**을 포기(외화)함으로써 합쳐져 흘러 들어간 자기(自己)라는 점(點)이다.—그러나 국가 권력의 이 고유한 정신이 자신의 현실성과 양식(糧食)을 고결한 의식이 하는 행동과 사유의 희생에서 지닌다는 데에 존립하므로, 국가 권력은 자신으로부터 **소외된 자립성**이다. **대자 존재**라는 극단인 고결한 의식은 그가 포기한 사유의 보편성에 대한 대가로 **현실적 보편성**이라는 극단을 되돌려 받는다. 국가의 위력이 고결한 의식에게로 **넘어간** 것이다. 국가 권력(Staatsgewalt)은 고결한 의식에게서 비로소 진정으로 작동한다. 고결한 의식의 **대자 존재** 속에서 국가 권력은 추상적 즉자 존재라는 극단으로서는 그렇게 나타났던 **비활성의 본질**이기를 멈춘다.—**즉자적으로** 고찰하면, **내적으로 반성된 국가 권력**은 또는 국가 권력이 정신이 되었다는 것은 다름 아니라 국가 권력이 **자기의식의 계기**가 되었다는 것을 또는 국가 권력이 오직 **지양된 것**으로서만 존재한다는 것을 뜻한다. 그럼으로써 국가 권력은 이제 희생하고 포기한다는 것이 바로 그것의 정신인 그런 것으로서 본질이 된다. 또는 국가 권력은 **부**(富)로서 실존한다.—물론 국가 권력은 개념상 항상 부가 되지만 동시에 이 부에 대치하여 하나의 현실로서 존립하며 유지된다. 그러나 이러한 현실의 개념은 바로 이 현실을 생성하는 봉사와 숭배를 통해서 그 반대로, 즉 위력의 포기로 이행하는 운동이다. 그러므로 대자적으로는 국가 권력의 의지인 특유의 **자기**(自己)가 고결한 의식을 내던져버림으로써 자신을 포기하는 보편성이 된다. 즉, 그러한 자기(自己)는 위력을 지닌 의지라면 그 어떤 것에도 내맡겨져 있는 완전한 개별성과 우연성이 된다. **보편적으로** 승인받았고 또 결코 나눌 수

---

374) 인칭대명사가 '칭송의 언어' 대신에 '이 위력'을 지시하는 것으로 독해할 수도 있다.

없는 자립성 중에서 그런 자기(自己)에게 남아 있는 것이라고는 공허한 이름뿐이다.

그러므로 고결한 의식이 자신을 보편적 위력에 **동일한**(동일성의) 방식으로 관련된 것이라고 규정할 때, 이 의식의 진리는 오히려 자신이 봉사하는 가운데 자기 자신의 대자 존재를 자신에게 간직해두고 또 자신의 인격성을 실로 단념하는 가운데에서도 보편적 실체를 현실적으로 지양하면서 분쇄한다는 것이다. 고결한 의식의 정신은 전적인 비동일성의 관계이다. 즉, 그의 정신은 한편으로는 그의 명예 속에서 자신의 의지를 보존하며, 다른 한편으로는 자신의 의지를 포기하면서 부분적으로는 자신의 내면으로부터 소외되어 자기 자신과 극도의 비동일성이 되고 또 부분적으로는 그렇게 하는 가운데 보편적 실체를 자신에게 종속시키면서 자기 자신과 전적으로 동일하지 않게끔 만드는 그런 비동일성의 관계이다. ─ 이로써 고결한 의식이 저열한 의식이라고 불렸던 것에 대치하여 **판단** 속에서 지녔던 그의 규정성은 사라졌고, 이를 통해 또한 저열한 의식도 사라졌다는 점이 밝혀진다. 저열한 의식은 보편적 위력을 자신의 대자 존재 아래에 두려는 자신의 목적을 달성했다.

자기의식은 이렇게 보편적 위력으로 더 풍부해지면서 **보편적 시혜**로서 실존한다. 또는 보편적 위력은 **부**(富)인데, 이 부는 그 자체가 다시 의식에 대한 대상이 된다. 왜냐하면 의식에게 부는 비록 종속된 보편자이기는 하지만 이런 첫 번째 지양을 통해서는 아직 자기(自己)로 절대적으로 복귀한 그런 보편자는 아니기 때문이다. ─ **자기**(自己)는 아직 **자기**(自己)**로서의 자신**을 대상으로서 삼고 있는 것이 아니라 **지양된 보편적 본질**을 대상으로 삼고 있다. 이런 대상이 이제 비로소 생성되었으므로 이 대상에 대한 의식의 **직접적** 관련이 정립되어 있으며, 따라서 의식은 아직 그 대상과 자신의 비동일성을 서술하지는 않았다. 비본질적인 것이 된 보편자에게서 자신의 대자 존재를 획득하고, 따라서 보편자를 승인하면서 이 시혜자에게 감사해하는 자는 바로 고결한 의식이다.

부는 그 자체에 이미 대자 존재라는 계기를 지니고 있다. 부는 국가 권력이라는 자기(自己)를 결여한 보편자나 정신의 얽매이지 않은 비유기적 자연(본성)이 아니라 오히려 향유하기 위해서 그것을 차지하려고 하는 의지에 맞서 (자신의 고유한) 의지를 가지고서 자기 자신을 고수하는 바대로의 정신의 자연이다.[375] 그러나 부가 단지 본질의 형식에 불과한 까닭에, **즉자적으로** 존재하지 않고 오히려 지양된 즉자인 이런 일면적인 대자 존재는 곧 개인이 자신의 향유 속에서 본질을 결여한 채 자기 자신으로 복귀하는 것이다. 그러므로 부 자체에 생기를 불러 넣을 필요가 있다. 그리고 부의 반성 운동은 단지 대자적으로만 존재하는 부가 **즉자 대자 존재**로 되는 데에, 즉 지양된 본질인 부가 본질로 되는 데에 존립한다. 그렇게 해서 부는 자신의 고유한 정신을 그 자체에 보존하게 된다. — 이미 앞에서 이 운동의 형식을 분석했으므로 여기서는 이 운동의 내용을 규정하는 것으로 충분하다.

그러니까 여기서 고결한 의식이 자신을 본질 일반으로서의 대상과 관련시키지는 않는다. 오히려 고결한 의식은 **대자 존재** 자체이되, 이 대자 존재가 고결한 의식에게는 낯선 것이다.[376] 고결한 의식은 자신의 자기(自己) 자체를 그와 같이 소외된 것으로서, 즉 그가 또 다른 확고한 대자 존재로부터 수여받아야 하는 확고한 대상적 현실로서 **미리 발견한다**. 고결한 의식의 대

---

375) 인칭대명사가 '정신의 자연' 대신에 '국가 권력'을 지시하는 것으로 독해할 수도 있다.
376) 이 문장은 다음과 같이 번역할 수도 있다. "오히려 고결한 의식에게 낯선 것은 바로 **대자 존재** 자체이다."

상은 대자 존재이며, 결국 바로 **자신의 것**이다. 그러나 이 대자 존재가[377] 대상이라는 점에 의해서 그것은 동시에 직접적으로 그 자신의 고유한 대자 존재이자 고유한 의지인 그런 낯선 현실이다. 다시 말해 대자 존재는 자신의 자기(自己)가 낯선 의지의 권력 속에 있다는 사실을 보게 되는데, 과연 이 낯선 의지가 대자 존재에게 그의 자기(自己)를 허용할 것인지는 이 의지에 달려 있다.

　자기의식은 그 어떤 개별적인 면도 사상할 수 있으며, 그렇기 때문에 그런 개별적인 면과 관련된 구속 속에서도 대자적으로 존재하는 본질로서의 자신이 승인받은 존재라는 점과 **즉자적으로 효력을 지닌다는 점**(그 자체로 유효하다는 점, Ansichgelten)을 유지한다. 그러나 여기서는(자기 소외된 정신의 세계에서는) 자기의식이 그의 가장 고유하고 순수한 **현실성**이라는 측면에서 또는 자신의 자아라는 측면에서 자신이 탈자화되어서 타자에게 속해 있다는 사실을 보며, 자신의 **인격성** 자체가 타자의 우연한 인격성에 그리고 순간이나 자의(恣意)나 그 밖에 지극히 아무런들 상관없는 상황의 우연에 종속되어 있다는 사실을 본다. ― 법적 상태에서는 대상적 본체의 권력 안에 있는 것이 사상해버릴 수도 있는 **우연한 내용**으로 나타났고, 권력이 **자기**(自己) **자체**와 관련된 것은 아니고 오히려 자기(自己)는 (권력과 상관없이 추상적 인격자로서) 승인을 받았다. 그렇지만 여기서는 자기 확신 자체가 제일 본질을 결여한 것이고 또 순수한 인격성은 절대적 비인격성이라는 사실을 자기의식이[378] 본다. 그렇기 때문에 그가 드리는 감사의 정신은 이런 극단적인 내던져짐(버림받음, 배

---

377) 이 문장과 다음 문장에서 인칭대명사가 '대자 존재' 대신에 '고결한 의식' 또는 '자신의 것'을 지시하는 것으로 독해할 수도 있다.
378) 인칭대명사가 '자기의식' 대신에 '자기(自己)'를 지시하는 것으로 독해할 수도 있다.

척당함. Verworfenheit)의 감정이자 또한 극단적인 격분의 감정이기도 하다. 순수한 자아가 자기 자신을 탈자화되고 갈가리 찢겨버린 것으로 직관하는 가운데, 이런 분열태(Zerrissenheit) 속에서 동시에 연속성과 보편성을 지니는 모든 것, 법칙이라고 불리고 또 선하며 올바르다고 불리는 모든 것이 흩어져 붕괴되었다. 동일한 것 일체가 해체되었다. 왜냐하면 **가장 순수한 비동일성**, 절대적으로 본질적인 것의 절대적 비본질성, 대자 존재의 탈자 존재가 현존하기 때문이다. 순수한 자아 자체가 절대적으로 와해되어 버린 것이다.

그러므로 이런 의식이 물론 부(富)로부터 대자 존재의 대상성을 되돌려 받으면서 이를 지양하기는 하지만, 이 의식은 선행하는 반성과 마찬가지로 그 개념상 완전하지 않을 뿐만 아니라 또한 의식 자체에 대해서도 충족되지 않았다. 자기(自己)가 자신을 대상적인 것으로서 수여받기 때문에 반성은 순수한 자아 자체에 정립되어 있는 직접적 모순이다. 그러나 동시에 자기(自己)로서의 이 의식은 직접적으로 이런 모순을 넘어서 있으며, [이런 자기(自己)의 지양되어 있음을 다시 지양하고, 자신의 대자 존재가 자신에게 낯선 것이 된다는 이런 내던져짐(배척당함. Verworfenheit)을 내던져버리고(배척하고. 비난하고. verwerfen), 또 이렇게 자기 자신을 수여받는 것에 대해서 격분하면서 **수여받음** 자체 속에서 **대자적으로 존재하는**] 그런 절대적 탄력성이다.

따라서 이 의식의 관계가 이런 절대적 분열과 결부되어 있으므로, **저열한** 의식에 맞서 고결한 의식이라고 규정되어 있다는 이 의식의 구별이 그의 정신 속에서 제거되어 그 두 의식은 한 가지 똑같은 것이 된다. ─ 더 나아가 시혜하는 부의 정신은 시혜를 받는 의식의 정신과 구별될 수 있으며, 이런 시혜하는 부의 정신이 각별히 고찰되어야 한다. ─ 시혜하는 부의 정신은 본질을 결여한 대자 존재, 포기된 본질이었다. 그러나 자신을 나누어 줌으로써 이 정신은 **즉자**가 된다. 이 정신이 자신을 희생한다는 자신의 규정(사명)을 충족하면서 그는 자신을 위해(대자적으로) 오직 향유하기만 한다는 개별성을 지양하며, 지양된 개별성으로서 그는 **보편성**이나 **본질**이다. ─ 그가 나누어주는 것, 즉 그가 타자에게 제공하는 것은 바로 **대자 존재**이다. 그러나 그가 자기(自己)를 결여한 자연으로서, 즉 거리낌 없이 자신을 포기하는 삶의 조건으로서 자신을 내주어버리는 것은 아니며, 오히려 그는 대자적으로 자신을 유지하는 자기의식적 본질로서 자신을 내주는 것이다. 그는 수여받는 의식이 그 자체로(즉자적으로) 덧없는 것이라고 인지하는 요소의 비유기적 위력이 아니라, 자신을 **독립적**이고 **자의적**(恣意的)인 것이라고 인지하고 또한 동시에 자신이 공여하는 것은 바로 타자의 자기(自己)라는 점을 인지하고 있는 그런 자기(自己)에 대한 위력이다. ─ 그러므로 부(부의 정신)는 내던져짐을 피보호자(Klient)들과 공유하지만, (부의 정신 속에는 이제) 격분 대신에 거만함이 들어선다. 왜냐하면 한편으로는 그가 피보호자와 마찬가지로 **대자 존재**를 우연한 **사물**이라고 인지하기 때문이다. 그러나 (다른 한편으로는) 그 자신이 바로 이런 우연성이며, 이런 우연성의 권력 아래에 인격성이 서 있다. 식사를 제공함으로써 낯선 자아 자기(타자의 자아 자체, fremdes Ichselbst)를 부양하고 그럼으로써 타자의 가장 깊은 내면의 본질로부터 복종을 얻어냈다고 사념하는 이런 거만함 속에서 그는 타자의 내적 격분을 간과한다. 그는 모든 사슬의 완전한 던져버림, 이런 순수한 분열을 간과한다. 그런 순수한 분열태에는 대자 존재의 **자기 동일성**이 전적으로 동일하지 않게 되어서 일체의 동일자 내지 일체의 존립이 갈가리 찢겼으며, 그렇기 때문에 시혜자가 지닌 사념과 견해가 가장 심하게 찢겨버렸다. 그는 바로 이런 가장 깊은 내면의 심연 앞에, 모든 지지대와 기체(基體, Substanz)가 사라져버린 이런 바닥 없는 나락 앞에 직접 서 있는 것이다. 그리고 그는 이런 나락 속에서 오직 속된 것, 자신의 기분의 유희, 자의(恣意)의 우연밖에는 보지 못한다. 그의 정신은 정신이 떠나버린 표면이라는 전적으로 본질을 결여한 사념이다.

　자기의식이 국가 권력에 대해서 자신의 언어를 지녔듯이, 또는 이 극단들 사이에서 정신이 현실적 매개 중심으로 출현했듯이, 또한 자기의식은 부에 대해서도 자신의 언어를 지니고 있으며, 게다가 그의 격분은 더더욱 자신의 언어를 지니고 있다. 부에 그것의 본질성에 관한 의식을 부여하고 이를 통해 부를 차지하는 그런 언어도 마찬가지로 아첨의 말이기는 하지만 (고결한 의식이 국가 권력에 대해서 하는 아첨의 말과는 달리) 고상하지 못한 아첨의 말이다. 왜냐하면 이 언어가 본질이라고 언표하는 것은 바로 포기된 본질, **즉자적으로** 존재하지 못하는 본질임을 이 언어는 알고 있기 때문이다. 그러나 앞에서 이미 환기한 바와 같이 아첨의 언어는 아직 일면적인 정신이다. 그 까닭은 다음과 같다. 물론 이 정신을 이루는 계기들은 (한편으로) 봉사의 도야를 통해서 순수한 실존으로 정화된 **자기**(自己) 그리고 (다른 한편으로) 위력의 **즉자 존재**이다. 하지만 단순한 **자기**(自己)와 **즉자**, 저 순수한 자아와 이 순수한 본질이나 사유가 한 가지 똑같은 것이 되는 순수한 개념은, 즉 그것들 사이에서 교호 작용이 일어나는 이 두 측면의 통일은 이 언어의 의식 속에는 존재하지 않는다. 의식에게 대상은 여전히 자기(自己)와 대립해 있는 **즉자**이다. 또는 의식에게 **대상**은 동시에 자신의 고유한 **자기**(自己) 자체가 아니다.—그러나 분열태의 언어는 이런 도야의 세계 전체의 완벽한 언어이자 실존하는 참된 정신이다. 자신의 내던져짐을 내던져버리는 격분이 배속될 이런 자기의식은 직접적으로 절대적 분열 속에서의 절대적 자기 동일성, 즉 순수한 자기의식의 그 자신과의 매개이다. 그것은 한 가지 똑같은 인격성이 주어이자 또한 술어인 동일 판단의 동일성(Gleichheit des identischen Urteils)이다. 하지만 이런 동일 판단은 동시에 무한 판단이다. 왜냐하면 이 인격성은 절대적으로 양분되어 있으며, 주어와 술어는 필연적 통일을 결여한 채 서로 아무 상관이 없는 전적으로 **아무런들 상관없는 존재자들**이어서, 심지어 그 각각의 존재자가 고유한 인격성의 위력이기 때문이다. **대자 존재**가 **자신의 대자 존재**를 전적인 **타자**로서 그리고 동시에 이에 못지않게 직접적으로 **자기 자신**으로서 대상으로 삼고 있다. 자신을 타자로서 대상으로 삼는다는 것이 이 타자가 어떤 다른 내용을 가지고 있다는 뜻은 아니다. 오히려 그 내용은 하나의 같은 자기(自己)이되, 절대적 대립이라는 그리고 전혀 아무런들 상관없는 고유한 현존재라는 형식 속에서의 자기이다.— 그러므로 여기에 그 진리 속에서의 자신을 **자각하고** 또 자신의 **개념**을 **자각한** 이런 도야의 실재하는 세계의 정신이 현존한다.

이 정신은 그러한 현실과 사고의 절대적이고 보편적인 전도(顚倒)이자 소외, 즉 **순수한 도야**이다. 이런 (전도되고 소외된) 세계에서 (의식이) 경험하는 것은 위력과 부의 **현실적 본체**가 진리성을 지니지 못하고 또 선과 악이라는 그것들의 규정된 **개념**이나 선과 악에 관한 의식인 고결한 의식과 저열한 의식도 진리성을 지니지 못한다는 점이다. 오히려 이 모든 계기들은 그 하나가 다른 하나로 전도되며, 그 각각이 자기 자신의 반대이다.— 그것이 곧 **실체**인 보편적 위력은 개체성의 원리를 통해서 자신의 고유한 정신성에 도달하는 가운데 자신의 고유한 자기(自己)를 단지 자신에게 붙은 호칭으로서만 수여받으며, 그것이 **현실적** 위력이기에 오히려 자기 자신을 희생하는 무력한 본질이다.— 그러나 이런 자기(自己)를 결여한 포기된 본질은, 또는 사물이 된 자기(自己)는 오히려 본질이 자기 자신 속으로 복귀하는 것이다. 그것은 **대자적으로 존재하는 대자 존재**, 즉 정신의 실존이다.— 이와 마찬가지로 **선**과 **악**이라는 그런 본질들에 관한 **사고**도 이런 운동 속에서 전도된다. 선한 것이라고 규정된 것은 악한 것이고, 악한 것이라고 규정된 것은 선한 것이다. 고귀한 의식과 저열한 의식이라는 판정을 받은 이 계기들 각각에 관한 의식은 실상 오히려 이에 못지않게 이런 규정들이어야 할 바의 전도된 것이며, 고결한 의식은 이에 못지않게 저열하고 타락한(내던져진) 것이고, 내던져짐은 자기의식의 가장 도야한 자유의 고상함으로 반전된다. — 형식적으로 고찰하면, 이 모든 것이 **외향적으로는** 그에 못지않게 자신이 **자신**에 대해(대자적으로) 그것인 바의 전도된 것이다. 그리고 다시금 모든 것이 실상은 자신이 대자적으로 그것인 바가 아니며, 오히려 자신이 되고자 하는 것과는 다른 어떤 것이다. 즉, 대자 존재는 오히려 자기 자신의 상실이고, 자기 소외는 오히려 자기 보존이다. — 그러므로 모든 계기가 서로에 대해서 보편적 정의(正義)를 집행하면서 그 각각이 자신을 자신의 반대항 속으로 구상해 넣고서(einbilden) 이런 식으로 자신의 반대항을 전도시키는 것 못지않게 또한 그 자체에서(즉자적으로) 자기 자신으로부터 소외된다는 사실이 바로 여기에 현존하는 것이다. — 그러나 참된 정신은 바로 이런 절대적으로 분리된 것들의 통일이며, 바로 이런 **자기**(自己)를 **결여한** 극단들 자체의 **자유로운 현실성**을 통해서 이 참된 정신은 극단들의 매개 중심으로서 실존에 도달한다. 그런 정신의 현존재는 보편적 **발화**(發話)와 갈라 찢는 **판단 행위**(근원적으로 나누기, Urteilen)이다. 이런 발화와 판단 행위에는 본질이자 전체의 현실적 지체로 간주되어야 할 그런 계기들 일체가 해체되며, 이에 못지않게 이런 발화와 판단 행위는 자신을 해체하는 자기 자신과의 유희이다. 그렇기 때문에 이런 판단과 발화 행위가 곧 모든 것을 압도하는 참되고 제압되지 않는 것, 즉 이 실재하는 세계에서 **유일하게 진정으로** 관건이 되는 바로 그것이다. 이 세계를 이루는 부분들 각각은 이런 판단과 발화 행위 속에서 그것의 정신이 언표되는 데에, 또는 정신을 지니고서 그에 관해 말해지고 그에 관해 그것이 무엇인지가 말해지는 데에 도달한다. — 정직한 의식은 각각의 계기를 영속적인 본질태로 받아들이며, 자신이 전도된 것을 행하고 있다는 것을 알지 못하는 도야되지 않는 무사유성이다. 이에 반해 분열된 의식은 전도의 의식, 더욱이 절대적 전도의 의식이다. 분열된 의식 속에서 지배적인 것은 바로 [정직성에서는 서로 멀리 떨어져 놓여 있는 사고들을 결집하고, 그렇기 때문에 그것의 언어가 풍부한 정신을 가지고 있는(재치 넘치는)] 그런 개념이다.

그러므로 정신이 자기 자신으로부터 그리고 자기 자신에 관해서 말하는 언설의 내용은 모든 개념과 실재의 전도, 즉 자기 자신과 타인에 대한 보편적 기만이다. 그리고 바로 그런 까닭에 이런 기만을 말하는 **뻔뻔함**은 가장 위대한 진리이다. 다음과 같은 음악가의 광기가 바로 그런 언설이다. "그는 이탈리아의, 프랑스의, 비극적인, 희극적인, 온갖 종류의 성격을 지닌 서른 곡의 아리아를 모아 놓고 뒤섞었다. 그는 곧장 낮은 저음으로 지옥까지 내려갔다가, 그다음에는 목청을 가다듬어 가성(假聲)으로 높은 상공을 찢어놓는데, 미쳐 날뛰다가 진정되었다가 고압적이었다가 조롱하듯 하기를 번갈아 가며 한다."[379] — 선하고 참된 것의 선율을 정직하게도 음조의 균등성, 즉 **한 가지** 음표에 설정하는 정적인 의식에게는 이 언설이 다음과 같이 나타난다. "그것은 뛰어난 자질만큼이나 저급함의 혼합물, 올바른 만큼이나 잘못된 관념들의 혼합물, 전적인 솔직함과 진실함인 만큼이나 또한 감정의 완전한 도착이자 전적인 파렴치의 혼합물로서 현명함과 어리

---

379) D. Diderot, *Rameau's Neffe*, p. 286(드니 디드로, 『라모의 조카』, 155쪽: "그는 이탈리아 노래, 프랑스 노래, 비극적, 희극적, 각양각색의 노래 서른 곡을 한꺼번에 쌓아 뒤범벅으로 만들었다. 때로는 바리톤으로 지옥까지 내려가고, 때로는 목청을 길게 뽑아 어거지로 가성을 내며, 곡조의 고음을 찢었으며, 걸음걸이로, 태도로, 몸짓으로, 분노하는, 유순한, 오만한, 빈정대는, 서로 다른 노래의 주인공들을 차례차례 흉내냈다.")

석음의 무분별한 헛소리이다. 그것은 이 모든 음조 속으로 파고 들어가서 가장 깊은 경멸과 배척에서부터 가장 높은 경탄과 감동에 이르기까지 모든 감정의 등급을 오르내리기를 마다하지 않을 것이다. 이런 것들 안에 우스꽝스러운 기풍이 녹아 들어가 있을 터인데, 바로 이것이 그것들이 지닌 본성을 앗아간다."[380] 그것들은 자신의 솔직함 자체에서 화해의 기풍을, 전율을 일으키는 깊이에서 전능함의 기풍을 지니는데, 바로 이것이 자기 자신에게 정신을 부여한다.

우리가 앞의 참되고 선한 것에 관한 **단순한 의식**(정직한 의식)의 언설을 이렇게 자기 자신에 관해 명료한 혼란의 언설(자신이 자기 전도의 혼란에 빠져 있다는 사실을 명료하게 자각하고 있는 도야의 정신의 언설)과 대비하여 고찰해보면, 도야의 정신의 솔직하고 자각적인 달변과는 달리 이 단순한 의식의 언설은 단지 단음절일 수밖에 없다. 왜냐하면 도야의 정신이 스스로 알지 못하고 말하지 못하는 것을 단순한 의식이 도야의 정신에게 말해줄 수는 없기 때문이다. 그렇기 때문에 만약 단순한 의식이 자신의 단음절을 넘어선다면, 단순한 의식은 도야의 정신이 언표하는 것과 똑같은 것을 말하며, 그렇게 하는 가운데 자신이 어떤 새롭고 색다른 것을 말한다고 사념하는 어리석음을 덧붙여 범한다. 그가 말하는 '**창피한**'이나 '**저열한**' 따위의 단음절조차도 이미 이런 어리석음이다. 왜냐하면 도야의 정신은 자신에 관해 스스로 이런 말을 하고 있기 때문이다. 그런 자기 동일적인 것은 단지 추상에 불과하고 그 현실성에서는 그 자체에서의(그 자체 즉자적으로) 전도이기 때문에, 이

---

380) D. Diderot, *Rameau's Neffe*, pp. 77 f. 참조. (드니 디드로, 『라모의 조카』, 44쪽: "이 총명함과 이 저열함. 차례를 바꿔 이토록 올바르고 이토록 그릇된 생각들. 이 전반적인 감정의 퇴폐, 이 완벽한 비열, 이 유례없는 솔직함에 나는 아연해졌다.") 본문의 인용문은 『라모의 조카』에서 여러 구절을 발췌하여 요약한 것이다.

정신은 자신의 언설 속에서 모든 단조로운 것들을 전도한다. 이에 반해 올 곧은 의식은 선하고 고귀한 것을, 즉 그것이 표출될 때에도 자신을 동일하게 유지하는 것을(그것이 말로 표현될 때에도 그 의미가 동일하게 유지되는 것을) 여기에서 유일하게 가능한 방식으로 옹호한다. 즉, 선하고 고귀한 것이 악한 것과 **결부되어** 있거나 **섞여** 있다고 해서 그 때문에 자신의 가치를 상실하지는 않는다는 것이다. 왜냐하면 바로 이것이 선하고 고귀한 것의 **조건**이자 **필연성**이고, 바로 여기에 자연의 **지혜로움**이 존립하기 때문이라는 것이다. 이때 이 의식은 그렇게 반박한다고 사념하는 가운데 이를 통해 단지 정신이 말하는 언설의 내용을 진부한 방식으로 요약할 뿐이다. 그런 진부한 방식은(그런 진부한 언설 방식 속에서 단순한 의식은) 고귀하고 선한 것의 **반대**를 고귀하고 선한 것의 **조건**이자 **필연성**으로 만들면서 (도야의 정신이 이미 언표했듯이) 고귀하고 선하다고 일컬어지는 것이 그 본질에서는 자기 자신의 전도된 것이고 또 역으로 악한 것은 탁월한 것이라고 말하는 것과는 다른 어떤 것을 말하고 있다고 아무 생각 없이 사념한다.

단순한 의식은 탁월한 것을 지어낸 사건이나 아니면 또한 진짜 일화의 **사례**로 거론하면서 탁월한 것이 공허한 이름이 아니라 **현존하는 것이라는** 점을 보여줌으로써 그런 탁월한 것의 **현실태**로 이런 정신을 결여한 **사고**를 대체할 수도 있다. 그렇게 하더라도 이에는 그런 사례가 단지 전적으로 개별화된 것, 즉 한 가지 **족속**(espèce)을 이룰 뿐인 실재하는 세계 전체의 전도된 행동으로 이루어진 **보편적** 현실이 대립해 있다.[381] 그리고 지어낸 것

---

381) 이 문구는 다음과 같이 번역할 수도 있다. "그렇게 하더라도 그런 사례가 단지 전적으로 개별화된 것, 즉 한 가지 **족속**을 이룰 뿐인 실재하는 세계 전체에 전도된 행동으로 이루어진 **보편적** 현실이 대립해 있다."

이건 실화이건 간에 선하고 고귀한 것의 현존재를 개별적인 일화로 서술하는 일은 선하고 고귀한 것에 관해 말할 수 있는 방식 중에서 가장 가혹하고 쓸쓸한 것이다. — 궁극적으로 단순한 의식이 이런 전도의 세계 전체의 해체를 요구한다면, [통 속의 디오게네스조차 바로 이 세계에 의해 제약되어 있으므로] **개인**에게 전도의 세계에서 멀리 벗어날 것을 요구할 수는 없으며, 개별자에게 제기할 수 있는 요구는 곧 악으로 간주되는 바로 그것, 즉 **개별자**로서의 **자신**을 돌보라는 것이다. 그러나 이런 이탈의 요구가 보편적 **개체**를 향해 제기된다면, 그 의미가 결코 이성으로 하여금 자신이 도달한 도야한 정신적 의식을 다시 포기하고 자신의 계기들의 확장된 풍요로움을 자연적인 마음의 단순성으로 되돌려 가라앉혀서 자연이라고도 불리고 또 결백함(무죄, 순박함, Unschuld)이라고도 불리는 동물적 의식의 야생과 친근함으로 퇴락하도록 해야 한다는 것일 수는 없다. 오히려 이런 해체의 요구는 오직 도야의 **정신** 자체를 향해서 그가 자신의 혼란에서 벗어나 **정신**으로서 자신에게로 복귀하여 더 상위의 의식을 획득해야 한다고 제기될 수 있을 따름이다.

그러나 사실은 정신이 이를 이미 그 자신에서(즉자적으로) 완수했다. 의식의 자기의식적이고 스스로를 언표하는 분열태는 현존재에 대한 조소(嘲笑)이자 또한 전체의 혼란에 대한 그리고 자기 자신에 대한 조소이다. 동시에 그것은 이렇게 아직도 자신을 들으면서 점차 사그라지는 혼란 전체의 여음(餘音)이다. — 모든 현실과 모든 규정된 개념의 자기 자신을 경청하는 허황됨은(모든 현실과 모든 규정된 개념이 공허하다는 사실을 스스로 인식한다는 것은) 자기 자신 안에서 실재하는 세계의 이중적인 반사이다. 즉, 그것은 한편으로는 의식의 **바로 이 자기**(自己)로서의 **바로 이 자기**(自己) 속에서 실재하는 세계의 자기 내 반사이고, 다른 한편으로는 의식의 순수한 **보편성** 속에서 또는 사유 속에서 실재하는 세계의 자기 내 반사이다. 전자의 측면에 따르면 자신에 도달한 정신은 시선의 방향을 현실 세계로 맞추고서 여전히 현실 세계를 자신의 목적이자 직접적인 내용으로 삼는다. 반면에 다른 측면에 따르면 그의 시선은 부분적으로는 오직 자신을 향하면서 현실 세계에 부정적으로 대치해 있으며, 부분적으로는 시선을 현실 세계로부터 거둬들이고서 하늘로 향하게 함으로써 현실 세계의 피안이 그의 대상이 된다.

　자기(自己) 안으로의 복귀라는 전자의 측면에서는 모든 **사물의 허황됨**이 곧 자기(自己)의 **고유한 허황됨**이다. 또는 자기(自己)는 허황하게 **존재한다**. 모든 것을 비평하면서 모든 것에 관해 떠버릴 뿐만 아니라 판단이 정립하는 현실의 확고한 본질들 및 확고한 규정들에 관해서 재치있게 그 **모순**을 말할 줄 아는 자는 바로 대자적으로 존재하는 자기(自己)이며, 이 모순은 그것들의 진리이다. — 형식에 따라 고찰하면, 자기(自己)는 모든 것이 그 자신으로부터 소외되어 있음을 알고 있다. 즉, 자기(自己)는 **대자 존재가 즉자 존재**로부터 분리되어 있고, 사념된 것과 목적이 진리로부터 분리되어 있으며, 이 두 가지로부터 다시 **대타 존재**가 분리되어 있고, 또 진술된 것이 본래의 생각과 진정한 사태 및 의도로부터 분리되어 있음을 알고 있다. — 그러므로 자기(自己)는 각각의 계기를 다른 계기에 대치시키면서 무릇 모든 것의 전도를 제대로 언표할 줄 안다. 그는 각각의 계기가 어떻게 규정되어 있건 간에 그것이 무엇인지를 그 계기보다 더 잘 안다. 그가 실체적인 것을 **불일치와 상충**이라는 측면에 따라서만 알고 있고, 반면에 이런 상충을 자신 안에서 일치시키기는 하지만 이런 일치의 측면에 따라서는 알지 못하기에, 그는 실체적인 것을 아주 잘 **비평할** 줄은 알지만 그것을 **파악할** 능력은 상실했다. — 이때 이런 (자기의) 허황됨이 사물에서 벗어나 자신에게 자기(自己)의 의식을 부여하기 위해서는 모든 사물의 허황됨이 필요하며, 그렇기 때문에 스스로 사물의 허황됨을[382] 만들어내고 또 그런 허황됨을 담고 있는 영혼이 된다. 그가 노력을 기울이는 최고의 목적은 위력과 부이며, 그는 단념과 희생을 통해서 자신을 보편자로 도야시켜서 보편자를 점유하는 데에 이르고 또 그렇게 점유하는 가운데 보편적 유효성을 지닌다는 점을 알고 있다. 위력과 부는 승인된 현실적 위력이 된다. 그러나 그의 이런 유효성은 그 자체가 허황하며, 그가 바로 위력과 부를 차지하는 가운데 이것들이 자기 본질이 아니라는 점을 알고 있고, 또 그것들은 허황한 것인 반면에 오히려 자기 자신이 그것들에 대한 위력임을 알고 있다. 이렇게 그가 위력과 부를 점유하는 가운데 스스로 이것들로부터 벗어나 있다는 점을 그는 재치 넘치는 언어로 서술하는데, 바로 이 언어가 그의 가장 큰 관심사이자 또한 전체의 진리이다. 이 언어 속에서 **바로 이** 자기(自己)가 현실적인 규정에도 속하지 않고 또 사유된 규정에도 속하지 않는 **바로 이** 순수한 자기로서 스스로에게 정신적인 것, 참으로 보편 타당한 것이 된다. 그는 모든 관계의 스스로를 갈가리 찢어놓는 본성이자 모든 관계의 의식적인 찢음**이다.** 그러나 그는 오직 격앙된 자기의식으로서만 자기 자신의 분열태를 인지하며, 이렇게 자신의 분열태를 아는 가운데 자신을 직접 그 너머로 고양시켰다. 그와 같은 허황됨 속에서 모든 내용은 더 이상 긍정적으로 파악될 수 없는 부정적인 것이 된다. 긍정적인 대상은 오직 **순수한 자아 자체**뿐이며, 분열된 의식은 **즉자적으로** 이렇게 자신으로 되돌아온 자기의식의 순수한 자기 동일성이다.

---

382) 인칭대명사가 '사물의 허황됨' 대신에 '사물들'을 지시하는 것으로 독해할 수도 있다. 이 경우 이 구절은 다음과 같이 번역한다. "그렇기 때문에 스스로 사물들을 만들어내고 또 그런 사물들을 담고 있는 영혼이 된다."

b. 신앙과 순수한 통찰

자기 소외의 정신은 도야의 세계 속에서 자신의 현존재를 지닌다. 그러나 그 (도야의 세계) 전체가 자기 자신으로부터 소외되어 있으므로, 그 세계의 피안에 **순수한 의식**이나 **사유**의 비현실적 세계가 서 있다. 이 (피안에 있는 비현실적인) 세계의 내용은 순수하게 사유된 것이며, 사유가 이 세계의 절대적 요소이다. 하지만 사유가 처음에는 단지 이 세계의 **요소**이기에, 의식은 이런 사고를 **가지고 있을** 뿐이지 아직 사고를 **사유하지는** 않는다. 또는 의식은 사고가 곧 자신이라는 점을 알지 못하며, 의식에게 사고는 **표상**이라는 형식을 띠고 있다. 왜냐하면 의식은 현실에서 벗어나 순수한 의식 속으로 들어가지만, 그 자신이 무릇 여전히 현실의 영역과 규정 속에 있기 때문이다. 분열된 의식은 이제 비로소 **즉자적으로** 순수한 의식의 **자기 동일성**이며, 게다가 자기 자신에 대해서가(그 자체 대자적으로가) 아니라 우리에 대해 그러할 뿐이다.[383] 그러므로 의식은 단지 아직 자신 안에서 완성되지 못한 **직접적인** 고양에 불과하며, 매개된 운동을 통해서 자신과 대립하는 원리의 지배자가 되지 못한 채 자신을 제약하는 대립된 원리를 여전히 자신 안에 지니고 있다. 그렇기 때문에 의식은 자신이 가진 사고의 본질을 단지 추상적인 즉자의 형식을 띠고 있을 뿐인 **본질**로 간주하지 않고, 오히려 **통속하게 현실적인** 즉자의 형식,[384] 즉 사유되지 않은 현실이라는 규정성을 (사유라는) 다른 요소 속에서 상실하지 않은 채로 이 다른 요소로 고양된 그런 현

---

383) (Werke) 분열된 의식은 이제 비로소 **즉자적으로** 우리에 대해 순수한 의식의 **자기 동일성** 이지만, 자기 자신에 대해서는 그렇지 않다.

384) (Werke) 오히려 **통속하게 현실적인 것**이라는 형식,

실의 형식을 띤 본질로 간주한다. — 이러한 본질은[385] **스토아적** 의식의 본질인 **즉자**와는 본질적으로 구분되어야 한다. 이때 스토아적 의식에게는 **사고 자체의 형식**만이 유효한데, 이런 사고 자체의 형식은 그 어떤 현실로부터 취해져서 자신과는 이질적인 내용을 지니는 것이다. 반면에 지금의 의식에게 유효한 것은 **사고의 형식**이 아니다. 마찬가지로 그것은 덕스러운 의식의 **즉자**와도 구분되어야 한다. 덕스러운 의식에게는 본질이 현실과의 관련 속에 서 있고, 본질이 곧 현실 자체의 본질이기는 하지만 단지 겨우 비현실적인 본질에 불과하다. 지금의 의식에게는 본질이 비록 현실의 피안에 있을지라도 분명 현실적인 본질이라는 점이 유효하다. 마찬가지로 법칙 제정적 이성의 그 자체로 옳고 선한 것이나 법칙 검증적 의식의 보편자도 (지금의 순수한 의식의 본질과는 달리) 현실이라는 규정을 가진 것은 아니다. — 그렇기 때문에 도야의 세계 자체 내에서 순수한 사유가 소외의 한 측면으로, 즉 판단할 때의 추상적인 선과 악의 척도로 전락했을지라도, 순수한 사유는 전체의 운동을 두루 거치면서 현실성이라는 계기만큼 그리고 이를 통해 내용이라는 계기만큼 더 풍부해졌다. 그러나 동시에 이런 본질의 현실은 단지 **순수한** 의식의 현실일 뿐이지 **현실적인** 의식의 현실은 아니다. 비록 사유의 요소로 고양되기는 했지만 본질의 현실은 이 의식에게 아직 사고로 간주되지 않으며, 오히려 이 의식에게 본질의 현실은 의식 자신의 고유한 현실의 피안에 존재한다. 왜냐하면 이런 본질의 현실은 의식 자신의 현실로부터의 도피이기 때문이다.

(여기서 논하는 것이 바로 종교라는 점이 밝혀질 터이지만) **종교**가 여기서는 도야의 세계가 지닌 신앙으로 등장하느니만큼, 아직 종교가 **즉자**

---

385) 인칭대명사가 '본질' 대신에 '의식' 또는 '즉자'를 지시하는 것으로 독해할 수도 있다.

대자적으로 존재하는 바대로 등장하지는 않는다. ― 우리에게 종교는 이미 다른 규정태들 속에서 나타났다. 즉, 종교는 **불행한 의식**으로, 다시 말해 의식 자체의 실체를 결여한 운동이라는 형태로 나타났다. ― 또한 인륜적 실체 속에서는 종교가 지하 세계에 대한 믿음(신앙)으로 나타났다. 그러나 사별한 정신의 의식은 본래 **신앙**이 아니다. 즉, 그것은 현실적 의식의 피안에 있는 순수한 의식이라는 요소 속에 정립된 본질이 아니다. 오히려 사별한 정신은 그 자체가 직접적인 현전을 지니는데, 그 요소는 바로 가족이다. ― 이에 반해 지금 여기서는 종교가 한편으로는 **실체**로부터 발현하며, 그것이 곧 실체의 순수한 의식이다. 다른 한편으로 이 순수한 의식은 자신의 현실적 의식으로부터 소외되어 있고, **본질**은 자신의 **현존재**로부터 소외되어 있다. 그러므로 종교가 비록 더 이상 실체를 결여한 의식의 운동은 아니지만, 여전히 **바로 이**(차안의) 현실 일반과의 대립, 특히 자기의식의 현실과의 대립이라는 규정성을 지니고 있다. 그렇기 때문에 (여기서는) 종교는 본질적으로 단지 **신앙**에 불과하다.

이 절대적 본질의 **순수한 의식**은 **소외된** 의식이다. 이런 순수한 의식의 타자가 되는 것이 어떻게 규정되는지를 더 상세하게 살펴보아야 하며, 순수한 의식은 오직 이런 타자와의 결합 속에서 고찰되어야 한다. 즉, 우선은 이런 순수한 의식이 단지 현실의 **세계**를 자신과 대치하여 가지고 있을 뿐인 듯이 보인다. 그러나 순수한 의식이 이런 현실 세계로부터의 도피이고, 따라서 **대립**의(현실 세계와의 대립에 의한) **규정태**이므로, 순수한 의식은 그 자체에 이 대립의 규정성을 지니고 있다. 그렇기 때문에 순수한 의식은 본질적으로 자기 자신에서 자신으로부터 소외되어 있으며, 신앙은 순수한 의식의 단지 한쪽 측면만을 이룬다. 동시에 우리에게는 이미 그 다른 측면도 생성되었다. 즉, 순수한 의식은 도야의 세계로부터의 반성이어서, 도야의 세계의 실체와 이 세계가 분지화되어 이룬 집단들은 그것이 즉자적으로 그러한 바대로, 즉 **정신적** 본질태로, 다시 말해 자신을 직접적으로 자신의 반대 속에서 지양하는 절대적으로 불안정한 운동이나 규정들로 나타났다. 그러므로 그것들의 본질인 단순한 의식은 직접적으로 아무런 구별도 아닌 **절대적 구별**의 단순성이다. 따라서 이 단순한 의식은 순수한 **대자존재**이되, **바로 이 개별자**로서의 대자 존재가 아니라 **사태의 정적인 본질**을 공격하여 이에 침투하는 불안정한 운동으로서의 내적으로 **보편적인** 자기(自己)이다. 그러므로 이런 단순한 의식[386] 안에는 자기 자신을 직접적으로 진리로 알고 있는 확신, 즉 순수한 사유가 자신의 **부정성**의 위력을 띠고서 **절대적 개념**으로서 현존한다. 그런데 이런 부정성은 의식에 마주하여 존재한다고 하는 모든 대상적 본질을 소멸시키고서 이를 의식의 존재로 만든다. ― 동시에 이 순수한 의식은 그에 못지않게 **단순한데**, 그 까닭은 바로 그의 구별이 아무 구별도 아니기 때문이다. 그런데 이런 단순한 자기 내 반성이라는 형식으로서의 순수한 의식이 곧 신앙의 요소이고, 그 안에서는 정신이 **긍정적 보편성**이라는, 즉 그와 같은 자기의식의 대자 존재에 맞선 **즉자 존재**라는 규정성을 지닌다. ― 단지 자신을 해체할 뿐인 본질을 결여한 세계로부터 자신 안으로 되밀려 들어온 정신은 그 진리에 따르면 분리되지 않은 통일 속에서 정신이 현상하는 **절대적 운동**과 **부정성**이면서 또한 그런 절대적 운동과 부정성이 자신 안에서 **진정된** 본질이자 그 긍정적 **안정**이다. 그러나 무릇 **소외**라는 규정성 아래에 놓이면서 이 두 가지 계기는 이중의 의식으로 갈라져 등장한다. 전자는 자신을 **자기**의식 속에

---

386) 인칭대명사가 '단순한 의식' 대신에 '내적으로 보편적인 자기'를 지시하는 것으로 독해할 수도 있다.

서 집약하는 정신적 **과정**으로서의 **순수한 통찰**인데, 이 정신적 과정은 긍정적인 것의 의식을, 즉 대상성이나 표상 행위의 형식을 자신과 대치하여 지니면서 이를 표적으로 삼는다. 그런데 이 순수한 통찰의 고유한 대상은 오직 **순수한 자아**일 따름이다. — 이에 반해 긍정적인 것의 또는 정적인 자기 동일성의 단순한 의식은 내적 **본질**을 본질로서 대상으로 삼고 있다. 그래서 순수한 통찰은 부정적 대자 존재이기 때문에 처음에는 그 자체에 아무런 내용도 가지고 있지 않다. 반면에 내용은 통찰을 결여한 채로 신앙에 귀속된다. 순수한 통찰이 자기의식에서 벗어나지 않는다면, 신앙은 자신의 내용을 비록 그와 마찬가지로 순수한 자기의식이라는 요소 속에 지니지만, **개념** 속이 아니라 **사유** 속에, **순수한 자기의식 속이 아니라 순수한 의식 속에** 지닌다. 그래서 신앙은 분명 **본질**의, 즉 **단순한 내면**의 순수한 의식이고, 따라서 사유**이다**. 이것이 흔히 간과되곤 하는 신앙의 본성 속에 있는 주요 계기이다. 신앙 속에서는 본질이 **직접성**을 띠는데, 이런 직접성은 그 대상이 **본질**, 즉 **순수한 사고**라는 데에 있다. 그러나 **사유가 의식** 속으로 진입하는 한에서는, 또는 순수한 의식이 자기의식으로 진입하는 한에서는, 이 **직접성**이 자기(自己)의 의식의 피안에 놓여 있는 대상적 **존재**라는 의미를 획득하게 된다. **순수한 사유**의 직접성과 단순성이 **의식** 속에서 획득하는 이런 의미를 통해서 바로 신앙의 **본질**이 사유로부터 **표상**으로 전락하여 본질적으로 자기의식의 **타자**라고 하는 초감각적 세계가 되는 것이다. — 이에 반해 순수한 통찰 속에서는 순수한 사유가 의식으로 이행하는 것이 이와 상반된 규정을 지닌다. 대상성은 [단지 부정적일 뿐이고 자신을 지양하면서 자기(自己)로 복귀하는 내용이라는] 그런 의미를 지닌다. 즉, 오직 자기(自己)만이 자신에게 본래 대상이다. 또는 대상은 오직 자기(自己)라는 형식을 지니는 한에서만 진리성을 지닌다.

신앙과 순수한 통찰이 공통적으로 순수한 의식이라는 요소에 귀속되듯이, 또한 그 둘은 공통적으로 도야의 현실 세계로부터의 귀환이다. 그렇기 때문에 그 둘은 자신을 세 가지 측면에 따라서 서술한다. 첫째로 그 각각은 일체의 관계 밖에서 **즉자 대자적으로** 존재한다. 둘째로 그 각각은 자신을 순수한 의식에 대립한 **현실적** 세계에 관련짓는다. 그리고 셋째로 그 각각은 순수한 의식 내에서 자신을 상대방과 관련짓는다.

신앙을 가진 의식 속에서 **즉자 대자 존재**라는 측면은 이 의식의 절대적 대상인데, 그 내용과 규정은 이미 밝혀졌다. 왜냐하면 신앙이라는 개념상 이 대상은 다름 아니라 순수한 의식의 보편성으로 고양된 실재하는 세계이기 때문이다. 그렇기 때문에 후자(실재하는 세계)의 분지화는 또한 전자(신앙의 세계)의 조직을 이루는데, 다만 전자에서는 부분들이 정신화되어서 자신으로부터[387] 소외되지 않으며, 그 부분들은 즉자 대자적으로 존재하는 본질들, 자신 안으로 복귀하여 자기 자신에 머무는 정신들이다.—그렇기 때문에 그것들의 이행 운동은 오직 우리에 대해서만 그것들이 그것들 사이의 구별 속에서 존재하게 만드는 규정성의 소외일 뿐이며, 오직 우리에 대해서만 하나의 **필연적인** 계열이다. 반면에 신앙(신앙의 의식)에 대해서는 그것들 사이의 구별이 정적인 상이성이고, 그것들의 운동은 **사건의 벌어짐**(Geschehen)이다.

이런 (본질이나 정신으로서 신앙의 세계를 조직하는) 부분들을[388] 그 형식의 외적 규정에 따라서 간략하게 열거해보자. 도야의 세계에서 국가 권력이나 선

---

387) 재귀대명사를 '자신으로부터' 대신에 '서로로부터'로 독해할 수도 있다.
388) 인칭대명사가 정확히 무엇을 지시하는지는 불분명하다. '부분들' 대신에 '필연적인 계열', '부분들의 이행 운동', '신앙의 세계' 등을 지시하는 것으로 독해할 수도 있다.

(善)이 첫 번째 것이었듯이, 여기서도 첫 번째 것은 **절대적 본질**이다. 즉, 첫째는 단순하고 영원한 **실체**인 한에서 즉자 대자적으로 존재하는 정신이다. (둘째로) 정신이라는 자신의 개념을 실현하는 가운데 단순하고 영원한 실체는 **대타 존재**로 이행한다. 실체의 자기 동일성은 자신을 **희생하는 현실적인** 절대적 본질이 된다. 절대적 본질은 **자기**(自己)가 되지만, 무상(無常)한 자기가 되는 것이다. 그렇기 때문에 세 번째는 이런 소외된 자기(自己)와 능욕당한(자신을 겸손히 낮춘) 실체가 자신의 최초의 단순성으로 복귀하는 것이다. 이런 방식으로 비로소 실체는 정신으로 표상된다. ─

사유를 통해 현실 세계의 변천에서 벗어나 자신 안으로 환수된 이런 구별된 본질들은 변천하지 않는 영원한 정신들인데, 이들의 존재는 곧 그들이 이루는 통일을 사유하는 것이다. 이렇게 자기의식에서 떠밀려 나온 이 본질들은 그렇지만 자기의식 속으로 파고든다. 만일 본질이 최초의 단순한 실체라는 형식 속에서 꿈쩍 않고 있다면, 그것은 자기의식에게 낯선 것으로 남을 것이다. 그러나 이런 실체의 외화(포기)와 그다음 이 실체의[389) 정신은 현실성이라는 계기를 자신에 지니고 있으며, 이를 통해 자신을 신앙을 가진 의식에 관여시킨다. 또는 신앙을 가진 의식은 실재하는 세계에 속한다.

이 두 번째 관계에 따르면 신앙을 가진 의식은 한편으로는 그 자체가 자신의 현실성을 도야의 실재하는 세계 속에서 지니며, 그것이 바로 우리가 고찰했던 이 실재하는 세계의 정신과 현존재를 이룬다. 그러나 다른 한편으로 신앙을 가진 의식은 이런 자신의 현실을 허황한 것으로 간주하면서 이와 대치하며, 바로 이 현실을 지양하는 운동이 된다. 이러한 운동은 신앙을 가진 의식이 그런 현실의 전도에 관해 재치 넘치는 의식을 가진다는

---

389) 인칭대명사가 '실체' 대신에 '외화'를 지시하는 것으로 독해할 수도 있다.

데에 있지 않다. 왜냐하면 신앙을 가진 의식은 재치 넘친다는 것이 여전히 실재하는 세계를 자신의 목적으로 삼고 있는 까닭에 이를 허황한 것으로 여기는 그런 단순한 의식이기 때문이다. 오히려 현실은 정신을 결여한 현존재로서 신앙을 가진 의식의 사유가 속해 있는 정적인 왕국에 마주 서 있으며, 따라서 이 현존재는 외적인 방식으로 극복되어야 하는 것이다. 이런 봉사와 찬양의 복종은 감각적 지와 행동의 지양을 통해서 즉자 대자적으로 존재하는 본질과의 통일에 관한 의식을 산출해내는데, 그러나 직관된 현실적 통일로서 산출하는 것은 아니다. 오히려 이러한 봉사는 단지 현재에서 자신의 목표에 완전히 도달하지 못하는 그런 영속적인 산출에 불과하다. 신앙 공동체(die Gemeine)는 보편적 자기의식이기 때문에 이에 다다를 수 있다. 그러나 개별적 자기의식에게는 순수한 사유의 왕국이 필연적으로 그의 현실의 피안으로 남을 수밖에 없다. 또는 이런 순수한 사유의 왕국이 영원한 본질의 외화(포기, 양도)를 통해서 현실 속으로 진입하는 것이기에, 현실은 개념적으로 파악되지 않는 감각적 현실이 된다. 그런데 감각적 현실은 다른 현실에 대해서 아무런들 상관없으며, 게다가 피안은 시공간상으로 동떨어져 있다는 규정을 얻게 되었다. — 이에 반해 개념은, 즉 정신의 자기 현전적인 현실은 신앙을 가진 의식 속에서 **내면**으로 남는데, 이 내면이 모든 것이고 또 모든 것을 작동하는 것이지만 그 스스로가 출현하지는 않는다.

반면에 **순수한 통찰**에서는 개념만이 유일하게 현실적인 것이다. 그리고 이런 순수한 통찰의 대상이라는 신앙의 세 번째 측면이야말로 여기서 신앙이 등장하는 본래의 관계이다. — 순수한 통찰 자체도 마찬가지로 부분적으로는 즉자 대자적으로 고찰되어야 하고, 부분적으로는 여전히 실증적으로(positiv), 즉 허황된 의식으로서 현존하는 한에서 현실 세계와의 관계 속에서 고찰되어야 하며, 마지막으로 부분적으로는 그런 신앙과의 관계 속에서 고찰되어야 한다.

순수한 통찰이 즉자 대자적으로 무엇인지는 이미 살펴보았다. 신앙이 **본질**로서의 정신에 관한 정적인 순수한 **의식**이듯이, 순수한 통찰은 그런 정신의 **자기**의식이다. 그렇기 때문에 순수한 통찰은 본질을 **본질**로서가 아니라 절대적 **자기**(自己)로서 인지한다. 따라서 순수한 통찰은 그것이 현실적인 것의 자립성이건 아니면 **즉자적으로** 존재하는 것의 자립성이건 간에 자기의식과는 **다른** 자립성을 모두 지양하여 **개념**으로 만드는 데로 나아간다. 순수한 통찰은 자신이 곧 일체의 진리라는 자기의식적 이성의 확신일 뿐만 아니라, 자신이 그러하다는 것을 **알고 있다**.

그러나 순수한 통찰의 개념이 여기서 등장하는 바와 같이 그 개념은 아직 **실현되지** 않았다. 이에 따라 그 개념에 관한 의식은 여전히 **우연하고 개별적인** 의식이며, 이 의식에게 본질이 되는 것은 그가 실현해야 할 **목적**으로 나타난다. 이 의식은 이제 비로소 **순수한 통찰**을 **보편적으로** 만들려는, 다시 말해 현실적인 것 일체를 개념으로 만들려는, 게다가 모든 자기의식 속에서 개념으로 만들려는 **의도**를 가지고 있다. 이런 의도는 **순수한데**, 왜냐하면 그것이 순수한 통찰을 내용으로 삼고 있기 때문이다. 또한 이런 순수한 통찰도 그에 못지않게 **순수한데**, 왜냐하면 그것의 내용이 오직 그 어떤 대립도 대상에서 지니지 않고 또 그 자체에서도 제한되어 있지 않은 그런 절대적 개념일 따름이기 때문이다. 무제한적 개념 속에는 직접적으로 다음과 같은 두 가지 측면이 모두 담겨 있다. 즉, 한쪽으로는 모든 대상적인 것이 단지 **대자 존재**라는, 다시 말해 자기의식이라는 의미를 가질 뿐이라는 점과 다른 한쪽으로는 이 대자 존재 내지 자기의식이 **보편적인 것**이라는 의미를 지닌다는 점, 다시 말해 순수한 통찰이 모든 자기의식의 소유물이 된다는 점이 모두 담겨 있다. 도야 속에서는 대상적 정신의 구별들 및 대상적 정신의 세계가 지닌 부분들과 판단 규정들 그리고 이에 못지않게 또한 근원적으로 규정된 본성으로 나타나는 구별들이 붕괴되는 한에서, 이런 의도가 지닌 두 번째 측면은 바로 도야의 결과이다. 현실 세계는 아직 그 자체에 쌍방적 폭력성과 혼란 속에서 실재하는 세계의 본질을 두고 서로 싸우며 기만하는 정신적 동물의 왕국이라는 측면을 지니고 있는데, 그러한 한에서 천성이라든가 재능이라든가 특수한 능력 일반은 현실 세계에 귀속된다. — 물론 현실 세계에서 이런 구별자들이 어엿한 족속들(ehrliche espèces)로서 자기 자리를 차지하고 있는 것은 아니다. 개체는 비현실적인 **사태 자체**로 만족하지도 않고, 또 **특수한** 내용과 고유한 목적을 가지고 있는 것도 아니다. 오히려 개체성은 오직 보편 타당한 것으로서만, 다시 말해 도야된 것으로서만 유효성을 지닌다. 그리고 구별은 더 크거나 적은 에너지라는 **크기**의 구별로, 즉 비본질적인 구별로 환원된다. 그러나 의식의 완전한 분열태 속에서는 (단지 양적이었던) 구별이 절대적으로 질적인 구별로 전환된다는 점에서 마지막에 언급된 그런 상이성도 붕괴되고 만다. 여기서 자아에게 타자인 것은 오직 자아 자신인 따름이다. 이러한 무한 판단 속에서는 근원적 대자 존재의 모든 일면성과 고유성이 소멸되어 있다. 자기(自己)는 순수한 자기(自己)로서의 자신이 곧 그의 대상임을 안다. 그리고 이런 두 측면의 절대적 동일성이 곧 순수한 통찰의 요소이다. — 그렇기 때문에 순수한 통찰은 내적으로 구별되지 않은 단순한 **본질**이면서 또한 이에 못지않게 보편적 **작업 성과**이자 보편적 점유물이다. 이런 **단순한** 정신적 실체 속에서 자기의식은 모든 대상 안에서 자신의 **바로 이 개별성**이나 **행동**에 관한 의식을 자신에게 부여하고 보존하며, 또한 역으로 여기서 이 자기의식의 개체성은 **자기 자신과 동일하고** 보편적이다. — 그러므로 이런 순수한 통찰은 **모든** 의식에게 "너희들 모두가 **너희 자신에서**(즉자적으로) 그것인 바대로 **너희 자신을 위해**(대자적으로) **되어라. 즉, 이성적으로 되어라.**"라고 소리쳐 호소하는 정신이다.

II. 계몽

순수한 통찰이 개념의 힘으로 겨냥하는 특유의 대상은 한가지 똑같은 요소 속에서 순수한 통찰과 대치해 있는 순수한 의식의 형식인 신앙이다. 그러나 순수한 통찰은 또한 현실 세계와의 관련도 지니고 있는데, 왜냐하면 순수한 통찰은 신앙과 마찬가지로 현실 세계로부터 순수한 의식으로 귀환한 것이기 때문이다. 먼저 현실 세계가 지닌 불순한 의도와 전도된 통찰에 맞서는 순수한 통찰의 활동이 어떤 상태인지를 살펴보자.

이렇게 자신을 자신 안에서 해체하고서는 또다시 산출하는 소용돌이에 대치해 있는 정적인 의식에 관해서는 이미 위에서 언급했다. 이 정적인 의식이 바로 순수한 통찰과 의도라는 측면을 이룬다. 그러나 우리가 보았듯이 이 정적인 의식에게는 도야의 세계에 관한 그 어떤 **특수한 통찰**도 속하지 않는다. 오히려 도야의 세계는 스스로가 자기 자신에 관해 가장 고통스러운 감정과 가장 참된 통찰을 지니고 있다. 즉, 도야의 세계는 자신의 현존재가 지닌 모든 계기를 쭉 거쳐 가며 기진맥진하고 뼈마디마다 부서지면서 모든 견고한 것이 해체된다는 감정을 가지고 있다. 이에 못지않게 도야의 세계는 그런 감정의 언어이자 자신의 상태가 지닌 모든 측면에 관해 재치 넘치게 비평하는 언설이다. 그렇기 때문에 순수한 통찰은 여기서 아무런 고유한 활동과 내용도 가질 수 없으며, 따라서 단지 이러한 (도야의) 세계 자체의 재치 넘치는 통찰과 그 언어를 형식적으로 충실하게 **파악하는**

태도를 취할 뿐이다. 그 언어가 산만하고, 비평은 곧바로 자신을 잊어버리는 찰나의 허튼소리이며, 전체는 단지 제3의 의식에 대해서만 존재하므로, 이런 **순수한** 통찰로서의 제3의 의식은[390] 오직 그와 같이 분산된 행선들을 하나의 보편적인 상(像)으로 요약하고서는 모든 사람의 통찰로 만든다는 점에 의해서만 (도야의 세계와) 구분된다.

　이런 단순한 수단을 통해서 순수한 통찰은 이 세계의 혼란을 해소한다. 왜냐하면 집단들 및 특정한 개념들과 개체들이 이 현실의 본질은 아니며, 이 현실은 그 실체와 지지대를 오로지 판단하고 논의하는 행위로서 실존하는 정신 속에서 지닐 따름이고, 또 이렇게 사리를 따지면서 요설과 잡담을 늘어놓는 것을 위해서 어떤 내용을 마련하려는 이해 관심은 오로지 전체와 그 분지화된 집단들을 보존할 따름이라는 점이 이미 밝혀졌기 때문이다. 이런 통찰의 언어 속에서는 그것의 자기의식이 곧 스스로에게 여전히 **대자적으로 존재하는 것**, 즉 **바로 이 개별자**이다. 그러나 내용의 허황됨은 동시에 그 내용을 허황한 것으로 인지하는 자기(自己)의 허황됨이다. 이제 평온하게 파악하는 의식이 이런 허황됨의 재치 넘치는 수다 전체로부터 가장 적확하게 사태를 꿰뚫는 이해 방식(Fassung)들을 하나의 총서(叢書)로 집대성함으로써 현존재가 지닌 여타의 허황됨에 더하여 전체를 아직 보존하고 있는 영혼, 즉 재치 넘치는 비평의 허황됨마저 붕괴되고 만다.[391]

---

390)　지시대명사가 '제3의 의식' 대신에 '파악함' 또는 '정적인 의식'을 지시하는 것으로 독해할 수도 있다.

391)　여기서 '총서'는 디드로가 주도하고 볼테르, 달랑베르, 몽테스키외, 돌바흐 등 다수의 프랑스 계몽주의자들과 루소가 참여하여 편찬한 『백과전서』(*Encyclopédie ou dictionnaire raisonné des sciences, des arts et des métiers*, 총 30권, 1751~1772)를 염두에 두고 있는 것으로 보인다. 계몽 사상의 집대성인 이 『백과전서』는 강한 반(反)절대주의적·반(反)종교적 성향을 가지고 있다.

집대성한 총서는 대부분의 사람들에게 그들이 가진 것보다 더 탁월하거나 모든 사람에게 적어도 더 다양한 기지(機智)를 보여주며, 일반적인 어떤 것이나 현재 일반적으로 알려진 것보다 더 나은 지와 비평 일반을 보여준다.[392] 이와 더불어 아직 현존하던 유일한 관심사도 소멸되며, 개별적인 통찰 행위는 보편적인 통찰 속으로 융해된다.

그러나 여전히 허황된 지 위에 본질에 관한 지가 확고하게 서 있으며, 순수한 통찰은 신앙에 대항하여 등장하는 한에서 비로소 본래의 활동 속에서 나타난다.

a. 미신에 대한 계몽의 투쟁

때로는 회의주의라는, 또 때로는 이론적 관념론과 실천적 관념론이라는 의식의 부정적 태도가 지닌 다양한 양식들은 **순수한 통찰**과 그것의 확산인 **계몽주의**(계몽)라는 형태에 비해 그 하위의 형태들이다. 왜냐하면 순수한 통찰 및 계몽은 실체로부터 태어나서 의식의 순수한 **자기**(自己)를 절대적인 것으로 알며, 이를 모든 현실의 절대적 본질에 관한 순수한 의식과 함께 받아들이기 때문이다. — 신앙과 통찰은 똑같은 한가지의 순수한 의식이지만 형식상으로는 대립해 있다. 즉, 신앙에는 본질이 **개념**이 아닌 **사고**로서 존재하고, 따라서 **자기**의식에 전적으로 대립해 있는 것인 반면에, 순수한 통찰에는 **자기**(自己)가 본질이다. 그럼으로써 신앙과 통찰은 서로에 대해 그 **하나**가 다른 것에 대해서 전적으로 부정적인 것이다. — 이 양자가 서로에

---

392) (Werke) 더 잘 안다는 것과 비평한다는 것이 어떤 보편적인 것 또는 이제는 보편적으로 잘 알려진 어떤 것임을 보여준다.

대치하면서 등장하는 만큼, 모든 **내용**은 신앙에 배속된다. 왜냐하면 사유라는 신앙의 정적 요소 속에서 각 계기가 모두 존속을 얻기 때문이다. 이에 반해 순수한 통찰은 처음에는 내용을 결여하고 있으며, 오히려 그것은 내용의 순수한 사라짐이다. 그러나 자신에 대해서 부정적인 것(신앙)에 맞선 부정적 운동을 통해서 순수한 통찰은 자신을 실현하면서 내용을 부여받게 될 것이다.

순수한 통찰은 신앙을 이성이자 진리인 자신과 대립하는 것으로 인지한다.[393] 순수한 통찰에는 일반적으로 신앙이 미신과 편견과 오류의 직조물이듯이, 더 나아가 순수한 통찰에는 이런 내용에 관한 의식이 오류의 왕국으로 조직화된다. 이런 오류의 왕국에서는 거짓된 통찰이 한편으로는 직접적이고 거리낌 없고 자기 내 반성도 없이 의식의 **일반 집단**(우매한 대중)으로 존재하지만, 다른 한편으로는 거리낌 없는 무구함과 분리된 채로 의식을 현혹하는 악한 의도와 배후에 자신을 위해서 남아 있는 통찰로서의 자기 내 반성이나 자기의식이라는 계기도 자체에 지니고 있다. 그러한 일반 집단은 **사제단**이 행하는 기만의 희생자이다. 이때 사제단은 홀로 통찰을 독점하려는 그들의 시기 어린 허영심과 또 그 밖에 사리사욕을 취하면서 동시에 **전제주의**와 결탁한다. 이런 전제주의는 (희한하게 비일관적인 존재인) 실재하는 왕국과 이런 관념적인(이상적인) 왕국의 몰개념적인 종합적 통일로서 대중의 조악한 통찰과 사제의 조악한 의도를 넘어서 있는가 하

393) 이 문단에서 헤겔은 특히 돌바흐의 종교 비판을 참조하고 있는 것으로 추정된다. P. H. Th. D'Holbach, *Le christianisme dévoilé, ou examen des principes et des effets de la religion chrétienne*, London, 1767; 같은 이, *Système de la Nature ou Des Loix du Monde Physique et du Monde Moral*, London, 1770; 같은 이, *Système social*, London, 1773 참조.

면, 또한 그 두 가지를 자신 안에서 통합하여 기만하는 사제단이 지닌 수단을 통해서 민중의 우매함과 혼란함으로부터 그 둘을 모두 경멸하면서 안정된 지배라는 이점 그리고 자신의 쾌락과 자의(恣意)의 성취라는 이점을 이끌어낸다. 그러나 이런 전제주의는 동시에 (대중의 우매함 및 개별 성직자의 사악함과 다를 바 없는) 매한가지 통찰의 둔감함이자 똑같은 미신과 오류이다.

계몽이 이 적(敵)이 지닌 세 가지 측면에 대항하면서 아무런 구별 없이 이에 관여하는 것은 아니다. 왜냐하면 계몽의 본질이 순수한 통찰, 즉 즉자대자적으로 **보편적인 것**이므로, 계몽이 다른 극단과 맺는 진정한 관련도 양자에게 **공통적**이고 **동일한 것**을 겨냥하기 때문이다. 얽매이지 않은 보편적 의식으로부터 유리된 **개별성**이라는 측면이 바로 계몽에 대립해 있는 것인데, 계몽은 이를 직접적으로 건드릴 수는 없다. 그렇기 때문에 계몽이 취하는 행동의 직접적인 대상은 기만하는 사제단과 억압하는 전제 군주의 의지가 아니라, 오히려 의지를 결여하고 있고 또 자신을 대자 존재로 개별화하지 않는 통찰, 즉 집단에서 자신의 현존재를 지니고 있지만 집단 속에서는 아직 개념으로서 현존하지는 않는 그런 이성적 자기의식의 **개념**이다. 그러나 순수한 통찰이 이런 솔직한 통찰과 그것의 얽매이지 않은 본질을 편견과 오류에서 벗어나게 해줌으로써, 순수한 통찰은 악한 의도의 수중에서 그것이 벌이는 기만의 실재성과 위력을 빼앗아낸다. 그런 악한 의도의 왕국은 일반 집단이 가지고 있는 몰개념적인 의식에서 자신의 **토대**와 **소재**를 지니며, **대자 존재**는 **단순한** 의식 일반에서 자신의 **기체**(基體)를 지닌다.

그런데 순수한 통찰이 절대적 본질(본체)의 얽매이지 않은 의식과 맺는 관련은 이중적인 측면을 지니고 있다. 즉, 한편으로는 순수한 통찰이 **즉자적으로** 절대적 본질의 얽매이지 않은 의식과 한가지 똑같은 것이다. 그러나 다른 한편으로는 절대적 본질의 얽매이지 않은 의식이 자신의 사고라는 단순한 요소 속에서 절대적 본질 및 그것의 부분들을 보장하고 존속하게끔 해주면서, 이를 오직 자신의 **즉자**로서, 따라서 대상적 방식으로 유효하게 만드는 반면에, 이런 즉자 속에서 자신의 **대자 존재**는 부인한다. — 첫 번째 측면에 따르면 이런 신앙이 순수한 통찰에 대해 **즉자적으로** 순수한 **자기**의식이어서 이제 오직 **대자적으로** 그렇게 되어야 할 따름인 한에서, 순수한 통찰은 이런 신앙의 개념에서 거짓된 통찰 대신에 자신을 실현할 요소를 지니는 것이다.

이 양자가 본질적으로 한가지 똑같은 것이고 또 (신앙에 대한) 순수한 통찰의 관련이 한가지 똑같은 요소를 통해 그리고 똑같은 요소 속에서 이루어진다는 측면에서 보면, 순수한 통찰의 전달은 **직접적인 것**이며, 순수한 통찰의 주고받음은 아무런 방해 없이 서로 안으로 흘러 들어가는 것이다. 더 나아가 통상 의식 속에 그 어떤 말뚝이 박혀 있건 간에, 의식은 **즉자적으로** [그 안에서는 모든 것이 해체되고 망각되고 얽매여 있지 않으며, 따라서 전적으로 개념을 받아들일 채비가 되어 있는] 그런 단순성이다. 그런 까닭에 순수한 통찰의 전달은 아무런 저항이 없는 대기 속에서 향기가 평온하게 퍼져나가는 것이나 **확산되는 것**에 비교될 수 있다. 순수한 통찰의 전달은 그 안으로 전파되는 아무런들 상관없는 요소에 맞서 사전에 자신이 대립자임을 감지하게끔 만든 적도 없고 또 그래서 방어할 수도 없는 그런 침투성 감염이다. 감염이 확산되고 나서야 비로소 **순수한 통찰의 전달**은 자신을 아무 걱정 없이 이에 내맡겼던 **의식에 대해** 존재하게 된다. 왜냐하면 의식이 자신 안으로 받아들인 것은 바로 자신과 그것(순수한 통찰이 전달하는 것)에 모두 동일한 단순한 본질이지만, 동시에 내적으로 반성된 **부정성**의 단순성이며, 이런 부정성의 단순성은 차후에 또한 그 본성에 따라서 자신을 대립자로서 전개하고, 그럼으로써 의식은 자신의 예전 양식을 기억하게 되기 때문이다. 즉, 그것은 [자기 자신과 동시에 자신의 반대항을 인지하지만, 이 반대항을 자신 안에서 지양된 것으로서 인지하는 그런 단순한 지인] 개념이다. 그렇기 때문에 순수한 통찰이 의식에 대해 존재하는 바로 그만큼, 순수한 통찰은 이미 확산된 것이다. 순수한 통찰에 맞선 투쟁은 이미 번진 감염을 누설하는 것이다. 그 투쟁은 너무 뒤늦은 것이고, 그 어떤 처방도 단지 병세를 악화시킬 뿐이다. 왜냐하면 순수한 통찰은[394] 정신적 생명의 골수를, 즉 그 개념 속에 있는 의식을 또는 의식의 순수한 본질 자체를 움켜쥐었기 때문이다. 그렇기 때문에 이 의식 속에는 순수한 통찰을 능가할 그 어떤 힘도 없다. 순수한 통찰이 본질 자체 속에 존재하기 때문에, 순수한 통찰의 아직 개별화된 표출은 억제되고 표면적인 증상은 완화된다. 이는 순수한 통찰에 극히 유리한 일이다. 왜냐하면 이제 순수한 통찰은 힘을 불필요하게 허비하지 않아도 되고, 또한 신앙의 내용에 대항하면서 그리고 자신의 외적 현실이 지닌 연관에 대항하면서 순수한 통찰이 징후와 개별적인 발작 속에서 분출되는 경우처럼 자신의 본질에 걸맞지 않은 방식으로 나타나지도 않기 때문이다. 오히려 순수한 통찰은 이제 눈에 띄지도 않고 감지되지도 않는 정신으로서 주요 부위에 차츰차츰 속속들이 잠입하여 금새 자각 없는 우상의 모든 내장과 관절을 철저하게 정복한다. 그리하여 **"어느 아름다운 아침**에 동지(同志)를 팔꿈치로 밀치자 우당탕, 쿵쾅! 우상이 무너져 땅바닥에 나뒹군다."[395] — **어느 아름다운 아침**, 감염이 정신적 생명의 모든 기관에 침투했다면, 그날의 한낮에는 피를 흘리는 일

---

394) 이 문단의 이하에서 인칭대명사가 '순수한 통찰' 대신에 순수한 통찰이 유발한 '병'을 지시하는 것으로 독해할 수도 있다.

395) D. Diderot, *Rameau's Neffe*, pp. 282 f. (드니 디드로, 『라모의 조카』, 143쪽: "어느 날 그는 자기 동료를 팔꿈치로 밀어뜨리고, 쿵더덩, 우상이 넘어집니다.")

이 없을 것이다. 그러고 나서는 오직 기억만이, 어떻게 해서인지는 모르지만, 정신이 지녔던 예전 형태의 사멸한 양식을 지나간 역사로서 보존한다. 그리고 신격화된 새로운 지혜의 뱀은 이런 방식으로 단지 시든 허물을 고통 없이 벗어던질 따름이다.[396)]

그러나 이렇게 스스로에게 자신의 행동을 은폐하는 정신이 그 기체(基體)의 단순한 내면 속에서 소리 없이 직조되어 가는 것은 순수한 통찰의 실현이 지닌 단지 **한 가지** 측면에 불과하다. 순수한 통찰의 확산이 단지 동일한 것이 동일한 것과 함께 가는 데(유유상종)에만 있지 않고, 또 순수한 통찰의 현실화가 대립 없는 확장일 뿐인 것은 아니다. 오히려 부정적 본질의 행동은 이에 못지않게 본질적으로 자신을 내적으로 구별하는 전개된 운동인데, 이러한 운동은 의식적 행동으로서 자신의 계기들을 공개적인 특정한 현존재 속에서 전시하고 또 요란한 소음으로서 그리고 대립자 자체와의 폭력적 투쟁으로서 현존할 수밖에 없다.

그러므로 **순수한 통찰**과 **의도**가 자신과 대립하는 소여된 타자에 맞서 어떻게 **부정적으로** 태도를 취하면서 관계하는지를 살펴보자. — 부정적으로 태도를 취하면서 관계하는 순수한 통찰과 의도는 그 자신에 대해서 부정적인 것일 수밖에 없는데, 왜냐하면 그것의 개념이 곧 일체의 본질태이고 또 자신 외부에는 그 무엇도 존재하지 않기 때문이다. 그런 까닭에 순수한 통찰과 의도는 통찰로서는 순수한 통찰에 대해서 부정적인 것이 되고, 다시 말해 순수한 통찰은 비진리와 비이성이 되고, 의도로서는 순수한 의도에 대해서 부정적인 것, 즉 거짓말과 목적의 불순함이 된다.

---

396) 그리스 신화에서 뱀은 지혜와 치유와 부활을 상징하며, 의술의 신인 아스클레피오스의 신수(神獸)이다.

순수한 통찰과 의도가 이런 모순에 얽혀 들어가게 된 연유는 자신이 투쟁에 개입하면서 어떤 **타자**와 싸우고 있다고 사념하는 데에 있다.— 순수한 통찰과 의도는 단지 그렇게 사념하고 있을 뿐이다. 왜냐하면 절대적 부정성으로서 그것의 본질은 바로 타자 존재를 자기 자신에 지니고 있다는 것이기 때문이다. 절대적 개념은 범주이다. 즉, 절대적 개념은 바로 지와 지의 **대상**이 똑같은 한가지라는 것이다. 이에 따라 순수한 통찰이 자신의 타자라고, 즉 오류나 거짓말이라고 언표하는 것은 그 자신 이외의 다른 것일 수가 없다. 순수한 통찰은 오직 자신이 바로 그것인 것에만(자기 자신에게만) 유죄 판결을 내릴 수 있다. 이성적이지 않은 것은 **진리성**을 지니지 못하며, 개념적으로 파악되지 않은 것은 **존재하지** 않는다. 그러므로 이성이 자신과는 다른 **타자**에 관해 말할 때, 실제로는 오직 자기 자신에 관해 말하는 것일 따름이다. 이때 이성은 자신 밖으로 벗어나지 않는다.— 그렇기 때문에 이런 대립자와의 투쟁은 바로 순수한 통찰의 **현실화**라는 의미를 자체 안에 통합하고 있다. 즉, 순수한 통찰의 현실화는 그 계기들을 전개하고서 이를 자신 안으로 환수하는 운동에 존립한다. 그런데 개념적으로 파악된 통찰이 자기 자신을 **대상**으로서 (자신과) 대치하는 구별이 바로 이 운동의 한 부분을 이룬다. 이 운동이 그저 이 계기 속에 머무는 한, 그것은 자신으로부터 소외된다. 순수한 통찰로서의 이 운동은 일체의 **내용**을 결여하고 있다. 순수한 통찰의 실현 운동은 바로 **순수한 통찰 자체**가 자신에게 내용으로 되는 데에 있다. 왜냐하면 순수한 통찰은 범주의 자기의식이므로 다른 것이 순수한 통찰에 내용이 될 수는 없기 때문이다. 그런데 순수한 통찰이 그 내용을 처음에는 대립자 속에서 단지 **내용**으로 인지할 뿐이지 아직 자기 자신으로 인지하지는 못하므로, 순수한 통찰은 내용 속에서 자신을 오인한다. 그렇기 때문에 순수한 통찰의 완성은 바로 처음에는 그것에 대상적이었던 내용을 그 자신의 내용으로 인식한다는 의미를 지닌다. 그런데 그렇게 함으로써 순수한 통찰(을 완성하는 실현 운동의)의 결과는 자신이 맞서 싸우는 오류의 복구도 아니고 단지 자신의 최초 개념에 불과한 것도 아니다. 오히려 그 결과는 자기 자신의 절대적 부정을 곧 자신의 고유한 현실로, 즉 자기 자신으로 인식하는 통찰 또는 자기 자신을 인식하는 자신의 개념이다. ― 이렇게 오류에 맞서 계몽이 벌이는 투쟁의 본성은 오류 속에서 바로 자기 자신과 싸우고, 그렇게 하는 가운데 자신이 주장하는 것에 유죄 판결을 내리는 것이다. 그런데 이런 투쟁의 본성은 **우리에 대해** 존재한다. 또는 이런 투쟁의 본성은 곧 계몽과 그 투쟁이 **즉자적으로** 그것인 바이다. 그러나 이 투쟁의 첫 번째 측면은 순수한 통찰이 자신의 자기 동일적 **순수성** 안으로 부정적 태도를 받아들임으로써 자신이 오염되는 것이다. 그런데 바로 이것이 **신앙에 대해** 순수한 통찰이 **대상**이 되는 방식이다(그런데 이것이 바로 신앙이 순수한 통찰을 대상으로서 파악하는 방식이다). 따라서 신앙이 순수한 통찰에 대해 오류와 편견이듯이, 신앙은 순수한 통찰을 거짓말과 비이성과 악한 의도로서 경험한다. ― 순수한 통찰은 자신의 내용과 관련하여 처음에는 그 내용이 타자로 나타나는 그런 공허한 통찰이다. 그렇기 때문에 순수한 통찰은 그 내용을 신앙 속에서 아직 자신의 것이 아니라는 형태로, 즉 자신과 전적으로 독립된 현존재로서 **미리 발견한다.**

그러므로 계몽이 처음에는 일반적으로 자신의 대상을 **순수한 통찰**이라고 받아들이면서 자기 자신을 인식하지 못하는 채로 이 대상을 오류라고 선언하는 식으로 파악한다. **통찰** 자체 속에서는 의식이 대상을 다음과 같이 포착한다. 즉, 의식에게 대상은 의식의 본질이 된다. 또는 의식에게 대상은 [의식이 이에 삼투하여 자신을 보존하고 자신에 머물면서 자신에게 현존하고, 또 이렇게 하는 것이 바로 의식의[397] 운동이기에 그것을 산출해내는] 그런 대상이 된다. 신앙에 절대적 본질이 되는 것은 신앙 자체가 가진 의식의 존재, 신앙 자체의 사고, 의식이 산출한 것이라고 계몽은 신앙에 관해 말하면서, 계몽은 신앙이란 바로 이런 것이라고 올바로 언표한다. 그럼으로써 계몽은 자신이 바로 그것인 바에 관한 오류와 날조가 곧 신앙이라고 선언한다. ─ 그렇게 함으로써 계몽은 신앙에 새로운 지혜를 가르쳐 주려고 하지만, 실은 신앙에 새로운 아무것도 말해주지 않는 셈이다. 왜냐하면 신앙의 대상은 신앙에도(계몽하려는 의식에게만이 아니라 또한 신앙을 가진 의식에게도) 바로 그것, 즉 신앙 자체가 가진 의식의 순수한 본질이며, 그래서 이것이 신앙 속에서 상실되고 부정된 채로 정립되는 것이 아니라 오히려 신앙을 신뢰하면서 이에 맡겨둔 것이기 때문이다. 다시 말해 순수한 본질은 **신앙 속에서** 자신을 **바로 이** 의식으로서 또는 **자기**의식으로서 발견하는 것이다.[398] 내가 신뢰하면서 맡긴 자가 지닌 **그의** 자기 **확신**이 나에게는 곧 **나의** 자기 **확신**이다. 그가 나의 대자 존재를 승인하고 또 나의 대자 존재가 그에게 목적이자 본질이라는 점에서 나는 나의 대자 존재를 그에게서 인식한다. 그런데 신뢰한다는 것이 곧 신앙이다. 왜냐하면 그의 의식은 자신을 **직접적으로** 자신의 대상과 **관련짓고**, 따라서 또한 의식이 대상과 **하나**이고 대상 속에 있다는 점도 직관하기 때문이다. ─ 더 나아가 나에게 대상이 되는 것은 그 안에서 내가 나 자신을 인식하는 그런 것이므로, 나는 그 대상 안에서 동시에 나에게 무릇 **다른** 자기의식으로서 존재한다. 다시

---

397) 인칭대명사가 '의식' 대신에 '대상'을 지시하는 것으로 독해할 수도 있다.

398) 이상의 두 문장은 인칭대명사의 지시 관계에 따라 다음과 같이 번역할 수도 있다. "왜냐하면 신앙의 대상은 신앙에도 바로 그것, 즉 신앙 자체가 가진 의식의 순수한 본질이며, 그래서 이 의식이 신앙의 대상 속에서 상실되고 부정된 채로 정립되는 것이 아니라 오히려 그 대상을 신뢰하면서 이에 맡겨둔 것이기 때문이다. 다시 말해 이 의식은 **신앙의 대상 속에서** 자신을 **바로 이** 의식으로서 또는 **자기**의식으로서 발견하는 것이다."

말해 나는 그 대상 안에서 나의 특수한 개별성으로부터, 즉 나의 자연성과 우연성으로부터 소외된 자기의식으로서 존재하지만, 그 안에서 한편으로는 내가 자기의식으로 유지되고, 다른 한편으로는 내가 바로 그 안에서 순수한 통찰과 마찬가지로 **본질적** 의식이다.— 통찰이라는 개념 속에는 우선 자신이 통찰한 대상 속에서 의식이 자기 자신을 인식하며, 사유된 것을 버리고서 그로부터 비로소 자신 안으로 되돌아오는 것이 아니라, 그 대상 안에서 **직접적으로** 자신을 지닌다는 점이 담겨 있다. 그뿐만 아니라 통찰이라는 개념 속에서는 의식이 자기 자신을 또한 **매개하는** 운동으로서도 또는 **행동**이나 산출 행위로서도 의식하고 있다. 이를 통해 사고 속에서 의식에 **대해** 이런 **자기**(自己)로서의 자신과 대상의 통일이[399) 존재하게 된다.(그럼으로써 의식은 사고 속에서 이런 자기로서의 자신과 대상의 통일을 자각하게 된다.)— 바로 이런 의식이 또한 신앙이다. **복종과 행동**은 절대적 본질 속에서 존재를 확신할 수 있도록 만드는 필수 계기이다. 물론 신앙의 이런 행동을 통해서 절대적 본질 자체가 산출되는 것처럼 그렇게 신앙의 행동이 나타나지는 않는다. 그러나 신앙의 절대적 본질은 본질적으로 신앙을 가진 의식의 피안에 있는 **추상적** 본질이 아니다. 오히려 그것은 신앙 공동체의 정신이고, 또 추상적 본질과 자기의식의 통일이다. 신앙의 절대적 본질이 이런 신앙 공동체의 정신이라는 점에서 신앙 공동체의 행동은 본질적인 계기이다. 신앙 공동체의 정신은 **오직** 의식의 **산출 행위를 통해서만** 신앙의 절대적 본질이 된다. 또는 신앙 공동체의 정신이 오히려 의식에 의해 산출되지 **않고서는** 신앙의 절대적 본질이 되지 **못한다.** 왜냐하면 비록 산출 행위가 본질적이

---

399) 이 구절은 다음과 같이 번역할 수도 있다. "이런 자기와 대상의 통일로서의 자신의 통일이"

기는 하지만, 또한 산출 행위가 본질적으로 (신앙의 절대적) 본질의 유일한 근거는 아니고 단지 그 한 가지 계기일 뿐이기 때문이다. 본질(본체)은 동시에 그 자체 즉자 대자적으로 존재한다.

다른 한편으로 순수한 통찰의 개념은 스스로에게 자신의 대상과는 **다른 것**(타자)이다. 왜냐하면 바로 이런 부정적 규정이 대상을 이루는 것이기 때문이다. 그러므로 이런 다른 측면에서도 순수한 통찰은 신앙의 본질을 자기의식에게 **낯선 것**이라고, 즉 **자기의식의** 본질이 아니라 바꿔치기하여 자기의식에게 슬쩍 밀어 넣은 기형아라고 언표한다. 하지만 여기서 계몽은 전적으로 어리석다. 신앙은 계몽이 성직자들의 기만과 민중의 기망에 관해 말할 때 자신이 무엇을 말하고 있는지 알지도 못하고 사태를 이해하지도 못하면서 발언하는 것이라고 계몽을 경험한다. 계몽은 이에 관해 마치 요술쟁이 같은 사제의 마법 주문으로 의식에게 어떤 절대적으로 **낯선 것**이자 **타자**인 것이 본질과 바뀌어 밀어 넣어진 양 말하면서, 동시에 계몽은 의식이 이에 대한 신앙을 가지고서 이를 신뢰하고 또 그로부터 가호를 구하는 것이 바로 의식의 본질이라고 말한다.[400] 다시 말해 의식이 그것(신앙의 대상)에서 **자신의 순수한** 본질 못지않게 또한 **자신의** 개별적 및 보편적 **개체성**을 직관하며, 자신의 행동으로 자신의 본질과 자기 자신의 통일을 산출해 낸다는 것이다. 계몽은 그 자신이 의식에게 **낯선 것**이라고 언표했던 것을 직접적으로 곧장 의식의 **가장 고유한 것**이라고 언표한다.― 그러니 어떻게 계몽이 기만과 속임수에 관해 말할 수 있단 말인가? 계몽이 신앙에 관해

---

400) 이 뒷구절은 다음과 같이 번역할 수도 있다. "동시에 계몽은 그것이 바로 의식의 본질이라고, 즉 의식은 그에 대한 신앙을 가지고서 그것을 신뢰하고 또 그로부터 가호를 구하는 것이라고 말한다."

주장하는 바의 반대를 그 자신이 **직접적으로** 신앙에 관해 언표함으로써, 계몽은 오히려 자신이 의식적인 **거짓말**임을 신앙에 보여준다. 의식이 자신의 진리 속에서 직접적으로 **자기 확신**을 지니고 있는 곳에서, 다시 말해 **의식**이 자신의 대상 속에서 자신을 발견할 뿐만 아니라 산출해내기도 하면서 **자기 자신**을 점유하고 있는 곳에서, 도대체 어떻게 속임수와 기만이 일어날 수 있다는 것인가? 그런 (계몽과 신앙 사이의) 구별은 심지어 단지 말로서도 더 이상 현존하지 않는다. ―**"민중을 속이는 것이 허용될 수 있는가?"** 라는 일반적인 문제가 제기되었을 때,[401] 실제로 이에 관한 답변은 그 질문이 아무 쓸모가 없다는 것일 수밖에 없을 터이다. 왜냐하면 여기서 민중을 속이는 일이 불가능하기 때문이다. ― 금 대신 황동을, 진짜 어음 대신 위조 어음을 개별적으로 파는 일은 분명 있을 수 있고, 패배한 전투를 승리한 전투로 꾸며서 여러 사람에게 내걸 수도 있으며, 그 밖에 감각적인 사물들과 개별적인 사건들에 관한 거짓말을 한동안 그럴듯하게 믿도록 만들 수는 있을 것이다. 그러나 의식이 직접적 **자기 확신**을 가지고 있는 본질에 관한 지에서는 속임수라는 생각이 전적으로 탈락된다.

지금까지 제시된 견해는 그에 관해(신앙과 계몽의 관계에 관해) 단지 겨우 일반적으로만 다루었는데, 이제 더 나아가 신앙이 그 의식이 지닌 여러 **구별된** 계기들 속에서 계몽을 어떻게 경험하는지를 살펴보자. 그런데 이 계기들은 우선 순수한 사유 또는, 대상으로서는, 그 자체 즉자 대자적인 **절대적 본질**, 그다음으로 순수한 사유가[402] **지**로서 이 절대적 본질과 맺는 **관**

---

401) 이 질문은 달랑베르의 제안으로 프리드리히 대왕이 1778년에 베를린 학술 아카데미를 통해 현상 공모로 내건 논제이다.

402) 이 문장 내 이하의 구절에서 인칭대명사가 '순수한 사유' 대신에 '신앙' 또는 '의식'을 지시하는 것으로 독해할 수도 있다.

련, 즉 **자신이 가진 신앙의 근거**, 그리고 마지막으로 순수한 사유가 자신의 행동 속에서 절대적 본질과 맺는 관련 또는 **그의 봉사**이다. 순수한 통찰이 신앙 일반 속에서 자신을 오인하고 부인했듯이, 이런 계기들 속에서도 마찬가지로 전도된 태도를 취할 것이다.

순수한 통찰은 신앙을 가진 의식의 **절대적 본질**에 대해서 부정적인 태도를 취하면서 관계한다. 이 본질은 곧 순수한 **사유**, 더욱이 자기 자신 내에서 대상으로 또는 **본질**로 정립된 순수한 사유이다. 신앙을 가진 의식 속에서 이런 사유의 **즉자**는 동시에 대자적으로 존재하는 의식에 대해 대상성이라는 형식을, 그러나 또한 단지 공허한 대상성이라는 형식을 띠게 된다. 즉, 그것은 **표상된 것**이라는 규정 속에 있게 된다. 그런데 순수한 통찰은 **대자적으로 존재하는 자기**(自己)라는 측면에 따른 순수한 의식이므로, 그 **타자**가 순수한 통찰에는 **자기의식**에 대해서 **부정적인 것**으로 나타난다. 이 타자가 여전히 사유의 순수한 **즉자**로 받아들여질 수도 있고, 아니면 또한 감각적 확신의 **존재**로 받아들여질 수도 있을 것이다. 그러나 동시에 그것이 **자기**(自己)에 대해 존재하고 또 이 자기가 대상을 가지고 있는 **자기**(自己)로서 현실적 의식이므로, 순수한 통찰의 본래 대상 자체는 **감각적 확신의 통상적인 존재하는 사물**이다. 순수한 통찰의 이런 대상이 순수한 통찰에는 신앙의 **표상**(신앙이 가진 감각적 표상)에서 나타난다. 순수한 통찰은 이런 신앙의 표상에 유죄 판결을 내리며, 또 그런 표상 **속에서** 자기 자신의 대상에 유죄 판결을 내린다. 그러나 신앙의 대상을 곧 자신의 대상으로 파악한다는 점에서 이미 순수한 통찰은 신앙에 대해서 부당함을 저지르고 있다. 이에 따라 순수한 통찰은 신앙에 대해서 신앙의 절대적 본질은 눈은 있지만 보지 못하는 돌덩이나 나무토막이라고 말하거나, 밭에서 자라서 인간에 의해 변형되었다가 다시 그곳으로 되돌려보내지는 어떤 빵반죽 같은 것이라고도 말하거나, 신앙이 그 밖의 어떤 양식을 따르는 것이건 간에 본질을 의인화하고 자신에게 대상화하면서 표상할 수 있게끔 만든다고 말한다.

여기서 순수한 것이라고 자처하는 계몽은 정신에게 영원한 생명이자 성스러운 정신이 되는 것을 하나의 현실적인 **무상한 사물**로 만들어버리고서는 **이를** 그 자체로 헛된 감각적 확신의 시각을 가지고서 모독한다. 기도하는 신앙에는 이런 감각적 확신의 시각이 전혀 현존하지 않고, 그래서 그것은 계몽이 순전히 거짓으로 신앙에다 뒤집어씌운 것이다. 신앙이 숭배하는 것이 신앙에는 결코 돌이나 나무도 아니고 빵반죽도 아니며, 그 밖의 어떤 일시적인 감각적 사물도 아니다. 신앙의 대상은 **또한** 역시 그런 것이기도 하다거나 심지어는 신앙의 대상이 즉자적으로는 그리고 진실로는 이런 것이라고 말하려는 발상을 계몽이 떠올릴 경우, 한편으로는 신앙도 마찬가지로 **그런 또한**(Auch)을 알고는 있지만, 그것이 신앙에는 자신의 숭배에서 벗어나 있다. 다른 한편으로는 돌이나 그런 따위의 것이 무릇 신앙에 **즉자적**인 것은 아니며, 오히려 신앙에는 오직 순수한 사유의 본질만이 즉자적인 것이다.

두 번째 계기는 **인지하는** 의식으로서의 신앙이 이 본질과 맺는 관련이다. 사유하는 순수한 의식으로서 신앙에는 이 본질이 직접적으로(무매개적으로) 존재한다. 그러나 순수한 의식은 이에 못지않게 진리에 대한 확신의 **매개된** 관련이다. 이런 관련이 바로 **신앙의 근거**를 이룬다. 이러한 근거가 계몽에 대해서는 (신앙의 대상과) 마찬가지로 **우연한** 사건에 **관한** 우연한 **지**가 된다. 그러나 지의 근거는 **인지하는** 보편자이고, 진실로는 절대 **정신**이다. 그런데 이 절대 정신이 추상적인 순수한 의식 속에서는 또는 사유 자체 속에서는 단지 절대적 **본질**에 불과한 반면에, 자기의식으로서는 자신에 관한 **지**이다. 순수한 통찰은 이런 인지하는 보편자도, 즉 **자기 자신을 인지하는**

단순한 정신도 마찬가지로 자기의식에 대해서 부정적인 것으로 정립한다. 물론 순수한 통찰은 그 자체가 **매개된 순수한** 사유, 즉 자신을 자신과 매개하는 사유, 다시 말해 순수한 지이다. 그러나 그것이 곧 **순수한 통찰**, 즉 아직 자기 자신을 인지하지 못하는 **순수한 지**, 다시 말해 자신이 이런 순수한 매개 운동이라는 점이 그것에 대해 아직 존재하지 않는(자신이 이런 순수한 매개 운동이라는 점을 아직 자각하지 못한) 순수한 지인 까닭에, 순수한 통찰에는 그 자신이 바로 그것인 모든 것과 마찬가지로 이 매개 운동도 타자로 나타난다. 따라서 자신을 실현하는 가운데 순수한 통찰은 이런 자신의 본질적인 계기를 발전시키지만, 순수한 통찰에는 이 계기가 신앙에 속하는 것으로 나타나고, 순수한 통찰에 외적인 것이라는 그 규정성 속에서는 그것이 바로 그와 같은 평범한 현실적 과거사들에 관한 우연한 지로 나타난다. 그리하여 순수한 통찰은 여기서 종교적 신앙에다 다음과 같이 날조하여 덮어씌운다.[403] 즉, 신앙의 확신은 몇 가지 **개별적인 역사적 증거**에 근거를 두고 있는데, 이런 증거는 당연히, 이를 역사적 증거로 고려한다면, 신문 기사가 어떤 사건에 관해 우리에게 주는 정도의 확실성조차도 그 내용에 관해 보증해주지 못하리라는 것이다. 더 나아가 신앙의 확신은 이런 증거의 **보존**이라는 우연에, 즉 한편으로는 문서를 통한 보존 그리고 다른 한편으로는 한 문서에서 다른 문서로 옮겨 쓸 때의 능숙함과 성실성을 통한 보존의 우연에 근거를 두고 있고, 또 마지막으로 신앙의 확신은 죽은 단어와 문자의 의미를 올바로 파악하는 데에 근거를 두고 있다는 것이다. 그러나 실제로 신앙은 결코 자신의 확신을 그런 증거와 우연성에 결부하려는 발상을 떠올리지 않는다. 신앙은 자신의 확신 속에서 자신의 절대적 본질과

---

403) 이하의 내용은 라이마루스의 성서 비판과 이에 대한 레싱의 반박을 반영하고 있다.

의 거리낌 없는 관계이다. 즉, 신앙은 절대적 본질에 관한 순수한 지인데, 이런 순수한 지는 절대적 본질에 관한 자신의 의식 속에 문자나 문서나 필사가를 개입시키지 않고, 또 그런 따위의 것을 통해 자신을 절대적 본질과 매개하지도 않는다. 오히려 이 (신앙의) 의식은 자신의 지의 자기 매개적 근거이다. 즉, 이 의식은 [**개별적** 의식의 **내면** 속에서도 또 이에 못지않게 정신에 대한 만인의 신앙이 **보편적으로 현전**한다는 것을 통해서도 자신이 곧 자신의 증거인] 그런 정신 자체이다. 만약 계몽이 말하는 방식으로 신앙이 그 내용의 근거 제시나 최소한 입증을 과거사로부터 찾아내어 자신에게 제공하려고 하고 또 마치 이것이 관건이 된다는 듯이 진지하게 생각하면서 행한다면, 이미 신앙은 계몽의 유혹을 받고서 오도된 것이다. 그리고 그런 방식으로 자신의 근거를 마련하고 확고하게 만들려는 신앙의 노력은 단지 신앙이 (계몽에) 감염되었다는 사실을 알려주는 증거일 따름이다.

아직 세 번째 계기가 남아 있는데, 이는 하나의 **행동**으로서 **의식이 절대적 본질과 맺는 관련**이다. 이 행동은 개인의 특수성을 또는 개인의 대자 존재가 지닌 자연적 양식을 지양하는 것인데, 이로부터 자신의 행동에 따라서, 즉 **대자적으로 존재하는** 개별적 의식으로서 본질과 하나인 순수한 자기의식이라는 확신이 개인에게 발현한다.[404] — 행동에서 **합목적성과 목적**이 서로 구별되며, 또 순수한 통찰은 이런 행동과의 관련 속에서도 마찬가지로 **부정적인 태도를 취하면서** 다른 계기들 속에서처럼 자기 자신을 부인한다. 그래서 **합목적성**에 관해서는, 의도와 결합된 통찰이, 즉 목적과 수단의 일치가 통찰에는 타자로, 심지어 그 반대로 나타나기에, 순수한 통찰

---

404) (Werke) 이로부터 자신의 행동에 따라서 순수한 자기의식이라는, 즉 **대자적으로 존재하는** 개별적 의식으로서 본질과 하나라는 확신이 개인에게 발현한다.

은 자신을 몰이해(Unverstand)로 드러낼 수밖에 없다. 이에 반해 **목적**에 관해서는, 순수한 의도도 마찬가지로 타자로서는 불순한 의도이므로, 순수한 통찰은 악을, 즉 향유와 점유를 목적으로 만들며, 그럼으로써 자신이 지극히 불순한 의도임을 증명할 수밖에 없다.

이에 따라 우리는 **합목적성**과 관련하여 다음과 같은 사실을 보게 된다. 즉, 신앙을 가진 개인이 자연적인 향유와 향락을 **현실적으로** 거부함으로써 자연적인 향유와 향락에 속박되어 있지 않다는 더 고귀한 의식을 자신에게 부여하고, 또 **자신이** 그런 것들을 경멸한다고 **거짓으로 말하는** 것이 아니라 **진실**이라는 점을 **행실로** 입증한다면, 계몽은 이를 어리석은 일로 여긴다는 점이다. ─ 이와 마찬가지로 개인이 자신의 소유 자체를 포기함으로써 자신이 절대적으로 개별자이자 모든 타자를 배제하면서 소유물을 점유하는 자라는 규정성으로부터 스스로를 해방시키는 일도 계몽은 어리석다고 여긴다. 그렇게 함으로써 개인은 자신의 고립을 진지하게 (가치 있는 일로) 받아들이기는커녕, 오히려 [자신을 개별화하고 또 이런 대자 존재의 절대적 개별화 속에서 타자들이 **자신과** 똑같은 존재임을 부인하는] 그런 자연 필연성을 초월해 있다는 점을 **진실로** 보여주는 것이다. ─ 순수한 통찰은 이 두 가지 모두 목적에 부합하지도 않고 또 부당한 것이기도 하다고 여긴다. 즉, 자신이 향락과 점유로부터 자유롭다는 것을 입증하기 위해서 향락을 거부하면서 점유물을 내주어버리는 것은 **목적에 부합하지 않는다**는 것이다. 그래서 반대로 순수한 통찰은 음식을 먹기 위해서 정말로 음식을 먹는 수단을 쓰는 자를 **명청이**라고 선언할 것이다.(순수한 통찰은 합목적적인 행동을 하는 자를 오히려 목적에 부합하지 않는 어리석은 행동을 하는 사람이라고 잘못 반대로 설명한다.) ─ 또한 식사를 거부하고서 돈을 주고 버터와 달걀을 받거나 버터와 달걀을 주고 돈을 받는 것이 아니라 그 어떤 것도 되돌려 받지 않은 채

이를 곧장 내주어버리는 것도(교환이 아닌 증여와 금욕 행위도) 순수한 통찰은 **부당한** 일이라고 여긴다. 순수한 통찰은 식사라든가 그런 따위의 물건들을 점유하는 일을 자기 목적이라고 선언하며, 그럼으로써 스스로가 그에게는 그와 같은 향유와 점유가 전적으로 본질적인 문제가 되는 매우 불순한 의도라는 사실을 선언한다. 순수한 통찰은 순수한 의도로서 다시금 또한 자연적 생존과 그 수단에 대한 소유욕으로부터 초탈해야 할 필연성도 주장한다. 다만 순수한 통찰은 이런 초탈이 **행실을 통해서** 증명되어야 한다는 것을 어리석고 부당한 일로 여길 따름이다. 또는 이런 순수한 의도는 **내면적인** 초탈을 내세우면서 또 이를 요구하기는 하지만, 이런 초탈을 진지하게 생각하여 **현실적으로 실행에** 옮기면서 **자신의 진실성을 입증하는 것**은 불필요하고 어리석은 일이라고 칭하고 또 그 자체가 부당한 일이라고 칭한다는 점에서 그것은 진정 기만이다.—그러므로 순수한 통찰은 직접적으로 합목적적인 행동을 부인하기 때문에 순수한 통찰로서의 자신을 부인하며, 또한 자신이 개별성의 목적들로부터 해방되어 있다는 것을 입증하려는 의도를 부인하기 때문에 순수한 의도로서의 자신도 부인하는 셈이다.

계몽은 신앙이 이처럼 계몽을 경험하도록 만든다. 계몽이 이런 좋지 않은 겉모습을 띠고 나타나는 까닭은 계몽이 바로 타자(신앙)와의 관계를 통해서 자신에게 **부정적 실재성**을 부여하거나 또는 자신을 자기 자신의 반대로 서술하기 때문이다. 그런데 순수한 통찰과 의도는 이런 관계를 자신에게 부여할 수밖에 없는데, 왜냐하면 그것이 바로 자신의 실현이기 때문이다.—순수한 통찰과 의도가[405] 처음에는 부정적 실재성으로 나타난다. 어

---

405) 인칭대명사가 '순수한 통찰과 의도' 대신에 '순수한 통찰과 의도의 실현'을 지시하는 것으로 독해할 수도 있다.

쩌면 그것의 **긍정적 실재성**은 이보다 더 나은 처지에 있을 수도 있다. 이런 긍정적 실재성의 사정은 어떠한지를 살펴보자. — 모든 편견과 미신을 추방하고 나면 다음과 같은 질문이 등장한다. **"그럼 이제는 더 뭐?" "계몽이 편견과 미신 대신에 유포한 진리는 무엇이지?"** — 계몽은 오류를 근절하면서 이미 이 긍정적 내용을 언표한 셈이다. 왜냐하면 계몽의 그러한 자기 소외가 바로 계몽의 긍정적 실재성이기 때문이다. — 신앙에는 절대 정신이 되는 것에서 계몽은 그 **규정**으로부터 발견하는 것을 나무나 돌 같은 개별적인 현실적 사물로 파악한다. 계몽이 무릇 **모든 규정성**을, 다시 말해 모든 내용과 그 내용의 충족을 이런 방식으로 **유한성**으로서, 즉 **인간적인 본질과 표상**으로서 개념적으로 파악하기에, 계몽에는 **절대적 본질**이 아무런 규정도 또 아무런 술어도 덧붙일 수 없는 **진공**이 된다. 그와 같은 첨부물은 그 자체로 처벌받아 마땅할 터이고, 그것이 곧 그 안에서 미신이라는 괴물이 만들어진 바로 그것이다. 순수한 통찰 자체에 대해서 부정적인 것이 **순수한 통찰에 대해** 존재하고 또 그것이 곧 순수한 통찰의 내용이므로, 분명 이성인 **순수한 통찰**은 그 자체가 공허한 것은 아니다. 오히려 순수한 통찰은 풍부한 것인데, 그러나 다만 개별성과 제약에 접해서만 풍부할 따름이다. 절대적 본질에 그런 따위의 것들을 배속하지도 않고 덧붙이지도 않는 것은 자신과 또 유한성의 보고(寶庫)를 그 제자리에 놓아두고서 절대적인 것을 그 가치에 걸맞게 다룰 줄 아는 순수한 통찰의 통찰력 있는 삶의 양식(생활 태도)이다.

이런 공허한 본질의 맞은편에 계몽이 지닌 긍정적 진리의 **두 번째 계기**, 즉 절대적 본질로부터 배제되어 있는 의식과 모든 존재의 **개별성** 일반이 **절대적인 즉자 대자 존재**로서 마주 서 있다. 그 최초의 현실태 속에서 **감각적 확신과 사념**이었던 의식은 여기서 자신이 거쳐온 경험의 도정 전체로부터 바로 그곳으로 회귀하여 다시금 **자기 자신에 대해서 순수하게 부정적인 것**에 관한 지 또는 자신의 **대자 존재**와 아무런들 상관없이 마주 서 있는 **감각적 사물**, 즉 **존재하는** 사물에 관한 지가 된다. 그러나 지금의 의식은 **직접적인** 자연적 의식이 아니며, 이제 자신이 자신에게 그런 자연적 의식으로 **생성된** 것이다. 의식이 처음에는 자신을 전개함으로써 **빠져들게** 된 온갖 착종에 내맡겨졌지만, 이제는 순수한 통찰에 의해서 자신의 최초 형태로 환원되어 이런 자신의 최초 형태를 **결과**로서 **경험했다**. 의식의 모든 여타 형태들이 그리고 이와 더불어 감각적 확신의 피안 일체가 헛된 것이라는 통찰에 **근거를 두면서**, 이런 (순수한 통찰의 의식이 지닌) 감각적 확신은 더 이상 사념이 아니며, 그것은 오히려 절대적 진리이다. 물론 감각적 확신을 넘어서는 모든 것의 헛됨은 이 진리에 대한 단지 부정적 증명에 불과하다. 그러나 이 진리는 그렇게 부정적으로밖에는 달리 증명될 수가 없다.[406) 왜냐하면 감각적 확신이 그 자체에 지니고 있는 긍정적 진리는 바로 대상으로서의 개념 자체의 **매개되지 않은** 대자 존재이기 때문이다. 게다가 그것이 **존재하고** 또 그 외부에 **다른 현실적 사물들**이 존재한다는 점과 그것이 이 사물들과 마찬가지로 자신의 **자연적** 존재 속에서 **즉자 대자적으로** 또는 **절대적으로** 존재한다는 점을 각각의 모든 의식이 **전적으로 확신하고 있다**는 그런 타자 존재의 형식을 띠고서 그처럼 매개되지 않은 대자 존재가 대상으로서 존재한다는 것이다.

마지막으로 **계몽의 진리가 지닌 세 번째 계기**는 절대적 본질에 대한 개별적 본질의 관계, 즉 처음 두 가지 계기들 사이의 관련이다. **동일자나 무**

---

406) 이 문장은 다음과 같이 번역할 수도 있다. "그러나 그것은 그런 부정적 증명 이외에 달리 할 수 있는 것이 없다."

제약자에 관한 순수한 통찰로서의 통찰은 또한 **동일하지 않은 것**인 유한한 현실을 또는 한낱 타자 존재로서의 자신을 **초월한다**. 이 통찰은 **공허**를 그런 것(유한한 현실이나 타자 존재로서의 자신)의 피안으로 삼으며, 따라서 감각적 현실을 이 공허와 관련짓는다. 그 두 측면이 이 **관계**라는 규정 속에 **내용**으로 들어오는 것은 아니다. 왜냐하면 그중 한 측면은 공허이고, 따라서 내용은 오직 감각적 현실이라는 다른 측면을 통해서만 현존하기 때문이다. 그렇지만 그런 규정 속에서 **즉자**라는 측면이 함께 거드는 관련의 **형식**은 임의로 만들어질 수 있다. 왜냐하면 형식은 **즉자적으로 부정적인 것**이며, 그렇기 때문에 자신과 대립하는 것이기 때문이다. 즉, 그것은 존재일 수도 있고 무일 수도 있으며, **즉자**일 수도 있고 그 **반대**일 수도 있다. 또는 같은 말이지만, **현실**이 **피안**으로서의 **즉자**와 맺는 관련은 현실을 **부정하는 것**이자 또한 **정립하는 것**이다. 그렇기 때문에 유한한 현실은 실은 사람들이 필요한 대로 바로 그렇게 취해질 수 있다. 그러므로 감각적인 것이 지금은 **즉자**로서의 절대자와 **긍정적으로** 관련이 맺어지며, 감각적 현실은 그 자체가 **즉자적**이다. 절대자가 이 감각적 현실을 만들고 돌보고 가꾸는 것이다. 또한 감각적 현실은 다시금 그 반대로서의, 즉 감각적 현실의 **비존재**로서의 절대자와 관련이 맺어진다. 이러한 (부정적) 관계에 따르면 감각적 현실은 즉자적인 것이 아니라 단지 **대타적**인 것에 불과하다. 선행하는 의식 형태에서는 대립의 **개념들**이 **선**과 **악**으로 규정되었던 반면에, 순수한 통찰에는 대립의 개념들이 **즉자**와[407] **대타** 존재라는 더욱 순수한 추상물이 된다.

---

407) (Werke) 즉자 존재와

그런데 즉자에 대한 유한자의 긍정적 관련 및 부정적 관련이라는 이 두 가지 고찰 방식은 실은 모두 똑같이 필수적이며, 따라서 모든 것은 **즉자적인 만큼이나** 또한 **대타적**이기도 하다. 또는 모든 것이 **유용하다.**—모든 것이 자신을 타자에게 넘겨주고, 이제 타자에 의해 이용되도록 놓아두면서, **타자들을 위해**(대타적으로) 존재한다. 그러고는 이제 다시 그것은 이를테면 뒷다리로 버티고 서서(타자에게 대항하면서) 타자에 대해서 퉁명스럽게 굴며, 대자적으로 존재하면서 자신의 편에서 타자를 이용한다.—이런 관련을 **의식하는** 사물로서의 인간을 위해서는 이로부터 그의 본질과 지위가 그 결과로 도출된다.[408] 직접적으로 존재하는 바대로의 인간은 자연적 의식으로서 **즉자적**이고 또 **선하며**,[409] 개별자로서 **절대적**이고, 타자는 **그를 위해** 존재한다. 게다가 자기의식적인 동물로서의 인간을 위해서는 그 계기들이 보편성이라는 의미를 지니고 있으므로, **모든 것**이 인간의 향락과 여흥을 위해서 있으며, 신의 손에서 나온 그대로의 인간은 그를 위해 가꾸어진 정원인 세계 속에서 거닌다.—인간은 또한 선과 악에 관한 인식의 나무에서 (선악과를) 딸 수밖에 없었다. 인간은 거기에서 자신을 다른 모든 타자와 구별되게끔 만드는 이점을 얻는다. 왜냐하면 인간의 즉자적으로 선한 본성은 우연하게도 **또한** 여흥의 과도함(Übermaß)에 의해서 해를 입게끔 되는 성질을 가진 것이기도 하기 때문이다. 또는 오히려 인간의 개별성은 그 자체에 **또한 자신의 피안도** 지니고 있으며, 그 자신을 초과하여 자신을 파괴할 수

---

408) 이하의 논의는 라 메트리의 유물론적 쾌락주의를 염두에 둔 것으로 추정된다. J. O. de La Mettrie, *L'homme-machine*, Œuvres, Tome 3, Paris, 1796; 같은 이, *Discours sur le bonheur ou Anti-Sénèque* (1748), Œuvres, Tome 2, Paris, 1796; 같은 이, *Le système d'Epicure* (1750), Œuvres, Tome 2, Paris, 1796 참조.

409) 이 구절은 다음과 같이 번역할 수도 있다. "직접적으로 존재하는 바대로의 인간은 **즉자적인** 자연적 의식으로서 **선하며**."

도 있다. 이에 반해 이성은 인간에게 이런 초과를 적절하게 제한하거나 또는 오히려 규정된 것을 초과하면서도 자기 자신을 보존하는 데에 유용한 수단이다. 왜냐하면 바로 이것이 의식의 힘이기 때문이다. 즉자적으로 **보편적인** 의식적 본체(인간)가 누리는 향유는 다양성과 지속성에서 그 자체가 어떤 규정된 것이 아니라 보편적인 것이어야만 한다. 그렇기 때문에 한도(Maß)는 향락이 그 다양성과 지속성에서 중단되지 않도록 방지한다는 규정을 가지고 있다. 다시 말해 한도의 규정은 곧 무절제(한도를 모름. Unmäßigkeit)이다.(유용성의 원리에 따라 향락을 누릴 때 이성의 정도(程度)가 하는 역할은 향락을 무한히 누리도록 하는 데에 있다.) ─ 인간에게 모든 것이 유용하듯이, 인간도 마찬가지로 유용하며, 인간의 규정(사명)은 자신을 그 무리의 두루 유용하고 보편적으로 쓸모 있는 일원으로 만드는 것이다. 그가 자신을 위해 돌보는 바로 그만큼, 그는 또한 타인들을 위해 자신을 내어주어야만 하며, 또 그가 자신을 내어주는 바로 그만큼, 그는 자기 자신을 위해 돌보는 것이다. 한 손이 다른 한 손을 씻는다.(두 손이 서로를 씻으면서 자기 자신을 씻는 이득을 얻는다.) 그런데 인간이 처해 있는 바로 그곳에서 그는 올바로 있는 것이며, 그는 타인을 이용하면서 (타인에 의해) 이용된다.[410]

다른 것(타자)은 또 다른 방식으로 서로 유용하다. 그런데 모든 사물은 절대자와 이중의 방식으로 관련되어 있다는 그 본질에 의해서, 즉 긍정적인 방식으로는 이를 통해 모든 것이 그 자체 **즉자 대자적으로** 존재하고 또 부정적인 방식으로는 모든 것이 **대타적으로** 존재한다는 그 본질에 의해서 그

---

410) 엘베시우스와 돌바흐의 도구주의적·공리주의적 인간관 참조. C. A. Helvétius, *De l'esprit*, Zweibrücken, 1784; 같은 이, *De l'homme, de ses facultés intellectuelles et de son éducation*, Zweibrücken, 1784; P. H. Th. D'Holbach, *Système social*, London, 1773.

런 유용한 상호성을(상호 유용성을) 지니고 있다. 그렇기 때문에 절대적 본질(본체)과의 **관련** 또는 종교야말로 모든 유용성 중에서도 가장 유용한 것이다.[411] 왜냐하면 그것은 **순수한 유익 그 자체**이기 때문이다. 즉, 그것은 이런 모든 사물의 존속이나 모든 사물의 **즉자 대자** 존재이자 또한 모든 사물의 몰락이나 모든 사물의 **대타 존재**이다.

물론 신앙에는 이런 계몽의 긍정적 결과가 신앙에 대한 계몽의 부정적 태도만큼이나 참담한 일이다. 절대적 본질 속에서 바로 **절대적 본질이나 지고의 존재**(être suprême)나 공허밖에 보지 못하는 그런 절대적 본질에 관한 **통찰**이 신앙에는 전적으로 **혐오스러운 것**이다. 또한 모든 것이 그 직접적 현존재에서 **즉자적**이거나 선하며, 결국 유용성이라는 개념이 절대적 본질에 대한 개별적인 의식적 존재의 **관련**을, 즉 **종교**를 남김없이 표현한다고 하는 그런 **의도**도 신앙에는 전적으로 **혐오스러운 것**이다. 신앙에는 이런 계몽의 고유한 **지혜**가 필연적으로 동시에 **천박함**(진부함. Plattheit) 자체이자 그런 천박함의 **자백**으로 나타난다. 왜냐하면 계몽의 지혜는 절대적 본질에 관해서 아무것도 알지 못하거나 또는, 같은 말이지만, 절대적 본질이란 바로 단지 **절대적 본질**일 따름이라는 그런 극히 얄팍한 진리만을 아는 반면에, 그것은 단지 유한성에 관해서만 알고 있으며, 게다가 유한성을 참된 것으로 알고 또 이런 참된 것으로서의 유한성에 관한 지를 최고의 지로 아는 데에 존립하기 때문이다.

신앙은 계몽에 맞서 신적 권리(법), 즉 절대적 **자기 동일성**이나 순수한 사유의 권리를 지니며, 계몽으로부터 전적으로 불법(부당함을 당하는 것)을 경험

---

411) C. A. Helvétius, *De l'esprit*, 192쪽; 같은 이, *De l'homme, de ses facultés intellectuelles et de son éducation*, pp. 60 ff. 참조.

한다. 왜냐하면 계몽은 신앙을 그것의 계기들 일체에서 왜곡하면서 신앙의 계기들을 신앙 속에서 존재하는 바와는 다른 어떤 것으로 만들기 때문이다. 반면에 계몽은 신앙에 맞서 자신의 진리를 위해 단지 인간적 권리를 지닐 뿐이다. 왜냐하면 계몽이 저지르는 불법은 **비동일성**의 권리이고, 이는 전도하고 변경하는 데에 존립하기 때문이다. 즉, 그것은 단순한 본질이나 **사유**와의 대립 속에서 **자기의식**의 본성에 귀속되는 권리이다. 그런데 계몽의 권리가 자기의식의 권리이므로, 계몽은 (신앙이 자신의 신적 권리를 주장하듯이) **또한** 자신의 권리도 주장할 터이고, 그리하여 정신의 두 가지 동등한 권리가 서로 마주하여 대치해 있으면서 그 무엇도 다른 것을 만족시키지 못할 것이다. 그뿐만 아니라 계몽은 절대적 권리를 주장할 터인데, 왜냐하면 자기의식은 단지 **대자적**일 뿐만 아니라 또한 자신의 반대항도 장악하는 그런 개념의 부정성이기 때문이다. 그리고 신앙은 (계몽과 마찬가지로) 의식이기 때문에, 신앙 자체도 계몽에 그것의 권리를 허용할 수밖에 없을 것이다.

왜냐하면 계몽은 그 본유의 원리들을 가지고서가 아니라 신앙을 가진 의식 자신이 자체에 지니고 있는 원리들을 가지고서 신앙을 가진 의식에 맞서는 태도를 취하면서 관계하기 때문이다. 계몽은 단지 신앙을 가진 의식에게 의식을 결여한 채로 흩어져 있는 그 의식 **자신의 사고들**을 한데 모을 뿐이다. 계몽은 신앙을 가진 의식에게 단지 그가 지닌 양식들 중 **한가지**에서 그가 **또한** 지니고는 있지만 늘 그 하나에서 다른 하나를 망각하곤 하는 그런 **다른 한 가지**를 상기시킬 따름이다. 바로 그렇게 함으로써 계몽은 자신이 하나의 **규정된** 계기에서 전체를 보고, 따라서 그 계기와 관련된 **대립자**를 불러들여오며, 그 하나를 다른 하나 속에서 전도하면서 그 두 가지 사고의 부정적 본질인 **개념**을 발현시키는 그런 순수한 통찰임을 신앙을 가진 의식에 맞서 입증한다. 그런 까닭에 신앙에는 계몽이 왜곡이자 거짓말로 나타나는데, 왜냐하면 계몽은 신앙이 지닌 계기들의 **타자 존재**를 제시하기 때문이다. 그럼으로써 신앙에는 계몽이 직접적으로 신앙의 계기들로부터 그것들이 그 각각의 개별성 속에서 존재하는 바와는 다른 어떤 것으로 만드는 것처럼 보인다. 그러나 이 **타자**는 그에 못지않게 본질적인 것이며, 그것은 진실로 신앙을 가진 의식 자체 안에 현존하는 것인데, 다만 신앙을 가진 의식이 이를 사유하지 않으면서 그저 그 어딘가에 지니고 있을 뿐이다. 그렇기 때문에 이 타자는 신앙을 가진 의식에게 낯선 것도 아니고 또 신앙을 가진 의식에 의해 부인될 수도 없다.

그런데 신앙으로 하여금 그것의 유리된 계기들에 대립하는 계기를 상기하게끔 만드는 계몽은 그 자체가 그에 못지않게 자기 자신에 관해 계몽되어 있지 않다. 계몽이 그 내용을 자신의 순수성으로부터 배제하고서 자기 자신에 대해서 **부정적인 것**으로 받아들이는 한, 계몽은 신앙에 대해서 순전히 **부정적으로** 태도를 취하면서 관계한다. 그렇기 때문에 계몽은 이 부정적인 것 속에서, 즉 신앙의 내용 속에서 자기 자신을 인식하지 못하며, 또한 같은 이유에서 그 두 가지 사고, 즉 자신이 불러들여온 사고(신앙에 맞서 계몽이 상기시킨 계기)와 그것에 맞서 이를 불러들여온 사고(신앙의 고유한 계기)라는 두 가지 사고를 한데 모으지도 못한다. 계몽은 자신이 신앙에서 유죄 판결을 내리는 것이 직접적으로 자기 자신의 사고라는 점을 인식하지 못하므로, 계몽 자체가 그 두 가지 계기의 대립 속에 존재하는데, 계몽은 그 중 한 가지 계기, 즉 그때그때 신앙에 대립하는 계기는 오직 승인하기만 하는 반면에, 다른 한 가지 계기는 바로 신앙이 그렇게 하듯이 이로부터 분리시킨다. 그렇기 때문에 계몽은 그 두 가지 계기들의 통일로서의 양자의 통일을, 즉 개념을 산출해내지 못한다. 그러나 이 개념은 스스로(대자적으로) 계몽에 **생성된다**. 또는 계몽은 이 개념을 단지 **현존하는 것**으로서 발견할 뿐이다. 왜냐하면 그것의 본질이 곧 개념인 순수한 통찰이 처음에는 [개념의 대립은 절대적 대립이므로] 그 자신에게 절대적 **타자**가 되어 자신을 부인하고서는 이런 타자 존재로부터 자기 자신으로 또는 자신의 개념으로 돌아오는 것, 바로 이것이 즉자적으로는 순수한 통찰의 실현이기 때문이다. ─ 그러나 계몽은 단지 이러한 운동일 뿐**이다.** 즉, 계몽은 순수한 개념의 아직 무의식적인 활동인데, 이런 활동은 비록 대상으로서의 자신으로 되돌아오기는 하지만 이 대상을 **타자**로 여기며, 또 자신을 절대적으로 분리하는 것이 바로 구별되지 않는 것(das Nichtunterschiedene)이라는 개념의 본성도 알지 못한다. ─ 그러므로 통찰은 바로 신앙의 의식 속에서는 떨어져 놓여 있는 계기들의 운동이자 관련지음인데, 그리고 이런 관련지음 속에서 그 계기들의 모순이 뚜렷하게 드러나는데, 그러한 한에서 통찰은 신앙에 맞선 개념의 **위력**이다. 바로 여기에 통찰이 신앙에 대해서 행사하는 폭력의 절대적 **권리**가 놓여 있다. 그러나 통찰이 이 폭력을 그리로 이끄는 **현실성**은 바로 신앙을 가진 의식 자체가 곧 개념이고, 따라서 통찰이 그에게 들고 오는 대립자를 신앙을 가진 의식 스스로가 승인한다는 점에 놓여 있다. 통찰이 신앙을 가진 의식에 맞서 권리를 소지하는 까닭은 바로 신앙을 가진 의식 자신에게 필수적이고 또 신앙을 가진 의식이 그 자체에 지니고 있는 것을 통찰이 신앙을 가진 의식에게서 유효하게 만들기 때문이다.

우선 계몽은 **의식의 행동**이라는 개념의 계기를 주장한다. 계몽은 신앙에 **대항하여** 신앙의 절대적 본질이 곧 자기(自己)로서의 **신앙의** 의식이 지니고 있는 본질이라고 또는 신앙의 절대적 본질이 의식에 의해서 **산출된** 것이라고 주장한다. 신앙을 가진 의식에게는 자신의 절대적 본질이 그에게 **즉자**인 만큼이나 또한 어떻게 그리고 어디서부터인지 모르게 거기에 **서 있**을 터일 어떤 낯선 사물이 아니다. 오히려 그의 신뢰는 절대적 본질 속에서 자신을 **바로 이** 인격적(개인적) 의식으로서 **발견한다**는 데에 존립하며, 그의 복종과 봉사는 자신의 **행동**을 통해서 절대적 본질을 **자신의** 절대적 본질로서 산출해낸다는 데에 존립한다. 신앙이 순전히 의식의 **행동**의 **피안에 있는** 절대적 본질의 **즉자**를 언표할 경우, 계몽은 본래 단지 신앙에 이런 점을(신앙의 의식이 숭배하는 절대적 본질이 실은 의식의 행동을 통해서 산출된 것이라는 점을) 상기시켜줄 뿐이다. — 비록 계몽은 여기서 신앙이 오로지 그것만을 생각하는 **존재**에 맞서 이런 신앙의 일면성에다 신앙의 **행동**이라는 이에 대립하는 계기를 불러들여오지만, 그 자신도 자신의 사고들을 마찬가지로 한데 모으지 못하므로, 계몽은 **행동**이라는 순수한 계기를 유리시키고서 신앙의 **즉자**에 관해 그것이 **단지** 의식에 의해 **산출된 것**에 불과하다고 언표한다. 그런데 **즉자**에 대립하여 유리된 행동은 곧 우연한 행동이며, 표상하는 행동으로서는 허구들을, 즉 **즉자적**이지 않은 표상들을 만들어내는 것이다. 계몽은 신앙의 내용을 바로 이렇게 간주한다. — 그러나 역으로 순수한 통찰도 이에 못지않게 그 반대를 말한다. 순수한 통찰은 개념이 자체에 지니고 있는 **타자 존재**라는 계기를 주장하는 가운데, 신앙의 본질을 의식과는 **전혀 무관하고** 의식의 **피안에** 있으며 의식에게 낯설고 인식되지 않은 그런 것이라고 언표한다. 신앙이 한편으로는 아무리 절대적 본질을 신뢰하면서 그 안에서 **자기 확신**을 지니고 있을지라도, 다른 한편으로 신앙에는 절대적 본질이 그 행보에서 불가해하고 그 존재에서 도달할 수 없는 것이다.

더 나아가 계몽은 그러면서 신앙을 가진 의식에 맞서 한 가지 권리를 주장하는데, 그것은 신앙을 가진 의식이 숭배하는 대상을 계몽이 돌이나 나무나 그 밖에 의인화된 유한한 규정태로 간주할 때 신앙을 가진 의식 스스로가 시인하는 바로 그 권리이다. 왜냐하면 신앙을 가진 의식이 (한편으로는) **현실**의 **피안**을 가지고 있으면서 (다른 한편으로는) 이런 피안의 순수한 **차안**도

가지고 있는 양분된 의식이므로, 실제로 신앙을 가진 의식 속에는 **또한** 이런 감각적 사물이 **즉자 대자적으로 유효하다**고 하는 감각적 사물의 견해도 현존하기 때문이다. 그런데 신앙을 가진 의식은 이런 **즉자 대자적으로 존재하는 것**에 관한 두 가지 사고를, 즉 한편으로는 즉자 대자적으로 존재하는 것이 신앙을 가진 의식에게 **순수한 본질**이고, 다른 한편으로는 그것이 평범한 **감각적 사물**이라는 두 가지 사고를 한데 모으지 못한다. ─ 신앙의 순수한 의식조차도 후자의 견해에 영향을 받는다. 왜냐하면 신앙의 순수한 의식은[412] 개념을 결여하고 있으므로, 그의 초감각적 왕국이 지니는 구별들은 일련의 자립적인 **형태들**이고 또 그것들의 운동은 **사건의 벌어짐**(Geschehen)이기 때문이다. 다시 말해 그 구별자들은 오직 **표상** 속에 존재할 뿐이며, 그 자체에 감각적 존재의 양식을 띠고 있는 것이다. ─ 계몽은 그 나름대로 이에 못지않게 **현실**을 유리시켜서 정신이 떠나버린 본질로 만들어버리고, 또 규정성을 유리시켜서 본질 자체의 정신적 운동 속에서 하나의 **계기**가 되는 것도 아니고 무(無)도 아니고 또한 즉자 대자적으로 **존재하는** 그 무엇도 아니라 그냥 사라져버리는 것인 그런 확고부동한 유한성으로 만들어버린다.

지의 근거에서도 사정이 이와 똑같다는 점은 명백하다. 신앙을 가진 의식은 스스로 우연한 **지**를(자신의 앎이 우연하다는 점을 스스로가) 인정한다. 왜냐하면 이 의식은 우연성들과 관계하고 또 절대적 본질 자체가 이 의식에게는 표상된 통속적인 현실이라는 형식을 띠고 있기 때문이다. 이와 더불어 신앙을 가진 의식은 **또한** 자기 자신에 진리성을 지니지 못하는 확신도 가

---

412) 인칭대명사가 '신앙의 순수한 의식' 대신에 '초감각적 왕국'을 지시하는 것으로 독해할 수도 있다.

지고 있으며, 자신이 자기 자신을 보증하고 확증하는 정신의 차안에 있는 그런 비본질적인 의식임을 자백한다. — 그런데 신앙을 가진 의식은 절대적 본질에 관한 자신의 직접적인 정신적 지에서 바로 이 계기를 망각한다. — 하지만 신앙을 가진 의식에게 이를 상기시켜주는 계몽도 다시 **단지** 우연한 지만을 사유하면서 다른 지는 망각한다. 즉, 계몽은 단지 **낯선** 제3자를 통해서 일어나는 매개만을 사유할 뿐이지 직접적인 것이 자기 자신에게 그런 제3자가 되고 그럼으로써 직접적인 것이 타자와, 즉 **자기 자신**과 매개되는 그런 매개를 사유하지는 않는다.

마지막으로 신앙의 **행동**에 관한 자신의 견해에서 계몽은 (신앙을 가진 의식이) 향유와 재산을 내던져버리는 일을 부당하고 목적에 부합하지 않는다고 여긴다. — 부당함과 관련해서는, 신앙을 가진 의식 스스로가 소유물을 점유하면서 고수하고 향유한다는 현실을 인정한다는 점에서 계몽은 신앙을 가진 의식과 의견 일치를 본다. 신앙을 가진 의식은 소유(소유권)를 주장하는 데에는 더더욱 고립되고 완고한 태도로 행동하고, 또 향유하는 데에는 더더욱 상스럽게 몸을 내맡기는 행동을 하는데, 왜냐하면 자신의 종교적인 (점유와 향유를 **포기하는**) 행동은 이런 현실의 피안에 귀속되며, 바로 그것이 그에게 저런 (세속적인) 측면을 위한 자유를 매수해주기 때문이다. 이러한 대립 탓에 자연적인 거동과 향유를 희생하는 그런 봉사는 실제로 아무런 진리성도 지니지 못한다. (소유와 향유의) 희생 **곁에서 더불어** 간직함이 일어난다. 이런 희생은 [현실적 희생을 단지 작은 일부분에서만 완수하고, 따라서 현실적 희생을 실은 단지 **표상할** 뿐인] 단지 그런 하나의 **기호**에 불과하다.

합목적성과 관련해서, 계몽은 자신이 재산 **일반**으로부터 자유롭다는 것을 알고 또 이를 입증하기 위해서 **한 가지** 재산을 내던져버리거나 또는 향유 **일반**으로부터 자유롭다는 것을 알고 또 이를 입증하기 위해서 **한 가지** 향유를 내던져버리는 일을 부적절하다고 여긴다. 신앙을 가진 의식 스스로가 절대적 행동을 **보편적** 행동이라고 파악한다. 신앙을 가진 의식이 대상으로 삼는 절대적 본질의 행위만이 보편적 행위인 것이 아니라, 또한 개별적 의식도 자신이 완전히 그리고 보편적으로 자신의 감각적 본질로부터 해방되었음을 입증해야만 한다. 그런데 **개별적** 재산을 내던져버리거나 **개별적** 향유를 단념하는 일은 그런 **보편적** 행위가 아니다. 그리고 행위 속에서 보편적인 것인 **목적**과 개별적인 것인 **수행**이 본질적으로 부적합성을 띠고서 의식 앞에 놓여 있을 수밖에 없을 터이기에, 그 행위는 의식과 아무런 상관이 없는 행위임이 드러나며, 이와 더불어 이 행위가 하나의 행위가 되기에는 실은 너무 **천진난만하다는**(단순하고 어리석다는, naiv) 점이 드러난다. 식사의 쾌락으로부터 해방되었음을 입증하기 위해서 단식을 하는 것은 너무 천진난만한 일이다. 또한 오리게네스처럼[413] 쾌락에서 벗어났음을 입증하기 위해서 **신체로부터** 그 밖의 쾌락마저 제거해버리는 것도 너무 천진난만한 일이다. 행위는 스스로 자신이 **외면적**이고 **개별적인** 행동임을 입증한다. 이에 반해 욕망은 **내면적으로** 뿌리를 박고 있는 **보편적인 것**이다. 욕망의 쾌락은 그 수단과 함께 사라지는 것도 아니고 개별적인 내핍으로 사라지지도 않는다.

그런데 여기서 계몽은 그 나름대로 신앙의 직관과 기도 속에서 신앙이 지니고 있는 내면성에 맞서 물성의 외면성을 고수하듯이 또한 현실에 맞서 **내면적이고 비현실적인 것**을 유리시킨다. 계몽은 본질적인 것을 **의도**에, 즉 **사**

---

413) 오리게네스(약 185~약 254)는 알렉산드리아 출신의 초기 교부 철학자이다. 스스로 거세하고서 금욕과 청빈과 고행의 삶을 살다가 그리스도교 박해로 갖은 고초 끝에 순교했다.

고 속에 두고서, 이를 통해 자연적인 목적으로부터의 해방을 현실적으로 완수하는 일을 회피한다. 하지만 반대로 이런 내면성 자체는 그 내용이 자연적 충동들로 채워지는 형식적인 것인데, 이렇게 자연적 충동들로 내면성을 채우는 일은 바로 그 충동들이 내면적인 것이라는 점에 의해서, 즉 그것들이 **보편적** 존재인 자연(본성)에 속해 있는 것이라는 점에 의해서 정당화된다.

그러므로 계몽은 신앙에 대해서 불가항력의 권력을 지니는데, 그 까닭은 계몽이 (신앙에 맞서) 유효하게 만드는 계기들을 바로 신앙이 자신의 의식 자체 속에서 발견하기 때문이다. 이 힘의 작용을 좀 더 상세히 고찰해보면, 신앙에 대해서 계몽이 취하는 태도가 **신뢰**와 직접적 **확신**의 **아름다운** 통일을 산산이 찢어놓고, 신앙의 **정신적** 의식을 **감각적** 현실에 관한 저급한 사고로 오염시키고서, 복종하면서 **평온해지고 확신에 찬** 심성을 오성과 고유한 의지 및 완수 행위가 지닌 **허황된 자만**으로 파괴하는 듯이 보인다. 그러나 사실 계몽은 오히려 신앙 속에 현존하는 **사고를 결여한** 또는 오히려 **개념을 결여한** 분리의 지양을 견인한다. 신앙을 가진 의식은 이중의 척도와 저울을 운영한다. 그것은 두 개의 눈과 두 개의 귀, 두 개의 혀와 언어를 가지고 있다. 그것은 모든 표상을 이중화하면서 그 양의성을 비교조차 하지 않는다. 또는 신앙은 두 가지 지각 속에서, 즉 그 하나는 순전히 몰개념적인 사고 속에서 사는 **잠들어 있는** 의식의 지각이고 다른 하나는 순전히 감각적 현실 속에서 사는 깨어 있는 의식의 지각이라는 두 가지 지각 속에서 살며, 그 각각의 지각 속에서 신앙은 저마다 고유한 살림살이를 영위한다. ─ 계몽은 그러한 천상 세계를 감각적 세계의 표상들로 조명한다. 그러고는 천상 세계에다 이러한 (감각적 세계의) 유한성을 제시했는데,[414] 신앙은 이 유한성을 부인하지 못한다. 왜냐하면 신앙은 자기의식이며, 따라서 그 두 가지 표상 방식이 모두 속해 있어서 그 안에서는 그것들이 갈라질 수 없는 그런 통일이기 때문이다. 왜냐하면 그 두 가지 표상 방식은 똑같은 한가지의 분리될 수 없는 **단순한** 자기(自己)에 귀속되는데, 신앙은 바로 이런 단순한 자기로 이행한 것이기 때문이다.

이를 통해 신앙은 그 요소를 채워주던 내용을 상실하고서 자기 자신 안에서 정신의 둔탁한 직조 속으로 침몰하고 만다. 신앙은 자신의 왕국에서 추방되었다. 또는 깨어 있는 의식이 신앙의 왕국의 모든 구별과 확장을 강탈하고서 그 부분들을 모두 지상의(감각 세계의) 소유물로 반환을 청구하고 또 지상에 되돌려줌으로써 이 왕국은 모조리 약탈당했다. 그러나 그렇다고 해서 신앙이 만족을 얻은 것은 아니다. 왜냐하면 그런 조명을 통해서(계몽이 감각 세계의 표상들로 천상 세계를 비추어 밝힘으로써) 그 어디에서나 단지 개별적 본체만이 생겨났으며, 그리하여 오직 본질을 결여한 현실과 정신이 떠나버린 유한성만이 정신에 말을 걸기 때문이다.— 신앙이 내용을 결여한 채로 이런 공허 속에 머물 수는 없으므로, 또는 신앙이 자신의 유일한 내용인 유한자를 넘어서는 오직 공허만을 발견하는 까닭에, 신앙은 **순수한 동경**이며, 신앙의 진리는 모든 것이 다르게 변했기 때문에 그에 적합한 그 어떤 내용도 더 이상 발견되지 않는 공허한 **피안**이다.— 이로써 신앙은 실제로 계몽이 바로 그것인 바와 똑같은 한가지가 되었다. 다시 말해 신앙은 인식되지 않고 인식될 수도 없게 술어가 없는 절대자에 대해서 즉자적으로 존재하는 유한자가 맺는 관련에 관한 의식과 한가지 똑같은 것이 되었다. 다만 **계몽이 만족을 얻은** 계몽인 반면에, 신앙은 **만족하지 못한** 계몽이라는 **차이점이 있을** 따름이다. 그렇지만 계몽이 과연 자신의 만족 속에 머물 수 있을지는 그 자체에서 드러날 것이다. 자신의 정신적 세계가 상실

---

414) (Werke) 제시하는데,

된 것을 애도하며 슬퍼하는 침울한 정신의 그와 같은 동경은 (계몽의) 배후에 매복해 있다. 계몽 자체도 이런 만족되지 않은 동경이라는 결점을 자신에 지니고 있다. 계몽은 그런 결점을 **순수한 대상**으로서는 자신의 **공허한** 절대적 본질에서 지니고 있고, **행동과 운동**으로서는 자신의 개별 존재(Einzelwesen)를 넘어서 충족되지 않은 피안을 향한 **나아감**에서 지니고 있으며, **충족된 대상**으로서는 유용한 것의 **자기 결여성**(Selbstlosigkeit)에서 지니고 있다. 계몽은 이런 결점을 지양할 것이다. 계몽에 진리가 되는 긍정적 결과를 좀 더 상세히 고찰하면, 이 결점이 이때 이미 즉자적으로 지양되어 있다는 점이 밝혀질 것이다.

b. 계몽의 진리

그러므로 정신의 더 이상 그 무엇도 자신 안에서 구별하지 않는 둔탁한 직조는 그 자체 안에서 의식의 피안에 들어섰고,[415] 그 반면에 의식은 스스로에게 명료해졌다. ─이런 명료성의 첫 번째 계기는 그 필연성과 조건에서 순수한 통찰이 또는 **즉자적으로** 개념인 통찰이 자신을 실현한다는 점에 의해 규정된다. 순수한 통찰은 타자 존재나 규정성을 자신에 정립함으로써 이를 행한다. 이런 방식으로 순수한 통찰은 부정적인 순수한 통찰, 즉 개념의 부정이 된다. 이런 개념의 부정 역시 그에 못지않게 순수하다. 그리고 그럼으로써 **이 첫 번째 계기**는 **순수한 사물**, 즉 그 밖에 더 이상 아무런 규정도 지니고 있지 않은 절대적 본질이 되었다.[416] 이를 좀 더 상세

---

415) 이 구절은 다음과 같이 번역할 수도 있다. "그러므로 정신의 더 이상 그 무엇도 자신 안에서 구별하지 않는 둔탁한 직조는 의식의 피안에 있는 자기 자신 안으로 들어갔고,"

히 규정하면, 절대적 개념으로서의 순수한 통찰은 더 이상 구별들이 아닌 구별들의 구별, 즉 더 이상 자기 자신을 지탱하지 못하고 오직 **운동의 전체**를 통해서만 지지대와 구별을 지니는 그런 추상물들이나 순수한 개념들의 구별이다. 이런 구별되지 않는 것의 구별은 절대적 개념이 그 자신을 자신의 **대상**으로 만들면서 그러한 **운동**에 대치하여 자신을 **본질**로 정립하는 데에 존립한다. 그럼으로써 그것은 추상물들이나 구별자들이 **서로 떼어 놓이게**(분별되게) 되는 측면을 결여하게 되며, 그리하여 **순수한 사물**로서의 **순수한 사유**가 된다. — 그러므로 이것이 바로 구별된 내용을 상실하면서 신앙이 빠져들었던 저 정신 그 자체 안에서의 둔탁한 무의식적 직조이다. 그것은 동시에 저 순수한 자기의식의 **운동**인데, 이 운동에 그것은 절대적으로 낯선 피안이어야만 한다. 왜냐하면 이 순수한 자기의식이 순수한 개념 속에서의, 즉 아무 구별들이 아닌 구별들 속에서의 운동이므로, 순수한 자기의식은 실제로 (둔탁한 정신의) 무의식적 직조 속으로, 다시 말해 순수한 **느낌**이나 순수한 **물성** 속으로 붕괴되기 때문이다. — 그러나 (여기서는 개념이 여전히 이런 소외의 단계에 서 있으므로) 자기 자신으로부터 소외된 개념은 자기의식의 운동과 자기의식의 절대적 본질이라는 두 측면의 **동일한 본질**을, 다시 말해 실은 그 두 측면의 실체이자 존립인 그것들의 **동일한 본질**을 인식하지 못한다. 자기 자신으로부터 소외된 개념이 그런 통일을 인식하지 못하기에, 이 개념에는 본질이 단지 대상적 피안이라는 형식 속에서만 유효한 반면에, 이런 방식으로 즉자를 자신 밖에 지니는 구별하는 의식은 유한한 의식으로 간주된다.

---

416) (Werke) 그리고 그럼으로써 **순수한 사물**, 즉 그 밖에 더 이상 아무런 규정도 지니고 있지 않은 절대적 본질이 생성되었다.

이런 절대적 본질에 관해서 계몽은 앞서 자신이 신앙과 벌였던 다툼에 이제는 자기 자신과 빠져들면서 자신을 두 당파로 나눈다. 그중 한 당파는 자신이 두 당파로 쪼개지는 것을 통해서 비로소 자신이 **승리자**임을 입증한다. 왜냐하면 그렇게 하는 가운데 이 당파는 자신이 맞서 싸우는 원리를 그 자체에 지니고 있다는 점을, 그럼으로써 자신이 앞서 등장할 때 띠고 있던 일면성을 지양했다는 점을 보여주기 때문이다. 이 당파와 다른 당파 사이로 나뉘었던 이해 관심이 이제는 전적으로 이 당파에 귀속되면서 다른 당파에는 잊히고 만다. 왜냐하면 이 이해 관심은 그것을 유발하는 대립을 이 당파 자체 안에서 발견하기 때문이다. 그러나 동시에 이 대립은 그것이 정화된 모습으로 나타나게 되는 더 높은 승리의 요소로 고양된다. 그럼으로써 한 당파 안에서 발생하는 분쟁은 불행인 듯이 보이지만 오히려 그 당파의 행운을 증명한다.

순수한 본질 자체는 자신에 아무런 구별도 지니지 않으며, 그렇기 때문에 구별은 그런 두 가지 순수한 본질이 의식에 대해 발현하거나 순수한 본질에 관한 이중의 의식이 발현하는 식으로 순수한 본질에 다가온다. ― 순수한 절대적 본질은 오직 순수한 사유 속에서만 존재한다. 또는 오히려 순수한 절대적 본질은 순수한 사유 자체이며, 따라서 전적으로 유한한 것의 **피안에**, 즉 **자기**의식의 피안에 존재하고, 그것은 단지 부정적 본질에 불과하다. 그러나 이런 방식으로 순수한 절대적 본질은 바로 **존재**, 즉 자기의식에 대해서 부정적인 것이다. 자기의식에 대해서 **부정적인 것**으로서 그것은 **또한** 자기의식과 관련되어 있다. 그것은 구별들과 규정들이 귀속되는 자기의식과 관련되어서야 우리가 맛보고 눈으로 보고 등등을 할 수 있는 구별자들을 자체에 획득하는 그런 **외적 존재**이다. 그리고 그 관계는 곧 **감각적** 확신과 지각이다.

저 부정적 피안이 필연적으로 이행해 들어가는 **감각적** 존재에서 출발하되 이런 의식의 관련이 지닌 특정한 양식들을 사상하고 나면, 자체 안에서의 둔탁한 직조와 운동으로서의 순수 **질료**가 남게 된다. 여기서 다음과 같은 점을 고찰하는 것이 본질적이다. 즉, **순수 질료**란 단지 우리가 보고 느끼고 맛을 보는 등의 행위를 **사상할** 때, 즉 그것이 보이지 않고 맛을 볼 수 없고 느껴지지 않고 등등일 때 **잉여에** 불과하다는 점이다. 보이고 느껴지고 맛을 보는 것은 **질료**가 아니라 색이나 돌이나 소금 등등이다. 오히려 질료는 **순수한 추상**이다. 그리고 이를 통해 **사유**의 **순수한 본질** 또는 순수한 사유 자체가 자신 안에서 구별되지 않고 규정되지 않은 술어 없는 절대자로서 현존한다.

한쪽 계몽은 절대적 본질을 곧 현실적 의식의 피안에서 출발점이 되었던 사유 속에 존재하는 저 술어 없는 절대자라고 부른다.[417] 이에 반해 다른 쪽 계몽은 절대적 본질을 **질료**라고 부른다.[418] 만약 이것들을 각각 **자연**과 정신이나 **신**으로 구별한다면, 그 자체 안에서의 무의식적 직조에는 자연이 되는 데에 필요한 펼쳐진 생명의 풍요로움이 결여되어 있을 터이고, 또 정신이나 신에게는 자신 안에서 자신을 구별하는 의식이 결여되어 있을 것이다. 우리가 보았듯이, 그 두 가지는 전적으로 똑같은 하나의 개념이다. 그 구별은 사태 안에 놓여 있는 것이 아니라 순전히 오직 두 가지 도야의 상이한 출발점에 그리고 그 각각이 사유의 운동 속에서 자신만의 고유한 한 가지 지점에 서서 머물러 있다는 데에 놓여 있을 따름이다. 만일 그

---

417) J. B. Robinet, *De la nature*, Amsterdam, 1763, Tome 1, pp. 10 ff.; Tome 2, pp. 179 f., pp. 364, 377 참조.

418) J. O. de La Mettrie, *Traité de l'âme*, Œuvres, Tome 1, Paris, 1796, pp. 68 ff.; 같은 이, *L'homme-machine*, pp. 183 ff. 참조.

것들이 이를 뛰어넘는다면, 그것들은 서로 만나게 될 터이고, 그것들이 내세우듯이 그 하나에는 참담함이 되고 다른 하나에는 우둔함이 되는 것을 똑같은 한가지로 인식하게 될 것이다. 왜냐하면 그 한쪽 계몽에는 절대적 본질이 그 순수한 사유 속에 존재하거나 순수한 의식에 대해 직접적으로 유한한 의식 밖에 있는 유한한 의식의 **부정적** 피안이기 때문이다. 이 계몽은 한편으로는 그런 사유의 단순한 직접성이 다름 아니라 **순수한 존재**이고, 다른 한편으로는 의식에 대해 **부정적인** 것이 동시에 이 의식과 관련되어 있다는 점을 반성할 수 있으며, 또 부정 판단에서 (계사인) '~**이다**(ist)'가 그 두 가지를 분리하는 것 못지않게 또한 함께 묶는다는 점을 반성할 수 있을 것이다.[419] 만일 이 계몽이 이런 점을 반성한다면, 이런 피안이 **외적 존재자**라는 규정 속에서 의식과 맺는 관련이 귀결될 터이고, 이와 더불어 **순수 질료**라고 불리는 것과 똑같은 것이 도출될 것이다. 그럼으로써 아직 결여되어 있던 **현전**이라는 계기가 획득될 것이다. ― 다른 쪽 계몽은 감각적 존재에서 출발한 다음에, 맛보고 눈으로 보고 등등의 감각적 관련을 **사상하고서는**, 감각적 존재를 순수한 **즉자**로, 즉 느껴지지도 않고 맛을 볼 수도 없는 것인 **절대적 질료**로 만든다. 이런 방식으로 이 존재는 술어 없는 단순한 것, **순수한 의식**의 본질이 되었다. 그것은 **즉자적으로** 존재하는 것으로서의 순수한 개념 또는 **그 자체** 안에서의 **순수한 사유**이다. 그 의식 속에서 이런 통찰이 **순수하게** 존재하는 것인 **존재자**로부터 **순수하게** 존재하는 것과 똑같은 한가지인 사유된 것으로 나아가는 또는 순수하게 긍정적

---

419) 부정 판단의 형식 'A ist nicht B.'에서 계사 'ist'는 'A'와 'B'를 각각 주어와 술어로 분리하면서 동시에 하나의 판단 안에 결합시킨다. '계사(繫辭)'는 우리말 문법에서 '서술형 종결어미'에 해당한다.

인 것에서 순수하게 부정적인 것으로 나아가는 상반된 방향의 걸음을 내딛는 것은 아니다. 긍정적인 것은 분명 오직 부정을 통해서만 전적으로 **순수하며**, 반면에 **순수하게** 부정적인 것은 순수한 것으로서 그 자체 안에서 자신과 동일하고, 바로 이를 통해 긍정적인 까닭이다. — 또는 그 두 가지 계몽은 **존재**와 **사유**가 **즉자적으로** 한가지 똑같은 것이라는 데카르트의 형이상학이 지닌 개념에 도달하지 못한 것이다.[420] 다시 말해 **존재**, 즉 **순수한 존재**는 **구체적인 현실적 존재가**[421] 아니라 **순수한 추상**이며, 역으로 순수한 사유, 즉 자기 동일성이나 본질은 한편으로는 자기의식에 대해서 **부정적인 것**이기에 **존재**이고, 다른 한편으로는 직접적 단순성으로서도 마찬가지로 다름 아닌 **존재**라는 사고에 아직 도달하지 못한 것이다. **사유가 곧 물성**이며, 또는 **물성**이 곧 **사유**이다.

여기서 본질은 그 자체에서 자신을 양분하되, 이런 **양분화**를 그저 두 가지 종류의 고찰 방식에 귀속시킨다. 한편으로는 본질이 그 자체에 구별을 지니고 있어야만 하고, 다른 한편으로는 바로 그런 가운데 두 가지 고찰 방식이 **하나의** 고찰 방식으로 합쳐진다. 왜냐하면 두 가지 고찰 방식이 서로 구별되도록 했던 순수한 존재와 부정적인 것이라는 추상적인 계기들이 그렇게 이 고찰 방식들의 대상 속에서 통합되기 때문이다. — 공통의 보

---

420) 르네 데카르트, 『방법서설』, 이현복 역, 문예출판사, 185쪽: "그리고 **나는 생각한다, 그러므로 존재한다**라는 이 진리는 아주 확고하고 확실한 것이고, 회의론자들이 제기하는 가당치 않은 억측으로도 흔들리지 않는 것임을 주목하고서, 이것을 내가 찾고 있던 철학의 제일원리로 거리낌없이 받아들일 수 있다고 판단했다." 같은 이, 『성찰』, 이현복 역, 문예출판사, 46쪽: "나는 있다, 나는 현존한다, 이것은 확실하다. 그러나 얼마 동안? 내가 사유하는 동안이다. 왜냐하면 내가 사유하기를 멈추자마자 존재하는 것도 멈출 수 있기 때문이다. … 그러므로 나는 정확히 말해 단지 하나의 사유하는 것(res cogitans), 즉 정신, 영혼 지성 혹은 이성이다."

421) (Werke) **구체적인 현실적인 것**이

편자는 자기 자신 안에서의 순수한 전율이라는 또는 자기 자신에 관한 순수한 사유(순수한 자기 사유, das reine sich selbst Denken)라는 추상이다. 이런 단순한 축(軸)회전 운동은 자신을 갈라 흩어놓아야만 한다. 왜냐하면 이 운동 자체가 오직 그 계기들을 구별함으로써만 운동이 되기 때문이다. 이런 계기들의 구별은 부동자(不動者)를 더 이상 현실적인 사유도 아니고 또 자기 자신 안에서의 생명도 아닌 순수한 **존재**의 빈 껍질로 뒤에 남겨 놓는다. 왜냐하면 이런 계기들의 구별은 구별로서 곧 일체의 내용이기 때문이다. 그런데 이렇게 자신을 그런 **통일 외부에** 정립하는 이 구별은[422] **즉자와 대타와 대자 존재라는**[423] 계기들의 **자신 안으로 복귀하지 않는** 교체이다. 다시 말해 그것은 순수한 통찰의 현실적 의식에 대한 대상인 바대로의 현실성, 즉 **유용성**이다.

유용성이 신앙이나 감상에는 또는 자신을 **즉자**에 고착하면서 스스로를 사변(思辨, Spekulation)이라고 일컫는 추상에는 이처럼 안 좋게 보일 수도 있다. 그러나 유용성은 그 안에서 순수한 통찰이 자신의 실현을 완성하고 또 자기 자신에게 자신의 **대상**이 되는 것이다. 그래서 순수한 통찰은 이제 이 대상을 더 이상 부인하지 못하며, 또한 이 대상도 순수한 통찰에 대해 공허한 것이거나 순수한 피안이라는 가치를 지니지 않게 된다. 왜냐하면, 우리가 보았듯이, 순수한 통찰은 존재하는 개념 자체 또는 자기 동일적인 순수한 인격성이되, 자신을 자신 안에서 구별하지만, 그렇게 구별된 것들이 저마다 그 자체로 순수한 개념, 다시 말해 직접적으로 구별되지 않는 것이기 때문이다. 순수한 통찰은 하나의 직접적인 통일 속에서 **대자적인** 만

---

422) 인칭대명사가 '구별' 대신에 '운동'을 지시하는 것으로 독해할 수도 있다.
423) (Werke) **즉자** 존재와 **대타** 존재와 **대자** 존재라는

큼이나 또한 **즉자적인** 그런 단순하고 순수한 자기의식이다. 그렇기 때문에 이 자기의식의 **즉자 존재**는 지속적인 **존재**가 아니라 오히려 자신의 구별 속에서 어떤 것으로 존재하기를 직접적으로 멈춘다. 그런데 직접적으로 아무런 지지대도 가지고 있지 않은 그와 같은 존재는 **즉자적으로** 존재하는 것이 아니라 오히려 본질적으로 자신을 흡수해버리는 위력인 **타자를 위해**(대타적으로) 존재하는 것이다. 그런데 이렇게 **즉자 존재**라는 첫 번째 계기에 대립하는 (대타 존재라는) 두 번째 계기는 첫 번째 계기 못지않게 직접적으로 사라진다. 또는 **단지 타자를 위한 존재**(한낱 대타 존재)로서의 이 계기는 오히려 **사라짐** 자체이며, 그리하여 자신 안으로 **복귀한** 존재, 즉 **대자 존재**(자신을 위한 존재)가 **정립되어** 있다. 그런데 이런 단순한 대자 존재는 자기 동일성으로서 오히려 **하나의 존재** 또는 그럼으로써 **대타적인** 것이다. ─ 유용한 것은 바로 이렇게 순수한 통찰이 그 **계기들을 전개**하면서 지니는 본성을 또는 **대상**으로서의 순수한 통찰의 본성을 표현한다. 유용한 것은 **즉자적으로** 존립하는 것 또는 사물이다. 동시에 이런 즉자 존재는 단지 순수한 계기일 뿐이다. 그래서 이 즉자 존재는 절대적으로 **대타적**이다. 하지만 그것은 오직 즉자적인 만큼만 또한 대자적일 따름이다. 이런 상반된 계기들은 대자 존재의 분리될 수 없는 통일 속으로 복귀해 있다. 그러나 비록 유용한 것이 순수한 통찰의 개념을 표현하기는 하지만, 그것은 순수한 통찰 자체로서의 순수한 통찰이 아니라 **표상**으로서의 또는 순수한 통찰의 **대상**으로서의 순수한 통찰이다. 유용한 것은 단지 그런 계기들의 끊임없는 교체에 불과한데, 이 계기들 중 하나가 비록 자기 자신 안으로 복귀한 존재 자체이긴 하지만 단지 **대자** 존재로서, 즉 다른 계기들에 맞서 한쪽에 서 있는 추상적 계기로서 그러할 뿐이다. 유용한 것 자체가 이런 계기들을, 이 계기들이 순수한 통찰로서 존재하는 바대로, 그 대립 속에서도 동시에 하나의 똑같은 관점에서 분리되지 않은 채로 또는 **사유**로서 자체에 지니는 [424] 그런 부정적 본질은 아니다. **대자 존재**라는 계기가 분명 유용한 것에 존재하기는 하지만, 이 계기가 **즉자**와 **대타 존재**라는 다른 계기들을 **장악하고**, 그럼으로써 **자기**(自己)가 되는 것은 아니다. 그러므로 순수한 통찰은 유용한 것에서 자신의 고유한 개념을 그 **순수한** 계기들 속에서 **대상**으로 삼고 있다. 순수한 통찰은 이런 **형이상학**의 의식이기는 하지만 아직 이 형이상학의 개념적 파악은 아니다. 유용한 것은[425] 아직 **존재**와 **개념**의 **통일** 자체에 도달하지는 못했다. 유용한 것이 순수한 통찰에 대해 아직 대상이라는 형식을 지니고 있기 때문에, 순수한 통찰은 비록 더 이상 즉자 대자적으로 존재하는 세계를 가지고 있지는 않지만, 그래도 여전히 자신과 구별하는 하나의 **세계**를 가지고 있다. 하지만 대립들이 개념의 정점 위로 솟아나왔으므로, 이 대립들이 다 함께 붕괴되면서 계몽이 자신의 행실로 낳은 결실을 경험하는 일이 그다음 단계가 될 것이다.

이렇게 도달한 대상을 이 영역 전체와의 관련 속에서 고찰해보자. 도야의 현실적 세계는 자기의식의 **허황됨**으로, 즉 여전히 자신의 혼란스러움을 그 내용으로 삼고 있으면서 아직 **개별적** 개념이지 대자적으로 **보편적인** 개념은 아닌 그런 **대자 존재**로 집약되었다. 그러나 자신 안으로 복귀하면서 이 개념은[426] **순수한 통찰**이 되며, 즉 순수한 **자기**(自己)로서의 순수한 의식 또는 부정성이 되며, 마찬가지로 신앙도 그와 똑같은 한가지인 순수한 의

---

424) 이 구절은 '사유로서 자체에 지니는' 대신에 '사유 자체로서 지니는' 또는 '즉자적인 사유로서 지니는'으로 독해할 수도 있다.
425) 인칭대명사가 '유용한 것' 대신에 '형이상학의 의식'을 지시하는 것으로 독해할 수도 있다.
426) 인칭대명사가 '개념' 대신에 '대상'을 지시하는 것으로 독해할 수도 있다.

식이되 **순수한 사유**로서의 순수한 의식 또는 긍정성이 된다.[427] 신앙은 그런 자기(自己)에서 자신을 완성시켜주는 계기를 지닌다. 그러나 이런 보완을 통해 붕괴되면서, 우리가 순수하게 **사유된 것**이나 부정적인 것인 절대적 본질과 긍정적으로 **존재하는 것**인 질료라는 두 가지 계기를 모두 본다는 점이 이제는 순수한 통찰에 존재하게 된다.(그러나 신앙이 이렇게 자신을 보완해주는 자기라는 계기를 통해서 오히려 붕괴되면서, 지금까지는 관찰자인 우리만이 인식하고 있던 부정적인 것인 사유된 절대적 본질과 긍정적인 것인 존재하는 질료라는 두 계기의 통일을 이제는 행위자인 순수한 통찰 자체가 깨닫게 된다.) ── 이런 완결성에 아직 결여되어 있는 것은 **허황된** 의식에 속하는 그런 자기의식의 **현실**, 즉 그로부터 사유가 자신에게로 고양되었던 세계이다. 순수한 통찰이 유용한 것에서 긍정적 대상성을 획득하는 한, 순수한 통찰은 그렇게 결여되어 있던 것을 유용한 것에서 얻는다. 이를 통해 순수한 통찰은 자신 안에서 만족을 얻은 현실적 의식이 된다. 이런 대상성이 이제 순수한 통찰의 **세계**를 이룬다. 이 세계는 선행하는 관념적 세계 및 실재하는 세계 전체의 진리가 되었다. 정신의 첫 번째 세계는 정신의 분산된 현존재와 개별화된 자기 **확신**이 이루는 펼쳐진 왕국이다. 이는 마치 자연이 자신의 생명을 무한하게 다양한 형태들로 분산시키면서도 그런 다양한 형태들의 유(類)는 현존하지 않는 것과 마찬가지이다. 정신의 두 번째 세계는 그런 **유**를 내포하고 있으며, 그것은 **즉자 존재**의 왕국 또는 저런 (개별자의 자기 자신에 대한) 확신과 대립하는 **진리**의 왕국이다. 그런데 세 번째인 유용한 것은 그에 못지않게 자기 **확신**이기도 한 **진**

---

427) (Werke) 그러나 자신 안으로 복귀하면서 이 개념은(이 대상은) **순수한 통찰**이 되며, 즉 순수한 **자기**로서의 또는 부정성으로서의 순수한 의식이 되며, 마찬가지로 신앙도 그와 똑같은 한가지인 순수한 의식이되 **순수한 사유**로서의 또는 긍정성으로서의 순수한 의식이 된다.

리이다. **신앙**이 세운 진리의 왕국에는 **현실성**의 원리 또는 바로 이 **개별자**로서의 자기 자신에 대한 확신의 원리가 결여되어 있다. 반면에 (계몽의 순수한 통찰이 지닌) 현실성 또는 바로 이 개별자로서의 자기 자신에 대한 확신에는 **즉자**가 결여되어 있다. 순수한 통찰의 대상(유용한 것) 속에서는 이 두 세계가 통합된다. 자기의식이 그 대상을 꿰뚫어 보고 또 이 대상 속에서 **개별적** 자기 **확신**과 자신의 향유를 (자신의 대자 존재를) 지니는 한에서의 대상이 바로 유용한 것이다. 자기의식은 대상을 이런 방식으로 **통찰하며**, 이러한 통찰은 (꿰뚫어 본 것이나 대타적인 것이라는) 대상의 **참된** 본질을 포함하고 있다. 그러므로 이 통찰은 그 자체가 **참된 지**이고, 자기의식은 이에 못지않게 직접적으로 보편적인 자기 확신, 즉 그러니까 이처럼 **진리**와 현전 및 **현실태**가 통합되어 있는 그런 관계 속에서의 자신의 **순수한 의식**이다. 두 세계는 화해했고, 하늘나라가 지상에 이식되었다.

III. 절대적 자유와 경악

의식은 유용성에서 자신의 개념을 발견했다. 그러나 이 개념은 부분적으로는 여전히 **대상**이고, 또 부분적으로는 바로 그런 까닭에 여전히 의식이 아직 직접적으로 성취하지 못한 **목적**이다. 유용성은 아직 대상의 술어이지 주어 자체이거나 주체(주어)의 직접적이고 유일한 **현실성**은 아니다. 이는 앞에서 **대자 존재**가 아직 여타 계기들의 실체임을 입증하지 못한 것으로 나타났던 것과 똑같은 한가지이다. 만일 그런 입증이 이루어졌더라면, 이를 통해 유용한 것이 직접적으로 다름 아니라 의식의 자기(自己)가 될 터이고, 그럼으로써 유용한 것이 이런 의식의 자기를 취득하고 있을 것이다.─그러나 이런 유용한 것이 지닌 대상성이라는 형식의 환수는 **즉자적**

으로 이미 일어났으며, 이런 내적 전복으로부터 현실의 현실적 전복, 즉 **절대적 자유**라는 새로운 의식 형태가 발현한다.

즉, 유용한 것은[428] 실제로 더 이상 자기의식을 그 점유물로부터 떼어 놓는 그런 대상성의 공허한 가상으로 현존하지 않는다.[429] 왜냐하면 한편으로는 무릇 현실적 세계와 신앙 세계의 조직체를 이루는 특정한 분지(分枝)들의 존립과 효력 일체가 그것들의 근거이자 정신으로서의 이런 단순한 규정 속으로 되돌아갔기 때문이다. 또한 다른 한편으로 이런 단순한 규정은 그 홀로는(대자적으로는) 아무런 고유한 것도 지니고 있지 않으며, 오히려 그것은 순수한 형이상학, 즉 순수한 개념이거나 자기의식에 관한 지이기 때문이다.[430] 다시 말해 대상으로서의 유용한 것의 즉자 **대자 존재**에 관해서 의식은 **그것의 즉자 존재**가 본질적으로 **대타 존재**라는 점을 인식한다. 자기(自己)**를 결여한 것**으로서의 **즉자 존재**는 진실로는 수동적인 것 또는 다른 자기(타자의 자기)를 위해 존재하는 것이다. 그런데 대상은 의식에 대해 이런 **순수한 즉자 존재**라는 추상적 형식을 띠고 있다. 왜냐하면 의식은 **순수한 통찰 행위**이며, 그것의 구별들은 개념의 순수한 형식을 띠고 있기 때문이다. ― 이에 반해 대타 존재가 그리로 되돌아가는 **대자 존재**인 자기(自己)는 자아와는 상이한 자기, 즉 대상이라고 불리는 것이 지닌 고유한 자기가 아니다. 왜냐하면 순수한 통찰로서의 의식은 그에 대치하여 대상도 마찬가

---

428) 인칭대명사가 '유용한 것' 대신에 '의식'을 지시하는 것으로 독해할 수도 있다.

429) 다수의 번역서가 이 문장을 다음과 같은 식으로 옮긴다. "즉, 실제로 자기의식을 그 점유물로부터 떼어 놓는 그런 대상성의 공허한 가상만이 현존한다." 그러나 이런 해석이 문법적으로는 가능하나, 이하의 문장들과의 내용적 정합성에서 개연성이 떨어진다.

430) 이 구절은 다음과 같이 번역할 수도 있다. "즉 자기의식의 순수한 개념이나 지이기 때문이다."

지로 **고유한** 자기로서 마주 서 있는 그런 **개별적** 자기가 아니며, 이 의식은 순수한 개념, 즉 자기(自己)가 자기(自己) 속으로 바라봄(하나의 자기의식이 다른 자기의식 속에서 자신을 바라봄. Schauen des Selbsts in das Selbst), **자기 자신**을 이중적으로 보는 절대적 행위(das absolute sich selbst doppelt Sehen)이기 때문이다. 그의 자기 확신은 보편적 주체이고, 그의 인지하는 개념은 모든 현실의 본질이다. 그러므로 유용한 것이 단지 그 고유한 **통일** 속으로 복귀하지 않는 계기들의 교체이고, 그런 까닭에 아직 지에 대한 대상에 불과했다면, 이제는 이런 계기들의 교체가 그와 같은 지에 대한 대상이기를 멈춘다.[431] 왜냐하면 지 자체가 이 추상적 계기들의 운동이기 때문이다. 즉, 지가 곧 보편적 자기(自己), 대상으로서의 자신의 자기이자 또한 보편적 자기, 그런 운동의 자신 안으로 복귀하는 통일이기 때문이다.[432]

이로써 **절대적 자유**로서의 정신이 현존한다. 이 정신은 그의 자기 확신이 곧 실재하는 세계 및 초감각적 세계를 이루는 정신적 집단들 일체의 본질이라고, 또는 역으로 본질과 현실이 곧 의식의 **자신**에 관한 지라고 그렇게 자신을 포착하는 자기의식이다. ― 이 자기의식은 자신의 순수한 인격성을 그리고 그 안에서 일체의 정신적 실재성을 자각하고 있으며, 모든 실재는 오직 정신적인 것일 따름이다. 그에게 세계는 전적으로 자신의 의지이고, 그의 의지는 보편 의지이다. 게다가 이 의지는 암묵적인 동의나 대표된 동의 속에 정립되는 의지라는 공허한 사고가 아니라 실제로 보편적인 의지, 즉 모든 **개별자** 그 자신의 의지이다. 왜냐하면 의지는 즉자적으로 인격

---

431) 주 문장이 되는 이 뒷구절에서 주어인 인칭대명사와 술어부의 지시대명사가 각각 지시하는 것이 무엇인지는 명확하지 않다.

432) (Werke) 즉, 지(知)가 곧 보편적 자기(自己), 즉 자신의 자기이자 또한 대상의 자기이고, 또 보편적 자기로서 그런 운동의 자신 안으로 복귀하는 통일이기 때문이다.

성의 의식 또는 각자의 의식이고, 또 의지는 이런 참다운 현실적 의지로서, 즉 각자 모두의 인격성이 지닌 **자기**의식적 본질로서 현존해야 하며, 그리하여 각자가 항상 분할되지 않고서 모든 것을 행하고 또 전체의 행동으로 등장하는 것은 **각자**의 직접적이고 의식적인 행동이어야만 하기 때문이다.[433]

이런 절대적 자유의 분할되지 않은 실체가 세계의 왕좌에 오르는데, 그 어떤 위력도 이에 저항하지 못한다. 왜냐하면 진실로 오직 의식만이 그 안에서 정신적 본체나 위력들이 자신의 실체를 지니게 되는 요소이므로, 대상이 자기의식 자체와는 다른 그 어떤 본질도 지니지 않는다고 또는 대상이 절대적으로 개념이라고 개별적 의식이 대상을 포착한 연후에는, 집단으로의 분할을 통해서 자신을 조직화하고 보존했던 그런 정신적 본체나 위력들의 체계 전체가 붕괴되기 때문이다. 개념을 존재하는 **대상**으로 만들었던 것은 바로 개념이 자신을 분화된 **존속하는** 집단들로 구별하는 데에 있었다. 그러나 대상이 곧 개념이 됨으로써 대상에는[434] 더 이상 그 어떤 존속하는 것도 남아 있지 않다. 부정성은 대상의[435] 모든 계기에 삼투되었다.

---

433) J.-J. Rousseau, *Du Contrat Social ou Principes du Droit Politique*, Amsterdam, 1762, 2.1.-2. 참조.(장-자크 루소, 『사회계약론』, 김영욱 역, 후마니타스, 35쪽 이하: "주권은 일반의지의 행사일 뿐이기에 결코 양도될 수 없으며, 주권자는 집합적 존재일 뿐이기에 오직 그 자신에 의해서만 대표될 수 있다. … 주권은 양도가 불가능한 것과 같은 이유로 분할될 수 없다.") 또한 루소로부터 깊은 영향을 받은 프랑스 혁명의 지도자 중 한 사람인 E. J. Sieyes, *Politische Schriften*, Übers. von K. E. Oeisner, Leipzig, 1796, Bd. 1, p. 207: "공동의 욕구를 위해서는 공동의 의지가 필요하다. 이 의지는 당연히 모든 개인의 의지의 총합이어야 한다. 그리고 하나의 정치 사회로 연합하는 일단의 사람들이 지닌 최초의 공동 의지는 의심의 여지 없이 바로 모든 개인의 의지의 합이다."
434) 인칭대명사가 '대상' 대신에 '개념'을 지시하는 것으로 독해할 수도 있다.
435) 각주 434) 참조.

개념은[436] 다음과 같이 실존에 들어선다. 즉, 각각의 개별적 의식이 자신에게 할당되었던 영역에서 벗어나 자신을 고양하고, 더 이상 그런 특정한 집단 속에서 자신의 본질과 자신의 작업 성과를 발견하는 것이 아니라, 오히려 자신의 자기(自己)를 의지의 **개념**으로서 그리고 일체의 집단을 이 의지의 본체로서 포착하며,[437] 그럼으로써 또한 오직 노동 전체인 그런 한 가지 노동 속에서만 자신을 실현할 수 있게 된다. 그러므로 이런 절대적 자유 속에서는 전체가 자신을 분지화한 정신적 본체인 계층들이 모두 소멸된다. 그런 분지들 중 하나에 속해 있으면서 그 속에서 의욕하고 일을 완수했던 개별적 의식은 자신의 경계를 지양했다. 개별적 의식의 목적이 곧 보편적 목적이고, 그의 언어는 보편적 법률이며, 그의 작업은 보편적 작업이다.

여기서는 대상과 **구별**이 모든 실재하는 존재의 술어였던 **유용성**이라는 의미를 상실한다. 의식은 그것으로부터 비로소 의식이 자신 안으로 복귀해야 할 그런 **낯선 것**으로서 실재하는 존재에서 자신의 운동을 시작하지 않으며, 오히려 의식에게 대상은 곧 의식 자신이다. 따라서 대립은 오직 **개별적** 의식과 **보편적** 의식 사이의 구별에 존립할 따름이다. 그렇지만 개별적 의식은 자신에게 직접적으로 그 자체가 단지 대립의 **가상**만을 지니는 그런 것이다. 개별적 의식은 곧 보편적 의식이자 의지이다. 이런 개별적 의식이 몸담고 있는 현실의 **피안**은 그 자립성이 이미 사라져버린 실제적 존재나 신앙의 존재가 남긴 시신 위에서 단지 김빠진 기체인 공허한 **지고의 존재**(être suprême)가 증발하고 있는 것으로서 떠돌 뿐이다.

---

436) 인칭대명사가 '개념' 대신에 '대상'을 지시하는 것으로 독해할 수도 있다.
437) 이 문장은 다음과 같이 번역할 수도 있다. "오히려 의지의 **개념**으로서의 그의 자기(自己)가 일체의 집단을 이 의지의 본체로서 포착하며."

구별된 정신적 집단들이 지양되고 또 개인들의 제약된 삶과 그런 삶의 두 세계가 지양되고 난 후에는 오직 보편적 자기의식이 그 자신 안에서 하는 운동만이, 더욱이 **보편성**과 **인격적**(개별적) 의식이라는 형식을 띠고서 이루어지는 보편적 자기의식의 교호 작용으로서 현존할 따름이다. 보편 의지가 **자신 안으로** 들어가서 보편적 법률 및 작업 성과와 마주 서 있는 **개별** 의지가 된다. 그러나 바로 이 **개별적** 의식은 이에 못지않게 자기 자신을 직접적으로 보편 의지로서 의식하고 있다.[438] 개별적 의식은 그의 대상이 자신에 의해 부여된 법률이고 자신에 의해 완수된 작업 성과라는 점을 스스로 자각하고 있다. 그러므로 개별적 의식이 활동으로 이행하여 대상태를 창출할 때 그 어떤 개별적인 것도 만들지 않고 오직 법률과 국가 행위(Staatsaktion)만을 만들어낼 따름이다.

그리하여 이 운동은 의식의 자기 자신과의 교호 작용이며, 그 속에서 의식은 그 무엇도 자신과 대치하여 등장하는 **자유로운 대상**이라는 형태로 방면하지 않는다. 이로부터 이 의식이 그 어떤 긍정적인(실증적인) 작업 성과에도 도달하지 못한다는 점이, 즉 언어의 보편적 작업 성과에도 또 현실의 보편적 작업 성과에도, **의식화된** 자유의 법률과 보편적인 기구(機構)들에도 또 **의욕하는** 자유의 행실과 작업 성과에도 도달하지 못한다는 점이 도출된다.—스스로에게 **의식**을 부여하는 자유가 자신에게 마련할 수 있는 작업 성과는 이 자유가 **보편적** 실체로서 자신을 **대상**과 **지속적인 존재**로 만드는 데에 존립할 것이다. 이런 타자 존재(대상과 지속적인 존재)는 이 자유**에서의**[439] 구별일 터이고, 이런 구별에 따라서 이 자유는[440] 자신을 존속하는 정

---

438) 이 문장은 다음과 같이 번역할 수도 있다. "그러나 바로 이 **개별적** 의식은 자기 자신을 의식하는 것 못지않게 직접적으로 보편 의지를 의식하고 있다."

신적 집단들과 여러 가지 권력들의 분지들로 분할할 것이다. 이런 집단들이란 곧 부분적으로는 입법과 사법과 행정의 분화된 **권력들**이라는 **사유물들**(思惟物)일 터이고,[441] 또한 부분적으로는 도야의 실재하는 세계에서 생겨난 **실재하는 본체들** 그리고, 보편적 행동의 내용에 더 상세히 주목한다면, 더 나아가 더욱 특화된 **계층들**로 구별되는 그런 노동의 특수 집단들일 것이다. ― 이런 방식으로 자신을 그 분지들로 분화하고, 바로 이를 통해 자신을 **존재하는** 실체로 만드는 보편적 자유는 그렇게 함으로써 개별적 개체성으로부터 자유로울 터이고, **개인들의 집합**(대중)을 자신의 여러 분지들로 분할할 것이다. 그러나 그럼으로써 인격성의 행동과 존재가 전체의 한 부문으로, 즉 행동과 존재의 한 가지 양식으로 제한되는 것을 발견할 것이다. 존재라는 요소 속에 정립되면서 이 보편적 자유는[442] **규정된**(특정한) 자유라는 의미를 얻게 될 것이다. 그것은 더 이상 진정으로 보편적 자기의식이 아니게 될 것이다. 이때 보편적 자기의식은 자신에게 그 일부가 배정

---

439) 인칭대명사가 '자유' 대신에 '보편적 실체'를 지시하는 것으로 독해할 수도 있다.

440) 각주 439) 참조.

441) Ch. De Montesquieu, *De l'Esprit des loix*, Livre XI, Chap. VI, Genf, 1748 참조.(몽테스키외, 『법의 정신』, 이재형 역, 문예출판사, 133쪽 이하: "각 국가에는 세 종류의 권력이 있다. 입법권, 만민법에 속하는 것들의 집행권, 그리고 민법에 속하는 것들의 집행권이다. 첫 번째 권력을 통해 군주나 행정관은 일시적이거나 항구적인 법률을 제정하고, 또 이미 정해진 법률을 수정하거나 폐지한다. 두 번째 권력을 통해 그는 평화를 이룩하거나 전쟁을 하고, 대사를 교환하고, 안전을 보장하고, 침략을 예방한다. 세 번째 권력을 통해 그는 죄를 처벌하고, 개인들의 분쟁을 심판한다. 우리는 세 번째 것을 재판권이라고 부르고, 다른 하나는 그냥 국가 집행권이라고 부른다. … 또한 동일한 인간이, 아니면 귀족이나 국민이나 주요한 인물들의 동일한 단체가 이 세 가지 권력을, 즉 법률을 제정하는 권력과 공공의 결정을 실행하는 권력, 범죄나 개인들의 분쟁을 심판하는 권력을 행사한다면 모두 망치고 말 것이다.")

442) 인칭대명사가 '보편적 자유' 대신에 '인격성'을 지시하는 것으로 독해할 수도 있다.

된 **자기 입법적**(보편적 자기의식 스스로가 제정한) 법률에 대한 복종이라는 **표상**을 통해서도 또 법을 제정하고 보편적 행동을 할 때 자신이 **대표되는 것**(대의, Repräsentation)에 의해서도 그 **현실성**에 관해서, 즉 **자기가** 법을 제정하고 또 **자기가** 개별적 작업이 아니라 보편적 작업을 완수한다고 하는 현실성에 관해서 기만당하지 않을 것이다. 왜냐하면 자기(自己)가 단지 **대표되고 또 표상될** 뿐인 곳에서는, **자기가 현실적으로** 존재하는 것이 아니기 때문이다. **자기**(自己)가 **대리되는** 곳에서는 **자기가** 존재하지 않는다.[443]

개별적 자기의식이 현존재하는 실체로서의 절대적 자유가 만들어낸 이런 **보편적 작업 성과**에서 자신을 발견하지 못하듯이, 또한 절대적 자유의 의지가 실제로 하는 **행실**과 **개인적** 행위들에서도 자신을 발견하지 못한다. 보편자가 행실에 착수하려면, 보편자는 자신을 개체성의 단일자로 집약해서 하나의 개별적 자기의식을 정점에 세워두어야만 한다. 왜냐하면 보편 의지는 오직 단일자인 하나의 자기(自己) 속에서만 **현실적** 의지이기 때문이다. 그러나 이를 통해 **다른 모든 개별자**는 이런 행실의 **전체**에서 배제되어 그 행실에 단지 제한된 참여 지분만을 가지게 되며, 그래서 그 행실은

---

443) J.-J. Rousseau, *Du Contrat Social*, 3.15. 참조.(장-자크 루소, 『사회계약론』, 117쪽: "주권은 양도될 수 없는 것과 같은 이유에서 대표될 수 없다. 주권은 본질적으로 일반의지에 있으며, 의지는 결코 대표되지 않는다. 의지는 그 자체이거나, 아니면 다른 것이다. 중간은 없다. 그러므로 인민의 대의원은 인민의 대표자가 아니며, 그럴 수도 없다. 그는 인민의 간사일 뿐이다. 대의원은 어떤 것도 최종적으로 결정할 수 없다. 모든 법은 인민이 직접 재가하지 않으면 무효이며, 그런 것은 절대로 법이 아니다.") 이에 반해 자기 입법의 '표상'에 관해서는 I. Kant, *Über den Gemeinspruch: Das mag in der Theorie richtig sein, taugt aber nicht für die Praxis*, A 249 이하: "(단지 법적인 법제정을 위해서) 하나의 민족 내에서 각자의 모든 특수 의지와 사적 의지를 공동적이면서 공적인 의지로 연합하는 것인 (원초적 계약 또는 사회 계약이라고 불리는) 이 계약이 결코 하나의 **사실**로서 전제되어야 할 필요는 없다. … 그것은 이성의 **한낱 이념**인데, 그렇지만 이 이념은 의심할 수 없는 (실천적) 실재성을 지니고 있다."

현실적인 보편적 자기의식의 행실이 아니게 될 것이다. — 그러므로 보편적 자유는 그 어떤 긍정적인 작업 성과도 또 그 어떤 행실도 산출해내지 못한다. 보편적 자유에는 오직 **부정적 행동**만이 남는다. 보편적 자유는 단지 소멸의 **푸리아**일 뿐이다.[444]

그런데 보편적 자유에 가장 극단적으로 대립하는 최고의 현실 또는 오히려 이런 자유에 대해 여전히 생성되는 유일한 대상은 현실적 자기의식 자신의 자유와 개별성이다. 왜냐하면 유기적 분화의 실재성으로 나아가려 하지 않고 또 분할되지 않는 연속성 속에서 자신을 보존하려는 목적을 지니고 있는 그런 보편성은 운동이나 의식 일반인 까닭에 동시에 자신을 내적으로 구별하기 때문이다. 더욱이 그런 보편성은 그 고유한 추상 때문에 이에 못지않게 추상적인 극단들로, 즉 (한편으로는) 강경하고 냉혹한 단순한 보편성과 (다른 한편으로는) 현실적 자기의식의 불연속적이고 뻣뻣한 절대적 완강함과 완고한 점성(點性)이라는 극단들로 자신을 분리한다. 그런 보편성이 실재하는 조직체를 모조리 절멸시키고서 이제는 홀로(대자적으로) 존립하게 된 이후에는, 바로 이 후자가 그런 보편성의 유일한 대상이 된다. 이 대상은 그 밖의 어떤 내용이나 점유물이나 현존재나 외적 확장도 지니지 않으며, 그것은 오직 이런 절대적으로 순수하고 자유로운 개별적 자기(自己)로서의 자신에 관한 지일 따름이다. 오직 그것의 **추상적인** 현존재 일반에서만 이 대상을 포착할 수 있다. — 그러므로 그 두 가지가 저마다 분할할 수 없게 절대적으로 대자적이고, 따라서 그 어떤 부분도 그 둘을 결합할 매개 중심으로 내보내질 수 없기 때문에, 그 둘 사이의 관계는 전혀 **무매개적인** 순수한 부정, 더욱이 **존재하는 것**으로서의 개별자가 보편자 속에서 부정되

---

444) 로마 신화에서 푸리아는 복수의 여신들이며, 그리스 신화에서의 에리니에스에 해당한다.

는 것이다. 그렇기 때문에 보편적 자유의 유일한 작업 성과와 행실은 **죽음**이며, 게다가 부정되는 것이 절대적으로 자유로운 자기(自己)의 채워지지 않은 점(點)이기에 이 **죽음**은 아무런 내면의 폭과 충만함도 지니지 않는 것이다. 그러므로 그것은 양배추의 머리를 쪼개거나 한 모금의 물을 삼키는 것 이상의 의미를 지니지 않는 지극히 차갑고 무미건조한 죽음이다.

이런 문구의 무미건조함에 정부의 현명함이, 즉 자신을 완수하는 보편 의지의 오성이 존립한다. 정부 그 자체는 다름 아니라 보편 의지가 자신을 확립하는 점이나 개체성일 따름이다. 하나의 점에서 출발하는 의욕이자 완수인 정부는 동시에 일정한 법령과 행위를 의욕하고 완수한다. 그럼으로써 정부는 한편으로는 그 밖의 개인들을 자신의 행위로부터 배제하며, 다른 한편으로는 이를 통해 자신을 특정한 의지를 지닌 것, 따라서 보편 의지에 대립하는 것으로 구축한다. 그렇기 때문에 정부는 자신을 전적으로 하나의 **파벌**(Faktion)로 서술할 수밖에 없다. 오직 **승리한** 파벌만이 정부라고 불리며, 정부가[445] 파벌이라는 바로 그 점에 직접적으로 정부가 몰락할 수밖에 없는 필연성이 놓여 있다. 그리고 그것이 바로 정부라는 점이 역으로 정부를 파벌로 만들고 또 유죄로 만든다. 보편 의지가 정부의 현실적인 행위를 정부가 자신에게 저지르는 범죄라고 고집한다면, 이에 반해 정부는 그에 대립하는 의지의 죄과를 드러낼 그 어떤 규정된 외적인 것도 가지고 있지 않다. 왜냐하면 **현실적인** 보편 의지인 정부에 대치해 있는 것은 단지 비현실적인 순수한 의지, 즉 **의도**에 불과하기 때문이다. 그렇기 때문에 **혐의 있음**이 유죄임 대신에 들어서거나 곧 유죄라는 의미와 효과를 지

---

445) 이 구절과 이하의 문장에서 인칭대명사가 '정부' 대신에 '승리한 파벌'을 지시하는 것으로 독해할 수도 있다.

니게 된다. 그리고 의도의 단순한 내면에 놓여 있는 이런 현실성에 대항한 (정부의) 외적 반작용은 오직 그 존재 자체 외에는 아무것도 박탈할 것이 없는 그런 존재하는 자기(自己)를 건조하게 절멸시키는 데에 존립한다.

이런 그 자신의 특유한 **작업 성과** 속에서 절대적 자유는 스스로에게 대상이 되며, 자기의식은 절대적 자유가 과연 무엇**인지**를 경험한다. **즉자적으로는** 절대적 자유가 바로 이렇게 일체의 구별과 모든 구별의 존립을 자신 안에서 절멸시키는 **추상적 자기의식**이다. 그런데 이런 추상적 자기의식으로서 절대적 자유는 자신에게 대상이 된다. 죽음에 대한 **경악**은 이런 자신의 부정적 본질에 관한 직관이다. 하지만 절대적으로 자유로운 자기의식은 이런 자신의 실재를 자신이 자기 자신에 관해 가지고 있던 개념과는 전혀 다른 것으로 여긴다. 즉, 보편 의지는 단지 인격성의 **긍정적** 본질일 따름이고 또 인격성은 보편 의지 속에서 자신이 오직 긍정적일 따름이라는 점을 또는 자신이 보존되고 있을 따름이라는 점을 알고 있다는 것이 절대적으로 자유로운 자기의식이 자기 자신에 관해 가졌던 개념이다. 그런데 여기서는 순수한 통찰로서 자신의 긍정적인 본질과 부정적인 본질을, 즉 순수 **사유**로서의 술어 없는 절대자와 순수 **질료**로서의 술어 없는 절대자를 전적으로 분리하는 절대적으로 자유로운 자기의식에 대해 그 하나에서 다른 하나로의 절대적 **이행**이 그 현실성을 띠고 현존한다. ─ 절대적으로 **긍정적인** 현실적 자기의식으로서의 보편 의지가 이런 **순수한** 사유나 **추상적인** 질료로 **승화된** 자기의식적 현실성이기 때문에, 그것은 **부정적** 본질로 전도(顚倒)되며, 따라서 그에 못지않게 **자기 자신에 관한 사유의 지양** 또는 자기의식의 **지양**임이 밝혀진다.

그러므로 절대적 자유는 보편 의지의 **순수한** 자기 동일성으로서 그 자체에 **부정**을 지니고 있고, 그럼으로써 **구별** 일반을 지니고 있으며, 이런 구별을 다시 **현실적** 구별로 전개한다. 왜냐하면 순수한 **부정성**은 자기 동일적인 보편 의지에서 **존립**의 **요소**를 또는 그 계기들이 실현되는 **실체**를 지니기 때문이다. 순수한 부정성은[446] 자신의 규정태로 사용할 수 있는 질료를 가지고 있다. 그리고 이 실체가 자신을 개별적 의식에 대해 부정적인 것으로 드러내는 한에서, 다시금 정신적 집단들의 조직체가 형성되고 또 이런 조직체에 개별적 의식들의 대중이 배정된다. 그들의 절대적 주인인 죽음에 대한 공포를 감지한 개별적 의식들은 부정과 구별들을 다시 받아들이고서 자신을 여러 집단들로 배열하며, 분할되고 제한된 작업으로, 그러나 이를 통해 그들의 실체적 현실성으로 복귀한다.

정신은 이런 소란에서 벗어나 인륜적 세계와 도야의 실재하는 세계라는 자신의 출발점으로 되던져질 터인데, 다만 이런 인륜적 세계와 도야의 실재하는 세계가 (개별 의식들의) 심성 속에서 환기된 (죽음이라는) 주인에 대한 공포를 통해서 다시금 생기를 얻고 갱신되었을 따름이다. 만일 오직 자기의식과 실체의 완전한 삼투만이 그 결과라면, 정신은 이런 필연성의 순환 과정을 새로이 완주하면서 늘 반복할 수밖에 없을 것이다. 그런 자기의식과 실체의 완전한 삼투 속에서는 자신의 보편적 본질이 자신에 대해서 지니고 있는 부정적 힘을 경험한 자기의식이 자신을 바로 이 특수자로서가 아니라 오직 보편자로서만 인지하고 또 그렇게 발견하려고 할 터이고, 그렇기 때문에 또한 특수자로서의 자신을 배제하는 보편적 정신의 대상적 현실을 감내할 수 있을 것이다. — 그러나 절대적 자유 속에서는 잡다한 현존재 속에 함몰되어 있거나 특정한 목적과 사고에 사로잡혀 있는 의식도 또 그것이 현실의 세계이건 아니면 사유의 세계이건 간에 유효성을 지닌 **외적**

---

446) 인칭대명사가 '순수한 부정성' 대신에 '실체'를 지시하는 것으로 독해할 수도 있다.

세계도 서로 교호 작용 속에 있지 않았다. 오히려 세계는 전적으로 의식이라는 형식 속에서 보편 의지로서 존재했고, 또 이와 마찬가지로 자기의식도 일체의 확장된 현존재나 다양한 목적과 판단에서 벗어나 단순한 자기(自己)로 응집되었다. 그렇기 때문에 자기의식이 그런 (보편적) 본질과의 교호 작용 속에서 달성한 도야는 자신의 순수하고 단순한 현실태가 직접적으로 사라지면서 공허한 무(無)로 이행하는 것을 목도하는 그런 가장 숭고하고 궁극적인 도야이다. 도야의 세계 자체 안에서는 자기의식이 자신의 부정이나 소외를 이런 순수한 추상의 형식 속에서 직관하는 데에 다다르지 못한다. 오히려 여기서 자기의식의 부정은 충만한 부정이다. 즉, 자기의식의 부정은 자기의식이 그로부터 소외된 자기(自己) 대신에 획득하는 명예나 부이거나 아니면 분열된 의식이 얻은 정신과 통찰의 언어이다. 또는 자기의식의 부정은 신앙의 하늘나라이거나 아니면 계몽의 유용한 것이다. 이 모든 규정들은 자기(自己)가 절대적 자유에서 경험하는 상실 속에서 모두 상실되고 만다. 자기의식의 부정은 무의미한 죽음, 자신 안에 아무런 긍정적인 것도 지니지 않고 또 아무런 충족시켜주는 것도 지니지 않은 부정적인 것에 대한 순수한 경악이다. — 그러나 동시에 이런 부정은 그 현실에서 **낯선 것**이 아니다. 이 부정은 인륜적 세계가 몰락하는 피안에 놓여 있는 보편적 **필연성**도 아니고 또 분열된 의식이 그것에 의존해 있다고 발견하는 자신의 점유물이나 점유자의 기분이라는 개별적인 우연도 아니다. 오히려 이 부정은 **보편 의지**인데, 이런 보편 의지는 그런 자신의 궁극적인 추상 속에서 아무런 긍정적인 것도 지니고 있지 않으며, 따라서 희생의 대가로 그 무엇도 되돌려주지 못한다. 그러나 바로 그렇기 때문에 이 보편 의지는 자기의식과 무매개적으로 하나이다. 또는 이 보편 의지는 순수하게 부정적인 것이기 때문에 순수하게 긍정적인 것이다. 그리고 무의미한 죽음, 즉 자기(自

리)의 채워지지 않은 부정성은 그 내적 개념에서 절대적 긍정성으로 전도된다. 의식에 대해서는 그 자신과 보편 의지의 직접적 통일이, 즉 보편 의지 속에서 바로 이 특정한 점으로서의 자신을 인지할 수 있어야 한다는 의식의 요구가 전적으로 이와 상반된 경험으로 전도된다. 의식에게 이런 경험 속에서 사라지는 것은 추상적 **존재** 또는 실체를 결여한 점의 직접성이며, 이렇게 사라진 직접성은 곧 보편 의지 그 자체이다. 이제 의식이 **지양된 직접성**인 한에서, 즉 의식이 순수한 지나 순수한 의지인 한에서, 의식은 자신을 이런 보편 의지로서 인지한다. 그럼으로써 의식은 보편 의지를 자기 자신으로서 인지하고 또 자신을 본질로서 인지하는데, 그렇다고 자신을 **직접적으로 존재하는** 본질로서 인지하는 것은 아니다. 즉, 의식은 보편 의지를 혁명 정부라든가 무정부 상태를 구축하려고 애쓰는 무정부로 인지하지도 않고 또 자신을 이러이러한 파벌이나 그에 대립하는 파벌의 중심점으로 인지하지도 않는다. 오히려 **보편 의지**는 의식의 **순수한 지와 의욕**이며, 의식은 이런 순수한 지와 의욕으로서의 보편 의지이다. 의식은 이런 보편 의지 속에서 **자기 자신**을 상실하지 않는다. 왜냐하면 순수한 지와 의욕은 의식의 원자적 점이라기보다는 오히려 곧 의식이기 때문이다.[447] 그러므로 의식은 순수한 지가 자기 자신과 하는 교호 작용이다. **본질**로서의 순수한 **지**는 보편 의지이다. 그러나 이 **본질**은 전적으로 오직 순수한 지일 따름이다. 그러므로 자기의식은 순수한 지로서의 본질에 관한 순수한 지이다. 더 나아가 **개별적 자기**(自己)로서의 자기의식은 오직 주체의 형식이나 현실적 행동의 형식일 따름이고, 이런 형식은 자기의식에 의해 **형식**으로서 인지된

---

447) 이 문장은 다음과 같이 번역할 수도 있다. "왜냐하면 순수한 지와 의욕은 오히려 의식의 원자적 점으로서의 의식이기 때문이다."

다. 이와 마찬가지로 **대상적** 현실인 **존재**는 자기의식에 대해 전적으로 자기(自己)를 결여한 형식이다. 왜냐하면 그것은 인지되지 않은 것일 터이기 때문이다. 반면에 여기서의 지는 지를 본질로서 인지한다.

그러므로 절대적 자유는 보편 의지와 개별 의지의 대립을 자기 자신과 균등화하여 해소했다.[448] 순수한 의욕과 순수하게 의욕하는 자가 아직 구별되어 있던 그 대립의 정점으로 내몰리면서, 자기 소외된 정신은 자신의 이런 대립을 투명한 형식으로 격하시키고서 그 속에서 자기 자신을 발견한다. — 현실적 세계의 왕국이 신앙과 통찰의 왕국으로 이행하듯이, 절대적 자유는 그의 자기 파괴적인 현실에서 벗어나 자기의식적 정신의 또 다른 나라로 이행한다. 이런 자기의식적 정신의 또 다른 나라에서는 절대적 자유가 그런 비현실성을 띠고서 참된 것으로 간주되는데, 정신이 **사고**이고 또 그렇게 머무는 한에서 정신은 이 참된 것에 관한 사고로 원기를 회복하면서 이렇게 자기의식 속에 유폐된 존재를 완성되고 완전한 본질로 인지한다.[449] 이제 **도덕적 정신**이라는 새로운 형태가 발생했다.

C. 자기 자신을 확신하는 정신. 도덕성

인륜적 세계는 그 안에서 단지 사별한 정신만을, 즉 **개별적 자기**(自己)만을 자신의 운명이자 자신의 진리로 보여주었다. 반면에 **법**의 바로 이 **인격**

---

448) 이 문장은 다음과 같이 번역할 수도 있다. "그러므로 절대적 자유는 보편 의지와 개별 의지 사이의 상호 대립을 균등화하여 해소했다."

449) (Werke) **정신이 사고이고 또 그렇게 머물면서 이렇게 자기의식 속에 유폐된 존재를 완성되고 완전한 본질로 인지하는 한에서, 정신은 이 참된 것에 관한 사고로 원기를 회복한다.**

자는 자신의 실체와 충만함을 인륜적 세계[450] 외부에 지니고 있다. 도야와 신앙의 세계가 펼치는 운동은 이런 (법적) 인격자라는 추상을 지양하며, 완전한 소외를 통해서, 즉 극도의 추상을 통해서 실체가 정신의 자기(自己)에게 처음에는 **보편 의지**가 되었다가 결국은 그의 소유가 된다. 그러므로 여기서 지는 마침내 자신의 진리와 완전히 동일하게 된 듯이 보인다. 왜냐하면 지의 진리는 바로 이런 지 자체이고, 또 양자 사이의 모든 대립이, 더욱이 **우리에 대해서**나 **즉자적으로**가 아니라 자기의식 자신에 대해 사라졌기 때문이다. 다시 말해 지는[451] 의식의 대립 자체에 대해서 지배자(장인, Meister)가 된 것이다. 의식은 자기 확신과 대상의 대립에 근거를 두고 있다. 그러나 이제는 대상이 의식 자신에게 자기 확신, 즉 지가 되었고, 마찬가지로 자기 확신 자체도 더 이상 고유한 목적들을 지니면서 규정태 속에 있는 것이 아니며, 오히려 그것이 곧 순수한 지이다.

그러므로 자기의식에게는 자신의 지가 곧 **실체** 자체이다. 자기의식에 대해 실체는 분리되지 않은 통일 속에서 **직접적인**(무매개적인) 것 못지않게 또한 절대적으로 **매개되어** 있다. 인륜적 의식과 마찬가지로 이런 자기의식 자신이 **직접적으로** 의무를 인지하고 행하며, 자신의 본성으로서의 의무에 귀속된다. 그렇지만 인륜적 의식과는 달리 이런 자기의식이 **품성**은 아니다. 인륜적 의식은 그 직접성 때문에 하나의 규정된 정신이고, 인륜적 본질태들 중에서 오직 **한 가지**에만 속하며, 또 **인지하지 못한다**는 측면을 지니는 것이다. ― 자신을 도야하는 의식 및 신앙을 가진 의식과 마찬가지로 이런 자기의식은 **절대적 매개**이다. 왜냐하면 이런 자기의식은 본질적으로

---

450) 인칭대명사가 '인륜적 세계' 대신에 '인격자'를 지시하는 것으로 독해할 수도 있다.
451) 인칭대명사가 '지' 대신에 '자기의식'을 지시하는 것으로 독해할 수도 있다.

직접적 현존재라는 추상을 지양하고서 스스로에게 보편적인 것이 되는 그런 자기(自己)의 운동이기 때문이다. 그렇지만 이런 운동이 (도야의 세계에서처럼) 자신의 자기(自己)와 현실의 순수한 소외와 분열을 통해서 일어나는 것도 아니고 또 (신앙의 세계에서처럼 현실로부터의) 도피를 통해서 일어나는 것도 아니다. 오히려 자기의식은 스스로에게 **직접적으로** 자신의 실체 속에서 **현전한다.** 왜냐하면 실체가 곧 자기의식의 지, 그의 직관된 순수한 자기 확신이기 때문이다. 그리고 자기의식의 고유한 현실인 **바로 이 직접성**이 곧 일체의 현실이다. 왜냐하면 직접적인 것은 **존재** 자체이며, 절대적 부정성을 통해서 정화된 순수한 직접성으로서 이 직접성은 순수한 존재, 즉 **존재** 일반이나 **일체의** 존재이기 때문이다.

그렇기 때문에 절대적 본질은 **사유**의 단순한 **본질**이라는 규정 속에서 소진되지 않으며, 오히려 그것은 일체의 **현실**이고, 또 이러한 현실은 오직 지로서 존재할 따름이다. 의식이 알지 못하는 것은 아무런 의미도 지니지 않을 터이고 또 의식에 대해 아무런 위력도 될 수 없을 것이다. 일체의 대상태와 세계는 의식의 인지하는 의지 속으로 물러났다. 자신의 자유를 인지한다는 점에서 의식은 절대적으로 자유로우며, 바로 이런 자신의 자유에 관한 지가 곧 의식의 실체이자 목적이자 유일한 내용이다.

a. 도덕적 세계관

자기의식은 의무를 절대적 본질이라고 인지한다. 자기의식은 오직 의무에 의해서만 구속받으며, 이런 실체는 자기의식 자신의 순수한 의식이다. 의무는 자기의식에 대해 결코 낯선 것이라는 형식을 띨 수 없다. 그렇지만 이렇게 내적으로 결의(決意)된(종결된. beschlossen) 상태로는 도덕적 자기의식이 아직 **의식**으로서 정립되어 있지 않고 또 그렇게 고찰되지도 않는다. 그 대상은 직접적 지이며, 이렇게 자기(自己)에 의해 순수하게 삼투된 채로 그것은 대상이 아니다. 그러나 본질적으로 매개이자 부정성인 자기의식은 그 개념 속에 **타자 존재**와의 관련을 지니고 있으며, 그리하여 그는 곧 의식이다. 한편으로는 의무가 자기의식의 유일한 본질적 목적이자 대상을 이루는 것이기 때문에, 이런 타자 존재가 자기의식에 대해서는 전혀 **무의미한** 현실이다. 그러나 이 의식이 그처럼 내적으로 완전히 결의(決意)되어 있기 때문에, 의식은 이 타자 존재에 대해서 완전히 자유롭고 아무런들 상관없는 태도를 취하며 관계하고, 그런 까닭에 다른 한편으로 (타자 존재인) 현존재는 자기의식으로부터 전적으로 자유롭게 방면된 현존재, (도덕적 자기의식과) 마찬가지로 자신을 오직 그 자신과만 관련짓는 현존재이다. 자기의식이 자유로우면 자유로울수록, 그 의식의 부정적 대상도 더욱 자유로워진다. 그럼으로써 대상은 자신을 고유한 개체성으로 완성한 세계, 그 특유의 법칙들을 지닌 자립적인 전체이고 또한 그런 법칙들의 자립적인 행보이자 자유로운 실현이다. 즉, 그 대상은 자신의 법칙과 자신의 행동이 그 자신에게 귀속되는 **자연**이며, 도덕적 자기의식이 이런 자연에 개의치 않듯이 이런 자연도 도덕적 자기의식에 개의치 않는 본질이다.[452]

이러한 규정에서 시작하여 하나의 **도덕적 세계관**이 형성되는데, 그것은 **도덕적** 즉자 대자 존재와 **자연적** 즉자 대자 존재 사이의 **관련**에 존립한

---

452) I. Kant, *Kritik der reinen Vernunft*, B 375: "왜냐하면 자연을 고찰할 때에는 경험이 우리에게 규칙을 제공하며, 그것이 곧 진리의 원천이기 때문이다. 그러나 도덕 법칙과 관련해서는 경험이 (유감스럽게도!) 가상의 어머니이다. 내가 **행해야 할** 것에 대한 법칙들을 **행해지는** 것에서 끄집어내거나 이를 통해 제한하려는 것은 가장 배격해야 할 일이다."

다. 이런 관련에는 (한편으로는) **자연**과 **도덕적** 목적 및 활동 사이의 전적으로 **아무런들 상관없음**과 각각의 고유한 **자립성**이, 그리고 또한 다른 한편으로는 의무의 유일한 본질성과 자연의 전적인 비자립성 및 비본질성에 관한 의식이 그 근저에 놓여 있다. 도덕적 세계관은 이렇게 전적으로 상충하는 전제들 사이의 관련 속에 내포되어 있는 계기들의 전개를 포함하고 있다.

그러므로 우선 도덕적 의식 일반이 전제되어 있다. 도덕적 의식에게는 의무가 본질로서 유효성을 지니는데, 이때 도덕적 의식은 **현실적**이고 **활동적**이며, 자신의 현실과 행실 속에서 의무를 충족한다. 그러나 이런 도덕적 의식에 대해 동시에 자연의 자유가 전제되어 있다. 또는 도덕적 의식은 자연이 도덕적 의식에게 도덕적 의식의 현실과 자연의 현실의 통일에 관한 의식을 부여하는 일에 전혀 개의치 않으며, 따라서 자연이 **어쩌면** 도덕적 의식을 **행복하게** 만들 수도 있고 또 **어쩌면** 그렇지 **않을** 수도 있다는 점을 **경험한다**. 이에 반해 도덕적 의식이 단지 행위의 **동기**만을 지닐 뿐이지 행위를 통해 (자신의 목적인 의무를) 수행하고 그 완수를 향유하는 행운이 도덕적 의식에게 부여되는 것을 보지는 못하는 곳에서, 어쩌면 비도덕적 의식이 우연히도 (도덕적 의식이 아니라 오히려) 그 자신이 실현되는 것을 발견할 수도 있다. 그렇기 때문에 도덕적 의식은 오히려 자신과 현존재 사이의 부적합성이라는 그와 같은 상태에 대해서, 그리고 자신의 대상을 단지 **순수한 의무**로서만 지닐 뿐이지 자신의 대상과 **그 자신**이 실현되었음을 목격하는 것은 거부되게끔 도덕적 의식을 제한하는 부정이라는 상태에 대해서 개탄할 이유를 발견한다.

도덕적 의식은 지복(至福)을 포기할 수도 없고 또 이 계기를 자신의 절대적 목적에서 제거할 수도 없다.[453] **순수한 의무**라고 언표되는 목적은 본질적으로 바로 이 **개별적** 자기의식을 포함하고 있다는 점을 그 자체에 지니고 있다. **개인적 신념**과 이에 관한 지는 도덕성의 절대적 계기를 이루는 것이었다. **대상화**된 **목적**, 즉 **충족된** 의무에서는 그런 계기가 바로 자신을 실현된 것으로서 직관하는 **개별적** 의식이다. 또는 그것은 이와 더불어 비록 **심정**으로 간주된 도덕성의 개념 속에 직접 담겨 있지는 않지만 도덕성의 **실현**이라는 개념 속에는 담겨 있는 그런 **향유**이다. 그런데 그렇게 됨으로써 향유는 또한 **심정**으로서의 도덕성 속에도 놓이게 된다. 왜냐하면 도덕성은[454] 행위와 대립하는 심정에 머물지 않고 **행위하는** 데로 또는 자신을 현실화하는 데로 나아가기 때문이다. 목적을 그 계기들에 관한 의식을 함유한 전체로서 언표하면, 그 목적은 바로 충족된 의무가 순수하게 도덕적인 행위이자 또한 실현된 **개체성**이고 또 추상적 목적에 맞선 **개별성**이라는 측면으로서의 **자연**이 이 목적과 **하나**라는 것이다. — 자연이 자유로운 탓에 그 두 측면의 부조화에 관한 경험이 필연적이듯이, 그에 못지않게 또한 오직 의무만이 본질적인 것이고 이에 대치하는 자연은 자기(自己)를 결여한 것이다. 그와 같은 조화가 이루는 전체적인 **목적**은 현실 자체를 자신 안에 내포하고 있다. 그런 전체적인 목적은 동시에 **현실**에 관한 **사고**이다. 도덕성과 자연의 조화는, 또는 오직 의식이 자신과 자연의 통일을 경험하는 한

---

453) I. Kant, *Kritik der reinen Vernunft*, B 837: "이에 따라 나는 말한다. 도덕 원리들이 **실천적으로** 사용할 때의 이성에 의거해서 필연적인 것 못지않게 또한 **이론적으로** 사용할 때의 이성에 의거해서도 다음과 같이 상정하는 것은 필연적이다. 즉, 누구나 자신의 태도와 행동에서 지복을 누릴 만한 자격을 갖춘 바로 그만큼 지복을 희망할 수 있는 근거를 가지며, 따라서 윤리의 체계는 지복의 체계와 불가분리적으로, 그러나 오직 순수 이성의 이념 안에서 결합되어 있다." 또한 I. Kant, *Kritik der praktischen Vernunft*, A 199에서의 '최고선(das höchste Gut)' 개념에 관한 설명 역시 참조.

454) 인칭대명사가 '도덕성' 대신에 '심정'을 지시하는 것으로 독해할 수도 있다.

에서만 자연이 고찰 대상이 된다면, 도덕성과 지복의 조화는 필연적으로 **존재하는 것**으로서 **사유되거나** 또는 **요청된다**(postuliert).[455] 왜냐하면 '**요구한다는 것**(Fordern)'은 아직 현실적으로 존재하지 않는 어떤 것을 존재한다고 사유한다는 점을, 즉 개념으로서의 **개념**의 필연성이 아니라 **존재**의 필연성을 표현하기 때문이다. 그러나 동시에 필연성은 본질적으로 개념에 의한 관련이다. 따라서 요구된 **존재**는 우연한 의식의 표상에 속하는 것이 아니며, 오히려 그 참된 내용이 **순수한** 의식과 **개별적** 의식의 **통일**인 그런 도덕성의 개념 자체에 담겨 있는 것이다. 이러한 통일이 **개별적 의식에 대해** 현실로서 존재한다는 점은 개별적 의식에게 속하는 것인데, 바로 이것이 목적의 **내용**이라는 면에서는 지복이고 또 그 **형식**이라는 면에서는 현존재 일반이다. — 그렇기 때문에 이렇게 요구된 현존재나 양자의 통일은 하나의 소망이나 또는, 이를 목적으로 간주한다면, 그에 도달하는 것이 아직 불확실한 그런 목적이 아니다. 오히려 이 목적은 이성의 요구 또는 이성의 직접적인 확신이자 전제이다.

---

455) I. Kant, *Kritik der praktischen Vernunft*, A 224 이하: "**지복**은 이 세상의 이성적 존재자에게 그의 실존 전체에서 **모든 것이 그의 소망과 의지대로 진행되는** 상태이며, 따라서 지복은 자연이 그의 목적 전체와 합치하는 데에, 그리고 또한 마찬가지로 그의 의지의 본질적인 규정 근거와 합치하는 데에 근거를 두고 있다. 그런데 도덕 법칙은 자유의 법칙으로서 자연으로부터 그리고 (동인으로서의) 우리의 욕구 능력과 자연의 합치로부터 전적으로 독립적이어야 하는 규정 근거들을 통해서 명령한다. 그러나 동시에 이 세계 안에서 행위하는 이성적 존재자는 분명 세계와 자연 자체의 원인이 아니다. 따라서 도덕 법칙 속에는 세계에 그 일부로 속해 있어서 이 세계에 종속되어 있는 존재자의 윤리성과 이에 비례하는 지복 사이의 필연적 관련에 대한 최소한의 근거조차 존재하지 않는다. 바로 그렇기 때문에 그런 존재자는 자신의 의지를 통해서 이런 자연의 원인일 수는 없으며, 그의 지복과 관련하여 그 자신의 힘으로 자연을 그의 실천 원칙들과 일관되게 일치시킬 수가 없다. 그럼에도 불구하고 순수 이성의 실천적 과제, 즉 최고선을 향한 필수적 작업에서는 그와 같은 연관이 필연적인 것으로 요청된다."

그와 같은 첫 번째 경험과 이런 요청(Postulat)이 유일한 것은 아니며, 오히려 일군의 요청들이 모조리 열려 몰려온다. 즉, 자연은 단지 순수한 대상으로서의 그 자체 안에서 의식이 자신의 목적을 실현해야 할 터일 그런 전적으로 자유로운 **외적** 양식에 불과한 것이 아니다. 의식은 **그 자체**에서 본질적으로 이런 다른(타자적인) 자유로운 현실이 **자신에 대해** 존재하는 그런 것이다. 즉, 의식은 그 자체가 우연하고 자연적인 것이다. 의식에게 그 자신의 것인 그런 자연이 곧 **감성**(Sinnlichkeit)인데, 이런 감성은 의욕이라는 **형태** 속에서 **충동과 성향**으로서 대자적으로 그 자신의 고유한 **규정된** 본질태나 **개별적 목적들**을 지니고 있으며, 따라서 순수한 의지와 이 의지의 순수한 목적에 대립해 있다. 그런데 이런 대립에 맞서 순수한 의식에게 본질이 되는 것은 오히려 순수한 의식과 감성의 관련, 즉 순수한 의식과 감성의 절대적 통일이다. 의식의 순수한 사유와 감성이라는 양자는 **즉자적으로 하나의 의식**이며, 순수한 사유는 곧 그에 대해 그리고 그 안에서 이런 순수한 통일이 존재하는 바로 그것이다. 그러나 의식으로서의 순수한 사유에 대해서는 그 자신과 충동의 대립이 존재한다. 이성과 감성의 이런 쟁투 속에서 이성에 대해 본질이 되는 것은 그런 쟁투가 해소되어 그 **결과**로서 양자의 통일이 발현하되, 그것이 **한** 개인 속에 양자가 모두 존재한다는 그런 **근원적** 통일이 아니라 양자의 **인지된** 대립으로부터 발현되는 통일이라는 것이다. 그와 같은 통일이야말로 비로소 **현실적인**(진정한) 도덕성이다. 왜냐하면 그러한 통일 속에는 자기(自己)를 의식으로 만들어주는 또는 이제 비로소 현실적이면서 실제로 자기(自己)이자 동시에 보편적 자기(自己)로[456] 만들어주는 대립이 내포되어 있기 때문이다. 또는 그러한 통일 속

---

456) (Werke) 동시에 보편자로

에는, 우리가 보았듯이, 도덕성에 본질적인 그런 **매개**가 표현되어 있기 때문이다.─이런 대립의 두 가지 계기 중에서 감성은 전적으로 **타자 존재**나 부정적인 것인 반면에 의무의 순수한 사유는 그 무엇도 포기될 수 없는 본질이므로, 그렇게 발현되는 통일이 오직 감성의 지양을 통해서만 이루어질 수 있는 듯이 보인다. 그러나 감성도 그 자체가 이런 생성의 계기, 즉 **현실성**의 계기인 까닭에, 그런 통일을 표현하는 데에 우선은 감성이 도덕성에 **부합한다**는 말로 만족할 수밖에 없을 것이다.─이러한 통일도 마찬가지로 하나의 **요청된 존재**이다. 이런 통일은 **거기에 있지** 않다(현존재하지 않는다). 왜냐하면 **현존재하는** 것은 의식이거나 감성과 순수한 의식의 대립이기 때문이다. 그러나 동시에 자유로운 자연이 그 한 측면을 이루는 까닭에 도덕적 의식과 자연의 조화가 도덕적 의식 외부에 귀속되는 그런 첫 번째 요청과는 달리, 이런 통일은 (도덕적 의식에 대해 독립적인) 즉자가 아니다. 오히려 여기서 자연은 도덕적 의식 자체에 존재하는 것이고, 여기서 관건이 되는 것은 곧 도덕성 자체, 즉 행동하는 자기(自己)의 고유한 조화인 그런 조화이다. 그렇기 때문에 의식은 스스로 그런 조화를 성취해야만 하며, 또 도덕성에서 항상 진보를 이루어내야만 한다. 그렇지만 도덕성의 **완성**은 **무한속으로 미루어질** 수밖에 없다.[457] 왜냐하면 만약 도덕성의 완성이 현실적으로 일어난다면 도덕적 의식이 지양되어버릴 터이기 때문이다. 왜냐하면 **도덕성**은 단지 부정적 본질로서의 도덕적 **의식**일 따름이고, 그것의 순수한

---

457) I. Kant, *Kritik der praktischen Vernunft*, A 220: "그러나 도덕 법칙에 대한 의지의 완전한 부합성은 **신성함**, 즉 감각 세계의 그 어떤 이성적 존재도 그의 현존재의 어떠한 시점에서도 이룰 수 없는 완전함이다. 그럼에도 불구하고 그런 부합성이 실천적으로 필연적인 것으로서 요구되는 까닭에, 이는 오직 그런 완전한 부합성을 향한 **무한**으로 나아가는 **전진** 속에서만 만날 수 있다."

의무를 위해서는 감성이 단지 그에 **부합하지 않는다는 부정적** 의미를 띨 뿐이기 때문이다. 하지만 (자연과 도덕적 의식의 또는 감성과 이성의) 조화 속에서는 **의식**으로서의 **도덕성** 또는 도덕성의 **현실태**가 사라져버리는데, 이는 도덕적 **의식**이나 그 현실태 속에서 그것들의 조화가 사라지는 것과 마찬가지이다. 그렇기 때문에 (도덕성의) 완성은 현실적으로 도달되어서는 안 되며, 단지 **절대적 과제**로서만, 다시 말해 전적으로 과제로 남아 있는 그런 것으로서만 사유되어야 한다. 그렇지만 동시에 그 내용은 전적으로 **존재해야만** 하고 또 과제에 머물지 않는 것으로서 사유되어야 한다. 그런데 이런 목표속에서 의식이 완전히 지양된다고 표상될 수도 있고 또는 그렇지 않다고 표상될 수도 있다. 바로 그렇기 때문에 목표의 도달이 거기로 미루어질 수밖에 없는 무한성의 어두침침하고 아득한 거리 속에서는 이를 실로 어떻게 간주해야 할지를 더 이상 명확하게 분별할 수가 없다. 그래서 실로 그런 (완성된 도덕성에 관한) 특정한 표상은 관심거리도 아니고 또 찾고 있는 것도 아니라고 말할 수밖에 없게 된다. 왜냐하면 이는 과제로 남으면서도 또한 충족되는 과제라든가 또는 의식이 아닌, 즉 더 이상 현실적이어서는 안 되는 도덕성이라는 모순으로 이끌기 때문이다. 그러나 완성된 도덕성이 모순을 내포하고 있다는 고찰을 통해서 도덕적 본질성의 신성함이 손상될 터이고 또 절대적 의무는 어떤 비현실적인 것으로 나타나게 될 것이다.

첫 번째 요청은 도덕성과 대상적 자연의 조화, 즉 **세계**의 궁극 목적이었다.[458] 또 다른 요청은 도덕성과 감각적 의지의 조화, 즉 **자기의식** 자체

---

458) I. Kant, *Kritik der Urteilskraft*, A 220: "그러므로 도덕 법칙에 따른 자유의 사용에서의 궁극 목적이라는 이념은 주관적 · **실천적** 실재성을 지닌다. 우리는 세계에서의 최선을 온 힘을 다해 촉진하도록 이성에 의해 아프리오리하게 규정되어 있는데, 이 세계에서의 최선은 이성적 세계 존재들의 최대의 복지가 세계에서의 최선에서 선의 최고 조건과 결합되는

의 궁극 목적이었다. 그러니까 첫 번째 요청은 **즉자**라는[459] 형식 속에서의 조화였고, 또 다른 요청은 **대자 존재**라는 형식 속에서의 조화였다. 그런데 사유된 것인 이 두 가지 극단의 궁극 목적을 그 매개 중심으로서 결합시켜 주는 것은 **현실적** 행위 자체의 운동이다. 그 두 가지 궁극 목적은 그 계기들이 추상적 차별성을 띠고서 아직 대상이 되지 못한 그런 조화들이다. 이런 점은 그 두 측면이 본래의 의식 속에서 각각 타자의 **타자**로서 등장하는 현실 속에서 일어난다. 앞에서는 요청들이 단지 **즉자적으로 존재하는** 조화와 **대자적으로 존재하는** 조화라는 서로 분리된 조화들만을 포함하고 있던 반면에, 이제 이를 통해 발생하는 요청들은 **즉자 대자적으로 존재하는** 조화를 포함하고 있다.

순수한 **의무**에 관한 **단순한 지**와 **의욕**으로서의 도덕적 의식은 행위하면서 자신의 단순성과 대립하는 대상인 **다양한 경우**의 현실과 관련되며, 이를 통해 다양한 도덕적 **관계**를 지니게 된다. 바로 여기서 내용상으로는 **다수의 법칙들** 일반이, 그리고 형식상으로는 인지하는 의식과 무의식적인 것의 서로 모순되는 위력들이 발생한다. — 먼저 **다수의 의무들**과 관련하여 도덕적 의식에게는 무릇 오직 다수의 의무들 중에서 **순수한 의무**만이 유효성을 지닌다. 다수로서의 **다수의 의무들**은 **규정된 것들**(특정한 의무들)이고, 그렇기 때문에 도덕적 의식에 대해 그러한 것으로서 결코 신성한 것이 아니다. 그러나 동시에 다양한 현실과 이에 따른 다양한 도덕적 관련을 내포

데에, 즉 보편적 지복이 가장 합법칙적인 윤리성과 결합되는 데에 존립한다. … 그러므로 이성적 세계 존재들의 궁극 목적이라는 개념의 객관적인 이론적 실재성을 위해서는, 우리가 우리에게 아프리오리하게 전제되어 있는 하나의 궁극 목적을 가지고 있다는 점만이 아니라 또한 창조도, 즉 세계 자체도 실존하는 데에 따라서 하나의 궁극 목적을 가지고 있다는 점도 요구된다."

459) (Werke) **즉자 존재**라는

하고 있는 **행위**의 개념에 의해서 **필연적인** 것이 되는 다수의 의무들은 즉자 대자적으로 존재하는 것으로 간주되어야만 한다. 더 나아가 다수의 의무들이 오직 하나의 도덕적 **의식** 속에서만 존재할 수 있으므로, 동시에 다수의 의무들은 오직 순수한 것으로서의 순수한 의무만이 즉자 대자적이고 신성한 것이 되는 그런 도덕적 의식과는 다른 또 하나의 의식 속에 존재할 수밖에 없다.

그러므로 다수의 의무들을 신성하게 만드는 또는 다수의 의무들을 의무로서 인지하고 의욕하는 **또 다른** 의식이 존재한다는 점이 요청된다.[460] 첫 번째 의식은 일체의 **규정된 내용**에 대해서 **아무런들 상관없이** 순수한 의무를 보존하며, 의무란 오직 이런 규정된 내용에 대한 아무런들 상관없음일 따름이다. 이에 반해 또 다른 의식은 이에 못지않게 본질적인 행위와의 관련을 그리고 **규정된** 내용의 **필연성**을 포함하고 있다. 이 의식에게는 의무가 **규정된** 의무로서 유효성을 지니므로, 그에게는 이와 더불어 내용을 의무로 만들어주는 (단순하고 보편적인) 형식 못지않게 (특정한 규정을 지닌 다수의) 내용 자체도 본질적이다. 이로써 이 의식은 보편자와 특수자가 전적으로 하나가 되는 그런 의식이며, 따라서 이 의식의 개념은 바로 도덕성과 지복의 조화라는 개념과 한가지 똑같은 것이다. 왜냐하면 그런 (도덕성과 지복 사이의) 대립은 그에 못지않게 **다중적인 존재**로서 의무의 단순한 본질과 상충하는

460) I. Kant, *Kritik der praktischen Vernunft*, A 223 이하: "앞서의 분석에서 도덕 법칙은 … 최고선의 첫 번째이자 가장 고귀한 부분인 **윤리성**의 필연적 완성이라는 실천적 과제로 이끌었다. … 또한 바로 이 도덕 법칙은 최고선의 두 번째 요소, 즉 그런 윤리성에 부합하는 **지복**의 가능성으로, … 다시 말해 이런 결과에 합치하는 원인의 현존재라는 전제로 이끌 수밖에 없다. 다시 말해 최고선의 가능성에 필연적으로 속하는 것으로서 **신의 실존**을 요청할 수밖에 없다."

현실로부터 **자기 동일적인** 도덕적 의식이 분리되어 있다는 점을 표현하기 때문이다. 그런데 첫 번째 요청에서는 자연이 이런 자기의식에 대해서 부정적인 것인 **존재**라는 계기이기 때문에 첫 번째 요청은 단지 도덕성과 자연의 **존재하는** 조화만을 표현하는 반면에, 이제는 이런 **즉자**가 본질적으로 의식으로 정립되어 있다. 왜냐하면 이제 존재하는 것은 **의무**의 **내용**의 형식이거나 **규정된 의무**에서의 **규정성**이기 때문이다. 그러므로 즉자는 [**단순한 본질태들**로서 사유의 본질태이고, 따라서 오직 의식 속에서만 존재하는] 그런 본질태들의 통일이다. 그러므로 이런 즉자는[461] 이제 도덕성과 지복의 조화를 산출해내는 동시에 **다수**로서의 의무들을 신성하게 만드는 그런 세계의 주인이자 지배자이다. 이것이 뜻하는 바는 **순수한 의무**의 의식에게는 규정된 의무가 직접적으로 신성할 수는 없다는 점이다. 그러나 규정된 의무는 규정된 것인 현실적 행위 때문에 마찬가지로 **필연적인** 것인 까닭에, 그것의 필연성은 저런 (순수한 의무의) 의식 외부에 있는 또 다른 의식에 귀속되는데, 그럼으로써 이 또 하나의 의식은 규정된 의무와 순수한 의무를 매개하는 것이고 또 규정된 의무 역시 유효성을 지니게 되는 근거이다.

　그런데 현실적 행위 속에서는 의식이 바로 이 자기(自己)로서, 즉 하나의 완전히 개별적인 의식으로서 태도를 취하며 관계한다. 이 의식은 현실 자체를 지향하면서 목적으로 삼는다. 왜냐하면 이 의식은 (특정한 의무를) 완수하려고 하기 때문이다. 그러므로 **의무 일반**은 이 의식 외부에 있는 또 다른 본체에 귀속되는데, 이 또 다른 본체가 곧 순수한 의무의 의식이자 신성한 입법자이다.[462] 행위하는 의식이 바로 행위자인 까닭에 그에게는 순수한

---

461) 지시대명사가 '즉자' 대신에 '의식'을 지시하는 것으로 독해할 수도 있다.

462) I. Kant, *Kritik der praktischen Vernunft*, A 236, 각주: "신은 **홀로** 성스러운 자이고, **홀로**

의무의 타자(순수한 의무와는 다른 것)가 직접적으로 유효한 것이며, 따라서 순수한 의무는 또 다른 의식의 내용이고, 행위하는 의식에게는 순수한 의무가 오직 간접적(매개적)으로만, 즉 이 또 다른 의식 속에서만 신성한 것이다.

이와 더불어 **즉자 대자적으로** 신성한 것으로서의 의무의 유효성이 현실적 의식 외부에 귀속된다는 점이 정립되어 있기 때문에, 그럼으로써 현실적 의식은 무릇 **불완전한** 도덕적 의식으로서 한쪽에 서 있게 된다. 현실적 의식은 자신의 **지**라는 측면에서도 그의 지와 신념이 불완전하고 우연한 것인 그런 의식이라고 자신을 인지하며, 또한 자신의 **의욕**이라는 측면에서도 그의 목적이 감성의 영향을 받는 그런 의식이라고 자신을 인지한다. 그런 까닭에 현실적 의식은 자신의 자격 없음(무가치함, Unwürdigkeit) 때문에 지복을 필연적으로 기대할 수는 없고, 오히려 이를 어떤 우연한 일로 간주하면서 오직 (또 다른 의식의) 은총으로부터 기대할 수밖에 없게 된다.

그런데 비록 현실적 의식의 현실이 불완전하긴 해도, 그의 **순수한** 의지와 지에는 의무가 분명 본질로서 유효하다. 그러므로 실재와 대립하는 한에서의 개념 속에서는 또는 사유 속에서는 현실적 의식이 완전하다. 그런데 절대적 본질은 바로 이런 사유된 것이고 또 현실의 피안에 있다고 요청된 것이다. 그렇기 때문에 절대적 본질은 [그 속에서는 도덕적으로 불완전한 지와 의욕이 완전한 것으로 간주되며, 그리하여 또한 절대적 본질이 도덕적으로 불완전한 지와 의욕을 극히 중요한 것으로 받아들임으로써 자격(가치)에 따라서, 즉 그에게 **배속되는 공덕**에 따라서 지복을 얻는다는] 그런 사고이다. [463)]

복된 자이며, 홀로 지혜로운 자이다. … 그러므로 이 개념들의 순서에 따라서 신은 또한 **신성한 입법자**(그리고 창조자)이자 **선한 통치자**(그리고 부양자)이자 **정의로운 심판자**이다.”

여기서 (도덕적) 세계관이 완성된다. 왜냐하면 도덕적 자기의식의 개념 속에서는 순수한 의무와 현실이라는 두 측면이 **하나의** 통일 속에 정립되어 있으며, 이를 통해 그 한 측면도 다른 측면과 마찬가지로 즉자 대자적으로 존재하는 것으로서가 아니라 **계기**로서 또는 지양된 것으로서 정립되어 있기 때문이다. 이런 점이 도덕적 세계관의 최종 국면에서 의식에 대해 존재하게 된다.(의식은 도덕적 세계관의 최종 국면에서 이런 점을 깨닫게 된다.) 즉, 의식은 순수한 의무를 그 자신과는 다른 본체 속에 정립한다. 다시 말해 의식은 순수한 의무를 부분적으로는 하나의 **표상된 것**으로 정립하고, 또 부분적으로는 즉자 대자적으로 유효한 것이 아닌 것으로 정립하며, 오히려 비도덕적인 것이 완전한 것으로 간주된다. 이와 마찬가지로 의식은 자기 자신도 [의무에 부합하지 않는 자신의 현실이 지양되고, 또 **지양된 것**으로서 또는 절대적 본체에 관한 **표상** 속에서 더 이상 도덕성에 배치되지 않는] 그런 의식으로 정립한다.

하지만 도덕적 의식 자체에 대해 그의 도덕적 세계관은 아직 도덕적 의식이 도덕적 세계관 속에서 그의 고유한 개념을 전개하면서 이를 자신의 대상으로 만든다는 의미를 지니는 것은 아니다. 도덕적 의식은 형식의 대립에 관한 의식을 가지고 있지 않고 또한 자신이 그 부분들을 서로 관련지어서 비교하지 않는 그 내용에 담겨 있는 대립에 관한 의식도 가지고 있지 않으며, 오히려 계기들을 결속하는 **개념**이 되지 못한 채로 자신을 전개하

---

463) I. Kant, *Kritik der praktischen Vernunft*, A 224: "그렇기 때문에 또한 도덕은 본래 어떻게 우리가 자신을 행복하게 **만드는가**에 관한 교설이 아니라, 오히려 어떻게 우리가 지복을 누릴 **자격을 갖추어야 하는가**에 관한 교설이다. 오직 종교가 더해질 때에만, 우리가 지복을 누릴 자격이 없지 않도록 유념한 정도만큼 언젠가는 지복을 나눠 갖게 될 것이라는 희망도 들어설 것이다."

면서 계속 굴러간다.[464] 왜냐하면 도덕적 의식은 오직 **순수한 본질**만을 또는 그것이 **의무**인 한에서의, 즉 자신의 순수한 의식의 **추상적** 대상인 한에서의 대상만을 순수한 지라고 또는 자기 자신이라고 인지하기 때문이다. 그러니까 도덕적 의식은 사유하는 태도를 취하면서 관계할 뿐이지 개념적으로 파악하는 태도를 취하면서 관계하는 것은 아니다. 그렇기 때문에 도덕적 의식은 아직 그의 **현실적** 의식의 대상을 투시하지 못한다. 도덕적 의식은 **타자 존재** 자체나 자신의 절대적 반대를 오로지 자기 자신일 따름이라고 파악하는 그런 절대적 개념이 아니다. 물론 도덕적 의식에게는 그 자신의 현실 및 일체의 대상적 현실이 **비본질적인 것**으로 간주되기는 한다. 그러나 도덕적 의식의 자유는 순수한 사유의 자유이며, 그렇기 때문에 그런 자유에는 동시에 그 맞은편에 자연이 그에 못지않게 자유로운 것으로서 발생하게 된다. **존재의 자유**와 의식 속에 존재가 밀폐되어 있음이라는 두 가지가 똑같은 방식으로 도덕적 의식 속에 존재하기 때문에, 그의 대상은 **존재하는** 것이되 **동시에** 단지 **사유된** 것일 뿐인 대상이 된다. 도덕적 의식이 지닌 직관의 최종 국면에서 그 내용은 본질적으로 다음과 같이 정립된다. 즉, 도덕적 의식의 **존재**는 하나의 **표상된** 존재이며, 이런 존재와 사유의 결합은 그와 같은 결합이 실제로 그것인 바대로, 즉 **표상 행위** (Vorstellen)라고 언표된다.

우리는 도덕적 세계관을 다음과 같이 고찰한다. 즉, 이런 (도덕적 세계관의) 대상적 양식은 다름 아니라 도덕적 자기의식이 스스로에게 대상적으로 만든 도덕적 자기의식 자신의 개념이라는 것이다. 그럼으로써 도덕적 세계관의 근원이 지닌 형식에 관한 이러한 의식을 통해서 도덕적 세계관의 또 다

---

464) 이 문장의 원문은 문법상 부정확하다.

른 서술 형태가 그 결과로 생겨난다. — 즉, 출발점이 되는 최초의 것은 **현실적인** 도덕적 자기의식이거나 **그런 현실적인 도덕적 자기의식이 있다**는 사실이다. 왜냐하면 (도덕적 자기의식의) 개념은 도덕적 자기의식에게는 모든 현실 일반이 오직 의무에 부합하는 한에서만 본질을 지닌다는 규정 속에 도덕적 자기의식을 정립하며, 또한 이런 본질을 지로, 즉 현실적 자기(自己)와의 직접적 통일 속에 정립하기 때문이다. 그럼으로써 이 통일은 그 자체가 현실적이다. 이 통일은 도덕적이면서 현실적인 의식**이다.** — 이런 도덕적 자기의식은 이제 의식으로서 자신의 내용을 대상으로, 즉 도덕성과 현실 일체의 조화라는 **세계의 궁극 목적**으로 표상한다. 그러나 도덕적 자기의식이 이런 통일을 **대상**으로 표상하고 또 그가 아직 대상 자체에 대해서 위력을 지니는 개념은 아니므로, 도덕적 자기의식에게는 이런 통일이 자기의식에 대해서 부정적인 것이다. 또는 이런 통일은 도덕적 자기의식이 지닌 현실의 피안으로서, 그러나 동시에 **또한 존재하는 것**이긴 하지만 단지 사유될 뿐인 것으로서 도덕적 자기의식 외부에 귀속된다.

결국 자기의식으로서 대상과는 **다른 것**인 도덕적 자기의식에게 남아 있는 것은 의무 의식과 현실의, 더욱이 자신의 고유한 현실의 부조화이다. 이로써 이제 그 (도덕적 세계관의) 명제는 다음과 같은 것이 된다. "**도덕적으로 완성된 현실적** 자기의식은 **없다.**" 도덕적 자기의식은[465] 무릇 오직 완성된 한에서만 존재하는데, 왜냐하면 의무는 혼합되지 않은 순수한 **즉자**이고 또 도덕성은 오직 이런 순수한 것과의 부합성에 존립하기 때문이다. 그런 까닭에 두 번째 명제는 무릇 "**도덕적으로 현실적인 자기의식은**[466] **없다.**"는 것이다.

---

465) "도덕적 자기의식은" 대신에 "도덕적인 것은"으로 번역할 수도 있다.

그러나 셋째로 도덕적 자기의식은 **하나의** 자기(自己)이기에 **즉자적으로** 의무와 현실의 통일이다. 그러므로 이런 통일이 도덕적 자기의식에게 완성된 도덕성으로서, 그러나 그의 현실의 **피안**이면서도 그 피안이 현실적이어야만 하는 그런 것으로서 대상이 된다.

처음 두 명제의 종합적 통일이라는 이런 목표 속에서는 자기의식적 현실도 또 의무도 단지 지양된 계기로 정립되어 있을 뿐이다. 왜냐하면 둘 중 그 무엇도 개별적이지 않으며, 그래서 **다른 것으로부터 자유롭게** 존재한다는 것이 그 본질적 규정인 그것들은 통일 속에서는 각각 더 이상 다른 것으로부터 자유롭지 않으며, 따라서 둘 다 저마다 지양되어 있기 때문이다. 그래서 그것들은 내용상으로는 **그 각각이** (그 자신과는) **다른 것으로 간주되는** 그런 대상이고[467] 또 형식상으로는 이런 상호 교환이 동시에 단지 **표상되어** 있을 뿐이라는 것이다. — 또는 **현실적으로** 도덕적이지 **않은** 것도 마찬가지로 순수한 사유이고 자신의 현실을 초월해 있기 때문에, 그것이 표상 속에서는 분명 도덕적이고 또 전적으로 타당한 것으로 받아들여진다. 그럼으로써 "도덕적 자기의식이 **있다.**"는 첫 번째 명제가 수립되지만, 그것은 "도덕적 자기의식이 **없다.**"는 두 번째 명제와 결합되어 있다. 즉, 도덕적 자기의식이 **있기는** 하지만, 오직 표상 속에서만 있다거나, 또는 비록 도덕적 자기의식은 없지만, 타자에 의해 도덕적 자기의식으로 간주되게끔 된다는 것이다.

---

466) "도덕적으로 현실적인 자기의식은" 대신에 "도덕적으로 현실적인 것은"으로 번역할 수도 있다.

467) 이 문구는 "**그 각각이 다른 것에 대해 유효한** 그런 대상이고"로 번역할 수도 있다.

b. 전위

우리는 도덕적 세계관에서 한편으로는 의식 **자신**이 **의식**을 가지고서 그의 대상을 **산출한다**는 점을 목격한다. 우리는 의식이 대상을 낯선 것으로서 미리 발견하는 것도 아니고 또한 대상이 무의식적으로 의식에게 생성되는 것도 아니며, 오히려 의식이 어디에서나 그것에 의거하여 **대상적 본체를 정립하는** 그런 근거에 따라서 절차를 진행한다는 점을 본다. 그러므로 **의식**은 대상적 본체를 자기 자신이라고 인지한다. 왜냐하면 **의식**은 대상적 본체를 산출해내는 **활동자**로서 자신을 인지하기 때문이다. 이로써 의식은 여기서 자신의 안정과 만족에 도달한 듯이 보인다. 왜냐하면 의식은 오직 자신의 대상이 자신을 넘어서지 않아서 더 이상 대상을 넘어설 필요가 없는 곳에서만 안정과 만족을 발견할 수 있기 때문이다. 그러나 다른 한편으로 의식은 스스로 대상을 오히려 **자신 외부에** 내놓아 자신의 피안으로 정립한다. 그렇지만 이렇게 즉자 대자적으로 존재하는 것(피안의 대상)은 그에 못지않게 자기의식으로부터 자유롭지 못하며, 오히려 자기의식을 위해서 그리고 자기의식에 의해서 존재하는 그런 것으로 정립되어 있다.

그렇기 때문에 도덕적 세계관은 실은 다름 아니라 이렇게 근저에 놓여 있는 모순을 그 다양한 측면에 따라서 양성하는 것일 따름이다. 여기에 가장 알맞은 칸트의 표현을 사용하자면, 도덕적 세계관은 사고를 결여한 모순들의 **소굴 일체**이다.[468] 이러한 전개 속에서 의식은 어느 한 계기를 확립했다가 그로부터 직접적으로 또 다른 계기로 이행하면서 첫 번째 계기를

---

468) 칸트는 우주론적 신존재 증명과 관련하여 이 논증 안에는 "변증론적 월권들의 소굴 일체"가 숨겨져 있다고 비판한다.(I. Kant, *Kritik der reinen Vernunft*, B 637)

지양하는 식의 태도를 취한다. 그런데 이제 의식이 이런 두 번째 계기를 **수립했던**(제시했던, aufstellen) 것처럼 **또한** 바로 그것을 **전위시키고서**(왜곡하고서, verstellen), 오히려 그 반대를 본질로 만든다. 동시에 의식은 **또한** 자신의 모순과 **전위**도 의식하고 있다. 왜냐하면 의식은 하나의 계기로부터 **직접적으로 바로 이 계기 자체와의 관련** 속에서 그것과 대립하는 계기로 이행하기 때문이다. 의식에 대해 어느 한 계기가 아무런 실재성도 갖지 않기 **때문에**, 의식은 바로 그 계기를 **실재하는 것**으로 정립한다. 또는 같은 말이지만, 의식은 **어느 한 계기**를 즉자적으로 존재하는 것이라고 주장하기 위해서 그것과 **대립하는** 계기를 즉자적으로 존재하는 것이라고 주장한다. 그럼으로써 의식은 실은 그중 어느 것도 진지하게 여기지 않는다고 고백하는 셈이다. 바로 이런 점을 그처럼 현기증을 일으키는(속임수를 쓰는) 운동의 계기들 속에서 좀 더 상세하게 고찰해야 한다.

　현실적인 도덕적 의식이 있다는 전제는 선행하는 어떤 것과의 관련 속에서가 아니라 직접적으로 만들어진 것이니까 우선은 이 전제를 그대로 놓아두도록 하자. 그 대신 도덕성과 자연의 조화라는 첫 번째 요청으로 시선을 돌려보자.[469] 도덕성과 자연의 조화는 **즉자적으로** 존재해야 하는 것이지 현실적 의식에 대해 존재하거나 (현실에서 경험적으로) 현전해서는 안 된다. 오히려 현전(현전하는 것)은 단지 그 둘 사이의 모순일 따름이다. 현전 속에서는 **도덕성이 현존하는 것**으로 상정되고, 현실은 도덕성과 조화를 이루지 못하는 것으로 설정된다. 그러나 **현실적인** 도덕적 의식은 **행위하는** 의식이다. 바로 여기에 그의 도덕성의 현실성이 존립한다. 그러나 **행위** 자체에서는 그러한 설정(위치, 태도, Stellung)이 직접적으로 전위된다. 왜냐하면 행위한

---

469) 이 문장의 원문은 문법적으로 부정확하다.

다는 것은 다름 아니라 내적인 도덕적 목적의 실현, 즉 다름 아니라 **목적**에 의해 **규정된 현실**의 산출 또는 도덕적 목적과 현실의 조화 자체의 산출이기 때문이다. 동시에 행위의 완수는 의식에 대해 존재한다. 즉, 행위의 완수는 이런 현실과 목적의 통일의 **현전**이다. 그리고 완수된 행위 속에서는 의식이 자신을 바로 이 개별자로서 현실화하기 때문에, 또는 현존재가 의식으로[470] 복귀해 있다고 직관하고 또 바로 여기에 향유가 존립하기 때문에, 도덕적 목적의 현실 속에서는 또한 동시에 향유와 지복이라고 불리는 현실의 형식도 포함되어 있다. ― 그러므로 일어나지 않는다고 제시되면서 단지 하나의 요청에, 즉 단지 피안에 머물러야 할 것을 실제로 행위는 직접적으로 충족시킨다. 그러므로 행위의 의미가 오히려 현전해서는 안 되는 것을 현전화하는 것이기 때문에, 의식은 자신이 요청을 진지하게 여기지 않는다는 점을 행실을 통해서 언표한다. 그리고 행위를 위해서 (도덕성과 자연의) 조화가 요청되는 까닭에, 다시 말해 행위를 통해서 **현실적으로** 되어야 하는 것이 (이미) **즉자적으로** 그러해야만 하는 까닭에 [그렇지 않다면 현실성이 **가능하지** 않을 터이므로], 행위와 요청 사이의 연관은 행위를 위해서, 즉 목적과 현실의 **현실적** 조화를 위해서 이런 조화가 **현실적이지 않은 것**으로, 즉 **피안의 것**으로 정립되는 상태에 있게 된다.

그러므로 **행위하는** 가운데 목적과 현실의 **부적합성** 전반은 진지하게 받아들여지지 않는다. 반면에 **행위** 자체는 진지하게 여겨지는 듯이 보인다. 그러나 사실 그런 단지 **개별적** 의식의 행위에 불과한 현실적 행위는 그러니까 그 자체로 단지 어떤 개별적인 것에 지나지 않고 또 그 작업 성과는 우연한 것이다. 하지만 이성의 목적은 보편적이고 모든 것을 포괄하는 목

---

470) 인칭대명사가 '의식' 대신에 '바로 이 개별자'를 지시하는 것으로 독해할 수도 있다.

적으로서 세계 전체보다 결코 작은 것이 아니다. 즉, 이런 개별적 행위의 내용을 훨씬 더 초과하고, 그렇기 때문에 무릇 일체의 현실적 행위 너머에 세워 놓아야만 하는 궁극 목적이 바로 이성의 목적이다. 보편적 최선이 수행되어야 하기 때문에 아무 선(善)도 행해지지 않는다. 그러나 실은 현실적 행위의 **헛됨**과 지금 수립한 오직 **전체적** 목적의 **실재성**이 다시금 또한 모든 측면에서 전위된다. 도덕적 행위는 순수한 **의무**를 그 본질로 삼는 까닭에 어떤 우연하고 제한된 것이 아니다. 순수한 의무만이 **유일한 전체적** 목적을 이룬다. 그리고 이런 목적의 실현으로서의 행위는 그러니까 내용에 여타의 그 어떤 제한이 있건 간에 전체적인 절대적 목적의 완수이다. 또는 현실을 다시 자신의 **고유한** 법칙을 가지고 있고 또 순수한 의무에 대립해 있는 자연으로 받아들인다면, 그래서 의무가 그러니까 그런 현실[471] 속에서 자신의 법칙을 실현할 수 없다고 한다면, 의무 그 자체가 본질이기에 실은 (더 이상) 전체적 목적인 순수한 의무의 **완수가 관건이 되지 않는다.** 왜냐하면 그런 완수는 오히려 순수한 의무를 목적으로 삼는 것이 아니라 순수한 의무에 대립하는 것인 **현실**을 목적으로 삼는 것일 터이기 때문이다. 그렇지만 현실이 관건이 되지 않는다고 하는 것도 또다시 전위된다. 왜냐하면 도덕적 행위의 개념에 따르면 순수한 의무는 본질적으로 **활동적인** 의식이기 때문이다. 그러므로 어쨌건 행위가 이루어져야 하며, 절대적 의무가 자연 전체에서 표현되고 또 도덕 법칙이 자연 법칙이 되어야만 한다.[472]

---

471) 인칭대명사가 '현실' 대신에 '자연'을 지시하는 것으로 독해할 수도 있다.
472) 칸트는 자신의 정언 명령을 "의무의 보편적 명령"이라는 이름으로 다음과 같이 정식화하기도 한다. "**마치 당신의 행위 준칙이 당신의 의지에 의해서 보편적 자연 법칙이 되어야 하는 것처럼 행위하라.**"(I. Kant, *Grundlegung zur Metaphysik der Sitten*, B 52)

그러므로 우리가 이런 **최고선**을 본질로 간주하더라도, 의식은 도덕성을 도무지 진지하게 받아들이지 않는다. 왜냐하면 이런 최고선에서는 자연이 도덕성과는 다른 법칙을 가지고 있지 않기 때문이다. 그럼으로써 도덕적 행위 자체가 기각된다. 왜냐하면 행위는 오직 행위를 통해서 지양되어야 할 부정적인 것의 전제하에서만 존재하기 때문이다. 그런데 만약 자연이 윤리 법칙에 부합한다면, 바로 이 윤리 법칙이 행위를 통해서, 즉 존재자의 지양을 통해서 훼손될 것이다.— 그러므로 그와 같은 (최고선이라는) 가정 속에서는 도덕적 행위가 불필요해지고 또 전혀 이루어지지 않는 상태가 본질적인 상태로 시인된다. 도덕성과 현실의 조화는 그 두 가지를 일치시킨다는 도덕적 행위의 개념에 의해서 정립된 것이다. 그런데 이런 조화의 요청은 그러니까 이런 측면에서 또한 다음과 같이 표현된다. 즉, 도덕적 행위가 절대적 목적이기 때문에, 도덕적 행위가 전혀 현존하지 않는다는 것이 곧 절대적 목적이다.

우리가 의식을 그의 도덕적 표상 속에서 굴러가게끔 만드는 이런 계기들을 한데 모으면, 의식이 각각의 계기를 그 반대항 속에서 지양한다는 점이 밝혀진다. **의식에 대해** 도덕성과 현실이 조화를 이루지 못하고 있다는 데에서 의식은 출발하지만, 의식은 이를 진지하게 여기지 않는데, 왜냐하면 (도덕적) 행위 속에서는 **의식에 대해** 이런 조화의 현전이 존재하기 때문이다. 그러나 행위가 어떤 개별적인 것인 까닭에 의식은 또한 이런 **행위**도 진지하게 여기지 않는다. 왜냐하면 의식은 **최고선**이라는 그토록 높은 목적을 가지고 있기 때문이다. 하지만 이 또한 다시 단지 사태의 전위(왜곡)에 불과하다. 왜냐하면 이때 모든 행위와 모든 도덕성이 기각되기 때문이다. 또는 의식은 본래 **도덕적** 행위를 진지하게 여기지 않으며, 의식에게 가장 바람직하고 절대적인 것은 바로 최고선이 수행되어서 도덕적 행위가 불필요하게 되는 것이다.

의식은 그의 모순적인 운동 속에서 이러한 결론으로부터 더 굴러가서 다시금 도덕적 행위의 **지양**을 필연적으로 전위시킬 수밖에 없다. 도덕성은 즉자이다. 도덕성이 이루어지려면 세계의 궁극 목적이 수행되어서는 안 되며, 오히려 도덕적 의식은 **대자적으로** 존재해야만 하고 또 자신과 **대립하는 자연**을 미리 발견해야만 한다. 그렇지만 도덕적 의식은 그 자체에서 완성되어 있어야만 한다. 바로 이것이 도덕적 의식에 직접적으로 존재하는 자연인 감성과 도덕적 의식의 조화라는 두 번째 요청으로 이끈다. 도덕적 자기의식은 그의 목적을 순수한 것으로서, 즉 성향과 충동으로부터 독립적인 것으로서 수립하며, 그래서 도덕적 자기의식의 목적은 감성의 목적을 자신 안에서 소멸시켰다. — 하지만 도덕적 자기의식은 이렇게 수립된 감각적 본질의 지양을 다시 전위시킨다. 도덕적 자기의식은 행위하여 자신의 목적을 현실화하고 지양되어야 할 자기의식적 감성은 바로 이런 순수한 의식과 현실 사이의 매개 중심이다. 자기의식적 감성은 순수한 의식이 자신을 실현하기 위한 도구나 기관(器官)이고 또 바로 그것이 충동이나 성향이라고 불리는 것이다. 그렇기 때문에 성향과 충동의 지양은 진지하게 받아들여지지 않는다. 왜냐하면 바로 성향과 충동이 곧 **자신을 현실화하는 자기의식**이기 때문이다. 그렇지만 또한 성향과 충동이 **억압되어서는** 안 되고 단지 이성에 **부합하게끔** 되어야 할 따름이다. 그런데 또한 성향과 충동은 이성에 부합한다. 왜냐하면 도덕적 **행위**는 다름 아니라 자신을 현실화하는, 따라서 자신에게 **충동**이라는 형태를 부여하는 의식이기 때문이다. 다시 말해 도덕적 행위는 직접적으로 충동과 도덕성의 현전하는 조화이다. 그러나 충동은 실은 단지 자기 자신과는 다른 태엽(Feder)을 자체 안에 지니고서 이에 의해 추동될 수 있는 그런 공허한 형태에 불과한 것이 아니다. 왜냐하면 감성은 자신의 고유한 법칙과 용수철(Springfeder)을 그 자체에 지니고 있는 자연이기 때문이다. 그렇기 때문에 도덕성은 충동의 동인(Triebfeder) 내지 성향의 경사각이 되는 일을 진지하게 여기지 않는다. 왜냐하면 성향과 충동이 자신의 고유하고 확고한 규정성과 특유의 내용을 가지고 있으므로, 이것들이 그에 부합하는 의식은 오히려 이것들에 부합하게 될 터이기 때문이다(경향과 충동이 의식에 부합하기보다는 오히려 의식이 경향과 충동에 부합하게 될 터이기 때문이다). 그런데 이런 부합은 도덕적 자기의식이 거부하는 것이다. 그러므로 그 두 가지의 조화는 오직 **즉자적**으로 존재하면서 **요청될** 뿐이다. — 이처럼 방금 도덕적 행위에서 도덕성과 감성의 **현전하는** 조화가 수립되었지만, 이것이 **이제는** 전위되어 **있다**. 도덕성과 감성의 조화는 의식의 피안에서 더 이상 아무것도 명확하게 분별되지도 않고 개념적으로 파악되지도 않는 안개 자욱한 먼 곳에 놓이게 된다. 왜냐하면 우리가 조금 전에 시도한 그런 (도덕성과 감성의) 통일의 개념적 파악이 이루어지지 않았기 때문이다. — 그런데 이런 즉자 속에서 의식은 무릇 자신을 포기한다. 이런 즉자는 도덕성과 감성의 투쟁이 종료되어서 후자가 전자에 불가해한 방식으로 부합하게끔 되는 의식의 도덕적 완성이다. — 그런 까닭에 이런 완성은 다시금 단지 사태의 전위일 뿐이다. 왜냐하면 이러한 완성 속에서는 오히려 **도덕성** 자체가 포기될 터이기 때문이다. 왜냐하면 도덕성은 단지 **순수한** 목적으로서의, 따라서 모든 여타의 목적에 대한 **대립** 속에서의 절대적 목적에 관한 의식일 따름이기 때문이다. 도덕성은 감성을 넘어서는 고양을, 즉 감성의 개입 및 이런 감성과 벌이는 자신의 대립과 투쟁을 자각하는 것 못지않게 또한 이런 순수한 목적의 **활동**이다. — 의식이 도덕적 완성을 **무한성** 속으로 미루어 전위시킨다는 점에서, 다시 말해 도덕적 완성이 결코 완성되지 않는 것이라고 주장한다는 점에서 의식은 그 스스로가 직접적으로 도덕적 완성을 진지하게 여기지 않는다는 사실을 언표한다.

그러므로 의식에게는 오히려 오직 이런 미완성의 과도기 상태만이 타당한 것이다. 그러나 이 상태는 그래도 최소한 완성을 향한 **진보**이어야만 한다. 하지만 이 상태는 또한 이조차도 되지 못한다. 왜냐하면 도덕성에서의 진보는 오히려 도덕성의 붕괴를 향해 접근하는 것일 터이기 때문이다. 즉, 그 목표는 위에서 말한 도덕성과 의식 자체의 무(無)나 지양일 것이다. 그런데 무에 점점 더 가까이 다가간다는 것은 (진보가 아니라 오히려) **쇠퇴**를 의미한다. 그 밖에도 **진보** 일반이 되었건 **쇠퇴**가 되었건 간에 이런 것은 모두 도덕성에서 **크기**의 구별들을 상정하는 것일 터이다. 하지만 도덕성에서 이에 관해 논하는 것은 어불성설이다. 그에게는 윤리적 목적이 **순수한** 의무인 그런 의식으로서의 도덕성에서는 상이성 일반을 생각할 수도 없고, 더욱이 크기의 피상적인 구별은 도저히 생각할 수 없다. 오직 **하나의** 덕, 오직 **하나의** 순수한 의무, 오직 **하나의** 도덕성만이 있을 따름이다.

그러므로 도덕적 완성을 진지하게 여기는 것이 아니라, 오히려 중간 상태를, 즉 조금 전에 논했듯이 비도덕성을 진지하게 여긴다는 점에서, 우리는 또 다른 측면에서 첫 번째 요청의 내용으로 되돌아온다. 즉, 어떻게 이런 도덕적 의식을 위해서 지복이 그가 갖춘 **자격** 덕분에 요구될 수 있는지를 가늠할 수 없게 된다. 도덕적 의식은 자신의 미완성을 자각하고 있다. 그렇기 때문에 도덕적 의식은 실은 지복을 공적으로서, 즉 자신이 그럴 자격을 갖춘 어떤 것으로서 요구할 수는 없고 오직 자유로운 은총으로부터 바랄 수 있을 뿐이다. 다시 말해 도덕적 의식은 지복 **그 자체**를 그 자체 즉자 대자적으로 바랄 수 있을 뿐이며, 그와 같은 (자격을 갖춘 공적이라는) 절대적 근거에서가 아니라 우연과 자의에 따라서만 기대할 수 있을 뿐이다.─바로 여기서 비도덕성은 자신이 과연 무엇인지를 언표한다. 즉, 관건은 도덕성이 아니라, 오히려 도덕성과는 아무 관련이 없는 즉자 대자적인 지복이라는 것이다.

도덕적 세계관이 지닌 이런 두 번째 측면에 의해서 또한 도덕성과 지복의 부조화가 전제되어 있던 첫 번째 측면의 또 다른 주장마저 지양된다. ─ 즉, 이런 현전(현재) 속에서는 도덕적인 사람이 종종 어렵게 지내는 반면에 비도덕적인 사람은 종종 행복하게 지낸다는 사실을 경험하게 될 것이다. 하지만 본질적인 것으로 밝혀진 미완의 도덕성이라는 과도기 상태는 그와 같은 지각과 존재해야 할 경험이 단지 사태의 전위에 불과하다는 것을 명백하게 보여준다. 왜냐하면 도덕성이 미완인데, 다시 말해 도덕성이 사실상 존재하지 **않는데**, 그런 도덕성에 일이 나쁘게 진행된다는 경험에서 도대체 무엇이(무슨 부당함이) 있을 수 있다는 말인가? ─ 관건은 즉자 대자적인 지복이라는 점이 밝혀짐으로써, 비도덕적인 사람이 잘 지낸다고 평가할 때 여기서 벌어지는 일이 부당함(불법)이라고 사념하는 것은 아니라는 점이 드러난다. 무릇 도덕성이 미완인 까닭에, 어느 한 개인을 비도덕적인 사람이라고 칭하는 일은 **즉자적으로** 기각되며, 따라서 단지 자의적인 근거만을 지닐 뿐이다. 그 결과 그런 경험의 판단이 지닌 의미와 내용은 다만 몇몇 사람에게는 (그 어떤 이유에서건) 즉자 대자적인 지복이 배속되어서는 안 된다는 것에 불과하다. 다시 말해 그 의미와 내용은 도덕성을 가장한 **시기**(猜忌)이다. 반면에 다른 사람들에게는 이른바 행복(행운)이 배정되어야 할 근거가 되는 것은 바로 그들과 자기 자신에게 이런 은총을, 즉 이런 우연을 **베풀어주고 또 기원해주는** 좋은 우호 관계이다.

그러므로 도덕적 의식 속에서 도덕성은 미완성이다. 바로 이것이 이제 수립되는 주장이다. 그러나 도덕성의 본질은 오직 **완성된 순수한 것**이라는 데에 있을 따름이다. 그렇기 때문에 미완의 도덕성은 불순한 것이다. 또는 미완의 도덕성은 곧 부도덕성이다. 그래서 도덕성 자체는 현실적 의식과는 다른 본체 속에 존재하게 된다. 그가 곧 신성한 도덕적 입법자이다. — 이렇게 요청하는 근거는 (개별자의 도덕적) 의식 속에서 **완성되지 않은** 도덕성인데, 그것이 **우선은** 다음과 같은 의미를 지니고 있다. 즉, 도덕성은 의식 속에서 **현실적인** 것으로 정립됨으로써 **타자**와의 관련 속에, 즉 현존재와의 관련 속에 서게 되며, 따라서 스스로 그 자체에 타자 존재나 구별을 얻게 되는데, 이를 통해 온갖 더미의 도덕적 계율들이 발생한다는 것이다. 그러나 동시에 도덕적 자기의식은 이런 **다수의** 의무들을 비본질적인 것으로 간주한다. 왜냐하면 오직 **하나의** 순수한 의무만이 관건이 되는 것이고, 다수의 의무들이 **규정된** 의무인 한에서 그것들은 도덕적 의식에 **대해** 아무런 진리성도 지니지 않기 때문이다. 따라서 다수의 의무들은 그 진리성을 오직 타자 속에서만 지닐 수 있으며, 도덕적 자기의식에 대해서는 신성하지 않지만 신성한 입법자에 의해서 신성하게 된다. — 하지만 이조차도 다시금 단지 사태의 전위에 불과하다. 왜냐하면 도덕적 자기의식은 스스로에게 절대적인 것이고, 전적으로 오직 **그가** 의무라고 **인지하고 있는** 것만이 의무이기 때문이다. 그런데 도덕적 자기의식은 오직 순수한 의무만을 의무라고 인지한다. 도덕적 자기의식에게 신성하지 않은 것은 즉자적으로 신성하지 않은 것이며, 즉자적으로 신성하지 않은 것이 신성한 본체에 의해서 신성하게 될 수는 없다. 또한 도덕적 자기의식은 무릇 자기 자신과는 **다른 어떤** 의식에 **의해서** 무엇인가가 신성하게 되게끔 하는 일을 진지하게 받아들이지 않는다. 왜냐하면 도덕적 자기의식에게는 전적으로 오직 **자기 자신에** 의해서 **그리고 자신 속에서** 신성한 것만이 신성하기 때문이다. — 그러므로 이 다른 본체가 신성한 본체라는 점도 이에 못지않게 진지하게 받아들여지지 않는다. 왜냐하면 도덕적 의식에 대해, 즉 즉자적으로 아무런 본질성도 지니지 못하는 어떤 것이 그런 다른 본체 속에서 본질성에 도달해야만 할 터이기 때문이다.

신성한 본체 속에서는 의무가 순수한 의무로서가 아니라 **규정된** 의무들의 다수성으로서(다수의 특정한 의무들로서) 그 유효성을 지닌다고 하면서 신성한 본체가 요청될 때, 이 또한 다시 전위될 수밖에 없다. 즉, 그 다른 본체가 신성한 것은 오로지 그 속에서 오직 **순수한 의무**만이 유효성을 지니는 한에서이다. 실제로도 순수한 의무는 도덕적 의식 속에서가 아니라 오직 또 다른 (신성한) 본체 속에서만 유효성을 지닌다. 비록 도덕적 의식 속에서 오직 순수한 도덕성만이 유효한 것처럼 보일지라도, 이마저도 달리 변위될 수밖에 없다. 왜냐하면 도덕적 의식은 동시에 자연적 의식이기도 하기 때문이다. (자연적 의식이기도 한) 도덕적 의식 속에서 도덕성은 감성에 의해서 영향을 받고 제약되며, 따라서 즉자 대자적이지 못하고 오히려 자유로운 **의지**의 우연성이다. 반면에 순수한 **의지**로서의 도덕적 의식 속에서는 도덕성이 **지**의 우연성이다. 그렇기 때문에 **즉자 대자적으로는** 도덕성이 또 다른 본체 속에 존재하는 것이다.

그러므로 여기서 이 본체가 순수하게 완성된 도덕성인 까닭은 이 본체 속에서는 도덕성이 자연 및 감성과의 관련 속에 서 있지 않기 때문이다. 하지만 순수한 의무의 **실재성**은 자연과 감성 속에서 순수한 의무의 **현실화**이다. 도덕적 의식은 자신 안에서 도덕성이 자연 및 감성과 **긍정적인** 관련을 지니고 있다는 데에 자신의 불완전성을 놓는다. 왜냐하면 도덕적 의식에게는 도덕성이 전적으로 자연 및 감성과 오직 **부정적인** 관련만을 가진다는 것이 도덕성의 본질적 계기로서 유효하기 때문이다. 이에 반해 순수한 도덕적 본체는 자연 및 감성과의 **투쟁**을 초월해 있기 때문에 자연 및 감성과 **부정적인** 관련 속에 서 있지 않다. 그래서 실은 이 본체에는 오직 자연 및 감성과의 **긍정적인** 관련만이, 다시 말해 방금 미완의 것으로, 즉 비도덕적인 것으로 간주되었던 바로 그것만이 남게 된다. 그런데 **순수한 도덕성**이 현실로부터 전적으로 분리되어 있어서 그에 못지않게 현실과 아무런 긍정적인 관련도 지니지 않는다면, 그런 순수한 도덕성은 무의식적이고 비현실적인 추상일 터인데, 그 안에서는 순수한 의무에 관한 사유이자 의지와 행동이라는 도덕성의 개념이 지양되어 있을 것이다. 그렇기 때문에 이처럼 순수하게 도덕적인 본체는 다시금 사태의 전위이고 또 폐기되어야 하는 것이다.

그러나 이런 모순 속에는 그와 같은 종합적 표상이 떠돌아다니고 있는데, 이 순수하게 도덕적인 본체 속에서는 그런 모순의 계기들이 서로 접근하고, 또 그런 종합적 표상이 자신의 사고들을 한데 모으지 못한 채로 서로 연이어 등장하면서 늘 한 가지 반대항을 다른 반대항으로 대체되도록 만드는 그런 상반된 **또한들**(Auchs)이 서로 접근한다. 그렇게 (모순되고 대립하는 계기들이) 서로 가까이 근접한 결과, 여기서 의식은 그의 도덕적 세계관을 포기하고서 자신 안으로 도망쳐 퇴각할 수밖에 없다.

의식이 자신의 도덕성을 완성되지 않은 것으로 인식하는 까닭은 그가 자신의 도덕성과 대립하는 감성 및 자연으로부터 영향을 받기 때문이다. 이런 감성과 자연이 한편으로는 도덕성 자체를 그러한 것으로서 혼탁하게 만들고, 다른 한편으로는 현실적으로 행위하는 구체적인 경우에 의식을 당혹에 빠뜨리는 일단의 의무들이 발생하게끔 만든다. 왜냐하면 마치 지각의 대상 일반이 수많은 특성을 가진 사물이듯이, (현실적 행위가 이루어지는) 각각의 경우는 수많은 도덕적 관련들의 구체물이기 때문이다. 그리고 **규정된** 의무가 목적이므로, 그것은 하나의 내용을 가지고 있고 또 그 **내용**이 목적의 일부이기에 도덕성은 순수하지 못하다. ― 그러므로 도덕성은 그 실재성을 또 다른 본체 속에서 지닌다. 그런데 이런 실재성이 뜻하는 바는 다름 아니라 도덕성이 바로 여기에 즉자 **대자적으로** 존재한다는 것이다. 이때 **대자적**이라 함은 그것이 어느 한 **의식**의 도덕성이라는 것이고, 또 **즉자적**이라 함은 그것이 **현존재**와 **현실태**를 지닌다는 것이다. — 앞서 첫 번째 미완의 의식 속에서는 도덕성이 수행되지 못했다. 이 미완의 의식 속에서는 도덕성이 **사유물**(思惟物)이라는 의미에서 **즉자**이다. 왜냐하면 도덕성이 그 내용을 이루는 자연 및 감성과, 즉 존재 및 의식의 현실태와 결탁되어 있는데, 그런 자연과 감성은 도덕적으로 헛된 것이기 때문이다. — 두 번째 의식 속에서는 도덕성이 수행되지 않은 사유물로서가 아니라 **완성된 것**으로서 현존한다. 그러나 이런 완성은 바로 도덕성이 하나의 **의식** 속에서 **현실성** 및 **자유로운 현실태**, 즉 현존재 일반을 지니고 있고, 또 공허한 것이 아니라 많은 내용을 가진 충만한 것이라는 데에 존립한다. 다시 말해 도덕성의 완성은 방금 전에 도덕적으로 헛된 것이라고 규정되었던 바로 그것이 도덕성 안에 그리고 도덕성에 현존한다는 데에 놓이게 된다. 도덕성이 한편으로는 전적으로 오직 순수한 추상의 비현실적인 사유물로서만 유효성을 지니지만, 그에 못지않게 (다른 한편으로) 바로 이런 방식으로는 그것이 유효성을 지니지 못한다. 그런 도덕성의 진리는 (한편으로는) 현실에 대립해 있으면서 현실로부터 전적으로 자유롭고 공허하다는 데에 존립해야만 하고, 또 (다른 한편으로는) 다시금 그것이 현실이라는 데에(실현된다는 데에) 존립해야만 한다.

도덕적 세계관에서는 갈라져 있던 이런 모순들의 절충주의는 그 근거가 되는 구별이, 즉 필연적으로 사유되고 정립되어야만 하지만 동시에 비본질적인 것이라고 하는 구별이 더 이상 한낱 말로서도 성립되지 않는 구별이 됨으로써 내적으로 붕괴한다. 결국은 상이한 것으로 정립되는 것, 즉 헛된 것으로 정립되면서도 또한 실제적인 것으로도 정립되는 것은 모두 한 가지 똑같은 것, 즉 현존재이자 현실이다. 그리고 절대적으로 단지 현실적 존재와 의식의 **피안**으로서만 존재해야 하는 것과 또한 오직 현실적 존재와 의식 속에서만 존재하고 피안으로서는 헛된 것이어야만 하는 것은 모두 순수한 의무이고 또 본질로서의 순수한 의무에 관한 지이다. 이런 (도덕적) 의식은 그처럼 아무 구별도 아닌 구별을 만들어내며, 현실을 헛된 것이자 동시에 실재하는 것이라고 언표하고 또 순수한 도덕성을 참된 본질이라고 하면서 또한 본질을 결여한 것이라고 언표한다. 이런 의식은 앞에서 그가 분리했던 사고들을 한데 모아 언표하면서 그 스스로 다음과 같이 언표한다. 즉, 자신은 **자기**(自己)와 **즉자**라는 두 계기를 그처럼 규정하면서 서로 갈라 세워 놓는 일을 진지하게 여기지 않으며, 그가 의식 외부에 있는 절대적 **존재자**라고 언명하는 것을 오히려 자기의식의 자기(自己) 속에 함축된 채로 지니고 있고 또 그가 절대적으로 **사유된 것**이나 절대적 **즉자**라고 언명한 것을 바로 그런 이유에서 진리성을 지니지 못하는 것으로 받아들인다는 것이다.─이런 계기들을 서로 갈라 세워 놓는 것이 전위라는 사실이 의식에 대해 생성된다.(이제 의식은 이런 계기들을 서로 분리해서 저마다 대자적으로 유효한 것으로 설정하는 것이 실은 사태의 왜곡이라는 사실을 깨닫게 된다.) 만약 그럼에도 불구하고 의식이 이런 전위를 간직하여 보존하려고 한다면, 이는 곧 **위선**이 될 것이다. 하지만 도덕적인 순수한 의식으로서의 의식은 이런 그의 **표상**과 그의 **본질**이 되는 것 사이의 부등성에서 벗어나, 즉 그가 참이 아니라고 간주하는 것을 참된 것이라고 언명하는 이런 비진리에서 벗어나 (이런 왜곡된 세계에 대한) 혐오감을 가지고서 자신 안으로 도망쳐 퇴거한다. 이것이 바로 그와 같은 도덕적 세계 표상을 경멸하면서 거부하는 **순수한 양심**이다. 순수한 양심은 **자기 자신 안에서** 자신을 확신하는 단순한 정신인데,

이 정신은 그와 같은 (도덕적 세계관이 지닌) 표상들의 매개 없이 직접 양심적으로 행위하고 또 이런 직접성 속에서 자신의 진리성을 지니는 것이다.—그러나 이런 전위의 세계가 다름 아니라 도덕적 자기의식이 자신의 계기들 속에서 전개되는 것이고, 따라서 그것이 곧 자신의 **실재성**이라면, 도덕적 자기의식은 그의 자기 내 회귀를 통해서 그 본질상 다르게 될 수가 없다. 오히려 그의 자기 내 회귀는 단지 그의 진리가 가장된(vorgegeben) 진리라는 사실에 **도달한 의식**일 뿐이다. 도덕적 자기의식은 여전히 이런 가장된 진리가 곧 **자신의** 진리라고 항상 **짐짓 내세울 수밖에 없을 것이다.** 왜냐하면 도덕적 자기의식은 자신을 대상적 표상이라고 언표하고 또 그렇게 서술할 수밖에 없지만, 이것이 단지 하나의 전위(왜곡)에 불과하다는 점을 **알고 있을 터**이기 때문이다. 그럼으로써 이 정신은[473] 실제로 위선이고, 그와 같이 전위를 **경멸하면서 거부하는 것**(Verschmähen)은 이미 그런 위선의 첫 번째 표출이다.

c. 양심, 아름다운 영혼, 악과 그것의 용서

도덕적 세계관은 도덕적 의식이 있다고 하면서 또 없다고도 하거나 의무의 유효성이 의식의 피안이라고 하면서 또 역으로 오직 의식 속에서만 성립한다고 하는 이율배반에 빠져 있었다. 그런데 이런 도덕적 세계관의

---

473) (Werke) 그것은(또는 이는)
　　원문의 주어인 인칭대명사 'er'가 무엇을 지시하는지는 불분명하나 앞 문장들에서 가장 근접한 남성 명사는 '정신'이다. Werke판에서는 '도덕적 자기의식' 또는 바로 앞 문장의 내용 전체를 지시하는 'es'로 수정되어 있다.

이율배반은 비도덕적 의식이 도덕적인 것으로 간주되고 또 비도덕적 의식의 우연한 지와 의욕이 매우 비중 있는 것으로 상정되면서 그에게 지복이 은총에서 베풀어진다고 하는 표상 속에서 집약되었다. 도덕적 자기의식은 이런 자기 모순적인 표상을 스스로 떠맡지 않고 자신과는 다른 본체에 미루어 놓는다. 그러나 그런 모순은 내용상의 모순인 것 못지않게 또한 이렇게 도덕적 자기의식이 필연적인 것으로 사유할 수밖에 없는 것을 자기 자신 밖에 정립하는 일은 형식상의 모순이기도 하다. 그러나 모순적인 것으로 나타나면서 도덕적 세계관이 그것을 분리했다가 다시 해체하는 일로 소일하는 것이 즉자적으로는 바로 한가지 똑같은 것이다. 다시 말해 **순수한 지로서의** 순수한 의무는 다름 아니라 의식의 **자기**(自己)이며, 또 의식의 자기는 다름 아니라 **존재**이자 **현실**이다. 또한 마찬가지로 **현실적** 의식의 피안에 있다고 하는 것은 다름 아니라 순수한 사유이고, 따라서 실은 자기(自己)이다. 그렇기 때문에 **우리에 대해** 또는 **즉자적으로** 자기의식은 자신 안으로 복귀하며, 그 안에서는 **현실적인 것**이 동시에 **순수한 지**이자 **순수한 의무**인 그런 본체(신성한 입법자)를 곧 자기 자신으로 인지한다. 자기의식 자신이 스스로에게 자신의 우연성 속에서도 전적인 유효성을 지니는 것이고, 그는 자신의 직접적 개별성을 곧 순수한 지이자 행위로서, 즉 참된 현실이자 조화로서 인지한다.

이렇게 자신이 절대적 진리이자 존재라고 확신하는 정신인 그런 **양심의 자기**(自己)는 정신의 세 번째 세계에서 생성된 **세 번째 자기**(自己)인데, 이를 선행하는 것들과 간략하게 비교해보자. 인륜적 세계의 진리라고 서술된 총체나 현실태는 (법적) **인격자**의 자기(自己)이다. 그의 현존재는 **승인받은 존재**(Anerkanntsein)이다. 인격자가 바로 실체가 비어버린 자기(自己)이듯이, 이런 그의 현존재도 마찬가지로 추상적 현실이다. 인격자는 **유효한데**,

그것도 직접적으로 유효하다. 이 자기(自己)는 자신의 존재라는 요소 속에서 직접적으로 정지해 있는 점(點)이다. 이 (개별자로서의) 점은 자신의 보편성으로부터 떨어져 분리되지 않고, 그렇기 때문에 양자는 상호 간의 운동과 관련 속에 있지 않으며, 이 보편자는 자신 안에 아무 구별도 없고 자기(自己)의 내용도 아니며, 또 자기(自己)가 그 자신에 의해 채워져 있는 것도 아니다. — **두 번째 자기**(自己)는 자신의 진리에 도달한 도야의 세계 또는 자신에게 반환된 분열의 정신, 즉 절대적 자유이다. 이런 자기(自己) 속에서는 개별성과 보편성의 저런 첫 번째 직접적 통일이 갈라져 나간다. 그에 못지않게 순수하게 정신적인 본질로, 즉 승인받은 존재로 또는 보편적 의지와 지로 남아 있는 보편자가 곧 자기(自己)의 **대상**이자 내용이고 또 그의 보편적 현실이다. 그러나 이 보편자는 자기(自己)로부터 자유로운 현존재라는 형식을 갖고 있지 않다. 그렇기 때문에 보편자는 이런 자기(自己) 속에서 충족되지 못하고 또 아무런 긍정적인 내용도 또 그 어떤 (실재하는) 세계에도 도달하지 못한다. 물론 도덕적 자기의식이 자신의 보편성을 자유롭게 방면하여 이 보편성은 하나의 고유한 자연(본성)이 되며, 또 도덕적 자기의식은 이를 지양된 것으로서 자신 안에서 고수한다. 그러나 도덕적 자기의식은 단지 이 두 가지 규정들이 서로 교체되는 전위의 유희에 불과하다. 양심으로서의 도덕적 자기의식이 비로소 그전에는 공허했던 의무를 위한 그리고 공허했던 법(권리)과 공허했던 보편 의지를 위한 **내용**을 그의 **자기 확신** 속에서 지니게 되며, 또 이런 자기 확신은 이에 못지않게 **직접적인 것**이기 때문에 현존재 자체를 지니게 된다.

그러므로 이렇게 자신의 진리에 도달한 도덕적 자기의식은 오히려 전위를 발생시켰던 분리를 떨쳐버리거나 자기 자신 안에서 지양한다. 그 분리는 바로 **즉자**와 **자기**(自己)의 분리, (한편으로) 순수한 **목적**으로서의 순수한 의무와 (다른 한편으로) 순수한 목적에 대립하는 자연과 감성으로서의 **현실**의 분리였다. 이렇게 자신 안으로 복귀한 도덕적 자기의식이 곧 **구체적인 도덕적 정신**이다. 이런 정신은 현실적 의식과 대립하는 공허한 척도를 순수한 의무에 관한 의식에서 마련하지 않으며, 오히려 순수한 의무는 이에 대립하는 자연과 마찬가지로 모두 지양된 계기들이다. 이 정신은 직접적인 통일 속에서 자신을 **현실화하는 도덕적** 본체이고, 그 행위는 직접적으로 **구체적인** 도덕적 형태이다.

행위가 이루어지는 한 가지 경우가 현존한다고 하자. 이 경우는 인지하는 의식에 대해 대상적 현실이다. 양심으로서의 인지하는 의식은 이 경우를 직접적이고 구체적인 방식으로 인지하며, 이 경우는 오직 인지하는 의식이 그것을 인지하는 한에서만 동시에 **존재한다**. 지가 그 대상과는 다른 것인 한, 그 지는 우연한 것**이다**. 그러나 자기 자신을 확신하는 정신은 더 이상 그와 같은 우연한 지도 아니고 현실과는 상이한 사고들을 자신 안에서 꾸며내는 것도 아니다. 오히려 **즉자**와 **자기**(自己)의 분리가 지양되어 있으므로, 이 경우는 **즉자적으로** 존재하는 바대로 직접적으로 지의 감각적 **확신** 속에 존재하고 또 오직 이런 지 속에 존재하는 대로만 그렇게 **즉자적으로** 존재한다.— 이에 따라 현실화로서의 행위는 곧 의지의 순수한 형식이다. 즉, 행위는 **존재하는** 경우로서의 현실을 **행해진** 현실로 단지 전환하는 것, 한낱 **대상적** 지라는 양식을 의식에 의해 산출된 것으로서의 **현실**에 관한 지라는 양식으로 전환하는 것이다. 감각적 확신이 직접적으로 정신의 즉자 속으로 수용되거나 또는 오히려 전환되듯이, 또한 이런 (양심에 따른 행위에 의한) 전환도 단순하고 무매개적이다. 즉, 이런 전환은 그것을 인지하는 의식의 관심에 의해 규정되어 있는 내용을 변화시키지 않고서 일어나는 순수한 개념에 의한 이행이다.— 더 나아가 양심은 경우의 상황들을 상이

한 의무들로 떼어내 분화시키지도 않는다. 양심은 그 안에서 다수의 의무들이 저마다 그 홀로(대자적으로) 흔들리지 않는 실체성을 획득할 터일 그런 **긍정적인 보편적 매체**로서 태도를 취하며 관계하지는 않는다. 만약 양심이 그런 긍정적인 보편적 매체라면, 각각의 구체적인 경우가 대립 일반을 내포하고 있고 또 도덕적인 경우로서는 의무들의 대립을 내포하고 있어서 행위가 지닌 규정 속에서 **한 가지** 측면 내지 **한 가지** 의무가 늘 **위배될** 터이기 때문에 아예 행위할 수가 없거나 **아니면** (그럼에도 불구하고) 행위할 때에는 상충하는 의무들 가운데 한 가지 의무의 위배가 현실적으로 일어날 것이다. 오히려 양심은 이런 여러 상이한 도덕적 실체들을 소멸시키는 부정적 단일자나 절대적 자기(自己)이다. 양심은 이러저러한 의무를 충족시키는 것이 아니라 구체적인 법들(구체적으로 옳은 일들)을 인지하고 또 행하는 그런 의무에 부합하는 단순한 행위이다. 그렇기 때문에 양심이야말로 비로소 무릇 행위로서의 도덕적 **행위**인데, 선행하는 도덕성이 지녔던 행동을 결여한 의식은 바로 이런 도덕적 행위로서의 양심으로 이행했다. ─ 행실의 구체적인 형태는 분별하는 의식에 의해서 여러 다양한 특성들로, 즉 여기서는 여러 상이한 도덕적 관련들로 분석되고 또 그런 도덕적 관련들이 저마다 [그것이 의무가 되려면 그러해야만 하듯이] 절대적으로 유효한 것이라고 언표되거나 또는 그것들이 비교되고 검증될 수도 있을 것이다. 양심의 단순한 도덕적 행위 속에서는 의무들이 엎질러져서(의무의 다수성과 상이성이 지양되어서) 이 모든 개별적 본질들이 직접적으로 **폐기되고**(Abbruch getan) 또 의무를 검증하면서 뒤흔드는 일은 양심(Gewissen)의 굳건한 확신(Gewissheit) 속에서 전혀 일어나지 않는다.

때로는 이른바 순수한 도덕성을 자신 밖에 있는 또 다른 신성한 본체에 정립하면서 자기 자신은 성스럽지 않은 것으로 간주하기도 하지만 또한 때로는 다시 도덕적 순수성을 자신 안에 정립하고서 도덕적인 것과 감각적인 것의 결부는 또 다른 본체에 정립하기도 하는 그런 의식의 오락가락하는 불확실성(확신 없음. Ungewissheit)도 이에 못지않게 양심 속에는 현존하지 않는다.

양심은 의무와 현실을 모순적인 것으로 포착하는 의식을 단념하는 가운데 그와 같이 도덕적 세계관을 세우는 일(정위. Stellung)과 왜곡하는 일(전위. Verstellung)을 일체 단념한다. 의무와 현실을 모순적인 것으로 포착하는 의식에 따르면 나는 **그 어떤 다른 것**이 아니라 오직 순수한 의무만을 완수한다고 스스로 **의식하고** 있을 때에만 도덕적으로 행위하는 것이다. 그런데 이는 실제로는 **내가** 행위하지 **않을 때에만** 도덕적으로 행위하는 것이라는 말과도 같다. 그런데 내가 현실적으로 행위하면, 나는 어떤 **다른 것**을, 즉 현존하는 **현실**을 그리고 내가 산출해내고자 하는 현실을 의식하고 또 **규정된**(특정한) 목적을 가지고서 한 가지 **규정된** 의무를 충족하는 것이다. 여기에는 유일하게 의도했어야 할 터일 순수한 의무와는 **다른 것**이 존재한다. ─ 이에 반해 양심은 도덕적 의식이 **순수한 의무**를 그의 행위의 본질이라고 언표할 때에 이런 순수한 목적이 사태의 전위라는 사실에 대한 의식이다. 왜냐하면 사태 자체는 바로 순수한 의무가 순수한 사유의 공허한 추상 속에 존립하고 또 그 실재성과 내용을 오직 규정된 현실에서만 지닌다는 것이기 때문이다. 이때의 규정된 현실은 의식 자신의 현실이고, 더욱이 사유물(思惟物)로서의 의식이 아니라 개별자로서의 의식 자신의 현실이다. 양심은 **그 자체 대자적으로** 자기 자신에 대한 **직접적 확신**에서 그 진리를 지닌다. 이런 **직접적인** 구체적 자기 확신이 바로 본질이다. 이를 의식의 대립에 따라서 고찰하면, 자신의 고유한 직접적 **개별성**이 곧 도덕적 행동의 내용이다. 그리고 도덕적 행동의 **형식**은 바로 이런 순수한 운동으로서의, 즉 **지나 자신의 고유한 신념**으로서의 자기(自己)이다.

이를 그 통일 속에서 그리고 그 계기들이 지닌 의미에서 좀 더 자세히 고찰해보면, 도덕적 의식은 자신을 단지 **즉자**나 **본질**로서 파악했을 뿐이지만, 양심으로서의 도덕적 의식은 자신의 **대자 존재**나 자신의 **자기**(自己)를 파악한다. — 도덕적 세계관의 모순은 **해소된다.** 다시 말해 도덕적 세계관이 지닌 모순의 근저에 놓여 있는 구별은 아무 구별도 아닌 것으로 밝혀지고, 그 구별은 순수한 부정성으로 한데 모여든다. 그런데 이런 순수한 부정성이 바로 **자기**(自己), 즉 **순수한** 지이자 또한 **바로 이 개별적** 의식으로서의 자신에 관한 지인 그런 단순한 **자기**이다. 그렇기 때문에 이런 자기(自己)가 그전에는 공허했던 본질의 내용을 이룬다. 왜냐하면 이 자기는 더 이상 본질에 낯설고 또 자신의 고유한 법칙 속에서 자립적인 자연이라는 의미를 지니지 않는 **현실적** 자기이기 때문이다. 이 자기는 부정적인 것으로서 순수한 본질의 **구별**, 즉 내용, 더욱이 즉자 대자적으로 유효한 내용이다.

더 나아가 순수한 자기 동일적 지로서의 이 자기(自己)는 **전적으로 보편자**이어서, **자신의 고유한** 지로서의, 즉 신념으로서의 이런 지가 바로 **의무**이다. 의무는 더 이상 자기(自己)에 마주 서서 등장하는 보편자가 아니며, 그런 분리 속에서는 아무런 유효성도 지니지 못한다는 점이 인지되어 있다. 이제는 자기(自己)를 위해서 법칙이 있는 것이지, 법칙을 위해서 자기(自己)가 있는 것은 아니다.[474] 하지만 그렇다고 해서 법칙과 의무가 오로지 **대자 존재**라는 의미만을 지니는 것은 아니고 또한 **즉자 존재**라는 의미도 지니고 있다. 왜냐하면 이런 지는 그것의 자기 동일성 덕분에 바로 **즉자**이기 때문

---

474) F. H. Jacobi, *Jacobi an Fichte*, p. 33: "단지 내가 **배가 고프다**는 이유만으로도 그리고 **법이 인간을 위해 만들어진 것이지 인간이 법칙을 위해 만들어진 것은 아니기에** 안식일에 이삭을 뜯는다."

이다. 또한 이 **즉자**는 의식 속에서 자신을 대자 존재와의 그런 직접적 통일로부터 분리시키기도 한다. 이렇게 마주 서 등장하면서 이 즉자는 **존재**, 그것도 **대타 존재**가 된다. — 이제 의무는 자기(自己)가 떠나버린 의무로서는 단지 **계기**에 불과한 것이라고 인지된다. 의무는 **절대적 본질**이라는 그 의미로부터 자기(自己)도 아니고 **대자적**이지도 않은 존재로 전락했고, 따라서 그것은 **대타 존재**이다. 그러나 이 **대타 존재**는 본질적인 계기로 남는다. 왜냐하면 바로 의식으로서의 자기(自己)가 대자 존재와 대타 존재의 대립을 이루고, 또 이제 의무가 더 이상 한낱 추상적인 순수한 의식이 아니라 그 자체에서 직접적으로 **현실적인** 의식이기 때문이다.

그러므로 이런 **대타 존재**는 자기(自己)와 구별된 **즉자적으로** 존재하는 실체이다. 양심은 순수한 의무나 **추상적 즉자**를 포기하지 않았으며, 순수한 의무는 오히려 타자에 대해서 **보편성**으로서 태도를 취하며 관계한다는 본질적인 계기이다. 이 계기는[475] 자기의식들의 공통 요소이고, 또 이 공통 요소는 그 안에서 행실이 **존속**과 **현실성**을 얻게 되는 실체이다. 즉, 그것은 타자로부터 **승인됨**(Anerkanntwerden)이라는 계기이다. 도덕적 자기의식은 이런 승인받은 존재라는 계기를, 즉 **현존재하는 순수한 의식**이라는 계기를 지니고 있지 않으며, 그 결과 그는 무릇 행위하는 자 내지 현실화하는 자가 아니다. 도덕적 자기의식의 **즉자**는 그에게 추상적인 **비현실적** 본질이거나 아니면 정신적이지 않은 **현실로서의 존재**이다. 반면에 양심의 **존재하는 현실**은 **자기**(自己)인 현실, 즉 자신을 의식하는 현존재 내지 승인됨의 정신적 요소이다. 그렇기 때문에 행동은 그 **개별적인** 내용을 보편적이고 승인된 것이 되는 **대상적** 요소로 전이시키는 일이며, 그 내용이 승인된 것이라

---

475) 인칭대명사가 '계기' 대신에 '양심' 또는 '대타 존재'를 지시하는 것으로 독해할 수도 있다.

는 바로 그 점이 곧 행위를 현실로 만든다. 현존재하는 현실이 직접적으로 신념이나 지와 결합되어 있다는 점, 또는 자신의 목적에 관한 지가 직접적으로 현존재의 요소, 즉 보편적 승인이라는 점, 바로 이것이 행위가 승인받고 또 이를 통해 현실적으로 되는 연유이다. 왜냐하면 행위의 **본질**인 의무는 이 의무에 관한 양심의 **신념**에 존립하기 때문이다.[476] 이 신념이 바로 **즉자** 자체이다. 그것은 **즉자적으로 보편적인 자기의식** 또는 **승인받은 존재**이고 또 그럼으로써 현실이다. 그러므로 의무에 관한 신념을 가지고서 행해진 것은 직접적으로 존속과 현존재를 지니는 그런 것이다. 따라서 선한 의도가 이루어지지 않는다거나 선한 자가 잘 지내지 못한다는 말은 더 이상 성립하지 않는다. 오히려 바로 의무에 부합하는 것이 모든 자기의식의 보편자, 승인된 것, 따라서 존재하는 것이기 때문에, 의무라고 인지된 것은 완수되어 현실화된다. 이런 의무가 (도덕적 자기의식에게서처럼) 자기(自己)의 내용을 결여한 채로 분리되어 홀로 취해지면, 그것은 **대타 존재**, 즉 단지 내실 없는 본질성 일반이라는 의미만을 지니고 있는 뻔히 들여다보이는 것이 된다.

무릇 **정신적 실재**가 등장했던 영역을 되돌이켜보면, 그것은 바로 개체성의 언표가 곧 **즉자 대자**라고 하는 개념이었다. 그렇지만 이 개념을 직접적으로 표현한 형태는 추상적인 사태 자체를 가지고서 소일하는 **정직한 의식**이었다. 거기서 이 **사태 자체**는 **술어**였다. 이에 반해 양심 속에서는 사태 자체가 비로소 **주어**(주체)이다. 이 주체는 의식의 모든 계기를 자신에 정립했으며, 이 주체에 대해서는 이 모든 계기들이, 즉 실체성 일반과 외적 현

---

476) J. G. Fichte, *System der Sittenlehre*, p. 156: "항상 너의 의무에 관한 최선의 신념에 따라서 행위하라. 또는 너의 양심에 따라서 행위하라."

존재와 사유의 본질이 이런 자기 확신 속에 내포되어 있다. **사태 자체**가 인륜성에서는 실체성 일반을, 도야에서는 외적 현존재를, 도덕성에서는 자기 자신을 인지하는 사유의 본질성을 지닌다. 그런데 양심 속에서는 사태 자체가 이런 계기들을 그 자신에서 인지하는 **주체**이다. 정직한 의식이 단지 **공허한 사태 자체**만을 늘 포착했다면, 그 반면에 양심은 사태 자체를 그 자신이 자신을 통해 부여하는 충만함 속에서 획득한다. 양심이 의식의 계기들을 **계기**라고 인지하고 또 이 계기들의 부정적 본질로서 이 계기들을 지배함으로써 양심은 이런 위력이 된다.

행위에서 나타나는 대립의 개별적인 규정들과의 관련 속에서 양심을 고찰하고 또 이 규정들의 본성에 관한 양심의 의식을 고찰해보면, 우선 양심은 행위가 이루어져야 할 **경우의 현실**에 대해서 **인지하는 자**로서 태도를 취하며 관계한다. 이런 지에는 **보편성**이라는 계기가 존재하므로, 양심적인 행위의 지에는 앞에 놓여 있는 현실을 무제한적인 방식으로 포괄하고, 그래서 그 경우의 상황들을 정확하게 인지하고서 고려한다는 점이 속한다. 그러나 이런 지는 보편성을 하나의 **계기로 알고 있는**(kennen) 까닭에 그 상황들을 포괄하지 못하거나 그 상황 속에서 자신이 양심적이지 못하다는 점을 자각하고 있는 그런 상황들에 관한 지이다. 지의 참으로 보편적이고 순수한 관련은 **대립되지** 않은 것과의 관련, 즉 자기 자신과의 관련일 것이다. 그러나 행위[477] 속에 본질적으로 존재하는 대립에 의해서 **행위**는 자신을 의식에 대해서 부정적인 것과, 즉 **즉자적으로 존재하는 현실**과 관련짓는다. 순수한 의식의 단순성과 대치해 있는 절대적 **타자**나 즉자적 잡다성(잡다성 자체)으로서의 현실은[478] 뒤쪽으로는 그 조건들로, 옆쪽으로는

---

477) 인칭대명사가 '행위' 대신에 '지'를 지시하는 것으로 독해할 수도 있다.

그 병존 속에서, 앞쪽으로는 그 결과들 속에서 무한히 분할되고 확장되는 상황들의 절대적 다수성이다. — 양심적인 의식은 이런 사태의 본성을 그리고 그것에 대한 자신의 관계를 의식하고 있으며, 자신은 행위가 이루어지는 그 경우를 그와 같이 요청된 보편성에 따라서 인지하지는 못한다는 점을 그리고 그렇게 모든 상황을 양심적으로 고려하고 있다는 그의 허장성세가 헛된 것이라는 점을 알고 있다. 그렇다고 해서 모든 상황에 대한 그런 지식과 고려가 전혀 현존하지 않는 것은 아니지만, 단지 **계기**로서만, 즉 단지 **대타적으로** 존재할 뿐인 어떤 것으로서 현존할 따름이다. 그리고 그의 불완전한 지는 그것이 **자신의** 지인 까닭에 그에게는 충분하고 또 완전한 지로 간주된다.

양심적인 의식은 **본질**의 보편성과도 또는 순수한 의식에 의한 내용의 규정과도 똑같은 방식으로 태도를 취하며 관계한다. — 행위에 착수하는 양심은 그 경우가 지닌 여러 측면들과 관련된다. 그 경우는 갈라져 쪼개지고, 마찬가지로 그 경우에 대한 순수한 의식의 관련도 갈라져 쪼개지는데, 이를 통해 그 경우의 잡다성은 **의무**의 잡다성이 된다. — 양심은 이런 여러 의무들 중에서 선택하고 결정해야만 한다는 점을 알고 있다. 왜냐하면 그 중 어떤 의무도 그 규정성이나 그 내용에서는 절대적이지 않으며, 오직 **순수한 의무**만이 절대적이기 때문이다. 그러나 이런 추상물은 그 실재성에서 자기의식적 자아라는 의미를 획득했다. 자기 자신을 확신하는 정신은 양심으로서 자신 안에 안주하며, 그의 **실제적** 보편성이나 그의 의무는 의무에 관한 그의 순수한 **신념**에 놓여 있다. 이런 **순수한** 신념은 그 자체로는 순수한 **의무**만큼이나 공허하다. 즉, 그것은 그 안에 있는 그 무엇도, 다

---

478) 이 문구의 원문은 문법적으로 부정확하다.

시 말해 그 어떤 규정된 내용도 의무가 아니라는 의미에서 순수하다. 그러나 행위는 이루어져야만 하고, 그 개인에 의해 필히 **규정**되어야만 한다. 그리고 즉자가 자기의식적 자아라는 의미를 획득한 그런 자기 자신을 확신하는 정신은 이런 규정과 내용을 자기 자신에 관한 직접적 **확신** 속에 지니고 있음을 안다. 이런 자기 자신에 관한 직접적 확신은 규정과 내용으로서는 곧 **자연적** 의식, 다시 말해 충동과 성향이다.—양심은 그 어떤 내용도 자신에 대해 절대적인 것으로 인식하지 않는다. 왜냐하면 양심은 모든 규정된 것의 절대적 부정성이기 때문이다. 양심은 **자기 자신으로부터** 규정한다. 그런데 그런 규정성 자체가 귀속되는 자기(自己)의 범위가 이른바 감성이다. 자기 자신에 관한 직접적 확신으로부터 내용을 마련하는 일은 감성 이외에는 그 무엇도 수중에서 발견하지 못한다.—앞선 형태들 속에서 선과 악이나 법칙과 권리로 서술되었던 모든 것이 자기 자신에 관한 직접적 확신과는 다른 **타자**이다. 그것은 이제 대타 존재가 된 **보편자**이다. 또는 이를 달리 고찰해보면, 그것은 [의식을 자기 자신과 매개하면서 의식과 그 자신의 진리 사이에 들어서고 또 그것이 의식의 직접성이 되기보다는 오히려 의식을 자신으로부터 떼어내 분리하는] 그런 대상이다.—그러나 양심에는 자기 확신이 순수한 직접적 진리이다. 그리고 따라서 이 진리는 **내용**으로 표상된 그의 직접적 자기 확신, 다시 말해 무릇 개별자의 자의(恣意)이자 그의 무의식적인 자연적 존재의 우연성이다.

동시에 이런 내용이 도덕적 **본질태**나 **의무**로 간주된다. 왜냐하면, 이미 법칙의 검증에서 밝혀졌듯이, 순수한 의무는 그 어떤 내용에 대해서도 전적으로 아무런들 상관없고 그 어떤 내용과도 화합하기 때문이다. 여기서는 순수한 의무가 동시에 **대자 존재**라는 본질적인 형식을 지니고 있으며, 이런 개인적 신념이라는 형식은 다름 아니라 순수한 의무의 공허함에 관한 의식이고 또 순수한 의무가 단지 계기에 불과하다는 점, 즉 이 계기의 실체성은 하나의 술어라는 점에 관한 의식이다. 그런데 이때의 술어는 그 주어를 (충동과 경향에 의해 규정되는 자연적 개별자로서의) 개인에게서 지니며, 이 개인의 자의(恣意)가 그 실체성에 내용을 부여하고 또 그 어떤 내용이건 이런 형식과 결합하면서 자신이 양심적이라는 점을 이 내용과 결부할 수 있는 것이다.— 어떤 개인이 자신의 소유를 일정한 방식으로 늘린다고 하자. 각자가 자기 자신을 보존하고 또한 자신의 가족을 부양하기 위해 애쓰면서 그에 못지않게 자신의 이웃에게 유익한 자가 되고 또 도움이 필요한 이들에게 선행을 베푸는 **가능성**에 마음을 쓰는 일은 의무이다. 이런 내용이 직접적으로 그의 자기 확신 속에 포함되어 있기 때문에, 그 개인은 이것이 의무라는 점을 자각하고 있다. 더 나아가 그는 바로 이런 경우에(재산을 증식하는 경우에) 그 의무를 충족한다는 점을 통찰하고 있다. 어쩌면 타인들은 (그가 확신하는 의무 충족의) 이런 일정한 방식을 기만으로 간주할 수도 있다. **타인들은** 그 구체적인 경우가 지닌 여타의 측면들을 고수하는 반면에, 그는 자신이 소유의 증식을 순수한 의무로 의식하고 있다는 점을 통해서 이런 측면을 고수한다.— 이렇게 다른 사람들은 폭력 행위이자 불법이라고 부르는 것이 (그에게는) 오히려 타인에 맞서 자신의 자립성을 주장한다는 의무를 충족하는 일이고, 또 다른 사람들이 비겁함이라고 부르는 것이 (그에게는) 오히려 생명을 보존하고 이웃을 위해 유익해질 가능성을 보존한다는 의무를 충족하는 일이다. 이에 반해 다른 사람들이 용감함이라고 부르는 것은 (그에게는) 오히려 그 두 가지 의무를 모두 위배하는 일이 된다. 그렇지만 비겁함(비겁한 자)이라고 해서 생명을 보존하고 타인에게 유익한 자가 될 가능성을 보존하는 일이 의무라는 점을 알지 못할 만큼 서툴거나, 자신의 행위가 의무에 부합한다는 **신념을 가지지** 못하고 또 의무에 부합한다는 것이 **지**

속에 존립한다는 점을 알지 못할 만큼 서툴러서는 안 된다. 그럴 정도로 서투르다면 비겁함은 비도덕적이게 되는 미숙함을 범하게 될 것이다. 도덕성은 의무를 충족했다는 의식 속에 놓여 있으므로, 용감함이라고 불리는 행위 못지않게 또한 비겁함이라고 불리는 행위도 이를 놓칠 리 없다. 의무라고 일컬어지는 추상물은 그 어떤 내용과도 마찬가지로 또한 바로 이 (임의의 특정한) 내용도 취할 수 있으며, 따라서 그는 자신이 행하는 것을 의무로 인지한다. 그가 이를 알고 있고 또 의무에 관한 신념이 곧 의무에 부합하는 것 자체이므로, 그는 타인들로부터 승인받는다. 이를 통해 그 행위는 유효성을 지니게 되고 또 현실적 현존재를 지니게 된다.

그 어떤 임의의 내용이라도 다른 내용과 마찬가지로 손쉽게 순수한 의무와 지라는 보편적인 수동적 매체 속에 이입하는 이런 자유에 대항하여 다른 어떤 내용을 이입해야만 한다고 주장하는 것은 아무 도움도 되지 못한다. 왜냐하면 그 내용이 무엇이건 간에 각각의 내용은 모두 그 자체에 **규정성이라는 결점**을 지니고 있으며, 순수한 지는 이런 규정성으로부터 자유롭고 또 그 어떤 규정성도 받아들일 수 있는 만큼이나 또한 이를 거부할 수도 있기 때문이다. 모든 내용은 그것이 규정된 내용이라는 점에서 다른 것과 동일선상에 놓여 있으며, 이는 설사 그 내용이 바로 그 속에서는 특수자가 지양되어 있다는 특성을 가지고 있는 듯이 보일 때에도 마찬가지이다. 현실적인 경우에 의무가 무릇 **대립**으로 양분되고 또 이를 통해 **개별성**과 **보편성**의 대립으로 양분됨으로써, 보편적인 것 자체를 내용으로 하는 의무는 이를 통해 직접적으로 순수한 의무의 본성을 그 자체에 지니고, 그럼으로써 형식과 내용이 서로 완전히 부합하는 듯이 보일 수도 있다. 그래서 예를 들면 보편적 최선을 위한 행위를 개인적 최선을 위한 행위보다 우선시해야 할 듯이 보인다. 하지만 이런 보편적 의무는 무릇 즉자 대자적으로 존재하는 실체로서, 즉 법과 법칙으로서 **현존하고** 또 개별자의 지와 신념 및 그의 직접적인 이해 관심으로부터 **독립적으로** 유효성을 지니는 그런 것이다. 따라서 그것은 바로 도덕성이 무릇 그것의 (개별자의 신념이라는) **형식**을 표적으로 삼는 그런 것이다.[479] 그런데 그 **내용**과 관련해서는, 보편적 최선이 개인적 최선에 **대립해** 있는 한에서 이 내용도 역시 하나의 **규정된** 것이다. 이에 따라 그것의 법칙은 양심이 자신을 그로부터 전적으로 자유롭다고 알고 있고 또 그것에 무엇인가를 덧붙일 것인지 아니면 그로부터 덜어낼 것인지, 그것을 방기할 것인지 아니면 충족시킬 것인지에 관한 절대적 권한을 스스로에게 부여하는 그런 것이다. ─ 더 나아가 또한 개별자에 대한 의무와 보편자에 대한 의무 사이의 그와 같은 구별은 대립 일반의 본성상 결코 확고한 것이 아니다. 오히려 개별자가 자신을 위해서 행하는 일은 보편자에게도 좋은 일이 된다. 그가 자신을 위해 돌보면 돌볼수록, 단지 **타인들에게** 유익하게 될 그의 **가능성**만이 더욱 커지는 것은 아니다. 오히려 그의 **현실성** 자체가 오직 타인들과의 연관 속에서 존재하고 살아간다는 것일 따름이다. 그의 개별적 향유는 그렇게 함으로써 타인들에게 자신의 것을 넘겨주고 그들이 그들의 향유를 획득하는 데에 도움을 준다는 의미를 본질적으로 지니고 있다. 그러므로 개별자에 대한 의무, 즉 자신에 대한 의무를 충족하는 가운데 또한 보편자에 대한 의무도 충족되는 것이다. ─ 이때 등장하는 의무들 사이의 **저울질**(심사숙고, Erwägung)과 **비교**는 결국 보편자가 (개별자의) 행위로부터 취하게 될 이점을 계산하는 일로 귀착될 것이다. 그러나 그렇게 함으로써 한편으로는 도덕성이 **통찰**의 필연적인 **우**

---

479) 이 문장은 다음과 같이 번역할 수도 있다. "따라서 그것은 바로 도덕성이 무릇 그것의 (개별자의 지와 신념으로부터 독립적으로 현존한다는) **형식**을 겨냥하는 그런 것이다."

연성에 귀속되어 버릴 터이고, 다른 한편으로는 이런 **계산**과 저울질을 **잘라내 버리고는** 그런 따위의 이유 없이 (순수하게) 자신으로부터 결정을 내린다는 것이 바로 양심의 본질이다.

그러므로 양심은 이런 방식으로 **즉자와**[480] **대자 존재**의 통일 속에서, 즉 순수한 사유와 개체성의 통일 속에서 행위하고 또 자신을 보존하며, 이런 양심은 자신의 진리를 그 자신에 지니는, 즉 자신의 자기(自己) 속에서, 자신의 지 속에서, 더욱이 의무에 관한 지로서의 자신의 지 속에서 지니는 그런 자신을 확신하는 정신이다. 이렇게 자신을 확신하는 정신은 바로 행위에서 **긍정적인** 것이, 즉 그 내용도 또 의무의 형식과 이에 관한 지도 모두 자기(自己)에게, 즉 자신에 관한 확신에 속한다는 점을 통해 그러한 통일 속에서 자신을 보존한다. 반면에 자기(自己)에 **맞서 고유한 즉자**로서 **등장하려고** 하는 것은 참되지 못한 것, 단지 지양된 것, 단지 계기에 불과한 것으로 간주된다. 그렇기 때문에 유효성을 지니는 것은 **보편적 지** 일반이 아니라 상황에 관한 **자신의 지식**이다. 양심은 자신의 자연적 개체성에서 취한 내용을 보편적 **즉자 존재**로서의 의무 속에 집어넣는다. 왜냐하면 이 내용은 양심 자체에 현존하는 것이기 때문이다. 이 내용은 그것을 담고 있는 보편적 매체를 통해서 양심이 수행하는 **의무**가 되며, 바로 이를 통해 공허한 순수 의무는 지양된 것으로 또는 계기로 정립된다. 바로 이런 내용이 순수한 의무의 지양된 공허함 또는 충만이다.(바로 이런 내용을 통해서 순수 의무의 공허함이 지양되고 채워진다.) — 그러나 이에 못지않게 양심은 그 어떤 내용 일반으로부터도 자유롭다. 양심은 법칙으로서 유효하다고 하는 그 어떤 규정된 의무에서도 풀려나 있다. 양심은 묶을 수도 있고 풀 수도 있는 절대적 자족

---

480) (Werke) 즉자 존재와

성의 위엄을 자기 확신의 힘 속에서 지닌다.[481] — 그렇기 때문에 이런 **자기 규정**은 직접 전적으로 의무에 부합하는 것이다. 의무는 곧 지 자체이다. 그런데 이런 단순한 자기성(Selbstheit)은 즉자이다. 왜냐하면 **즉자**는 순수한 자기 동일성이기 때문이다. 그리고 이런 순수한 자기 동일성이 바로 이 의식 **속에** 존재한다. —

이런 순수한 지는 직접적으로 **대타 존재**이다. 왜냐하면 순수한 자기 동일성으로서의 순수한 지는 **직접성**이나 존재이기 때문이다. 그런데 이런 존재는 동시에 순수한 보편자, 즉 만인의 자기성이다. 또는 행위는 승인받았고, 따라서 현실적이다. 이런 존재는 양심을 직접적으로 모든 자기의식들과 동일성의 관련 속에 서도록 만드는 요소이다. 그리고 이런 관련이 지닌 의미는 자기(自己)를 결여한 법칙이 아니라 양심의 자기(自己)이다.

그러나 양심이 행하는 이런 올바른 일이 동시에 **대타 존재**라는 점에서 하나의 비동일성이 **양심**에 배속되는 듯이 보인다. 양심이 완수하는 의무는 하나의 **규정된** 내용이다.(양심이 수행하는 의무는 특정한 내용을 가지고 있다.) 물론 그 내용은 의식의 **자기**(自己)이고, 그런 점에서 자신에 관한 자신의 지, 자신의 자기 자신과의 **동일성**이다. 그러나 완수되어서 **존재**라는 보편적 매체 속에 세워지고 나면, 이러한 동일성은 더 이상 **지**가 아니며, 더 이상 자신의 구별들을 그에 못지않게 직접적으로 지양하는 그런 구별이 아니다. 오히려 **존재** 속에서는 구별이 존속하는 것으로 정립되어 있으며, 행위가 하나의 **규정된** 행위여서 만인의 자기의식이라는 요소와 동일하지 않고, 따라서 필연적으로 승인받은 것은 아니다. 행위하는 양심과 이 행위를 의무

---

481) 『신약성경』, 마태오 16:19: "네가 무엇이든지 땅에서 매면 하늘에서도 매여 있을 것이고, 네가 무엇이든지 땅에서 풀면 하늘에서도 풀릴 것이다."

로서 승인하는 보편적 의식이라는 두 측면은 모두 똑같이 이런 행동의 규정성으로부터 **자유롭다**. 이러한 자유 때문에 연관의 공통적인 매체 속에서의 (두 측면 사이의) 관련은 오히려 완전한 비동일성의 관계이다. 행위가 그에 대해 존재하는 의식은(이 양심의 행위를 인식하고 평가하는 만인의 보편적 의식은) 이를 통해 자기 자신을 확신하면서 행위하는 정신에 관해서 전적인 불확실성(확신 없음)의 상태에 있게 된다. 자기 자신을 확신하는 정신은 행위하면서 하나의 규정성을 존재하는 것으로 정립한다. 타인들은 바로 이 **존재**를 그 정신의 진리로 고수하면서 이 존재 속에서 그 정신을 확신한다. 이 정신은 **무엇이** 그에게 의무로서 유효한지를 그 존재 속에서 언표했다. 하지만 이 정신은 그 어떤 하나의 **규정된** 의무로부터도 자유롭다. 이 정신이 현실적으로 존재한다고 타인들이 사념하는 그곳에서부터 이 정신은 벗어나 있다. 그리고 바로 이 존재라는 매체 자체와 **즉자적으로** 존재하는 것으로서의 의무는 정신에게 단지 계기로서 유효할 뿐이다. 그러므로 이 정신이 타인들에게 내세우는(hinstellen) 것을 그는 또한 다시금 전위하거나(왜곡하거나, verstellen) 오히려 직접적으로 전위했다. 왜냐하면 이 정신에게 자신의 **현실태**는 이렇게 겉으로 내세워진 의무와 규정이 아니라 그가 자기 자신에 관한 절대적 확신 속에서 지니고 있는 의무와 규정이기 때문이다.

그러므로 타인들은 이 양심이 도덕적으로 선한지 아니면 악한지를 알지 못한다. 또는 오히려 그들은 이를 알 수 없을 뿐만 아니라 또한 이 양심을 악한 것으로 받아들일 수밖에 없다. 왜냐하면 이 양심이 의무의 **규정성**으로부터 그리고 **즉자적으로** 존재하는 것으로서의 의무로부터 자유롭듯이, 타인들도 마찬가지로 그러하기 때문이다. 이 양심이 타인들에게 내세우는 것을 타인들 자신도 전위할 줄 안다. 그것은 단지 타자의(그 양심의) **자기**(自己)를 표현하는 것일 뿐이지 그들(타인) 자신의 자기(自己)를 표현하는 것은 아니다. 타인들은 자신들이 그로부터 자유롭다는 것을 알고 있을 뿐만 아니라, 그들의 자기(自己)를 보존하기 위하여 그들 자신의 의식 속에서 이를 해체하고 판단과 설명을 통해서 무화시켜야만 한다.

하지만 양심의 행위가 단지 순수한 자기(自己)가 떠나버린 존재라는 **규정**에 불과한 것은 아니다. 의무로서 유효하고 승인되어야 하는 것은 오로지 의무로서의 그것에 관한 지와 신념을 통해서, 행실 속에서 자신의 자기(自己)에 관한 지를 통해서 그런 것이 된다. 만약 행실이 이런 자기(自己)를 그 자체에 지니기를 그친다면, 그 행실은 유일하게 자신의 본질인 바로 그것이기를 멈추게 된다. 이렇게 의식이 떠나버린 행실의 현존재는 통속적인 현실태일 터이고, 우리에게 행위는 자신의 쾌락과 욕망의 성취로 나타날 것이다. 이제 거기에 현존하여 **존재해야** 하는 **것**은 오로지 그것이 자기 자신을 언표하는 개체성이라고 **인지된다**는 것에 의해서만 본질태가 된다. 그리고 이런 **인지되었음**(Gewußtsein)이 바로 승인된 것이고 또 **그러한 것으로서 현존재**를 지녀야 하는 것이다.

자기(自己)는 **자기**(自己)**로서** 현존재에 들어선다. 자신을 확신하는 정신은 그러한 것으로서 타자에 대해 실존한다. 그의 **직접적인** 행위가 유효하고 현실적인 것은 아니다. **규정된 것, 즉자적으로 존재하는** 것이 승인받는 것이 아니라 오로지 자신을 인지하는 **자기**(自己) 그 자체만이 승인받는 것이다. 존립의 요소는(자기의 행위가 승인받은 것으로서 존립하도록 만드는 요소는) 보편적 자기의식이다. 이러한 요소 속으로 들어서는 것이 행위의 **작용 결과**(Wirkung)일 수는 없다. 행위의 작용 결과는 거기서 지속되지 못하며 유지될 수가 없다. 오직 자기의식만이 승인받는 것이고 또 현실성을 획득한다.

이로써 우리는 다시금 정신의 현존재로서 **언어**를 보게 된다. 언어는 **타자에 대해** 존재하는 자기의식이며, 이 자기의식은 직접적으로 **그러한 것으**

로서 현존하고 또 **바로 이** (개별적) 자기의식으로서 보편적인 것이다. 언어는 자신을 자기 자신으로부터 떼어내 분리시키는 자기(自己)이며, 이 자기(自己)는 순수한 나=나로서 스스로에게 대상화되고 또 이런 대상성 속에서 자신을 **바로 이** 자기(自己)로서 보존하는 만큼이나 또한 직접적으로 타인들과 한데 어우러지면서 **그들의** 자기의식이기도 하다. 이 자기는 (언어를 통해) 타인들에 의해서 경청되는 것 못지않게 또한 자신을 경청한다. 그리고 경청 (알아들음, Vernehmen)은 바로 **자기(自己)가 된 현존재**이다.

여기서 언어가 획득한 내용은 더 이상 도야의 세계에서 전도되고 또 전도시키는 분열된 자기(自己)가 아니다. 오히려 그 내용은 곧 자신 안으로 복귀하여 자신을 확신하고 자신의 자기(自己) 속에서 자신의 진리를 또는 자신의 승인을 확신하며 또 이런 지로서 승인받은 그런 정신이다. 인륜적 정신의 언어는 법칙(법률)과 단순한 명령이고 또 차라리 필연성에 대한 눈물이라고 할 탄식이다. 이에 반해 도덕적 의식은 여전히 **침묵**하면서 그 자체에서 자신의 내면 안에 폐쇄되어 있다. 왜냐하면 도덕적 의식 속에서는 자기(自己)가 아직 현존재를 지니고 있지 않으며, 현존재와 **자기**(自己)는 이제 겨우 서로 외적인 관련 속에 서 있을 뿐이기 때문이다. 반면에 언어는 오직 자립적이면서 승인받은 자기의식들의 매개 중심으로서 등장할 따름이고, **현존재하는 자기**(自己)는 직접적으로 다중적이면서 그런 다수성 속에서도 단순한 보편적인 승인받은 존재이다. 양심의 언어가 지닌 내용은 **자신을 본질로 인지하는 자기**(自己)이다. 언어는 오직 이런 자기만을 언표하며,[482] 이런 언표가 행동의 참된 현실태이자 행위의 유효성이다. 의식은 자신의 **신념**을 언표한다. 오직 이런 신념 속에서만 행위는 의무가 된다. 또

---

482) 이 구절은 다음과 같이 번역될 수도 있다. "오직 이런 자기만이 언어를 언표하며,"

한 오직 신념이 **언표됨**으로써만 행위가[483) 의무로서 **유효하게** 된다. 왜냐하면 보편적 자기의식은 **단지 존재할 뿐인 규정된** 행위로부터 자유롭기 때문이다. **현존재**로서의 그런 **행위**는 보편적 자기의식에게 아무것도 아닌 것으로 간주되며, 오히려 그 행위가 의무라는 **신념**이 유효한 것이다. 그리고 이런 신념은 언어 **속에서** 현실적으로 존재한다. ─ 여기서 행위를 실현한다는 것은 그 내용을 **목적**이나 **대자 존재**라는 형식에서 **추상적** 현실성이라는 형식으로 전이시키는 것을 뜻하지 않고, 오히려 자신의 지나 대자 존재를 본질로 알고 있는 직접적 자기 **확신**이라는 형식에서 의식이 의무에 대한 신념을 가지고 있고 또 **자기 자신으로부터**(자발적으로) 의무를 양심으로 알고 있는 **확언**이라는 형식으로 전이시킨다는 것을 뜻한다. 그러므로 이런 확언은 자신의 신념이 곧 본질이라는 점에 관해서 의식이 신념을 가지고 있다는 것을 확언한다.

의무에 대한 신념에서 행위한다는 확언이 과연 **참**인가? 행해지는 것이 **현실적으로 의무**인가? 이런 질문이나 의심은 양심에 대해서는 아무 의미가 없다. ─ **확언**이 참인가라는 앞선 질문에서는 내적인 의도가 제시된 의도와는 다르리라는 점, 다시 말해 개별적 자기(自己)의 의욕이 의무로부터, 즉 보편적이면서 순수한 의식의 의지로부터 분리될 수 있으리라는 점이 전제되어 있을 것이다. 말로는 후자가 언급되지만, 실은 전자가 행위의 진정한 동인이리라는 것이다. 하지만 이런 보편적 의식과 개별적 자기(自己)의 구별이야말로 바로 (양심 속에서) 지양된 것이고 또 그 지양이 곧 양심이다. 자신을 확신하는 자기(自己)의 직접적 지가 법칙과 의무이다. 그의 의도는 그것이 바로 자신의 의도라는 점에 의해서 올바른 것이 된다. 여기서 요구

---

483) 인칭대명사가 '행위' 대신에 '신념'을 지시하는 것으로 독해할 수도 있다.

되는 것은 단지 그가 이를 알고 있고 또 자신의 지와 의욕이 올바른 것이라는 점에 대한 신념을 그가 말하는 것뿐이다. 이런 확언의 언표는 그 자체 즉자적으로 그것의 특수성이라는 형식을 지양한다. 그렇게 하는 가운데 그는 **자기**(自己)**의 필연적 보편성**을 승인한다. 그가 자신을 **양심**이라고 부르는 가운데 그는 스스로를 자기 자신에 관한 순수한 지이자 순수한 추상적 의욕이라고 부른다. 다시 말해 그는 스스로를 보편적 지와 의욕이라고, 즉 타인들을 승인하고 또 [타인들도 바로 이런 자신에 관한 순수한 지이자 의욕이므로] 그들과 **동일한**, 그리고 바로 그렇기 때문에 또한 타인들로부터 승인받는 그런 보편적 지와 의욕이라고 부르는 것이다. 자신을 확신하는 자기(自己)의 의욕 속에, 즉 자기(自己)가 곧 본질이라는 이런 지 속에 바로 올바른 것의 본질이 놓여 있다. — 그러므로 그렇게 자신이 양심에서 비롯되어 행위한다고 말하는 자는 참되게 말하는 것이다. 왜냐하면 그의 양심은 알고서 의욕하는 자기(自己)이기 때문이다. 그런데 그는 본질적으로 이를 **말해야**만 한다. 왜냐하면 이런 자기(自己)는 동시에 **보편적** 자기(自己)이어야만 하기 때문이다. 이런 자기가 행위의 **내용**에서 보편적 자기인 것은 아니다. 왜냐하면 행위의 내용은 그 **규정성** 때문에 즉자적으로 아무런들 상관없기 때문이다. 오히려 보편성은 행위의 형식 속에 놓여 있다. 현실적인 것으로 정립되어야 하는 것은 바로 이 형식이다. 행위의 형식이 바로 그러한 것으로서 언어 속에서 현실적으로 존재하는 **자기**(自己), 즉 자신을 참된 것이라고 언표하면서 바로 그렇게 하는 가운데 모든 자기(自己)를 승인하고 또 모든 자기들로부터 승인받는 그런 **자기**(自己)이다.

　그러므로 규정된 법칙을 넘어서고 또 의무의 그 어떤 내용도 넘어서는 숭고함의 위엄을 띠고서 양심은 자신의 지와 의욕 속에 임의의 내용을 설정한다. 양심은 자신의 직접적 지에서 나오는 내면의 음성을 신적 음성이라고 인지하는 도덕적 천재성(독창성)이며, 그런 도덕적 천재성은 이에 못지 않게 이런 지에서 직접적으로 현존재를 인지하므로, 그것은 자신의 개념 속에서 생동성을 지니고 있는 신적 창조력이다. 그것은 또한 이에 못지않게 자기 자신 안에서의 예배이다. 왜냐하면 그것의 행동은 이런 자신의 고유한 신성함에 대한 직관이기 때문이다.

이런 고독한 예배는 동시에 본질적으로 **신앙 공동체**(Gemeinde)의 예배이며, 자기 자신에 관한 순수한 내적 **지**와 경청은 **의식**의 계기로 진전한다. 자신에 관한 직관은 그의 **대상적** 현존재이고, 이런 대상적 요소는 자신의 지와 의욕을 **보편자**로 언표하는 행위이다. 이런 언표를 통해서 자기(自己)는 유효한 자기가 되고 또 행위는 수행하는 행실이 된다. 그의 행동의 현실성과 존속은 보편적 자기의식이다.(양심의 자기가 수행하는 행동에 현실성과 존속을 부여하는 것은 보편적 자기의식이다.) 하지만 양심의 언표 행위는 자기 확신을 순수한 자기(自己)로 그리고 이를 통해 보편적 자기로 정립한다. 자기(自己)가 본질로 표현되고 승인된 이런 언설 때문에 타인들은 그 행위가 유효성을 가지게끔 한다. 그러므로 그들을 결속하는 정신이자 실체는 그들의 양심성과 선한 의도를 쌍방 간에 확언하고 또 이런 상호 간의 순수성을 기뻐하면서 지와 언표의 훌륭함과 그런 탁월성을 보살피고 가꾸는 일의 훌륭함을 즐거워하는 것이다. — 이런 양심이 여전히 자신의 **추상적** 의식을 자신의 **자기의식**과 구별하는 한, 양심은 자신의 삶을 단지 신 안에 **은폐된** 채로 지니고 있을 뿐이다. 물론 신은 그런 양심의 정신과 마음에, 즉 양심의 자기(自己)에 **직접적으로** 현전한다. 그렇지만 그의 현실적인 공개된 의식과 그 의식의 매개 운동이 그에게는 이런 은폐된 내면과 다르고 또 현전하는 본질의 직접성과도 다른 타자이다. 하지만 양심이 완성되는 가운데 그의 추상적 의식과 그의 자기의식 사이의 구별은 지양된다. 양심은 **추상적** 의식이 곧 **바로 이 자기**(自己), 즉 바로 이 자신을 확신하는 대자 존재라는 점을 알고 있고, 또 [자기(自己) 외부에 정립된 상태로는 추상적 본질이고 자기(自己)에게 은폐되어 있는 것인] 그런 즉자와 자기(自己)가 맺는 **관련의 직접성** 속에서 바로 그런 **상이성**이 **지양되어** 있다는 것을 알고 있다. 왜냐하면 관련되는 항들이 한 가지 똑같은 것이 아니라 서로에 대해 **타자**이고 또 오직 제3자 속에서만 하나인 그런 관련이 **매개적** 관련(vermittelnde Beziehung)인 반면에, **직접적**(무매개적) 관련은 실은 다름 아니라 통일을 의미하기 때문이다. 아무 구별도 아닌 이런 구별들을 여전히 구별로 간주하는 무사유성을 넘어선 의식은 자신 속에서 본질이 현전하는 것의 직접성을 곧 본질과 자신의 자기(自己)의 통일로 인지하고, 따라서 자신의 자기(自己)를 생동하는 즉자로 인지하며, 이런 자신의 지를 직관된 지 또는 현존재하는 지로서 그들의 정신에 관해 신앙 공동체가 진술하는 행위를 뜻하는 종교로 인지한다.

　이로써 우리는 여기서 모든 외면성 자체가 사라져버리는 자신의 가장 깊은 내면으로, 즉 그 자아(나)가 곧 일체의 본질태이자 현존재인 그런 나=나라는 직관 속으로 자기의식이 되돌아갔음을 본다. 자기의식은 그 극단의 정점으로 내몰린 까닭에 이런 자기 자신에 관한 개념 속으로 함몰된다. 게다가 자기의식을 실재하게끔 만드는 또는 여전히 **의식**이게끔 만드는 구별된 계기들은 우리에 대해 단지 이런 순수한 극단들에 불과한 것이 아니며, 오히려 자기의식이 대자적으로 그것인 것과 자기의식에게 **즉자적으로** 존재하는 것 및 자기의식에게 **현존재**가 되는 것이 모두 이 의식 자체에 대해 아무런 지지대도 또 아무런 실체도 지니지 못하는 추상물로 증발해버린다. 그리고 지금까지 의식에 대해 본질이었던 모든 것이 이런 추상물들 속으로 퇴거했다. ― 이렇게 순수성으로 정화된 의식은 의식의 가장 빈곤한 형태이며, 그의 유일한 점유물을 이루는 이런 빈곤도 그 자체가 하나의 사라짐이다. 실체가 그 안으로 해체되는 이런 절대적 **확신**은 내적으로 붕괴되는 절대적 **비진리**이다. 그것은 **의식**이 그 속으로 함몰되는 절대적 **자기의식**이다.

이렇게 (의식이) 자기 자신 내에서 함몰되는 것을 고찰해보면, 의식에 대해 **즉자적으로** 존재하는 **실체**는 곧 **자신의** 지로서의 **지**이다. 의식으로서의 이 지는[484] 그에 대해 본질이 되는 대상과 그 자신의 대립으로 분리되어 있다. 그러나 이 대상은 바로 완전히 투명한 것이며, 그것은 곧 **자신의 자기**(自己)이다. 그리고 이 지의 의식은 오직 자신에 관한 지일 따름이다. 일체의 삶과 모든 정신적 본질태는 이런 자기(自己) 속으로 퇴거하여 자아 자체(Ichselbst)와의 상이성을 상실했다. 그렇기 때문에 의식의 계기들은 이런 극단적인 추상물들인데, 이 추상물들 가운데 그 무엇도 버티어 서 있지 못하고 다른 추상물 속에서 자신을 상실하면서 이 타자를 산출한다. 이는 불행한 의식이 자신과 벌이는 교체인데, 그러나 이 교체는 (불행한 의식의 교체와는 달리) 의식 자신에 대해 자신 내에서 진행되는 것이고 또 불행한 의식은 단지 **즉자적으로** 그러했을 뿐이지만 이제는 자신이 곧 이성의 개념이라는 점을 자각하고 있다. 그러므로 절대적 자기 확신은 의식으로서 스스로에게 직접적으로 울려 나옴(Austönen)으로, 즉 자신의 대자 존재의 대상태로 전도된다. 그런데 이렇게 창출된 세계가 바로 그의 **언설**인데, 이 언설을 의식은 그에 못지않게 직접적으로 경청하고 또 그 메아리는 오직 자신에게로만 되돌아온다. 그렇기 때문에 이런 귀환은 의식이 그 안에서 **즉자 대자적으로** 존재한다는 의미를 지니지 않는다. 왜냐하면 의식에게 본질이 되는 것은 **즉자**가 아니라 자기 자신이기 때문이다. 이에 못지않게 이 의식은 **현**

---

484) 인칭대명사가 '지' 대신에 '의식'을 지시하는 것으로 독해할 수도 있다.

존재도 지니지 않는다. 왜냐하면 대상적인 것이 현실적 자기(自己)에 대해서 부정적인 것이 되는 데에 다다르지 못하고 또 이런 부정적인 것도[485] 현실 태에 다다르지 못하기 때문이다. 이 의식에게는 외화(양도, 포기, Entäusserung) 의 힘, 자신을 사물로 만들고서 존재를 견뎌내는 힘이 결핍되어 있다. 이 의식은 자신의 내면이 지닌 훌륭함이 행위와 현존재에 의해서 더럽혀질 것 이라는 두려움 속에서 살며, 자신의 마음이 지닌 순수성을 보존하기 위해 서 현실과의 접촉을 회피한 채 [궁극적 추상으로까지 첨예화된 자신의 자 기(自己)를 단념하고서 자신에게 실체성을 부여하거나 자신의 사유를 존재 로 변환하여 자신을 절대적 구별에 내맡길] 힘을 결여한 완고한 무기력를 고집한다. 그렇기 때문에 의식이 자신에게 산출해내는 텅 빈 대상은 자신 을 단지 공허함의 의식으로 채울 뿐이다. 그의 행동은 동경인데, 그것은 그 자신이 본질을 결여한 대상이 되는 가운데 자신을 단지 상실할 뿐이고 또 이런 상실을 넘어서서 자신으로 되돌아오면 자신을 오직 상실한 것으 로서 발견할 뿐이다. 자신의 계기들이 지닌 이런 투명한 순수성 속에서 이 른바 불행한 **아름다운 영혼**이 자신 안에서 빛을 잃고 꺼져가면서 공중으로 흩어지는 형태 없는 연기로 사라져버린다.[486]

---

485) 지시대명사가 '부정적인 것' 대신에 '자기(自己)'를 지시하는 것으로 독해할 수도 있다.
486) '아름다운 영혼'이라는 개념을 헤겔은 쉴러와 괴테와 야코비로부터 차용한 것으로 추정된 다. J. Ch. F. von Schiller, *Ueber Anmuth und Würde*, Leipzig, 1793, 특히 pp. 186 f.: "모든 감각의 인륜적 감정이 마침내 의지의 지도를 거리낌 없이 정념에 넘겨줄 정도로 확 고해져서 의지의 결정과 모순에 빠질 위험이 아예 없어졌을 때, 이를 사람들은 아름다운 영혼이라고 부른다. 그렇기 때문에 아름다운 영혼에게서는 본래 개별적 행위들이 인륜적 인 것이 아니라 품성 전체가 인륜적이다. 또한 그 어떤 개별적 행위도 아름다운 영혼에게 그의 공적으로 돌려질 수 없다. 왜냐하면 충동의 만족을 결코 공로가 있다고 할 수는 없 기 때문이다. 아름다운 영혼은 자신이 존재한다는 것 이외의 그 어떤 공적도 없다. 아름 다운 영혼은 마치 그로부터 단지 본능이 행위할 뿐인 것처럼 손쉽게 인류에게 가장 엄격

그러나 이렇게 증발해버린 생명의 무기력한 본질태들이 가만히 병합되는 것을 아직 양심의 **현실태**라는 또 다른 의미에서 그리고 양심의 운동이 보여주는 **현상** 속에서 취하면서 양심을 행위하는 자로서 고찰해야 한다.—이런 의식 속에서의 **대상적** 계기는 위에서 보편적 의식이라고 규정되었다. 스스로 자신을 인지하는 자는 **바로 이** 자기(自己)로서 다른 자기와 구별되어 있다. 모든 이가 서로를 양심적으로 행위한다고 상호적으로 승인하는 언어, 이런 보편적 동일성은 개별적 대자 존재의 비동일성으로 와해되며, 각각의 의식은 자신의 보편성에서 벗어나 이에 못지않게 자신 안으로 반성된다. 이를 통해 다른 개별자들에 맞서고 또 보편자에 맞서는 개별성의 대립이 필연적으로 등장하는데, 이제 이러한 관계와 그 운동을 고찰해야 한다.—또는 이런 보편성과 의무는 보편자로부터 자신을 제외하는 규정된 **개별성**이라는 전적으로 상반된 의미를 지니며, 이런 개별성을 위해서는 순수한 의무가 단지 **표면**에 드러나서 외부를 향해 있는 보편성에 불과하다. 의무는 단지 말 속에 놓여 있을 뿐이고 대타 존재로서 유효하다. 처음에는 단지 **바로 이 규정된 현존하는** 의무로서의 의무를 **부정적으로** 겨냥할 뿐인 양심은 자신이 그런 의무로부터 자유롭다고 안다. 그러나 양심은 공허한 의무를 **자기 자신으로부터 나온 규정된** 내용으로 채우면

한 의무를 수행하며, 그가 자연 충동에서 얻어내는 영웅다운 용감한 희생은 바로 이 충동의 자발적인 결과인 듯이 눈에 띈다. … 그러므로 아름다운 영혼 속에서 비로소 감성과 이성, 의무와 경향성이 조화를 이루며, 그것이 현상할 때 그 표현은 우아함이다. 오직 아름다운 영혼의 봉사 속에서만 자연은 동시에 자유를 지니면서 자신의 형식을 보존할 수 있는데, 왜냐하면 아름다운 영혼은 엄혹한 심성의 지배 아래에 있는 자연을 탈피하고 또 감성의 무정부 상태 아래에 있는 자유를 탈피하기 때문이다." 또한 J. W. Goethe, *Wilhelm Meisters Lehrjahre*, Sechstes Buch: Bekenntnisse einer schönen Seele, Berlin, 1795 및 F. H. Jacobi, *Woldemar*, Königsberg, 1796, pp. 14 f., 47 f., 86 f., 167 f., 221 f. 참조.

서 **자신이 바로 이** 자기(自己)로서 스스로에게 내용을 만들어낸다는 점에 대한 긍정적인 의식을 지닌다. 그의 순수한 자기(自己)는 공허한 지로서 내용과 규정을 결여한 것이다. 양심이 자신의 순수한 자기에게 제공하는 내용은 **바로 이** 규정된 자기**로서의** 자신의 자기로부터, 즉 자연적 개체성으로서의 자신으로부터 취한 것이다. 그리고 양심은 자신의 행위가 지닌 양심성을 말하면서 분명 자신의 순수한 자기(自己)를 자각하지만, 그러나 현실적 내용을 이루는 그의 행위의 **목적** 속에서는 자신이 바로 이 특수한 개별자임을 자각하고 또 자신이 대자적으로 그것인 바와 대타적으로 그것인 바의 대립을, 즉 보편성이나 의무와 자신이 이로부터 벗어나 반성되어 있음(이로부터 벗어난 자신의 반성된 존재)의 대립을 자각한다.

　행위하는 자로서 양심이 빠져드는 대립이 이처럼 양심의 내면에서 표현된다면, 그 대립은 동시에 외향적으로는 현존재라는 요소 속에서의 비동일성, 즉 다른 개별자에 맞선 그의 특수한 개별성이라는 비동일성이다. ─ 양심의 의식을 구성하는 두 가지 계기인 자기(自己)와 즉자가 **불균등한 가치**를 가지고서 유효성을 지닌다는 점, 더욱이 의식 속에서 단지 계기로 간주되는 **즉자**나 **보편자에 맞서** 자기 확신이 본질이라는 규정을 가지고서 유효성을 지닌다는 점에 바로 양심의 특수성이 존립한다. 따라서 오히려 보편성 내지 의무가 본질인 반면에 보편자에 맞서 대자적으로 존재하는 개별성은 단지 지양된 계기로 간주하는 그런 현존재의 요소나 보편적 의식이 이런 (개별적 양심의) 내면적 규정의 맞은편에 서 있다. 이런 의무의 고수는 (이렇게 의무를 고수하는 보편적 의식은) 첫 번째 의식(개별적 자기의 의식)이 그의 **자기 내 존재**와 보편자 사이의 비동일성이기 때문에 이를 **악한 것**으로 간주하며, 또 이 첫 번째 의식이 동시에 자신의 행동을 자기 자신과의 동일성이라고, 즉 의무이자 양심성이라고 언표하므로 이를 **위선**으로 간주한다.

이러한 대립이 나아가는 **운동**은 처음에는 내적으로 악인 것과 이 악이 언표하는 것 사이의 동일성을 형식적으로 구축(構築)하는 일이다. 그것이 악하고, 그래서 그것의 현존재가 그것의 (악한) 본질과 동일하다는 점이 드러나야만 하며, **위선**은 **폭로**되어야만 한다. ― 이렇게 위선 속에 현존하는 비동일성이 동일성으로 복귀하는 일은, 사람들이 흔히 말하곤 하듯이, 바로 위선이 의무와 덕의 **가상**을 받아들이고서 이를 타인의 의식을 위해서 만큼이나 또한 자기 자신의 의식을 위해서도 가면으로 사용한다는 점을 통해서 의무와 덕에 대한 자신의 존경심을 증명하고 또 이런 대립자에 대한 승인 속에 즉자적으로 동일성과 일치가 내포되어 있다고 해서 이미 이루어지는 것은 아니다. ― 그런데 위선은 동시에 이에 못지않게 이런 언어의 승인(의무와 덕에 대한 말뿐인 승인)에서 벗어나와 자신 안으로 반성되어 있으며, **즉자적으로** 존재하는 것을 단지 **대타 존재**로서만 이용한다는 사실 속에 오히려 위선이 즉자적으로 존재하는 것을 경멸하고 있다는 점과 그것의 무본질성을 만인에 대해 전시하고 있다는 점이 내포되어 있다. 왜냐하면 자신이 외면적 도구로 이용되도록 만드는 것은 그것이 자체 안에 자신의 고유한 무게를 지니고 있지 않은 하나의 사물임을 보여주기 때문이다.

또한 이런 동일성은 악한 의식이 일방적으로 자신을 고집하는 것을 통해서도 또 (악한 의식에 대한) 보편적 의식의 판단에 의해서도 이루어지지 않는다. ― 만일 악한 의식이 의무의 의식에 대항하여 자신을(자신이 악한 의식이라는 점을) 부인하고 또 의무의 의식이 그릇된 일이라고, 즉 보편자와의 절대적 비동일성이라고 언표하는 것을 악한 의식은 내면의 법칙과 양심에 따른 행위라고 주장한다면, 이렇게 (악한 의식이) 동일성을 일방적으로 확언하는 것 속에는 타자와 자신의 비동일성이 남아 있다. 왜냐하면 타자는 이 확언을 믿지도 않고 승인하지도 않기 때문이다. — 또는 **한쪽** 극단을 일방적으로 고집하는 것은 자기 스스로를 해체하는 까닭에 악은 비록 자신이 악임을 시인할 터이지만, 그렇게 하는 가운데 자신을 **직접적으로** 지양하면서 위선이 아니게끔 될 것이고 또 위선이라고 폭로되지도 않을 것이다. 실제로 악은 자신이 승인된 보편자에 대립하여 **자신의** 내적 법칙과 양심에 따라서 행위한다고 주장함으로써 스스로가 악임을 시인한다. 왜냐하면 만약 이 법칙과 양심이 그의 **개별성**과 **자의**의 법칙이 아니라면, 그것은 어떤 내적인 것, 고유한 것이 아니라 보편적으로 승인된 것일 터이기 때문이다. 그렇기에 자신은 타인들에 대해서 **자신의** 법칙과 양심에 따라서 행위한다고 말하는 사람은 사실은 그가 타인들을 함부로 대한다고 말하고 있는 셈이다. 그러나 **현실적**(진정한) 양심은 이렇게 보편자에 대립하는 지와 의지를 고집하는 것이 아니며, 오히려 보편자가 그의 **현존재**의 요소이고 또 그의 언어는 자신의 행동을 **승인된** 의무라고 언표한다.

이에 못지않게 보편적 의식이 자신의 판단을 고집하는 것도 결코 위선의 폭로와 해체가 아니다. — 보편적 의식이 위선에 대해서 나쁘다거나 비열하다거나 등등이라고 외칠 때 보편적 의식은 그런 판단 속에서 **자신의** 법칙에 호소하는데, 이는 **악한** 의식이 **그 자신의** 법칙에 호소하는 것과 마찬가지이다. 왜냐하면 전자는 후자에 대항하여 등장하며, 그 결과 하나의 특수한 법칙으로서 등장하는 것이기 때문이다. 따라서 전자가 후자보다 그 어떤 점에서도 우월하지 않고, 오히려 후자를 정당화한다. 그리고 이런 열의는 바로 자신이 행한다고 사념하는 것의 반대를 행한다. 즉, 그것은 자신이 참된 의무라고 부르고 또 **보편적으로** 승인되었다고 하는 것을 **승인되지 않은 것**으로 보여주며, 이를 통해 이 다른 의식(악한 의식)에게 대자존재의 동일한 권리를 허용한다.

그런데 이런 (보편적 의식이 악한 의식에 대해서 내리는) 판단은 동시에 현존하는 대립의 해소로 이끄는 발단이 되는 또 다른 측면도 가지고 있다.— 첫 번째 의식(개별적 의식)이 오히려 현실적인 의식인[487] 까닭에, **보편자의** 의식이 이 첫 번째 의식에 대해서 **현실적**이고 **행위하는** 의식으로서[488] 태도를 취하며 관계하지는 않는다. 오히려 첫 번째 의식에 대립하면서 보편자의 의식은 행위할 때 발생하는 개별성과 보편성의 대립에 사로잡혀 있지 않은 자로서의 태도를 취한다. 보편자의 의식은 **사고**의 보편성 속에 머물면서 **파악하는 자**로서의 태도를 취하며, 그의 첫 번째 행위는 오직 판단일 따름이다.— 방금 언급했듯이, 이러한 판단을 통해서 보편자의 의식은 자신을 첫 번째 의식 **곁에** 병치시키며, 이 첫 번째 의식은 **이러한 동일성을 통해** 이 다른 의식(보편자의 의식) 속에서 자기 자신을 직관하는 데에 이른다. 왜냐하면 의무의 의식은 **파악하는** 태도, 즉 **수동적인** 태도를 취하기 때문이다. 그런데 이를 통해 의무의 의식은 의무의 절대적 의지로서의 자신과, 즉 전적으로 자기 자신으로부터 규정하는 자인 자신과 모순에 빠지게 된다. 의무의 의식은 **행위하지 않기** 때문에 자신을 순수성 속에서 선하게(고이 잘) 보존했다. 의무의 의식은 판단함이 곧 **현실적** 행실로 간주될 수 있기를 원하고 또 행위 대신에 탁월한 심정의 언표를 통해서 공정성을 증명하려는 위선이다. 그러므로 의무의 의식은 비난받는 의식과 전적으로 똑같은 상태에 있다. 즉, 그는 의무를 단지 자신의 언설에 놓을 뿐이다. 양자에서 모두 동일하게 현실성의 측면이 언설과는 구분되어 있는데, 그중 한 의식에서는 행위의 **이기적 목적**에 의해서 그렇게 구분되고, 다른 한 의식에서는 [행실

---

487) (Werke) 현실적인 것인
488) (Werke) **현실적인 것**이자 **행위하는 자**로서

을 결여하고서는 의무가 전혀 아무런 의미도 없는 것이므로, 의무라고 말하는 것 자체에 그 필연성이 놓여 있는] 그런 **행위**가 **결여**되어 있다는 점에 의해서 그렇게 구분되어 있다.

그런데 판단함은 또한 사고의 긍정적인(적극적인) 행위로서도 고찰되어야 하며, 그것은 하나의 긍정적인 내용을 지니는 것이다. 파악하는 의식에 현존하는 모순이 그리고 첫 번째 의식과 이 의식의 동일성이 바로 이런 측면에 의해서 더욱 완벽해진다. — 행위하는 의식은 이런 자신의 규정된 행동을 의무라고 언표하며, 판단을 내리는(비평하는) 의식도 이를 부인하지 못한다. 왜냐하면 의무 자체는 [내용을 결여하고 있어서 그 어떤 내용도 가능한] 그런 형식이기 때문이다. 또는 구체적인 행위는 다면성을 띠고 또 그 자체로 다양해서 의무로 간주되는 측면인 보편적 측면 못지않게 또한 개인의 관여와 이해 관심을 이루는 특수한 측면도 자체에 지니고 있다. 이제 비평하는 의식은 의무라는 전자의 측면에만 머무르지도 않고 또 바로 이것이 자신의 의무이자 자신의 현실이 처해 있는 관계와 상태라는 점에 관해서 행위자가 지닌 지에만 머무르지도 않는다. 오히려 비평하는 의식은 (특수한 측면이라는) 또 다른 측면을 고수하면서 행위를 내면 속으로 집어넣어 펼쳐 놓고서는 행위를 그 행위 자체와는 다른 **의도**와 이기적 **동인**으로부터 설명한다. 그 어떤 행위에 관해서도 그것의 의무 부합성을 고찰할 수 있는 것과 마찬가지로 또한 이와 다르게 그 **특수성**을 고찰할 수도 있다. 왜냐하면 행위로서의 행위는 개인의 현실태이기 때문이다. — 그러므로 이런 비평은 행위를 그 현존재로부터 끄집어내어 정립하고서는 내면 속으로 또는 자신의 고유한 특수성이라는 형식 속으로 반사한다. — 어떤 행위가 명성을 수반한다면, 비평은 이런 내면을 곧 공명**욕**으로 인지한다. 어떤 행위가 개인의 지위를 넘어서지 않으면서 이에 전반적으로 합당하고 또 그 개체가 이 지위를 외적인 규정(직분)으로서 자신에 달고 있는 것이 아니라 이런 보편성을 자신의 힘으로 충족시키면서 이를 통해 자신이 더 높은 지위를 차지할 능력이 있음을 보여주는 그런 상태의 것이라면, 판단은 그 행위의 내면을 명예욕으로 인지한다. 기타 등등. 행위자가 무릇 행위하면서 대상성 속에서 **자기 자신**에 관한 직관에 도달하거나 자신의 현존재 속에서 자기 감정에, 따라서 향유에 도달한다면, 판단은 그 내면을 행위자의 지복을 향한 충동으로 인지한다. 이때 지복이 설사 단지 내면의 도덕적 허영심에, 즉 자신의 탁월성에 관한 의식을 향유하거나 미래의 지복에 대한 희망을 미리 맛보는 데에 있을 뿐일지라도 말이다. ─ 그 어떤 행위도 그와 같은 비평을 면할 수 없다. 왜냐하면 의무를 위한 의무라는 그런 순수한 목적은 비현실적인 것이며, 이런 순수한 목적도 그 현실성을 개체의 행동에서 지니고, 이를 통해 행위는 그 자체에 특수성이라는 측면을 지니게 되기 때문이다. ─ 시종(侍從)에 대해서는 영웅이 없다.[489] 그 까닭은 후자가 영웅이 아니라서가 아니라, 바로 전자가 시종이고 또 후자는 영웅으로서가 아니라 먹고 마시고 옷을 입고 등을 하는 자로서 무릇 욕구와 표상의 개별성을 띠고서 전자와 관계하기 때문이다.[490] 그래서 비평을 위해서는 그것이 개체의 개별성이라는 측면을 행위의 보편적 측면에 대립시키면서 행위자에 대해서 도덕성의 시종을 만들지 못할 그런 행위란 없다.

---

489) 당시에 회자되던 이 프랑스 격언에 관해서는 Mademoiselle Aïssé, *Lettres de Mademoiselle Aïssé à Madame Calandrini*, Paris, 1787, p. 114 참조.

490) J. W. Goethe, *Die Wahlverwandschaften*, 2. Teil, Tübingen, 1809, p. 102: "사람들이 말하기를 시종에 대해서는 영웅이 없다. 그런데 그 까닭은 단지 영웅이 오직 영웅에 의해서만 인정받을 수 있기 때문이다. 반면에 시종은 아마도 자신과 비슷한 사람을 평가할 줄 알 것이다."

이렇게 비평하는 의식은 결국 그 자체가 **저열한** 것인데, 왜냐하면 그는 행위를 분할하여 행위의 그 자체와의 비동일성을 산출해내고서는 이를 고수하기 때문이다. 더 나아가 이 의식은 **위선**인데, 왜냐하면 그는 이러한 비평을 악함의 **또 다른 수법**이 아니라 오히려 행위에 대한 **올바른 의식**이라고 내세우면서 자신이 잘 알고 있고 또 더 잘 알고 있다고 하는(잘난 척하며 상대방을 얕잡아 보는) 비현실성과 허영 속에서 혹평으로 깎아내린 행위들보다 자기 자신을 더 상위에 앉히고 또 행동 없는 자신의 언설을 탁월한 **현실성**으로 간주할 수 있기를 원하기 때문이다.─그러므로 비평하는 의식은 이를 통해 자신을 자신이 비평하는 행위자와 동일하게 만들면서 비평받는 행위자에 의해 그와 똑같은 자로 인식된다. 행위자는 비평하는 의식에 의해 자신이 낯설고 그와 동일하지 않은 자로 파악된다는 점을 발견할 뿐만 아니라, 오히려 비평하는 의식이 그 자신의 고유한 특성상 자신과 동일하다는 점을 발견한다. 행위자는 이런 동일성을 직관하고 또 **언표하면서** 비평하는 의식에게 자신을(자신의 악함을) **시인하며**, 또한 이에 못지않게 자신이 스스로를 행실 속에서(실제로) 타자(비평하는 의식)와 동일하게 세워 놓았듯이 이 타자도 자신의 **언설**에 응답하여 그런 언설 속에서 그의 동일성을 언표하리라고 기대하고 또 (그럼으로써 언어를 통해 상호 간에) 승인하는 현존재가 등장하게 되리라고 기대한다. 그의 자백이 타자와의 관계에서 비하나 굴욕이나 내던짐(자기 포기)은 아니다. 왜냐하면 이런 언표는 타자와의 **비동일성**(불평등)을 정립할 터일 일방적인 언표가 아니며, 오히려 그는 오로지 상대방의 **동일성**을 직관하기 때문에 그와 말을 나누는 것이기 때문이다. 그는 스스로 자백하면서 자기 편에서 **그들 사이의 동일성**을 언표하며, 그가 이렇게 언표하는 까닭은 언어가 곧 직접적 자기(自己)로서의 정신의 **현존재**이기 때문이다. 그러므로 그는 타자도 이러한 현존재에 그 자신의 몫을 기여하리라고 기대한다.

하지만 "**나는 악하다.**"라는 악한 자의 시인에 (비평하는 의식이 할 법한) 동일한 자백의 응답이 뒤따르지는 않는다. 앞서의 판단함(비평하는 의식)이 이런 응답을 사념했던 것은 아니다. 오히려 그 반대이다! 그것은 이런 공동성을 자신으로부터 내치며, 그것은 대자적으로 존재하면서 타자와의 연속성을 뿌리치는 완고한 마음이다. ─ 이로써 장면이 전도된다. 자신을 고백한 자는 자신이 배척당했고 상대방(비평하는 의식)은 부당함 속에 있다는 것을 본다. 상대방은 자신의 내면에서 벗어나 언설의 현존재로 들어서기를 거부하면서, 악에는 자신의 영혼이 지닌 아름다움을 대립시키고 또 고백에는 자기 동일적으로 유지되는 품성과 자신을 내적으로 보존하면서 상대방을 향하여 자신을 내던지지 않는 침묵의 뻣뻣한 목덜미를 대립시키고 있는 것이다. 바로 여기에서 자기 자신을 확신하는 정신이 보여주는 극도의 분노가 정립된다. 왜냐하면 이 정신은 자신을 타자 속에서 이런 **자기**(自己)**의 단순한 지**로서 직관하기 때문이다. 더욱이 이 타자의 외적 형태마저도 부(富)에서 그런 것처럼 본질을 결여한 것인 하나의 사물이 아니며, 오히려 이 타자가 사고이기에, 즉 자기 자신을 확신하는 정신에 맞서 버티고 있는 지 자체이기에 그러하다. 이 타자는 이렇게 자기 자신을 확신하는 정신과 소통하기(자신을 전달하기, 함께 나누기, Mitteilung)를 거부하는 순수한 **지**의 절대적으로 유동적인 연속성이다. 자기 자신을 확신하는 정신은 이미 자신을 고백하면서 **따로 분리된 대자 존재**를 단념하고서 자신을 지양된 특수성으로, 그리고 이를 통해 타자와의 연속성으로, 즉 보편자로 정립했다. 이에 반해 타자는 소통하지 않는 자신의 대자 존재를 먼저 **자기 자신**에 간직해둔다. 그는 고백하는 자에게서도 바로 이런 소통하지 않는 대자 존재를 간직해두는데, 그러나 이것은 고백하는 자가 이미 내던져버린 것이다. 이를 통해 이 타자는 정신이 떠나버리고 또 정신을 부인하는 의식임을 스스로 보여준다. 왜냐하면 그는 정신이 자기 자신에 대한 절대적 확신 속에서 일체의 행실과 현실에 대한 지배자이고 또 이 모든 행실과 현실을 내던져버리고서 일어나지 않은 일로 만들 수도 있다는 점을 인식하지 못하기 때문이다. 동시에 그는 자신이 저지르는 모순을, 즉 **언설** 속에서 일어난 내던짐을 진정한 내던짐으로 간주하려고 하지 않으면서 정작 그 자신은 자신의 정신이 지닌 확신을 현실적 행위 속에서가 아니라 자신의 내면 속에 지니고 있고 또 그 현존재를 자신이 내리는 판단의 **언설** 속에 지니고 있다는 모순을 인식하지 못한다. 그러므로 타자가 행실로부터 언설의 정신적 현존재 속으로 그리고 정신의 동일성 속으로 복귀하는 일을 방해하고 또 여전히 현존하는 비동일성을 이런 완고함을 통해서 산출해내는 자는 바로 그 자신이다.

이제 자기 자신을 확신하는 정신이 아름다운 영혼으로서 자신을 고집하는 자기 자신에 관한 지를 포기(외화)하는 힘을 지니지 않는 한, 그는 거부당한 의식과의 동일성에 도달하지 못하며, 따라서 타자 속에서 자기 자신의 직관된 통일에, 즉 현존재에 도달하지 못한다. 그렇기 때문에 그 동일성은 단지 부정적으로만, 즉 정신을 결여한 존재로서만 이루어진다. 현실성을 결여한 아름다운 영혼은 (한편으로는) 자신의 순수한 자기(自己)와 (다른 한편으로는) 자신을 존재로 외화하여 현실로 전환하는 자기(自己)의 필연성 사이의 모순 속에 있다. 아름다운 영혼은 이렇게 고착된 대립의 **직접성** 속에, 즉 오로지 자신의 순수한 추상으로까지 첨예화된 대립의 매개 중심이자 화해이고 또 순수한 존재나 공허한 무(無)인 그런 직접성 속에 존재한다. 따라서 아름다운 영혼은 그의 화해되지 못한 직접성 속에서 이런 모순의 의식으로서 착란으로 부서지고 갈망하는 소모성 질환(애끓는 폐결핵, sehnsüchtige Schwindsucht) 속에서 녹아 흘러버린다. 그럼으로써 그는 실제로 **자신의 대**

자 존재를 완고하게 고수하는 일을 포기하지만, 단지 정신을 결여한 존재의 통일만을 산출해낼 뿐이다.

참된 균등화(Ausgleichung), 즉 **자기의식적**이고 **현존재하는** 균등화가 그 필연성에 따라서는 이미 선행하는 것 속에 함축되어 있다. 완고한 마음을 허물고서 보편성으로 고양하는 일은 자기 자신을 고백했던 의식에서 표현되었던 것과 똑같은 운동이다. 상흔을 남기지 않으면서 정신의 상처를 치유하기. 행실은 불멸의 것이 아니라 오히려 정신에 의해 자신 안으로 회수되며, 의도로서건 또는 현존재하는 부정성과 그것의 한계로서건 행실에 현존하는 개별성의 측면은 직접적으로 사라지는 것이다. 실현하는 **자기**(自己), 그의 행위의 형식은 단지 전체의 한 **계기**에 불과하며, 또한 판단을 통해 규정하면서 행위의 개별적 측면과 보편적 측면의 구별을 확립하는 지도 이와 마찬가지이다. 앞의 악한 자는 타자 속에서의 자기 자신의 직관에 의해서 고백하는 현존재로 유인되어서 이러한 자신의 외화(포기)를 정립하거나 자신을 계기로 정립한다. 그런데 전자가 특수한 대자 존재라는 자신의 승인받지 않은 일방적인 현존재를 허물듯이, 상대방도 자신의 승인받지 않은 일방적인 판단을 허물어야만 한다. 그리고 전자가 자신의 현실태에 대한 정신의 위력을 서술하듯이, 후자도 자신의 규정된 개념에 대한 (정신의) 위력을 서술해야만 한다.

그런데 후자는 분할하는 사고와 그런 사고를 고수하는 대자 존재의 완고함을 단념하게 되는데, 왜냐하면 그는 실제로 전자 속에서 자기 자신을 직관하기 때문이다. 이렇게 자신의 현실태를 내던져버리고서 자신을 **지양된 바로 이 사람**으로 만드는 그는 이를 통해 자신을 실제로(행실 속에서) 보편자로 서술한다. 그는 자신의 외적 현실태로부터 본질로서의 자신 안으로 복귀한다. 그러므로 보편적 의식은 그 속에서 자기 자신을 인식한다. ─ 그가 전자에게 건네는 용서는 자신에 관한 포기, 자신의 **비현실적** 본질에 관한 포기인데, 그는 **현실적** 행위였던 저 타자를 이런 비현실적 본질과 동일시하고 또 행위가 사고 속에서 획득했던 규정에 의해서 악한 것이라고 일컬어졌던 것을 선한 것으로 승인하거나, 또는 오히려 타자가 대자적으로 존재하는 행위 규정을 내려놓듯이 그도 규정된 사고와 대자적으로 존재하는 그의 규정하는 판단 사이의 구별을 내려놓는다.─화해의 말은 **현존재하는** 정신인데, 이러한 정신은 자신의 반대편 속에서, 즉 절대적으로 자신 안에 존재하는 **개별성**으로서의 자신에 관한 순수한 지 속에서 **보편적** 본질로서의 자기 자신에 관한 순수한 지를 직관한다. 즉, 이러한 정신은 상호 승인인데, 이것이 바로 **절대 정신**이다.

절대 정신은 오직 자기 자신에 관한 그의 순수한 지가 곧 자기 자신과의 대립과 교체가 되는 그런 정점에서만 현존재에 들어선다. 자신의 **순수한 지**가 추상적 **본질**이라는 점을 인지하는 가운데 절대 정신은 자기(自己)의 절대적 **개별성**으로서의 자신을 본질이라고 인지하는 지와의 절대적 대립 **속에서** 이렇게 인지하는 의무이다. 전자의 지는 자신을 본질로 인지하는 개별성을 즉자적으로 헛된 것, 즉 **악**이라고 인지하는 보편자의 순수한 연속성이다. 이에 반해 후자의 지는 자신의 순수한 단일자 속에서 자기 자신을 절대적인 것으로 인지하는 반면에 저 보편자는 단지 **대타적으로** 존재할 뿐인 비현실적인 것으로 인지하는 절대적 이산(離散, Diskretion)이다. 이 두 측면은 모두 이런 순수성으로 정화되어서, 이런 순수성 속에서는 더 이상 그 어떤 자기(自己)를 결여한 현존재도 또 의식에 대해서 부정적인 것도 그 두 측면에 존재하지 않으며, 오히려 전자의 **의무**는 자기 자신에 관한 지의 자기 동일적으로 유지되는 품성이고 또 후자의 악도 그에 못지않게 자신의 목적을 자신의 **자기 내 존재** 속에서 지니고 자신의 현실성을 자신의 언설 속에서 지닌다. 이 언설의 내용은 그의 존립의 실체이다. 이 언설은 정신이 자기 자신 안에서 지니는 확신이다. — 자기 자신을 확신하는 두 정신은 자신의 순수한 자기(自己) 이외의 그 어떤 다른 목적도 지니지 않고 또 바로 이 순수한 자기 이외의 그 어떤 다른 실재성과 현존재도 지니지 않는다. 그렇지만 그 두 정신은 여전히 상이하며, 이런 상이성은 순수한 개념이라는 요소 속에 정립되어 있기 때문에 절대적 상이성이다. 또한 이 상이성이 단지 우리에 대해서만 절대적인 것이 아니라 이러한 대립 속에 있는 개념들 자체에 대해 절대적이다. 왜냐하면 이 개념들은 비록 서로에 대해서 **규정된** 개념들이긴 하지만, 동시에 즉자적으로 보편적인 개념들이기 때문이다. 그래서 이 개념들은 (그 각각이 저마다) 자기(自己)의 범위 전체를 가득 채우며, 이 자기(自己)는 자신을 넘어서지도 않고 또 자신보다 더 제한되어 있지도 않은 그런 자신의 규정성 이외의 그 어떤 다른 내용도 가지지 않는다. 왜냐하면 절대적 보편자라는 그 한 가지 규정성은 개별성의 절대적 이산이라는 다른 편 못지않게 자기 자신에 관한 순수한 지이며, 그 두 규정성은 모두 오직 바로 이런 자신에 관한 순수한 지(dies reine sich Wissen)일 따름이기 때문이다. 따라서 그 두 규정성은 모두 그 규정성 자체가 직접적으로 지이거나 그것들의 **관계**와 대립이 곧 자아인 그런 인지하는 순수한 개념들이다. 그럼으로써 그 두 규정성은 **서로에 대해** 이런 전적인 대립자들이다. 그렇게 자기 자신과 맞서면서 현존재에 들어서는 것은 바로 온전한 **내면**이다. 그 두 규정성은 이런 대립을 통해서 **의식**으로 정립된 **순수한 지**를 이룬다. 그러나 그것이 아직 **자기의식**은 아니다. 그것은 이런 대립의 운동 속에서 그렇게 실현된다. 왜냐하면 이런 대립은 오히려 그 자체가 나=나의 **이산되지 않는 연속성과 동일성**이기 때문이다. 그리고 그 각각은 **대자적으로** 바로 [그 보편성이 동시에 아직 타자와 자신의 동일성에 저항하면서 이로부터 자신을 떼어내기도 하는] 그런 자신의 순수한 보편성이 지닌 모순에 의해 그 자체에서 지양된다. 이런 포기(외화)를 통해서 이렇게 자신의 **현존재** 속에서 양분되어 있는 지가 **자기**(自己)의 통일성 속으로 복귀한다. 이것이 바로 **현실적** 자아, 자신의 **절대적 반대** 속에서 **자기 자신**에 관한 보편적 지, 즉 자신의 따로 분리된 자기 내 존재의 순수성 덕에 그 자체가 완전히 보편적인 지인 그런 **자신 안에** 존재하는 지 속에서의 자기 자신에 관한 지이다. 두 자아가 그들의 대립하는 **현존재**를 내려놓는 화해의 '**그래**'(상호 승인의 언설, Ja)는 이원성(둘, Zweiheit)으로 확장된 **자아**의 **현존재**인데, 그 속에서 자아는 자기 동일적으로 유지되고 또 자신의 완전한 포기와 대립 속에서 자기 확신을 지닌다. 그것은 자신을 순수한 지로 인지하는 자아들 한가운데에서 현상하는 신(神)이다.

(C)

(CC) 종교

VII

종교

일반적으로 **의식, 자기의식, 이성, 정신**으로 구별했던 지금까지의 형태들에서도 역시 **종교**가 무릇 **절대적 본질**에 관한 의식으로서 출현하기는 했다. 하지만 종교가 절대적 본질을 의식하는 **의식의 관점**에서부터 출현했을 따름이지, 그 자체 **즉자 대자적인** 절대적 본질이, 즉 정신의 자기의식이 이런 형식들 속에서 나타났던 것은 아니다.

의식이 **오성**인 한에서는 이미 대상적 현존재의 **초감각적인 것**이나 **내면**의 의식이 되었다. 그러나 초감각적인 것, 영원한 것, 또는 이를 어떻게 일컫건 간에 그런 따위의 것은 **자기**(自己)를 **결여**하고 있다. 그것은 단지 이제 겨우 **보편자**에 불과한데, 이런 보편자는 자신을 정신으로서 인지하는 정신과는 아직 거리가 멀다. — 그다음으로 **불행한** 의식이라는 형태 속에서 완성에 이르는 **자기의식**은 단지 다시금 대상성을 향해 나아가려고 분투하지만 이에 도달하지 못하는 정신의 **고통**이었다. 그렇기 때문에 **개별적** 자기의식이 스스로를 그리로 이끌어 가는 자신과 그 불변의 **본질**의 통일은 개별적 자기의식의 **피안**으로 머문다. — 이런 고통에서부터 우리에 대해 발현했던 **이성**의 직접적 현존재와 그 특유의 형태들은 종교를 가지고 있지 않다. 왜냐하면 이런 이성의[491] 자기의식은 **자신을 직접적** 현전 속에서 인지하고 또 찾기 때문이다.

이에 반해 우리가 인륜적 세계에서는 종교를, 더욱이 **지하 세계의 종교**를 목격했다. 그것은 **운명**의 가공할 미지의 밤에 대한 신앙과 **사별한 정신**의 에우메니데스에 대한 신앙이다.[492] 전자는 보편성이라는 형식 속에서의 순수한 부정성이고, 후자는 개별성이라는 형식 속에서의 순수한 부정성이다. 그러므로 후자의 형식 속에서는 절대적 본질이 분명 **자기**(自己)이고, 또 자기(自己)가 이와 달리 될 수 없듯이 **현전하는 것**이기는 하다. 하지만 **개별적** 자기(自己)는 곧 운명인 보편성을 자신으로부터 분리된 채로 지니고 있는 **바로 이** 개별적 그림자이다. 비록 그가 그림자, 즉 **지양된 바로 이 사람**이고, 따라서 보편적 자기(自己)이기는 하다. 그러나 전자의 부정적인 의미가 아직 이런 긍정적인 의미로 전환된 것은 아니며, 그렇기 때문에 지양된 자기(自己)는 동시에 여전히 직접적으로 바로 이 특수하고 본질을 결여한 자를 뜻한다. — 그런데 자기(自己)를 결여한 운명은 자체 내에서 아무런 구별에도

---

491) 인칭대명사가 '이성' 대신에 '이성의 직접적 현존재와 그 특유의 형태들'을 지시하는 것으로 독해할 수도 있다.

492) 그리스 신화와 비극 작품에서 에우메니데스는 복수의 여신들인 에리니에스가 자비의 여신으로 변화했을 때의 또 다른 이름이다. 헤겔은 이 여신들을 앞에서는 에리니에스나 푸리아로 호명하다가 이 구절에서 처음으로 긍정적인 의미를 지닌 에우메니데스로 칭한다. 아이스킬로스, 『오레스테이아』, 두행숙 역, 열린책들, 2012, 제3부 「자비로운 여신들」 및 에우리피데스, 『에우리피데스 비극 전집 2』, 천병희 역, 숲, 2002, 「오레스테스」, 특히 304쪽 및 372쪽 참조.

또 자기 자신에 관한 지의 명료성에도 이르지 못하는 무의식적 밤에 머물고 만다.

이런 필연성의 무(無)에 대한 신앙과 지하 세계에 대한 신앙은 **하늘나라**에 대한 **신앙**이 된다. 왜냐하면 사별한 자기(自己)는 스스로를 자신의 보편성과 합일시키고서 그런 보편성 속에서 자신이 품고 있는 것을 흩어 열어야만 하고, 그렇게 하여 스스로에게 명료해져야 하기 때문이다. 그러나 우리는 이런 신앙의 **왕국**이 단지 사유라는 요소 속에서 개념을 결여한 채로 그 내용을 펼칠 뿐이고, 그렇기 때문에 자신의 운명인 **계몽**의 **종교** 속에서 몰락하는 것을 보았다. 계몽의 종교 속에서 오성의 초감각적 피안이 복원되기는 하지만, 자기의식은 만족한 상태로 차안(此岸)에 서서 **공허**를 인식하지도 못하고 또 두려워할 필요도 없는 초감각적 피안을[493] 자기(自己)로 인지하지도 않고 또 위력으로 인지하지도 않는다.

마지막으로 도덕성의 종교에서는 절대적 본질이 하나의 긍정적인 내용이라는 점이 복구되기는 했지만, 이 긍정적인 내용은 계몽의 부정성과 통합되어 있다. 이 내용은 그에 못지않게 자기(自己) 안으로 회수되어 그 안에 유폐되어 있는 그런 **존재**이고, 또 그 부분들은 수립되는 것 못지않게 직접적으로 부정되는 그런 **구별된 내용**이다. 그러나 이런 모순적인 운동이 빠져드는 운명은 자신을 **본질태**와 **현실태**의 운명으로 의식하는 자기(自己)이다.

자기 자신을 인지하는 정신이 종교에서는 직접적으로 자신의 고유하고 순수한 **자기의식**이다. 지금까지 고찰한 정신의 여러 형태들, 즉 참된 정신과 자신으로부터 소외된 정신과 자기 자신을 확신하는 정신이라는 형태들

---

493) (Werke) 자기의식은 만족한 상태로 차안에 서서 초감각적 피안을, 즉 인식되지도 않고 또 두려워할 필요도 없는 **공허한** 피안을

은 함께 모여 자신의 **의식** 속에서의 정신을 이루지만, 이 의식은 정신의 **세계**에 대치하여 등장하면서 이 세계 속에서 자신을 인식하지 못한다. 그러나 양심 속에서는 정신이 그의 대상적 세계 일반과 마찬가지로 또한 그의 표상과 그의 규정된 개념들을 자신에게 종속시키고서 이제 자신에게서 존재하는 자기의식(bei sich seiendes Selbstbewußtsein)이 된다. 이런 자기의식 속에서 정신이 **대상**으로 **표상될** 경우, 그것은 일체의 본질과 일체의 현실을 자신 안에 내포하고 있는 보편적 정신이라는 의미를 대자적으로 지니게 된다. 그렇지만 이 정신이 자유로운 현실이나 자립적으로 나타나는 자연이라는 형식을 띠지는 않는다. 물론 이 정신은 자신의 의식의 **대상**이 됨으로써 **형태**를 또는 존재의 형식을 지니기는 한다. 그렇지만 종교에서는 의식이 **자기**의식이라는 본질적 규정 속에 정립되어 있기 때문에 그 형태가 그 자신에게 완전히 투명하다. 그리고 이 정신이 품고 있는 현실은, 바로 우리가 '**일체의 현실**'이라고 말할 때와 마찬가지 방식으로, 이 정신 속에 유폐되어 있거나 이 정신 속에서 지양되어 있다. 즉, 그 현실은 **사유된** 보편적 현실이다.

그러므로 종교에서는 정신 본래의 의식이 지닌 규정이 자유로운 **타자존재**라는 형식을 가지고 있지 않기에, 정신의[494] **현존재**는 그의 **자기의식**과 구별되고, 또 정신 본래의 현실은 종교 외부에 귀속된다. 물론 양자에 **한 가지** 정신이 존재하기는 하지만, 정신의 의식이 양자를 동시에 모두 포괄하지는 않는다. 그리고 종교는 현존재와 행동과 거동의 한 부분으로 나타나고, 그 다른 부분은 정신의 현실적 세계 속에서의 삶이다. 이제 우리가 (한편으로는) 자신의 세계 속에서의 정신과 (다른 한편으로는) 자신을 정신으

---

494) 인칭대명사가 '정신' 대신에 '정신 본래의 의식'을 지시하는 것으로 독해할 수도 있다.

로 의식하는 정신 내지 종교 속에서의 정신이 한가지 똑같은 것이라는 점을 알고 있듯이, 종교의 완성은 그 두 가지가 서로 동일하게 되는 데에, 게다가 종교가 정신의 현실을 포괄할 뿐만 아니라 또한 역으로 정신이 자신을 자기의식하는 정신으로서[495] 현실적으로 되고 또 **자신의 의식의 대상**이 되는 데에 존립한다. ─ 정신이 종교 속에서는 자신을 자기 자신에게 **표상하는** 한, 물론 정신은 의식이고 또 종교 속에 함유되어 있는 현실은 정신이 지닌 표상의 형태이자 의상(衣裳)이다. 그러나 이러한 표상 속에서는 현실이 자신의 완전한 권리를, 즉 단지 의상에 불과한 것이 아니라 자립적이고 자유로운 현존재라는 권리를 부여받지 못한다. 또한 역으로 이 현실에는 자기 자체 내에서의 완성이 결여되어 있기 때문에, 그 현실은 자신이 서술해야 하는 것에, 즉 자신을 스스로 의식하는 정신에 도달하지 못하는 하나의 **규정된** 형태이다. 정신의 형태가 정신 자신을 표현하는 것이라면, 그 형태 자체가 다름 아니라 정신이어야만 하고 또 정신이 자신의 본질 속에서 존재하는 바대로 스스로에게 현상하거나 현실적이어야만 할 터이다. 오직 그럼으로써만 또한 정반대의 요청인 듯이 보이는 것, 즉 정신의 의식의 **대상**이 동시에 자유로운 현실이라는 형식을 지닌다는 것에 도달하게 될 터이다. 그러나 오직 자신에게 절대 정신으로서 대상인 그런 정신만이 스스로에게 자유로운 현실인 만큼이나 또한 그런 현실 속에서 자기의식적으로 유지된다.

우선 (첫째로) 자기의식과 본래의 의식이, 즉 **종교**와 자신의 세계 속에서의 정신 내지 정신의 **현존재**가 구별되면서, 후자는 그 계기들이 서로 갈라져 등장하여 저마다 자신을 대자적으로 서술하는 한에서의 정신 전체 속

---

495) (Werke) 자기 자신을 의식하는 정신으로서

에 존립한다. 그런데 그런 계기들이 곧 **의식**과 **자기의식**과 **이성**과 **정신**인데, 이때의 정신은 아직 정신의 의식이 되지 못한 직접적 정신으로서의 정신이다. 이 계기들을 **총괄한** 전체성이 곧 그 세속적 현존재 일반 속에서의 정신을 이룬다. 그러한 것으로서의 정신(전체 정신)은 그 보편적 규정 속에서의 지금까지의 형태들을, 즉 방금 언급한 계기들을 내포하고 있다. 종교는 이 계기들의 경과 전체를 전제하며, 그것은 이 계기들의 **단순한** 총체 또는 절대적 자기(自己)이다. — 그 밖에도 (둘째로) 종교와의 관계 속에서 이 계기들의 진행을 시간상에서 표상해서는 안 된다. 오직 전체 정신만이 시간 속에 있으며, 전체 **정신** 자체의 형태인 그 형태들은 (비시간적 규정들의) 연쇄 속에서 서술된다. 왜냐하면 오직 전체만이 본래의 현실성을 지니며, 그렇기 때문에 타자에 맞선 순수한 자유라는 형식을 시간으로 표현하면서 지니기 때문이다. 이에 반해 의식과 자기의식과 이성과 정신이라는 전체의 **계기들**은 바로 그것들이 계기인 까닭에 서로 상이한 현존재를 지니지 않는다. — 셋째로, 정신이 자신의 계기들과 구별되듯이, 또한 이 계기들 자체로부터 그 계기들의 개별화된 규정이 구별되어야 한다. 즉, 우리는 이 계기들 각각이 그 자체에서 고유하게 진행되면서 다시금 구별되어 상이하게 형태화되는 것을 본다. 예를 들면 의식에서 감각적 확신과 지각이 구별되는 것과 같다. 이 마지막 측면들은 시간 속에서 갈라져 등장하면서 하나의 **특수한 전체**에 귀속된다. — 왜냐하면 정신은 자신의 **보편성**에서 **규정**을 통해 **개별성**으로 하강하기 때문이다. 그런 규정이나 매개 중심이 곧 **의식, 자기의식** 등등이다. 그런데 이런 계기들의 여러 형태들이 **개별성**을 이룬다. 그렇기 때문에 이 형태들은 자신의 개별성이나 **현실성** 속에서의 정신을 서술하며, 또 시간 속에서 자신을 구별하되, 후속하는 것이 선행하는 것을 자신에 보존하는 식으로 서로 구별한다.

그렇기 때문에 종교는 정신의 개별적 계기들인 의식과 자기의식과 이성과 정신이 그것들의 **근거**로서 그 안으로 **되돌아가고** 또 **되돌아간** 그런 정신의 완성이다. 그렇다면 이런 정신의 개별적 계기들이 함께 모여 전체 정신의 **현존재하는 현실태**를 이루는데, 이 전체 정신은 오직 이런 자신의 측면들이 벌이는 구별 짓고 또 자신 **안으로** 되돌아가는 운동으로서 **존재할** 따름이다. **종교 일반의** 생성은 보편적 계기들의 운동 속에 내포되어 있다. 하지만 이런 속성들(Attribute) 각각이 어떻게 보편적으로 규정되는지에 따라서만이 아니라 저마다 어떻게 **즉자 대자적으로** 존재하는지에 따라서, 즉 각각이 어떻게 자기 자체 안에서 전체로서 진행되는지에 따라서 서술되었기에, 이를 통해 발생한 것은 또한 단지 종교 **일반의** 생성만이 아니다. 오히려 그런 **개별적** 측면들의 완전한 진행은 동시에 **종교의 규정태들** 자체도 내포하고 있다. 전체 정신인 종교의 정신은 다시금 그의 직접성에서 벗어나 자신이 **즉자적으로** 또는 직접적으로 무엇인지에 관한 지(知)에 도달하고 또 그가 그렇게 자신의 의식에 대해 현상하는 **형태**가 자신의 본질과 완전히 동일하게 되어 그가 존재한 바대로 자신을 직관하게 되는 데에 이르는 운동이다. ― 그러므로 이와 같은 생성 속에서 정신은 그 자체가 이런 운동의 구별자들을 이루는 **특정한**(규정된) 형태를 띠게 된다. 그럼으로써 특정한 종교는 동시에 그에 못지않게 하나의 **규정된 현실적** 정신을 지닌다. 그러니까 의식과 자기의식과 이성과 정신이 자신을 인지하는 정신 일반에 귀속된다면, 의식과 자기의식과 이성과 정신 내에서 제각각 특수하게 발전한 **특정한** 형식들은 자신을 인지하는 정신의 **특정한** 형태들에 귀속된다. 종교의 **특정한** 형태는 자신의 현실적 정신을 위해 그 각각의 계기들이 지닌 형태들 중에서 자신에 상응하는 형태를 끄집어낸다. 종교의 **한 가지** 규정태는 자신의 현실적 현존재가 지닌 모든 측면들을 관통하여 장악하고 또 이런 공통의 인장을 그 모든 측면들에 각인한다.

이제 이런 방식으로 지금까지 등장한 형태들이 그 순서대로 나타난 것과는 다르게 배열된다. 이에 관해 아직 필요한 점을 미리 간략하게 언급하겠다.— 지금까지 고찰한 계열에서는 각각의 계기가 자신 안으로 심화되면서 그 특유의 원리 속에서 하나의 전체를 형성한다. 그리고 결코 홀로(대자적으로) 존립하지 못하는 이 계기들이 자신의 실체를 지니게 되는 심층이나 정신은 바로 인식 행위였다. 그런데 이런 실체가 이제 발현했다. 이 실체는 곧 자기 자신을 확신하는 정신이라는 심층인데, 이러한 심층은 개별 원리가 자신을 유리시키고서 그 자체 안에서 전체로 만드는 것을 허용하지 않는다. 오히려 이 심층은 이 계기들을 모두 자신 안에 모아 결집하면서 이렇게 자신의 현실적 정신이 지닌 풍요로움 일체 속에서 전진하며, 이런 현실적 정신의 특수한 계기들은 모두 공동으로 전체의 동일한 규정성을 자신 안으로 취하고 또 수용한다.— 이렇게 자기 자신을 확신하는 정신과 그 운동은 그런 특수한 계기들의 참다운 현실성이자 각각의 개별적 계기들에 배당된 **즉자 대자** 존재이다.— 그러므로 지금까지의 **단일** 계열은 여러 마디들(Knoten)을 통해 전진하는 가운데 그 계열 속에서 후퇴(회귀)를 지시했지만, 다시금 이런 마디들로부터[496] **하나의** 선분(Eine Länge)으로 이어졌다. 반면에 이제는 단일 계열이 이를테면 이런 마디를 이루는 보편적 계기들에서 부서져 여러 개의 선(Linie)들로 파열되는데, 이 선들은 **하나의** 묶음 속으로 집약되는 동시에 대칭적으로 통합되어서 각각의 특수한 선이 그 자체 내에서 형태화한 동일한 구별자들이 서로 맞닿게 된다.— 그 밖에도 여기서 제시한 일반적인 방향들의 병렬(Beiordnung)을 어떻게 이해해야 하는가는 지금

---

496) 인칭대명사가 '마디들' 대신에 '후퇴들'을 지시하는 것으로 독해할 수도 있다.

까지의 서술 전체에서 스스로 밝혀진다. 그래서 이런 구별자들을 본질적으로 단지 생성의 계기들이라고 파악해야지 부분들이라고 파악해서는 안 된다는 점을 새삼 지적하는 것은 불필요한 일이다. 현실적 정신에서는 이 구별자들이 정신이라는 실체의 속성들이다. 반면에 종교에서는 오히려 이 구별자들이 단지 주어(정신이라는 주체)의 술어들에 불과하다. ─ 이와 마찬가지로 **즉자적으로는** 또는 **우리에 대해서는** 물론 모든 형식이 무릇 정신 속에 존재하고 또 각각의 계기 속에 내포되어 있다. 하지만 정신의 현실성에서는 무릇 어떤 규정성이 정신에 대해 그의 **의식** 속에 존재하고 또 어떤 규정성 속에서 정신이 그의 자기(自己)를 표현하는지 또는 어떤 형태 속에서 정신이 자신의 본질을 인지하는지가 관건이 된다.

현실적 정신 그리고 자신을 정신으로서 인지하는 정신 사이의 구별 또는 의식으로서의 자기 자신 그리고 자기의식으로서의 자기 자신 사이에서 이루어진 구별은 자신을 그 진리에 따라 인지하는 정신 속에서 지양되었다. 정신의 의식과 정신의 자기의식은 균일화되었다. 그러나 여기서 종교는 이제 겨우 **직접적으로** 존재하며, 그와 같은 구별은 아직 정신 속으로 환원되지 않았다. 단지 종교의 **개념**이 정립되었을 뿐이다. 이런 종교의 개념 속에서 본질이 되는 것은 바로 스스로에게 일체의 진리이고 또 이러한 진리 속에 일체의 현실성을 함유하고 있는 그런 **자기의식**이다. 이 자기의식은 의식으로서 자신을 대상으로 삼고 있다. 그러므로 자신을 이제 막 **직접적으로** 인지하는 정신은 자신에게 **직접성**의 **형식**을 띤 정신이며, 그가 스스로에게 현상하는 형태가 지닌 규정성은 **존재**라는 규정성이다. 물론 이 존재는 감정이나 잡다한 소재들로 **채워져** 있지도 않고 그 밖의 일면적인 계기들, 목적들, 규정들로 채워져 있는 것도 아니며, 오히려 정신으로 (정신 자신을 그 내용으로 삼아) 충만해 있고 또 자신에 의해 곧 일체의 진리이자 현실로 인지된다. 이러한 방식으로 그런 **충만**은 그 **형태**와 동일하지 않고, 또 본질로서의 정신은 그의 의식과 동일하지 않다. 이 정신은 절대 정신으로서 그가 **자기 확신** 속에 존재하는 바대로 또한 스스로에게도 자신의 **진리** 속에 존재하거나 그가 의식으로서 자신을 분할해 놓는 극단들이 서로에 대해 정신 형태(Geistsgestalt)가 됨으로써 비로소 현실적으로 존재하게 된다. 정신이 자신의 의식의 대상으로서 취하는 형태화는 정신의 확신인 실체로 충만한 상태로 유지된다. 대상이 순수한 대상성으로, 즉 자기의식에 대한 부정성의 형식으로 전락하는 일은 이러한 내용을 통해 사라진다. 정신이 자기 자신과 이루는 직접적 통일은 그 **내부에서** 의식이 갈라져 등장하는 토대 또는 순수한 의식이다. 정신이 종교 속에서는 이런 방식으로 자신의 순수한 자기의식 속에 밀폐되어 있어서 **자연** 일반의 창조자로서 실존하지는 않는다. 오히려 정신이 이런 운동 속에서 산출하는 것은 정신으로서의 자신의 형태들인데, 이 형태들이 함께 정신의 현상의 완벽함을 이루며, 이 운동 자체가 그것의 개별적 측면들을 통한 또는 정신의 불완전한 현실태들을 통한 정신의 완전한 현실태의 생성이다.

정신의 첫 번째 현실태는 종교의 개념 자체 또는 **직접적**이고 따라서 **자연적인 종교**(natürliche Religion)로서의 종교이다. 자연 종교 속에서는 정신이 자신을 자신의 자연적 내지 직접적 형태를 띤 대상으로 인지한다. 반면에 그 **두 번째** 현실태는 필연적으로 자신을 **지양된 자연성**이라는 형태나 **자기**(自己)라는 형태 속에서 인지하는 것이다. 그러므로 이런 현실태가 바로 **예술 종교**(künstliche Religion)이다. 왜냐하면 형태는 의식의 **창출 행위**를 통해서 자신을 **자기**(自己)라는 형식으로 고양시키는데, 이를 통해 의식은 자신의 대상 속에서 자신의 행동이나 자기(自己)를 직관하게 되기 때문이다. 마지막으로 **세 번째** 현실태는 처음 두 현실태의 일면성을 지양한다. 즉, **자기**(自己)가 곧 **직접적인 것**이고, 또한 이에 못지않게 **직접성**이 곧 **자기**(自己)이다. 첫 번째 현실태 속에서는 정신이 무릇 의식이라는 형식을 띠고 있고, 또 두 번째 현실태 속에서는 자기의식이라는 형식을 띠고 있다면, 세 번째 현실태 속에서는 정신이 양자의 통일이라는 형식을 띠고 있다. 즉, 정신은 즉자 **대자 존재**라는 형태를 지닌다. 그러므로 정신이 즉자 대자적으로 존재하는 바대로 표상되는데, 이것이 바로 **계시 종교**(公敎, offenbare Religion)이다. 그러나 비록 정신이 계시 종교에서 자신의 참된 **형태**에 도달하기는 하지만, 바로 이 **형태** 자체와 **표상**은 아직 극복되지 않은 측면이어서, 정신은 이런 측면으로부터 **개념**으로 이행해야만 한다. 이는 (자기 자신 못지않게) 또한 (대상성이라는) 이런 자신의 반대도 자신 안에 포함하고 있는 개념[497] 속에서 대상성이라는 형식을 온전히 해소하기 위해서이다. 그러고 나면 (지금까지는) 단지 우리가 겨우 정신의 개념을 파악했을 뿐이었듯이 (이제는) 정신이 자기 자신에 관한 개념을 파악하게 되었으며, 정신의 형태나 그의 현존재라는 요소는 그것이 곧 개념이기에 바로 정신 자신이다.

A. 자연 종교

정신을 인지하는 정신은 자기 자신에 관한 의식이며, 스스로에게 대상적인 것이라는 형식을 띠고 있다. 즉, 그는 **존재한다**. 그리고 동시에 그는 **대자 존재**이다. **그는 대자적으로 존재하며**, 그는 바로 **자기**의식이라는 측면이다. 더욱이 그는 자신의 의식이라는 측면에 맞서 있는 또는 자신을 대

---

497) 인칭대명사가 '개념' 대신에 '정신'을 지시하는 것으로 독해할 수도 있다.

상으로서의 자기 자신과 연관지음이라는 측면에 맞서 있는 그런 자기의식이라는 측면이다. 그의 의식 속에는 대립이 존재하고 또 이를 통해 그가 스스로에게 현상하면서 자신을 인지하게 되는 형태의 **규정성**이 존재한다. 종교에 관한 지금의 고찰에서는 오로지 이런 규정성이 관건이 된다. 왜냐하면 정신의 무형태적 본질이나 그의 순수한 개념은 이미 밝혀졌기 때문이다. 그런데 의식과 자기의식의 구별은 동시에 자기의식 내에 귀속된다. 종교의 형태는 정신이 사고로부터 자유로운 자연인 바대로의 정신의 현존재도 포함하지 않고 또 정신이 현존재로부터 자유로운 사고인 바대로의 정신의 현존재도 포함하지 않는다. 오히려 종교의 형태는 사유 속에서 보존된 현존재이자 또한 스스로에게 현존재하는 사유된 것이다.— 정신이 자신을 인지하는 이런 형태가 지닌 **규정성**에 따라서 하나의 종교가 다른 종교와 구별된다. 물론 정신이 이런 **개별적 규정성**에 따라서 자신에 관한 지를 서술하는 것으로는 사실 하나의 현실적 종교 전체가 소진되지는 않는다는 점도 동시에 유의해야 한다. 앞으로 등장할 일련의 상이한 종교들은 그에 못지않게 다시금 단지 하나의 단일 종교가 지닌, 게다가 **각각의 개별** 종교가 지닌 상이한 측면들을 서술할 따름이다. 그리고 하나의 현실적 종교를 다른 현실적 종교보다 두드러지게 만드는 듯이 보이는 표상들은 각각의 모든 종교에서 등장한다. 하지만 동시에 이러한 상이성은 또한 종교의 상이성으로서도 고찰되어야 한다. 왜냐하면 정신이 그의 의식과 그의 자기의식 사이의 구별 속에 처해 있으므로, 그 운동은 이런 핵심 구별을 지양하고서 의식의 대상인 형태에 자기의식의 형식을 부여하는 것을 목표로 삼기 때문이다. 그러나 의식이 품고 있는 형태들이 또한 자기(自己)라는 계기를 자체에 지닌다고 해서 그리고 신이 **자기의식**으로 **표상**된다고 해서 이미 이 것으로 그런 구별이 지양되지는 않는다. **표상된** 자기(自己)가 **현실적** 자기는 아니다. 형태에 관한 그 밖의 모든 상세한 규정과 마찬가지로 이 자기(自己)가 진실로 바로 이 형태에 귀속되려면, 그것이 한편으로는 자기의식의 행동을 통해서 이 형태 속에 정립되어야만 하고, 다른 한편으로는 하위의 규정이 보다 상위의 규정에 의해 지양되어서 개념적으로 파악된 것으로 드러나야만 한다. 왜냐하면 오직 자기(自己)가 이 표상된 것을 창출해내었고, 그래서 대상의 규정을 곧 **자기 자신의** 규정으로 직관하며, 그럼으로써 대상 속에서 자신을 직관함으로써만 표상된 것은 그저 표상된 것이기를 멈추고 또 그것의 지와 이질적인 것이기를 멈추게 되기 때문이다. ─ 동시에 이러한 활동을 통해서 보다 하위의 규정이 사라지게 된다. 왜냐하면 행동은 타자를 대가로 삼아 수행되는 부정적인 것이기 때문이다. 보다 하위의 규정이 (보다 상위의 규정이 지배하는 형태 속에서) 아직도 나타나는 한, 그것은 비본질성으로 후퇴해 있다. 이와 반대로 보다 하위의 규정이 여전히 지배적인 상태에서 또한 보다 상위의 규정도 나타나는 곳에서는 그 하나가 다른 하나 곁에 자기(自己)를 결여한 채로 자리를 잡고 있다. 그렇기 때문에 비록 하나의 개별 종교 내에서 상이한 표상들이 그 형식들의 운동 전체를 서술하기는 하지만, 각각의 개별 종교가[498] 지닌 특징은 의식과 자기의식의 특수한 통일에 의해서, 다시 말해 의식의 대상이 지닌 규정을 자기의식이 자신 안에 포괄하고서 자신의 행동을 통해 완전히 전유하여 여타의 규정에 맞선 본질적 규정으로 인지하는 것에 의해서 규정되어 있다. ─ 종교적 정신이 지닌 규정에 대한 신앙의 진리는 다음과 같이 나타난다. 즉, **현실적** 정신이 종교 속에서 자신을 직관하게 되는 형태는 (예를 들어 동양 종교에서 등장

---

498) 지시대명사가 '개별 종교' 대신에 '표상'을 지시하는 것으로 독해할 수도 있다.

하는 신의 강생(降生)은) 그 현실적 정신이 이와 같은 (신과 인간의) 화해를 결핍하고 있기 때문에 아무런 진리성도 지니지 못하는 것과 같은 상태에 현실적 정신이 처해 있다는 것이다. ─ 규정들의 총체에서 개별적 규정으로 되돌아가서 그런 개별적 규정과 그 규정의 특수한 종교 내에서 어떤 형태 속에 여타 규정들의 완벽함이(여타 규정들이 완벽하게) 내포되어 있는지를 제시하는 것은 여기서 다룰 일이 아니다. 보다 하위의 형식으로 강등된 보다 상위의 형식은 자기의식적 정신을 위한 그 의미를 결여한 채로 자기의식적 정신에게 단지 피상적으로만 귀속되어서 그 정신의 표상에 귀속될 뿐이다. 보다 상위의 형식은 그 특유의 의미 속에서 고찰되어야 하고, 그것이 이런 특수한 종교의 원리이자 또 그것의 현실적 정신에 의해 입증되어 있는 곳에서 고찰되어야 한다.

a. 광원체

그것이 곧 **자기의식**인 **본질**로서의 정신은 또는 그것이 곧 일체의 진리이고 또 일체의 현실을 자기 자신이라고 인지하는 자기의식적 본질은 그 의식의 운동 속에서 스스로에게 부여하는 실재에 대해서는 단지 이제 겨우 **그 개념**에 불과하다. 그리고 이 개념은 이러한 (의식의 운동을 통한 실재의) 전개의 환한 대낮에 맞서 있는 정신의 본질의 밤이며, 자립적인 형태로서의 자신의 계기들의 현존재에 맞서 있는 그 탄생의 창조적 비밀이다. 이러한 비밀은 그 자체 안에 자신의 현현을 지니고 있다. 왜냐하면 그 개념은 자신을 인지하는 정신이고, 따라서 의식이 되어서 자신을 대상적으로 표상한다는 계기를 그 본질 속에 지니고 있는 까닭에, 이런 개념 속에 현존재가 그 필연성을 지니고 있기 때문이다.(이런 개념 속에 필연적으로 현존재가 내포되어 있기 때문이다.) ─ 그것은 자신의 외화 속에서 **보편적 대상**으로서의 자신 안에 자기 확신을 지니고 있는 순수한 **자아**이다. 또는 그것에 대해 이 대상은 일체의 사유와 일체의 현실의 삼투이다.

자신을 인지하는 절대 정신에서 일어나는 직접적인 최초의 분열에서는 정신의 형태가 **직접적 의식**이나 **감각적** 확신에 해당하는 규정을 지니고 있다. 정신은 자신을 **존재**라는 형식 속에서 직관하는데, 그렇지만 그것이 정신을 결여한 채로 느낌의 우연한 규정들로 채워진 그런 감각적 확신에 속하는 **존재**라는 형식은 아니다. 오히려 그것은 정신으로 충만한 존재이다. 이 존재는 그에 못지않게 직접적 **자기의식**에서 등장했던 형식, 즉 자신의 대상으로부터 후퇴하는 정신의 자기의식(노예의 자기의식)에 대항한 **주인**이라는 형식도 자체에 내포하고 있다. ─ 그러므로 이렇게 정신의 개념으로 충만한 **존재**는 정신이 자기 자신과 맺는 **단순한** 관련이라는 **형태** 또는 무형태성이라는 형태이다. 이러한 규정 때문에 이 형태는 바로 만물을 품고서 채워주는 일출(日出, Aufgang)의 순수한 **광원체**(별, Lichtwesen)인데, 이 광원체는 자신의 무형식적 실체성 속에서 자신을 보존한다. 그것의 타자 존재는 그에 못지않게 단순한 부정적인 것인 **암흑**이다. 광원체의 고유한 외화 운동은, 즉 자신의 타자 존재가 지닌 무저항의 요소 속에서 그것이 만들어내는 창조물들은 곧 빛의 방출인데, 이는 그 단순성 속에서 동시에 광원체의 대자화이자 그 현존재로부터의 복귀이며, 형태화를 집어삼키는 불길이다. 물론 광원체가 자신에게 부여하는 구별은 현존재의 실체 속에서 계속 증식되어 자신을 자연의 여러 형상들로 형태화한다. 그러나 광원체의 사유가 지닌 본질적 단순성은 이런 형상들 속에서 정처 없이 불가해하게 소요하며, 그것들의 경계를 무한도로 확장하면서 장관(壯觀)으로까지 드높여진 그것들의 아름다움을 그 숭고함 속에서 해체한다.

그렇기 때문에 이런 순수한 **존재**가 전개하는 내용이나 그것의 지각은 이런 실체에 본질을 결여한 채로 주변에서 관여하는 것(사례가 되는 것, Beiherspielen)인데, 이때 실체는 단지 **떠오를**(aufgehen) 뿐이지 자신 안으로 **내려가**(niedergehen) 주체가 되어서 자기(自己)를 통해 자신의 구별을 확립하지는 않는다. 이 실체의 규정들은 자립성을 향해 뻗어나가지 못한 채 단지 여러 가지 이름을 지닌 단일자의 이름에 머물고 마는 속성에 불과하다. 이 단일자는 자기(自己)를 결여한 장식품인 현존재의 다양한 힘들과 현실성의 형태들로 치장하고 있다. 이것들은 자신의 고유한 의지를 결여한 채 단지 단일자의 위력을 알려줄 뿐인 전령(傳令), 단일자의 장엄함에 관한 직관이자 단일자를 찬양하는 목소리에 지나지 않는다.

그런데 이렇게 흥청대며 비틀거리는 삶은 자신을 **대자 존재**로 향하도록 규정해야만 하며, 소멸하는 자신의 형태들에 존립을 부여해야만 한다. 그 속에서는 이러한 삶이 스스로를 자신의 의식에 대치하게 되는 그런 **직접적 존재**는 그 자체가 자신의 구별자들을 해체하는 **부정적** 위력이다. 그러므로 그것이 참으로는 **자기**(自己)이며, 그렇기 때문에 정신은 자신을 자기(自己)라는 형식 속에서 인지하는 데로 이행한다. 순수한 빛은 자신의 단순성을 형상들의 무한성으로서 흩뿌려 방출하고서 개별자가 그것의 실체에서 존립할 수 있게끔 자신을 대자 존재에 희생물로 바친다.

b. 식물과 동물

무형태의 본질로부터 자신 안으로 돌아온 자기의식적 정신 또는 자신의 직접성을 자기(自己) 일반으로 고양시킨 자기의식적 정신은 자신의 단순성을 대자 존재의 다양성이라고 규정한다. 그것이 바로 정신적 **지각**의 종교인데, 이러한 종교에서는 정신이 보다 더 허약하거나 강력하기도 하고 또 보다 더 풍부하거나 빈약하기도 한 여러 정신의 무수한 다수성으로 파열된다. 처음에는 이 정신 원자들의 **평온한**(정적인) 존속인 이런 범신론은 그 자체에서 **적대적** 운동이 된다. 단지 자기(自己)를 결여한 채로 자기(自己)에 관한 표상에 불과한 **꽃의 종교**(Blumenreligion)가 지닌 무구함은 투쟁적 삶의 진지함으로, 즉 **동물 종교**(Tierreligion)의 죄과로 이행하고, 직관하는 개체성의 안정과 무기력은 파괴적 대자 존재로 이행한다. — 지각의 사물들로부터 **추상의 죽음**을 제거하고서(지각의 대상이 되는 사물들로부터 추상화가 야기하는 생동성의 상실을 제거하고서) 그것들을 정신적 지각의 본체로 고양시킨다고 해도 이는 아무런 도움이 되지 않는다. 이런 정신의 왕국에 영혼을 불어넣는 일은 그것들의(꽃의 종교가 지각하는 식물 형태들의) 무구한 아무런들 상관없음을 장악해버리는 규정성과 부정성에 의해서 그 자체에 그런 추상의 죽음을 지니고 있다. 평온한 식물 형태들의 다양성으로 분산되었던 것이 이런 규정성과 부정성을 통해서 적대적 운동이 되는데, 이런 적대적 운동 속에서는 이 형태들의 대자 존재가 표출하는 증오가 이 형태들을 마모시킨다. — 이렇게 분산된 정신의 **현실적** 자기의식은 일단의 개별화된 비사교적인 민족 정신들인데, 이들은 서로의 증오 속에서 죽음을 걸고 투쟁하면서 특정한 동물 형태를 자신의 본질로 의식하게 된다. 왜냐하면 이런 민족 정신은 다름 아니라 동물 정신, 즉 서로 떨어져 보편성을 결여한 채로 스스로를 의식하는 동물의 삶이기 때문이다.

그러나 이런 증오 속에서 순수하게 부정적인 대자 존재의 규정성이 마모되며, 이러한 개념의 운동을 통해서 정신은 또 다른 형태를 띠고 등장한다. **지양된 대자 존재**는 자기(自己)에 의해 산출된 **대상의 형식** 또는 오히려 산출되어서 자신을 마모시키는 자기(自己), 즉 사물화되는 자기(自己)인 그런 대상의 형식이다. 그렇기 때문에 단지 갈가리 찢어버릴 뿐인 동물 정신에 대해서 노동하는 자가 우위를 점하게 되는데, 이 노동자의 행동은 단지 부정적인 것이 아니라 또한 평온해진 것이자 긍정적인 것이다. 그러므로 이제 정신의 의식은 직접적 **즉자 존재**만큼이나 또한 추상적 **대자 존재**도 넘어서 있는 운동이 된다. 즉자가 대립을 통해 하나의 규정성으로 전락함으로써 그것은 더 이상 절대 정신의 고유한 형식이 아니다. 오히려 즉자는 곧 정신의 의식이 자신과 대립해 있는 통속적인 현존재로 미리 발견하고서 지양하는 현실이다. 여기서 정신의 의식은 이런 지양하는 대자 존재일 뿐만 아니라 또한 이에 못지않게 자신의 표상을, 즉 대상의 형식으로 외부에 정립된 대자 존재를 산출해낸다. 하지만 이런 산출 행위는 아직 완전한 산출이 아니라 제약된 활동이자 현존하는 것을 조형하는 행위이다.

c. 장인

그러므로 여기서 정신은 **장인**(Werkmeister)으로 나타나며, 그가 자기 자신을 대상으로 산출하지만 아직 자신에 관한 사고를 포착하지는 못하게끔 만드는 그의 행동은 마치 벌이 벌집을 짓는 것과 같은 일종의 본능적인 노동이다.

그것이 직접적인 것이기 때문에 처음이 되는 최초의 형식(형상)은 오성의 추상적인 형식이고, 작품은 아직 그 자체에서 정신으로 충만해 있지 않다. 피라미드와 오벨리스크의 수정(水晶), 곡선의 통약 불가능성이 소멸된 평평한 표면과 부분들의 균등 비례를 가진 직선들의 단순한 연결이 이런 엄격한 형식의 장인이 만드는 노동물이다. 한낱 형식의 오성성(이해 가능성. Verständigkeit) 탓에 이 형식은 자신의 의미를 그 자체에 지니지 못하며, 그것은 정신적 자기(自己)가 아니다. 따라서 그 작품들은 정신을 단지 현실과 자신의 생동하는 삼투와 결별하고서 그 자체가 죽은 채로 이렇게 생명을 결여한 수정 속에 잠겨 있는 그런 낯설고 사별한 정신으로서 자신 안으로 받아들일 뿐이다. 아니면 작품들은 그 자체가 외적이어서 정신으로서 현존재하지 않는 그런 것으로서의 정신에, 즉 자신의 의미를 작품들에 투사하는 떠오르는 빛으로서의 정신에 자신을 외적으로 관련짓는다.

노동하는 정신은 그가 가공하는 소재가 되는 **즉자 존재**와 노동하는 자기의식이라는 **측면**인 **대자 존재**의 분리에서 출발하는데, 이런 분리가 노동하는 정신에게 그의 작품 속에서 대상화된다. 그가 이후에 기울이는 노력은 이런 영혼과 육체의 분리를 지양하는 데로, 즉 영혼은 그 자체에 옷을 입혀 형태화하는 반면에 육체에는 영혼을 불어넣는 데로 나아갈 수밖에 없다. 그 두 측면이 서로 더 가까워짐으로써 이제 서로에 대해서 표상된 정신이라는 규정성과 이를 둘러싼 껍질이라는 규정성을 지니게 된다. 정신의 자기 자신과의 일치는 이런 개별성과 보편성의 대립을 내포하고 있다. 작품이 그 두 측면에서 자기 자신에 다가서면서, 이를 통해 또한 동시에 작품이 노동하는 자기의식에게 더 가까이 다가서게 되고 또 작품 속에서 노동하는 자기의식이 즉자 대자적으로 존재하는 바대로의 자신에 관한 지에 도달하게 되는 또 다른 일도 일어난다. 그러나 작품은 이제 겨우 자신의 내용을 아직 자기 자신에서가 아니라 하나의 사물인 자신의 작품에서 인지하는 그런 정신 **활동**의 추상적인 측면을 이룰 뿐이다. 전체 정신인 장인 자신은 여전히 현상하지 않았으며, 그는 단지 활동하는 자기의식과 그가 산출해낸 대상으로 나뉜 채로만 전체로서 현존하는 아직 내면에 숨어있는 본질이다.

그러므로 장인은 이제 겨우 오성의 추상적 형식으로 고양된 외적 현실이라는 (작품으로 표현되는 정신을) 둘러싼 거처를 좀 더 영혼이 불어 넣어진 형식으로 가공한다. 이를 위해 그는 식물의 생명을 이용하는데, 이때 식물의 생명은 더 이상 앞서의 무기력한 범신론에서처럼 성스러운 것이 아니라 오히려 자신을 대자적으로 존재하는 본질로 파악하는 장인에 의해 어딘가 쓸모 있는 것으로 취해져서 외피와 장식물로 격하된다. 그렇지만 식물의 생명이 변화되지 않은 채로 사용되는 것은 아니며, 자기의식적 형식의 노동자는 동시에 이 생명의 직접적 실존이 자체에 지니고 있는 무상함을 소멸시키고서 그것의 유기적 형식들을 사고의 좀 더 엄격하고 더 보편적인 형식들에 가깝게 만든다. 자유롭게 방치되면 그 특수성에서 더욱더 무성해지는 유기적 형식이 그 나름대로 사고의 형식에 의해 속박되지만, 다른 한편으로는 그렇게 직선화되고 평면적인 형태들을 좀 더 영혼이 불어 넣어진 원형(圓形)으로 고양시킨다. 이러한 혼합물이 바로 자유로운 건축의 뿌리가 되는 것이다.

이제 이렇게 집이 되는 정신의 **보편적 요소**나 비유기적 자연이라는 측면은 또한 **개별성**의 형태도 자체에 포함하고 있는데, 이 개별성의 형태는 앞서 현존재에서 떨어져 나와 현존재에 내적이거나 외면적이던 정신을 현실에 좀 더 가깝게 만들며, 이를 통해 작품을 활동하는 자기의식과 동일하게 만든다. 노동자는 우선 **대자 존재**의 형식 일반인 **동물 형태**에 손을 뻗는다. **노동자**가 더 이상 직접적으로 동물의 생명 **속에서** 자기 자신을 의식하지 않는다는 점을 그는 자신을 동물의 생명에 맞서 창출하는 힘으로서 구성하고 또 **자신의** 작품으로 화한 동물의 생명 속에서 자신을 인지한다는 것을 통해서 증명한다. 이를 통해 동시에 동물 형태는 지양된 것이 되어서 또 다른 의미를 지닌 상형문자, 즉 사고의 상형문자가 된다. 그렇기 때문에 또한 동물 형태는 노동자에 의해 그것만으로 온전하게 사용되는 것이 아니라 사고의 형태인 인간적인 형태와 혼합된다. 그러나 작품에는 여전히 자기(自己)가 자기(自己)로서 실존하는 형태와 현존재가 결핍되어 있다. 작품에는 여전히 하나의 내적 의미를 자체에 내포하고 있다는 것을 그 자체에서 언표한다는 점이 결여되어 있다. 작품에는 그 안에서 (내용을) 채워주는 의미 자체가 현존하게 되는 요소인 언어가 결여되어 있다. 그렇기 때문에 설사 작품이 동물적인 것으로부터 완전히 정화되어서 자기의식의 형태만을 그 자체에 지니게 될지라도, 그것은 아직 무음(無音)의 형태여서, 이 형태가 음향을 지니려면 떠오르는 태양의 광선이 필요하다. 이때의 음향은 빛이 산출한 것이어서 단지 울림에 불과할 뿐이지 언어가 아니고, 또 단지 외적 자기(自己)만을 보여줄 뿐이지 내적 자기(自己)를 보여주지는 않지만 말이다.

이런 형태의 외적 자기(自己)에 마주하여 그 자체에 **내면**을 지니고 있음을 가리키는 또 다른 형태가 서 있다. 자신의 본질로 되돌아가는 자연은 자신을 개별화하면서 그의 운동 속에서 자신을 복잡하게 만드는 생동하는 자신의 다양성을 **내면의 덮개**인 비본질적인 용기(容器)로 격하시킨다. 그리고 이 내면은 우선은 아직 단순한 암흑, 움직이지 않는 것, 무형식의 검은 돌이다.

그 두 가지 서술(전시)은 정신의 두 계기인 **내면성**과 **현존재**를 내포하고 있다. 그리고 그 두 가지 서술은 동시에 대립된 관계 속에서 이 두 계기를, 즉 각각 내면으로서의 자기(自己)와 외면으로서의 자기(自己)를 내포하고 있다. 이 두 가지는 통합되어야 한다. — 인간적으로 형상화된 조각상의 영혼은 아직 내면으로부터 나온 것이 아니며, 아직 그 자체에서 내면적인 현존재인 언어가 아니다. 그리고 여러 형상의 현존재가 지닌 내면은 아직 무음이고 자신을 자기 자신 안에서 구별하지 않는 것이며,[499] 일체의 구별이 귀

---

499) (Werke) 아직 무음의 것, 자신을 자기 자신 안에서 구별하지 않는 것이며

속되는 외면과 분리되어 있는 것이다.— 그렇기 때문에 장인은 그 두 가지를 자연적 형태와 자기의식적 형태를 혼합하여 통합한다. 그리고 이런 양의적이고 그 자신에게 수수께끼 같은 본체들, 즉 무의식적인 것과 씨름하는 의식적인 것, 여러 가지로 형태화된 외면과 짝지어진 단순한 내면, 표출의 명료성과 짝지어진 사고의 어두움(불분명함)은 심오하고 이해하기 어려운 지혜의 언어로 분출된다.

자기의식에 대치하여 무의식적 작품을 산출했던 일종의 본능 같은 노동은 이러한 작품에 이르러 중지된다. 왜냐하면 이런 작품에서는 자기의식을 이루는 장인의 활동에 그에 못지않게 자기의식적이면서 자신을 언표하는 내면이 호응하기 때문이다. 장인은 이런 작품 속에서 정신이 정신과 만나는 그의 의식의 양분화로 자신을 노동하여 끌어올렸다. 정신이 스스로에게 자신의 의식의 형태이자 대상이 되는 한에서 이런 자기의식적 정신은 자기 자신과 통일을 이루면서 직접적 자연 형태의 무의식적 양식과 혼합되는 것으로부터 정화된다. 이런 형태와 언설과 행실에서의 괴물들은 정신적 형태화로, 즉 자신 안으로 돌아간 외면으로 그리고 또한 자신을 자신으로부터 그리고 자기 자신에서 표출하는 내면으로 해체된다. 다시 말해 그것은 자신을 분만하고 그 형태를 자신에 적합하게끔 보존하는 명료한 현존재인 사고로 해체된다. 이 정신이 곧 **예술가**이다.

B. 예술 종교

정신은 그가 자신의 의식에 대해 존재하게 되는 자신의 형태를 의식 자체의 형식으로 고양시켰으며, 그는 자신에게 그러한 형태를 창출해낸다.

장인은 **종합적** 노동을, 즉 사고와 자연적인 것이라는 이질적인 형식들을 **혼합하는 일**을 단념했다. 형태가 자기의식적 활동이라는 형식을 획득함으로써 장인은 정신 노동자가 되었다.

예술 종교에서 자신의 절대적 본질에 관한 의식을 지니는 그런 **현실적** 정신이 과연 무엇인지를 묻는다면, 그것은 바로 **인륜적** 정신 또는 **참된** 정신이라는 점이 밝혀진다. 이 정신은 모든 개별자의 보편적 실체일 뿐만 아니라, 이런 보편적 실체가 현실적 의식에 대해 의식의 형태를 지니게 됨으로써, 이는 결국 보편적 실체가 개체화되어서 개별자들에 의해 그들 자신의 본질이자 작업 성과로 인지된다는 것을 뜻한다. 개별자들에게 보편적 실체는 그 통일 속에 자기의식의 대자 존재가 단지 부정적으로, 즉 단지 소실되어가는 것으로 내포되어 있을 뿐이어서 그 안에서 자신의 현실의 주인을 직관하게 되는 그런 광원체도 아니고, 서로 증오하는 민족들의 쉼 없는 집어삼킴도 아니며, 모두 모여서 하나의 완성된 전체의 조직체라는 가상을 만들어내지만 그것에는 개인의 보편적 자유가 결여되어 있는 그런 카스트 제도로 민중을 속박하는 것도 아니다. 오히려 이 정신은 관습이 모든 이의 실체를 이루고 또 각각의 모든 개별자가 이 실체의 현실태와 현존재를 자신의 의지이자 행실로 인지하는 그런 자유로운 민족이다.

그렇지만 인륜적 정신의 종교는 인륜적 정신이 자신의 현실 너머로 고양되는 것, **자신의** (실체적) **진리에서 벗어나와 자기 자신에 관한** 순수한 **지**로 되돌아가는 것이다. 인륜적 민족이 자신의 실체와의 직접적 통일 속에서 살면서 자기의식의 순수한 개별성이라는 원리를 그 자체에 지니지는 않으므로, 그 완성된 상태에서의 인륜적 민족의 종교는 자신의 **존속**과 **결별**하면서 비로소 등장한다. 왜냐하면 인륜적 실체의 **현실성**은 부분적으로는 자기의식의 절대적 운동에 대항한 자신의 정적인 **불변성**에, 그리고 이와 더불어 자기의식이 아직 그의 정적인 관습과 그의 확고한 신뢰에서 벗어나 자신 안으로 들어가지 않았다는 데에 근거를 두고 있고, 또 부분적으로는 인륜적 민족이 다수의 권리와 의무로 조직되고 여러 계층과 그들이 전체를 위해 협력하는 특수한 행동의 집단들로 배분되는 데에, 그럼으로써 자신의 현존재가 제한되어 있는 것에 개별자가 만족하면서 아직 자신의 자유로운 자기(自己)의 제한 없는 사고를 포착하지 못했다는 데에 근거를 두고 있기 때문이다. 그러나 그런 실체를 향한 안정된 **직접적** 신뢰는 **자신을 향한** 신뢰와 **자기 확신**으로 회귀하며, 권리와 의무의 다수성 및 제한된 행동은 사물과 그 규정들의 다수성이 겪는 것과 똑같은 인륜의 변증법적 운동이다. 즉, 그것은 오직 자신을 확신하는 정신의 단순성 속에서만 자신의 안정과 확고함을 발견하는 그런 운동이다. — 그렇기 때문에 자유로운 자기의식을 향한 인륜성의 완성과 인륜적 세계의 운명은 바로 자신 안으로 들어간 개체성이다. 즉, 그것은 자신의 존립이 지닌 모든 확고한 구별자들과 자신을 유기적으로 분화하여 산출한 집단들을 자신 안에서 해체하고서 자신을 전적으로 확신하면서 무제한의 즐거움과 극히 자유로운 자기 향유에 도달한 인륜적 정신의 절대적 경솔함이다. 이런 정신 자신 안에서의 단순한 확신은 (한편으로는) 정적인 존속과 확고한 진리이자 또한 (다른 한편으로는) 절대적 불안정과 인륜성의 소실이라는 양의적인 것이다. 그런데 이런 정신의 단순한 확신은 후자로 전도된다. 왜냐하면 인륜적 정신의 진리는 여전히 단지 겨우 이런 실체적 본질과 신뢰에 지나지 않는데, 실체적 본질과 신뢰 속에서는 자기(自己)가 자신을 자유로운 개별성으로 인지하지 못하며, 그런 까닭에 이런 (자신 안으로 되돌아간 개별적 자기의) 내면성 속에서는 또는 자기(自己)가 자유롭게 될 때에는 실체적 본질과 신뢰가 몰락하기 때문이다. 그러므로 정처 없는 극단들의 매개 중심이었던 정신은 신뢰가 무너지고 민족의 실체가 내적으로 동강나면서 이제 자신을 본질로 파악하는 자기의식이라는 극단으로 출현한다. 이런 자기의식이 곧 자신의 세계가 상실된 것을 애도하면서 현실 너머로 고양된 자신의 본질을 이제 자기(自己)의 순수성으로부터 산출해내는 그런 내적으로 확신하는 정신이다.

이와 같은 시대에 절대적 예술이 대두된다. 그 이전에는 예술이 현존재 속에 함몰된 채로 현존재에서 빠져나오려고 애쓰다가 또 현존재 속으로 들어가려고 애쓰는 그런 일종의 본능적인 노동이며, 자신의 실체를 자유로운 인륜성에서 지니지 못하고, 그렇기 때문에 또한 자유로운 정신적 활동을 노동하는 자기(自己)로 삼지 못한다. 그 이후에는 정신이 더 고차원의 서술을 획득하기 위해서 예술을 넘어선다. 다시 말해 자기(自己)로부터 탄생한 **실체**가 될 뿐만 아니라 또한 자신을 대상으로 서술하는 가운데 **바로 이 자기**(自己)가 되고, 또 자신을 자신의 개념으로부터 분만할 뿐만 아니라 또한 자신의 개념 자체를 형태로 삼아서 개념과 창출된 예술 작품이 서로를 한가지 똑같은 것으로 인지하게 되기 위해서 말이다.

그러므로 인륜적 실체는 그의 현존재에서 벗어나 스스로를 자신의 순수한 자기의식 속으로 회수하는데, 바로 이것이 개념이라는 측면 또는 그를 통해 정신이 자신을 대상으로 산출해내는 **활동**이라는 측면이다. 이런 개념이나 활동의 측면은 순수한 형식이다. 왜냐하면 개별자가 인륜적 복종과 봉사 속에서 모든 무의식적 현존재와 고정된 규정을 애써 제거해버린 것과 마찬가지로 또한 실체 자체도 이런 유동적 본질이 되었기 때문이다. 그런 형식이 바로 실체가 누설되어(배반당해서) 자신을 주체로 만들었던 밤이다.[500]

---

500) 예수가 유다의 배반으로 잡혀간 밤을 비유하고 있다. 특히 『신약성경』, 루카 22:47 이하 참조.

인륜적 정신이 자연과 자신의 직접적 현존재에서 해방된 형태로 소생하는 것은 바로 이런 순수한 자기 확신의 밤에서 비롯된다.

정신이 그의 육체에서 탈주하여 들어간 순수한 개념의 **실존**은 정신이 자신의 고통을 담는 그릇으로 선택한 한 개인이다. 정신은 이 개인에게서 그의 보편자이자 그에게 폭력을 가하는 위력으로 존재한다. 즉, 정신은 개인의 자기의식이 그것에 헌신하면서 자유를 상실하게 되는 열정으로 존재한다. 그러나 그런 보편성의 긍정적 위력은 부정적 위력인 개인의 순수한 자기(自己)에 의해 제압된다. 이런 순수한 활동은 결코 상실되지 않는(불패의) 자신의 힘을 자각하면서 무형태의 본질과 씨름한다. 순수한 활동은 무형태의 본질을 지배하는 주인이 되면서 열정을 자신의 소재로 만들었고 또 스스로에게 자신의 내용을 부여했다. 그리고 이런 통일은 개체화되어서 표상된 보편적 정신인 작품으로 등장한다.

a. 추상적인 예술 작품

최초의 예술 작품은 직접적인 것으로서 추상적이고 개별적인 예술 작품이다. 그것은 자신의 편에서는 직접적이고 대상적인 양식에서 벗어나 자기의식에 호응하게끔 운동해야만 하며, 다른 한편으로는 자기의식도 숭배 예식(Kultus) 속에서 대자적으로 그가 처음에 자신의 정신에 대치하여 자신에게 부여했던 구별을 지양하고, 그럼으로써 그 자체에서 생기를 지닌 예술 작품을 창출하는 데로 나아간다.

예술가적 정신이 그의 형태와 그의 활동적 의식을 서로 가장 멀리 떨어뜨려 놓고 있는 최초의 양식은 그 형태가 무릇 **사물**로서 **현존재하는** 그런 직접적인 양식이다.—이런 최초의 양식은 (한편으로는) 자기(自己)의 형태를 자체에 지니고 있는 개별성과 (다른 한편으로는) 비유기적 본체를 그것의 환경이 자 거처로서의 형태와 관련하여 서술하는 보편성[501] 사이의 구별로 그 자 체에서 와해된다. 이 형태는[502] 전체를 순수한 개념으로 고양시킴으로써 정신에 귀속하는 자신의 순수한 형식을 획득한다. 그것은 죽은 것에 거처 를 제공해주거나 외부의 영혼에 의해 비취는 오성적인 수정(水晶)도 아니고 또 식물에서 비롯하여 비로소 출현하는 사고와 자연이라는 형식들의 혼합 도 아니다. 그때 사고의 활동은 아직 **모방**에 불과하다. 오히려 개념은 뿌 리와 가지와 잎사귀에서 비롯되어 아직 형식에 부착되어 있는 것을 떨쳐 버리며, 수정의 직선적이고 평면적인 것이 통약 불가능한 비례로 고양되 어 있는 조각상으로 그 형식을 정화한다. 그리하여 유기체에 영혼을 불어 넣는 일이 오성의 추상적 형식 속에 수용되고, 또한 동시에 그렇게 영혼을 불어넣는 일의 본질인 오성을 위한 통약 불가능성이 보존된다.[503]

그러나 그 안에 거주하는 신은 동물의 우리(동물의 형상. Tiergehäuse)에서 끄집어낸 검은 돌인데, 그것은 의식의 빛에 의해 삼투되어 있다.[504] 인간적 형태는 그것과 혼합되어 있던 동물적 형태를 탈피한다. 신을 위해서는 동 물이 단지 하나의 우연한 변장에 불과하다. 동물은 신의 참된 형태 곁에 등장하며, 홀로는 더 이상 유효성을 지니지 않고 다른 어떤 것을 의미하는

---

501) 이 구절은 주술 관계와 수식 관계에 따라 다양하게 번역할 수 있다. 예를 들면, "형태와 관 련된 비유기적 본체를 그것의 환경이자 용기라고 서술하는 보편성", "형태와 관련된 비유 기적 본체가 자신의 환경이자 용기라고 서술하는 보편성" 등등.

502) 지시대명사가 '형태' 대신에 '최초의 양식' 또는 '보편성'을 지시하는 것으로 독해할 수도 있다.

503) (Werke) 또한 동시에 그렇게 영혼을 불어넣는 일의 본질인 통약 불가능성이 오성을 위해 보존된다.

504) 이슬람교의 성지 메카에 있는 카바 신전의 검은 돌을 염두에 두고 있는 것으로 보인다.

것으로, 즉 한낱 기호로 격하되었다. 바로 이를 통해 신의 형태는 그 자체에서 또한 동물적 현존재의 자연적 조건들이 지닌 빈궁함을 떨쳐버리고서 유기적 생명의 내적 기관(機關)들을 그 표면에 녹아 들어간 상태로 그리고 오직 이 표면에만 속하는 것으로 지시한다. ─ 그러나 신의 **본질**은 (한편으로는) 자연의 보편적 현존재와 (다른 한편으로는) 그 현실태에서 이런 자연의 보편적 현존재에 대치해 있는 것으로 나타나는 자기의식적 정신의 통일이다. 동시에 신의 현존재가 처음에는 하나의 **개별적** 형태를 띠면서 자연의 요소들 가운데 하나이고, 이와 마찬가지로 신의 자기의식적 현실태는 하나의 개별적 민족 정신이다. 그렇지만 신의 현존재가 되는 자연의 요소는 이러한 통일 속에서 정신 안으로 반성된 요소, 즉 사고를 통해 거룩하게 변용되어 자기의식적 삶과 하나가 된 자연이다. 그렇기 때문에 신의 형태는 그 안에 자신의 자연 요소를 지양된 것으로서, 즉 어렴풋한(어두운) 기억으로서 지닌다. 요소들의 자유로운 현존재가 지닌 조야한 본질과 그것들의 혼란스러운 투쟁은, 즉 거인족의 비인륜적 왕국은 정벌되었으며, 이제 스스로에게 명료해진 현실의 변방으로, 즉 정신 속에서 자신을 발견하면서 평온해진 세계의 흐릿한 경계로 추방되었다. 광원체가 암흑과 함께 번식하면서 자신을 최초로 특수화하여 낳은 태고의 신들인 하늘과 땅과 바다와 해 그리고 대지의 거친 태풍 같은 불 등등은 [그런 거인족을 단지 희미하게 기억나게끔 만드는 여운을 아직 자체에 지니고 있을 뿐이고, 더 이상 자연 존재가 아니라 자기의식적 민족의 명료한 인륜적 정신인] 그런 형태들로 대체된다.

그러므로 이런 단순한 형태는 무한한 개별화의 불안정을 그 자체에서(즉 자적으로) 소멸시키고서 정적인 개체성 속으로 집약하여 포괄했다. (이때의 불안정은 단지 보편적 본질로서만 필연적일 뿐이지 그 현존재와 운동에서는 우연한 상태에 있는 자연 요소로서의 무한한 개별화의 불안정이자 또한 행동의 특수한 집단과 자기의식의 개체적 점(點)들로 분산된 채로 다양한 의미와 행동의 현존재를 지니고 있는 민족으로서의 무한한 개별화의 불안정이다.) 그렇기 때문에 이런 정적인 개체성에는[505] 불안정이라는 계기가 대치해 있고, **본질**에는 그런 불안정의[506] 발원지로서 자신을 위해서는 **순수한 활동성**이라는 점 이외에는 아무것도 남겨두지 않는 **자기의식**이 대치해 있다. 예술가는 실체에 속하는 것을 모두 다 자신의 작품에 쏟아부었지만, 특정한 개체로서의 자기 자신에게는 자신의 작품 속에서 아무런 현실성도 부여하지 않았다. 그는 오직 자신의 특수성을 포기(양도)하고서 자신을 순수한 행동이라는 추상으로 탈육체화하여 상승시킴으로써만 작품을 완성할 수 있었다. ― 이런 최초의 직접적인 산출에서는 (한편으로는) 작품과 (다른 한편으로는) 예술가가 자신을 자기의식하는 활동이 서로 분리되어 있던 것이 아직 재통합되지 않았다. 그렇기 때문에 작품은 스스로(대자적으로) 현실적으로 영혼이 불어 넣어진 것이 아니며, 작품은 오직 (예술가의 자기의식적 창작 활동에 의한) 그것의 **생성**과 더불어서만 **전체적인 것**이다. 예술 작품에서 그것이 의식적으로 산출되고 또 인간의 손으로 만들어졌다는 그런 통속적인 면은 (완성된 사물로서의) 작품에 대치하여 등장하는 개념으로서 실존하는 개념(자기의식의 활동)이라는 계기이다. 그리고 이렇게 개념으로서 실존하는 개념이 예술가로서건 아니면 관찰자로서건 작품을 그 자체에서 절대적으로 영혼이 불어 넣어진 것이라고 언표하면서 행동하는 자로서건 아니

---

505) 인칭대명사가 '정적인 개체성' 대신에 '단순한 형태'를 지시하는 것으로 독해할 수도 있다.
506) 지시대명사가 '불안정' 대신에 '정적인 개체성' 또는 '단순한 형태'를 지시하는 것으로 독해할 수도 있다.

면 감상하는 자로서건 자신을 망각할 만큼 충분히 비이기적일 경우에도, 그 이면에 자기 자신을 의식하고 있다는 계기를 결코 결여할 수 없는 정신의 개념을 고수해야만 한다. 그런데 바로 이런 (자기의식의 활동이라는) 계기가 작품에 대치해 있는 것이다. 왜냐하면 정신은 이렇게 자신을 최초로 양분화하면서 그 두 측면에 서로 각각 **행동**과 **사물** 존재(사물임, Dingsein)라는 추상적 규정들을 부여하며, 그런 추상적 규정들의 출발점이었던 통일로의 복귀가 아직 이루어지지 않았기 때문이다.

그러므로 예술가는 자신의 작품에서 그가 **자신과 동일하지 않은** 본체를 창출해내었다는 점을 경험한다. 물론 감탄하는 대중이 그 작품을 그들의 본질이 되는 정신이라고 숭배함으로써 예술가가 작품으로부터 의식을 되돌려 받기도 한다. 그러나 이렇게 영혼을 불어넣는 일은 예술가에게 그의 자기의식을 단지 감탄으로서 보답해줄 뿐이므로, 그것은 오히려 그렇게 영혼을 불어넣는 일이 예술가에게 털어놓는 고백, 즉 그것이 예술가와 동일한 것이 아니라는 고백이다. 작품이 예술가에게 무릇 기쁨으로 되돌아오므로, 그는 작품에서 자신의 형성(도야)과 분만의 고통, 그의 노동의 노고를 발견하지 못한다. 그들이[507] 작품을 비평할 수도 있고 또 어떤 방식으로든 작품에 제물을 바칠 수도 있고 또 그들의 의식을 그 작품 속에 놓을 수도 있을 것이다. 그들이 그들의 지식을 가지고서 자신들을 작품 위에 둔다면, 예술가는 자신의 **행실**이 그들의 이해와 언사보다 얼마나 훨씬 더 대단한지를 인지한다. 그들이 자신을 **작품 아래에** 두고서 그들을 지배하는 **본**

---

507) 이 문장과 다음 문장에서 이 인칭대명사가 지시할 삼인칭 복수 명사가 이 문단 어디에도 없다. 그래서 이 인칭대명사가 '사람들 일반'을 뜻하는 보통명사로서 의미상 '감탄하는 대중'에 상응한다고 해석하는 것이 옳다고 여겨 '그들'로 옮겼다.

질을 작품에서 인식한다면, 예술가는 자신을 그런 본질의 주인으로 인지한다.

그렇기 때문에 예술 작품은 그 현존재의(자신의 현존재를 구현하는) 또 다른 요소를 요구하며, 신은 그가 자신의 창조적 밤의 심연에서 나와 외면성이라는 그 반대로, 즉 자기의식을 결여한 **사물**이라는 규정으로 전락하는 것과는 다른 (양식의) 출현을 요구한다. 이런 더 고차원의 요소가 바로 **언어**인데, 언어는 직접적으로 자기의식적 실존인 현존재이다. **개별적** 자기의식이 언어 속에서 현존재하는 만큼이나, 이에 못지않게 자기의식은[508] (언어 속에서) 직접적으로 **보편적** 전염으로서 존재한다. 대자 존재의 완전한 특수화는 동시에 다수의 자기(自己)들의 유동성이자 보편적으로 전달된(소통된, 공유된) 통일이다. 언어는 영혼으로서 실존하는 영혼이다. 그러므로 언어를 자신의 형태를 구현하는 요소로 삼는 신은 그 자신에서 영혼을 불어넣은 예술 작품인데, 이 예술 작품은 사물로서 실존하는 자신과 대치해 있던 순수한 활동을 직접적으로 그 현존재 속에 지니고 있다. 또는 자기의식은 그 본질이 대상화되는 가운데 직접적으로 자신에 머문다. 그렇게 자신의 본질 속에서 자기 자신에 존재하는 자기의식은 곧 **순수한 사유**, 또는 그 **내면성**이 동시에 찬송가 속에서 **현존재**를 지니는 기도(예배, Andacht)이다. 기도는[509] 자기의식의 개별성을 자체에 간직하고 있으며, 이 개별성은 동시에 경청되어 보편적인 것으로서 현존재한다. 만인 속에 점화된 기도는 자기의식의 다양성 속에서 자신을 만인의 동일한 **행동**이자 **단순한 존재**로 의식하는 정신적 흐

---

508) 인칭대명사가 '자기의식' 일반 대신에 '개별적 자기의식'을 지시하는 것으로 독해할 수도 있다.

509) 인칭대명사가 '기도' 대신에 '찬송가'를 지시하는 것으로 독해할 수도 있다.

름이다. 정신은 이런 만인의 보편적 자기의식으로서 자신의 순수한 내면성 못지않게 또한 개별자의 대타 존재와 대자 존재를 **하나의** 통일 속에서 지니고 있다.

이러한 언어는 보편적 자기의식의 언어가 아닌 또 다른 신의 언어와 구별된다. 예술가적 종교의 신(神)의 **신탁**(神託)이나 선행하는 종교들의 **신탁**은[510] 신의 필연적인 최초의 언어이다. 왜냐하면 신의 **개념** 속에는 신이 자연의 본질인 것 못지않게 또한 정신의 본질이라는 점, 그렇기 때문에 자연적 현존재만이 아니라 또한 정신적 현존재도 지니고 있다는 점이 놓여 있기 때문이다. 이러한 계기가 이제 겨우 신의 **개념** 속에 놓여 있을 뿐이지 아직 종교 속에서 실현되어 있지 않는 한, 종교적 자기의식을 위해서 그 언어는 **낯선** 자기의식의 언어이다. 자신의 신앙 공동체에 아직 낯선 자기의식은 그 개념이 요청하는 것처럼 아직 그렇게 **현존재하지는** 못한다. 자기(自己)는 단순한, 따라서 전적으로 **보편적인** 대자 존재이다. 그러나 신앙 공동체의 자기의식과 분리되어 있는 자기(自己)는 이제 겨우 단지 **개별적인** 자기(自己)에 지나지 않는다.—이런 고유하고 개별적인 언어의 내용은 절대 정신 일반이 그에 따라 자신의 종교 속에 정립되는 그런 보편적 규정성으로부터 나온다.—따라서 아직 자신의 현존재를 특수화하지 않은 일출의 보편적 정신은 본질에 관해서도 그에 못지않게 단순하고 보편적인 명제들을 언표하는데, 이 명제들의 실체적 내용은 그 단순한 진리에서는 숭고하지만, 동시에 그런 보편성 탓에 자신을 계속 더욱 도야시키는 자기의식에게는 진부하게 나타난다.

---

510) (Werke) 예술가적 종교나 선행하는 종교들의 신(神)의 **신탁**(神託)은

자신을 **대자 존재**로 고양시키는 더욱 도야된 자기(自己)는 실체의 순수한 열정에 대해서, 즉 떠오르는 광원체라는 대상태에 대해서 이를 지배하는 주인이며, 그와 같은 진리의 단순성을 낯선 언어를 통한 우연한 현존재라는 형식을 지니지 않는 **즉자적으로 존재하는 것**이라고, 즉 **신들의 영원히 살아 있고 그것이 어디에서 나타났는지 아무도 모르는 확실한 불문의 법칙이라고** 인지한다.[511] — 광원체에 의해 현현된 보편적 진리가 여기서는 내면이나 지하로 퇴거하고, 그럼으로써 우연한 현상이라는 형식을 탈피했던 데에 반해, 예술 종교에서는 신의 형태가 의식을 그리고 이와 더불어 개별성 일반을 받아들였기 때문에, 인륜적 민족의 정신인 신의 고유한 언어는 그 민족의 특수한 사안들을 인지하고서 이에 관해 유용한 것을 알려주는 신탁이다. 그러나 보편적 진리들이 **즉자적으로 존재하는 것**으로 인지되는 까닭에 **인지하는 사유**는 그런 보편적 진리들의 반환을 청구하며, 그런 보편적 진리들의 언어는 더 이상 인지하는 사유에 낯선 언어가 아니라 그것의 고유한 언어이다. 고대의 현자는[512] 무엇이 선하고 아름다운지를 자기 자신의 사유 속에서 찾았던 반면에, 이 사람과 아니면 저 사람과 어울리는 것이 자신에게 좋은지 또는 바로 이 여행을 하는 것이 지인에게 좋은 일인지 따위의 의미 없는 일들 같은 지의 조악하고 우연한 내용은 악령(Dämon)이 알게끔 내맡겨두었다.[513] 이와 마찬가지로 보편적 의식은 우연한 일에 관한 지를 새라든가 나무라든가 또는 그 수증기가 자기의식으로부터 신

---

511) 소포클레스, 「안티고네」, 『소포클레스 비극 전집』, 113쪽 참조.

512) 소크라테스를 염두에 두고 있는 것으로 보인다. Platon, *Teaitetos*, 186a 참조.

513) 소크라테스가 말한 다이모니온(Daimonion)에 관해서는 Platon, *Teaitetos*, 151a 참조. 소크라테스의 '다이모니온'이 '악한 심성과 행위를 제지하는 양심의 소리 또는 심지어 신적인 존재'라는 의미를 지니고 있으므로 '악령(Dämon)'과는 뜻이 다르다.

중함을 앗아가는 끓어오르는 대지로부터 가져온다. 왜냐하면 우연한 것은 신중하지 못하고 낯선 것이며, 따라서 인륜적 의식도 이에 관해서는 주사위 던지기처럼 신중하지 못하고 낯선 방식으로 자신이 규정되게끔 놓아두기 때문이다. 개별자가 자신의 오성으로 자신을 규정하고 또 자신에게 유용한 것이 무엇인지를 숙고하여 선택할 경우, 이런 자기 규정에는 특수한 성격의 규정성이 그 근저에 놓여 있다. 이런 자기 규정은[514] 그 자체가 우연한 것이다. 그리고 그런 까닭에 개별자에게 무엇이 유용한지에 관한 그와 같은 오성의 지는 저 신탁이나 제비뽑기의 지와 하등 다를 바 없는 것이다. 다만 신탁이나 제비뽑기에 문의하는 사람은 그렇게 함으로써 우연한 것에 대한 아무런들 상관없음이라는 인륜적 심정을 표현하는 것이다. 이에 반해 오성의 지는 즉자적으로 우연한 것을 자신의 사유와 지의 본질적인 관심거리로 다룬다. 그러나 그 두 가지보다 더 상위의 것은 비록 숙고를 우연한 행동의 신탁(예언)으로 삼기는 하지만, 그렇게 숙고된 행위 자체를 그것이 특수한 것과 맺고 있는 관련의 측면과 그 유용성 때문에 어떤 우연한 것으로 인지하는 것이다.

낯설고 따라서 우연하며 보편적이지 않은 자기의식의 언어가 아닌 (신앙 공동체의 보편적 자기의식의) 언어 속에서 정신이 획득하는 참된 자기의식적 현존재는 앞서 우리가 보았던 (찬가 기도라는) 예술 작품이다. 그런 참된 자기의식적 현존재는[515] 조각상의 사물적 현존재에 대치해 있다. 조각상이 정적인 현존재이듯이, 그런 참된 자기의식적 현존재는 사라져버리는 현존재이

---

514) 인칭대명사가 '자기 규정' 대신에 '특수한 성격의 규정성'을 지시하는 것으로 독해할 수도 있다.
515) 이 문장과 다음 문장에서 주어가 되는 인칭대명사가 '참된 자기의식적 현존재' 대신에 '예술 작품'을 지시하는 것으로 독해할 수도 있다.

다. 사물적 현존재 속에서는 대상성이 자유롭게 방면되어서 자신의 고유한 직접적 자기(自己)를 결여하고 있듯이, 참된 자기의식적 현존재 속에서는 대상성이 자기(自己) 안에 지나치게 밀폐된 채로 남아서 형태화에 충분히 이르지 못하며, 마치 시간처럼 그것이 거기에 있는(현존재하는) 가운데 직접적으로 거기에 있지 않다(현존재하지 않는다).

자기의식의 순수하게 느끼는 요소 속에서 **운동했던** 신적 형태 그리고 사물성의 요소 속에서 **정지해 있는** 신적 형태가 그 안에서 서로 그것들의 상이한 규정을 포기하면서 그것들의 본질의 개념인 통일이 현존재에 들어서는 그런 두 측면의 운동이 바로 **숭배 예식**을 이룬다. 숭배 예식 속에서 자기(自己)는 신적 본질이 그 피안성에서 자기(自己)로 하강(강림)하는 것에 관한 의식을 스스로에게 부여하며, 이를 통해 그전에는 비현실적이고 단지 대상적인 것일 뿐이었던 신적 본질이 자기의식 본래의 현실태를 획득하게 된다.

이런 숭배 예식의 개념은 즉자적으로 이미 찬송가의 흐름 속에 내포되어 있고 또 그 속에서 현존한다. 이러한 기도는 자기 자신을 통한 그리고 자기 자신 안에서 자기(自己)의 직접적이고 순수한 만족이다. 그것은 이러한 순수성 속에서 직접적으로 오직 본질일 따름이고 또 본질과 하나인 그런 깨끗해진 영혼이다. 이 영혼은 그 추상 때문에 자신으로부터 자신의 대상을 구별하는 의식은 아니며, 따라서 단지 그 현존재의 밤이자 그 형태의 **준비된 장소**일 뿐이다. 그렇기 때문에 **추상적인 숭배 예식**은 자기(自己)를 이런 순수한 **신적 요소**가 되도록 고양시킨다. 영혼은 의식을 가지고서 이런 정화를 완수한다. 그렇지만 이 영혼이 아직 자신의 심연 속으로 내려가서 자신을 악(惡)으로 인지하는 그런 자기(自己)는 아니다. 오히려 그것은 **존재하는 것**이다. 즉, 그것은 자신의 외면성을 깨끗이 씻어내고서 흰옷을 입히는 영혼이다. 그리고 이 영혼의 내면성은 노동과 형벌과 보상의 표상된 길, 특수성을 포기하는 도야 일반의 길을 완주한다. 이 길을 통해서 영혼은 지복의 집과 공동체에 도달한다.

이러한 숭배 예식은 이제 겨우 **비밀스러운**(秘敎的) 완수, 즉 단지 표상되었을 뿐인 비현실적 완수이다. 이런 숭배 예식은 **현실적** 행위가 되어야 한다. 비현실적 행위는 자기모순적이다. 이를 통해 **본래의 의식**은 자신을 그의 **순수한** 자기의식으로 고양시킨다. 이런 순수한 자기의식[516] 속에서 본질(신적 본체)은 자유로운 대상이라는 의미를 지니며, 이 대상은 현실적인 숭배 예식을 통해서 자기(自己) 안으로 귀환한다. 그리고 이 대상이 순수한 의식 속에서 현실의 피안에 거주하는 순수한 본질이라는 의미를 지니고 있는 한, 이 본질은 이러한 (숭배 예식이라는) 매개를 통해 그의 보편성에서 개별성으로 하강하여 자신을 그렇게 현실과 결합한다(추론 속에서 함께 묶는다).

이 두 측면이 어떻게 행위 안으로 진입하는지는 다음과 같이 규정된다. 자기의식적 측면이 **현실적** 의식인 한에서, 본질은 이 자기의식적 측면에 대해 자신을 **현실적 자연**으로 서술한다. 한편으로 현실적 자연은 현실적 의식에게[517] 그 점유물이자 소유물로서 속하며, **즉자적으로** 존재하지는 않는 현존재로 간주된다. 다른 한편으로 현실적 자연은 **현실적 의식의 고유**

---

516) 인칭대명사가 '순수한 자기의식' 대신에 '본질' 또는 '본래의 의식'을 지시하는 것으로 독해할 수도 있다.

517) 인칭대명사가 '현실적 의식' 대신에 '본질'을 지시하는 것으로 독해할 수도 있다. 이 경우 이하의 문장들은 다음과 같이 번역한다. "한편으로 현실적 자연은 본질에 그 점유물이자 소유물로서 속하며, **즉자적으로** 존재하지는 않는 현존재로 간주된다. 다른 한편으로 현실적 자연은 본질의 고유한 직접적 현실태이자 개별성인데, 이러한 현실태와 개별성은 본질에 의해 이에 못지않게 비본질로 간주되면서 지양된다. 그러나 동시에 본질의 **순수한** 의식에 대해서는 그런 외적 자연이 이와 **상반된** 의미를 지닌다."

한 직접적 현실태이자 개별성인데, 이러한 현실태와 개별성은 현실적 의식에 의해 이에 못지않게 비본질로 간주되면서 지양된다. 그러나 동시에 그의 **순수한** 의식에 대해서는 이런 외적 자연이 이와 **상반된** 의미를 지닌다. 즉, 외적 자연은 **즉자적으로 존재하는** 본질이라는 의미를 지니며, 자기(自己)가 자연의 비본질적인 면을 자기 자신에게 희생시키듯이, 역으로 자기(自己)는 자신의 비본질성을 이렇게 즉자적으로 존재하는 본질(외적 자연)에 희생한다. 이를 통해 행위는 정신적 운동이 된다. 왜냐하면 이 행위는 (한편으로는) 기도가 그 대상을 규정하듯이 **본질**의 추상을 지양하여 그것을 현실적인 것으로 만든다는 것과 (다른 한편으로는) 행위자가 대상과 그 자신을 규정하듯이 **현실적인 것**을 지양하여 보편성으로 고양시킨다는 그런 양면적인 것이기 때문이다.

그렇기 때문에 숭배 예식의 행위 자체는 겉보기에 소유자가 그 자신을 위해서는 아무런 쓸모도 없이 부어버리거나 연기로 피어오르도록 만드는 점유물의 순수한 **헌납**으로 시작된다. 그렇게 하면서 소유자는 자신의 순수한 의식의 본질(신) 앞에서 소유물의 점유와 권리 그리고 소유물의 향유를 포기하고서, 즉 인격성을 그리고 행동이 자기(自己) 안으로 회귀하는 것을 포기하고서 행위를 자신보다는 오히려 보편자나 본질 속으로 반사한다. — 그러나 역으로 **존재하는 본질**도 (이러한 헌납을 통해) 그에 못지않게 몰락한다. 희생물로 바치는 동물은 신의 **기호**(신을 형태화하여 상징하는 현존재)이다. 먹어 없어지는 과일들은 **살아 있는** 케레스와 바쿠스 **자신**이다. 희생물로 바치는 동물 속에서는 피와 현실적 생명을 지니고 있는 상계(上界)의 법(태양의 신 같은 천상신의 권리)이 지닌 위력들이 죽게 되는 반면에, 먹어 없어지는 식물 속에서는 피도 없이 은밀하고 교묘한 위력을 가지고 있는 하계(下界)의 법(대지의 여신 같은 지상신과 지하신의 권리)이 지닌 위력들이 사멸한다. — 신적 실체를 희생물로 바치는 일이 **행동**인 한에서, 그것은 자기의식적 측면에 귀속한다. 이런 현실적 행동이 가능해지려면, (신적) 본체가 자기 자신을 이미 **즉자적으로** 희생했어야만 한다. 본체는 자신에게 **현존재**를 부여하여 자신을 **개별적인 동물**과 **과일**로 만듦으로써 바로 이를 행했다. 따라서 행위하는 자기(自己)는 이렇게 본체가 이미 **즉자적으로**(그 자신에서) 완수한 포기를 그 현존재 속에서 그리고 자신의 의식에 대해 전시하면서 앞선 본체의 **직접적** 현실태를 더 상위의 현실태로, 다시 말해 **자기 자신의 현실태**로 대체한다. 왜냐하면 그 두 측면(신적 본체와 행위하는 자기의식적 자기)의 개별성과 분리가 지양되어 그 결과로 발생한 통일은 단지 부정적 운명에 불과한 것이 아니라 오히려 긍정적 의미를 지니고 있기 때문이다. 희생물 중에서 오직 지하의 추상적 본체에 바쳐진 것만이 전적으로 헌납되며, 그럼으로써 점유와 대자 존재를 보편자로 반사하는 일이 자기(自己) 자체와 구별되어 특징지어진다. 그러나 동시에 이것(지하의 신에게 전적으로 봉헌하는 희생물, 즉 번제물)은 단지 (소유물 전체에서) 적은 **일부분**에 지나지 않으며, 그 밖의 희생은 단지 불필요한 것의 파괴에 불과하고 오히려 희생물을 음식으로 조리하는 것일 따름인데, 이 음식으로 성찬을 즐기는 일은 (제물을 희생하는) 행위로부터 그것이 지닌 부정적 의미를 기만적으로 가로챈다. 앞의 첫 번째 희생(번제)에서는 희생물을 바치는 자가 (자신의 소유물 중) 대부분을 간직하며, 뒤의 희생으로부터는 쓸만한 것을 **그 자신의 향유**에 남겨놓는다. 이런 향유는 **본질**(신적 본체)과 **개별성**을 모두 지양하는 부정적 위력이고, 또한 동시에 본질의 **대상적** 현존재가 **자기의식적** 현존재로 변환되어 자기(自己)가 본질과 그 자신의 통일에 관한 의식을 지니게 되는 긍정적 현실태이다.

그 밖에도 이러한 숭배 예식이 비록 하나의 현실적 행위이긴 하지만, 그것이 지닌 의미는 단지 기도 속에 주로 놓여 있을 뿐이다. 기도에 속하는 것은 대상적으로 산출된 것이 아니며, 이와 마찬가지로 **향유** 속에서도 그 결과는 자기 자신으로부터 자신의 현존재를 박탈한다. 그렇기 때문에 숭배 예식은 더 전진하여 이러한 결함을 우선 다음과 같이 보완한다. 즉, 숭배 예식이 신에게 영광을 바치기 위하여 신전이나 장신구를 만들어내는 공동의 노동이나 각자에게 적당한 개별적 노동이 됨으로써 기도에 **대상적 존속**을 부여하는 것이다.—이를 통해 한편으로는 조각상의 대상성이 지양된다. 왜냐하면 이렇게 자신의 공물이나 노동을 봉헌함으로써 노동하는 자는 신이 자신에게 호의를 가지도록 만들며, 자신의 자기(自己)를 신에게 속해 있는 것으로 직관하게 되기 때문이다. 다른 한편으로 이런 행동은 또한 예술가의 개별적 노동도 아니며, 오히려 이러한 특수성은 보편성 속에서 해체되었다. 그런데 이를 통해 이루어지는 것은 단지 신의 영광만도 아니고, 또 신의 가호가 베푸는 축복이 노동하는 자에게 단지 **표상** 속에서만 흘러 들어가는 것도 아니다. 오히려 노동은 또한 포기(양도)와 낯선 자의 영광이라는 애초의 의미와는 정반대의 의미도 지니고 있다. 신의 신전과 회당은 인간이 사용하기 위한 것이며, 그곳에 보관된 보물은 비상시에는 인간의 것이다. 신이 그의 장식물에서 누리는 영광은 기예에 뛰어나고 관대한 민중의 명예이다. 축제 때에는 민중도 마찬가지로 그들 자신의 집과 의복을 치장하고 그들의 시설물도 예쁜 도구로 꾸민다. 이런 방식으로 민중은 그들이 바친 공물에 대해서 고마워하는 신으로부터 보답을 받고 또 신의 가호에 대한 증거를 얻는다. 이런 가호 속에서 민중은 노동을 통해서 신과 유대를 맺는데, 그것도 희망과 차후의 현실 속에서가 아니라 그들이 경의를 표하면서 공물을 바치는 가운데 직접적으로 그들 자신의 부와 장식물을 향유한다.

b. 생동하는 예술 작품

예술 종교의 숭배 예식 속에서 자신들의 신에게 다가서는 민족은 그들의 국가와 그 행위를 그들 자신의 의지이자 완수로 인지하는 인륜적 민족이다. 그렇기 때문에 자기의식적 민족의 맞은편에 등장하는 이 정신은 광원체가 아니다. 광원체는 자기(自己)를 결여한 채로 개별자들의 자기 내 확신을 포함하지 않으며, 오히려 그것은 단지 개별자들의 보편적 본질이자 개별자들이 사라지게 되는 고압적인 위력일 뿐이다. 그렇기 때문에 이런 (광원체라는) 단순한 무형태적 본질의 종교에서 행하는 숭배 예식은 그 소속원들에게 단지 자신들이 그 신의 민족이라는 점만을 일반적으로 되돌려줄 뿐이다. 이 숭배 예식은 그들에게 단지 그들의 존속과 단순한 실체 일반을 얻게끔 해줄 뿐이지 그들의 현실적 자기(自己)를 얻게 해주지는 않는데, 현실적 자기(自己)는 오히려 배척당한다. 왜냐하면 그들은 그들의 신을 그저 공허한 심연으로서 숭배하지 정신으로서 숭배하는 것은 아니기 때문이다. 그러나 다른 한편으로 예술 종교의 숭배 예식은 그와 같은 본질의 **추상적 단순성**을, 따라서 본질의 **심연**(심오함)을 결여하고 있다. 하지만 **자기**(自己)**와 직접적으로 합일되어 있는 본질**은 **즉자적으로** 정신이자 **인지하는 진리**이다. 비록 이 진리가 아직 인지된 진리이거나 그 심오함 속에서 자기 자신을 인지하는 진리는 아니지만 말이다. 그러므로 여기서는 본질이 자기(自己)를 그 자체에 지니고 있기 때문에, 그의 현상(신이 현현하는 양상)은 의식에게 우호적이며, 숭배 예식에서 의식은 그의 존립에 대한 보편적 권리 부여만이 아니라 또한 그런 숭배 예식 속에서 자기의식적인 자신의 현존재도 획득한다. 또한 역으로 본질은 그 실체만이 승인받을 뿐인 버림받은(타락한) 민족에게서 자기(自己)를 결여한 현실태를 지니는 것이 아니라 오히려 그들의 **자기**(自己)가 자신의 실체 속에서 승인받은 그런 민족 속에서 현실태를 지닌다.

그러므로 이런 숭배 예식으로부터 자신의 본질(신적 본체) 속에서 만족을 얻은 자기의식이 등장하고 또 그 요처(Stätte)가 되는 이런 자기의식 속에 들어가서 묵는 신이 등장한다. 이러한 **요처**는 대자적으로 실체의 밤 또는 실체의 순수한 개체성이다. 그러나 그것이 더 이상 **대상적으로** 생성되는 자신의 본질과 아직 화해를 이루지 못한 예술가의 긴장된 개체성은[518] 아니다. 오히려 그것은 직관으로부터, 즉 지양된 대상성으로부터 복귀하기 때문에 자신의 열정을 곤궁하지 않게 그 자체에 지니고 있는 만족된(평화로워진) 밤이다. ─ 이러한 **열정**이 대자적으로는 **떠오름**(일출. Aufgang)의 본체이지만, 이 본체는 이제 자신 안으로 **내려앉았고** 또 자신의 내려앉음(하강. Untergang)을, 즉 자기의식을 그리고 이와 더불어 현존재와 현실성을 그 자체에 지니고 있다. ─ 여기서 본체는[519] 자신의 실현 운동을 완주했다. 자신의 순수한 본질성에서 벗어나 하나의 대상적 자연력과 그 표출로 자신을 낮추어 놓으면서 본체는 타자를 위한(대타적) 현존재, 즉 자신을 먹어 치우는 자기(自己)를 위한 현존재가 된다. 자기(自己)를 결여하고 있는 자연의 고요한 본질은 그 열매에서 그 자신을 조리하여 소화시키면서 자기(自己)를 지닌 생명(자기적 생명체, selbstisches Leben)에 자신을 제공하는 단계에 이르게 된다. 열매는[520] 먹고 마실 수 있게 되는 유용성에서 그 최고의 완성에 도달

---

518) 지시대명사가 '개체성' 대신에 '밤'을 지시하는 것으로 독해할 수도 있다.

519) 이 문장과 다음 문장에서 주어가 되는 인칭대명사가 '본체' 대신에 '열정'을 지시하는 것으로 독해할 수도 있다.

520) 이 문장과 다음 문장에서 주어가 되는 인칭대명사가 '열매' 대신에 '자기를 결여하고 있는 자연'을 지시하는 것으로 독해할 수도 있다.

한다. 왜냐하면 그렇게 되면서 열매는 더 상위의 실존의 가능성이 되어서 정신적 현존재에 맞닿기 때문이다. 땅의 정령(Erdgeist)은 일부는 조용하게 강한 실체로 또 일부는 정신적 들끓음으로 변용하면서 앞의 경우에는 양육이라는 여성적 원리로 그리고 후자의 경우에는 자기의식적 현존재의 자기 추동적 힘이라는 남성적 원리로 뻗어 나온다.

그러므로 이러한 향유 속에서 저 떠오르는 광원체가 과연 무엇인지가 누설된다. 향유가 바로 이 광원체의 신비이다. 왜냐하면 (진정으로) 신비로운 것은 비밀이 숨겨져 있는 것이거나 무지가 아니며, 오히려 자기(自己)가 자신을 본질과 하나로 인지하고, 그리하여 본질이[521] 현현되어 있다는 데에 존립하기 때문이다. 오직 자기(自己)만이 스스로에게 현현한다(공개되어 명백하다, offenbar). 또는 현현하는 것은 오직 자신에 관한 직접적 확신 속에서만 그러하다. 그런데 숭배 예식을 통해서 단순한 본질이 이런 직접적 자기 확신 속에 정립된 것이다.[522] 단순한 본질은 쓸모 있는 사물로서 단지 보고 느끼고 냄새를 맡고 맛을 볼 수 있는 현존재인 것만이 아니라 또한 욕망의 대상이기도 하며, 현실적 향유를 통하여 자기(自己)와 하나가 되고 또 이를 통해 자기(自己)에게 완전히 누설되어 현현한다. ― 이성이나 마음에 명백하다고 일컬어지는 것은 실은 아직 비밀스러운 것이다. 왜냐하면 여기에는 아직 직접적 현존재에 관한 현실적 확신이, 더욱이 대상적 확신(대상이 실제로 현존한다는 확신) 못지않게 또한 향유하는 확신(자기가 이 대상을 향유할 수 있다는 확신)이 결여되어 있기 때문이다. 그런데 종교에서는 이런 향유하는 확신이

---

521) 지시대명사가 '본질' 대신에 '자기' 또는 '자기가 자신을 본질과 하나인 것으로 인지하고 있다는 점'을 지시하는 것으로 독해할 수도 있다.
522) 이 문장은 다음과 같이 번역할 수도 있다. "그런데 이런 직접적 자기 확신 속에서 숭배 예식을 통해 단순한 본질이 정립된 것이다."

단지 무사유의 직접적 확신에 불과한 것이 아니라 동시에 자기(自己)의 순수하게 인지하는 확신이기도 하다.

이로써 자기의식적 정신에게 숭배 예식을 통하여 그 자신 안에서 현현한 것은 **단순한** 본질, 더욱이 한편으로는 자신의 밤의 은폐성에서 벗어나 의식 속에 들어서서 의식을 조용히 양육하는 실체가 되는 운동으로서의 단순한 본질이자 또한 이에 못지않게 자신을 다시 지하의 밤 속으로, 즉 자기(自己) 안으로 상실하고 그 위(지상계나 천상계)에서는 단지 어머니에 대한 고요한 그리움을 가지고서 체류할 뿐인 운동으로서의 단순한 본질이다. — 이에 반해 여러 가지 이름을 가진 일출의 광원체와 그것의 흥청대며 비틀거리는(도취된) 삶은 순전한 충동이다. 그런데 이런 광원체의 생명은 이에 못지않게 자신의 추상적 존재에서 풀려나 우선은 자신을 과일이라는 대상적 현존재 속으로 포괄했다가 그다음에는 자신을 자기의식에게 내어주면서 자기의식 속에서 본래의 현실성에 도달하고, 또 이제는 한 무리의 광신적인 여인들이 되어 떠돌아다닌다.[523] 이는 곧 자기의식적 형태를 띤 자연의 억제되지 않은 도취이다.

그러나 의식에게 누설된 것은 아직 단지 이런 단순한 본질일 뿐이지 그 자체에서 정신은 아닌 그런 절대 정신 또는 단지 **직접적인** 정신, 즉 자연의 정신에 불과하다. 그렇기 때문에 이 정신의 자기의식적 생명은 단지 빵과 포도주의 신비, 즉 케레스와 바쿠스의 신비일 뿐이지 그 개체성이 자기의식 자체를 본질적인 계기로서 자신 안에 포함하고 있는 실로 더 상위에 있는 다른 신들의 신비는 아니다. 그러므로 아직 **자기의식적** 정신으로서의

---

523) 디오니소스(즉, 바쿠스) 신화에 의하면 그를 추종하는 여성들이 무리를 이루어 휩쓸고 다니면서 광란의 축제를 벌였다.

정신이 자기의식에게 봉헌된 것은 아니며, 빵과 포도주의 신비는 아직 살과 피의 신비는[524] 아니다.

이러한 신의 확고하지 못한(흔들거리는) 도취는 **대상**이 되게끔 진정되어야 하며, 의식에 이르지 못한 열광(영감. Begeisterung)은 하나의 작품을 산출해내야만 한다. 그런데 마치 앞에서 조각상이 예술가의 영감에 마주 서 있었듯이, 그에 못지않게 이렇게 산출된 작품이 완성된 작품으로서 영감에 마주 서게 되지만, (추상적인 예술 작품처럼) 그 자체에 생명이 없는 작품으로서가[525] 아니라 하나의 **생동하는** 자기(自己)로서 마주 선다.—그런 숭배 예식이 바로 인간이 그 자신의 영광을 위해서 스스로에게 바치는 축제인데, 그렇다고 해서 사람들이 이런 숭배 예식 속에 아직 절대적 본질이라는 의미를 두지는 않는다. 왜냐하면 (축제라는 숭배 예식을 통해서) 인간에게 현현한 것은 이제 겨우 **본질**일 뿐이지 아직 정신은 아니며, **본질적으로** 인간의 형태를 취하고 있는 그런 것으로서 현현하지는 않기 때문이다. 그렇지만 이런 숭배 예식은 그와 같은 현현(계시)의 근거를 놓으며, 현현의 계기들을 개별적으로 제각각 펼쳐 놓는다. 그래서 앞에서는 무의식적 열광 속에서 양자(본질과 의식. 즉 신과 인간)의 통일이 놓여 있었듯이, 여기서는 본질의 생동하는 **육체성**이라는 **추상적인** 계기가 펼쳐져 놓인다. 그러므로 인간은 완전히 자유로운 **정지**였던 조각상 대신에 이제 자기 자신을 완전히 자유로운 **운동**을 향하여 육성되고 가다듬어진 형태로 세운다. 개별자가 저마다 자신을 최소한 성화 주자로 내세울 수는 있지만, 그들 중에서 모든 지체가 형태화되어 운동하고 매끄럽게 단련되어 유려한 힘을 지닌 한 사람(영웅)이 부상한다. 그

---

524) 예수를 통한 신의 육화와 최후의 만찬 예식을 암시하고 있다.
525) 생략된 명사가 '작품'이 아니라 '자기'라고 독해할 수도 있다.

가 바로 영혼이 불어 넣어진 생동하는 예술 작품인데, 이 예술 작품은 자신의 아름다움에 강인함을 짝지으며, 그에게는 조각상을 영예롭게 만들었던 보물이 그가 지닌 힘에 대한 포상으로 수여되고 또 돌로 된 신 대신에 그 민족 가운데서 그들의 본질에 관한 최상의 육체적 서술(전시)이라는 명예가 수여된다.

방금 보았던 두 가지 서술 속에는 자기의식과 정신적 본질의 통일이 현존하지만, 그 둘에는 아직 그것들 사이의 균형이 결여되어 있다. 바쿠스적 열광 속에서는 자기(自己)가 자신 밖에 있으며, 그 반면에 아름다운 육체성 속에서는 정신적 본질이 자신 밖에 있다. 전자에서 의식의 몽롱함과 그 거친 웅얼거림은 후자의 명징한 현존재 속으로 수용되어야 하고 또 후자의 정신을 결여한 명징성은 전자의 내면성 속으로 수용되어야 한다. 내면성이 외면적으로 되고 또한 이에 못지않게 외면성이 내면적으로 되는 그런 완전한 요소는 다시금 바로 언어이다. 그렇지만 이 언어는 신탁이라는 그 내용상 지극히 우연하고 개별적인 언어도 아니고, 느끼면서 단지 개별 신만을 찬양하는 찬송가도 아니며, 또한 바쿠스적 광란의 내용 없는 웅얼거림도 아니다. 오히려 그 언어는 자신의 명료하고 보편적인 내용을 획득했다. 이 언어가 자신의 **명료한** 내용을 얻게 된 까닭은 예술가가 애초의 전적으로 실체적인 열광에서 벗어나와 자신이 느끼는 모든 감흥 속에서도 자기의식적 영혼에 의해 삼투되어 있고 또 이와 더불어 살아가는 자신의 고유한 현존재인 그런 형태로 자신을 노동하여 만들었기 때문이다. 또한 이 언어가 자신의 **보편적인** 내용을 얻게 된 까닭은 인간의 영광이 되는 축제 속에서 단지 하나의 민족 국가의 정신(Nationalgeist), 단지 신성의 한 가지 특정한 성격만을 내포하고 있던 조각상의 일면성이 사라지기 때문이다. 아름다운 전사(戰士)가 물론 그 특수한 민족의 영예이기는 하지만, 그는 의미의 상세함과 진지함이 침전되고 또 그 민족의 특수한 삶과 사안들과 욕구들과 관습들을 담고 있는 정신의 내적 특성이 침전되어 있는 하나의 육체적 개별성이다. 이렇게 전적인 육체성으로 외화되면서 정신은 그 민족의 현실적 정신으로서 자신 안에 함유하고 있던 자연의 특수한 흔적과 여운을 떨쳐놓게 된다. 그렇기 때문에 그 민족은 이러한 정신 속에서 더 이상 자신의 특수성을 의식하는 것이 아니라, 오히려 그런 특수성의 탈피와 자신의 인간적 현존재의 보편성을 의식한다.

c. 정신적인 예술 작품

자신의 본질이 지니는 형태를 한 가지 특수한 동물에서 의식하는 민족 정신들은 **하나의** 정신으로 수렴한다. 이렇게 특수한 아름다운 민족 정신들은 **하나의** 만신전(萬神殿, Pantheon)으로 통합되는데,[526] 이런 만신전의 요소이자 거처는 바로 언어이다. **보편적 인간성**으로서의 자기 자신에 관한 순수한 직관은 민족 정신의 현실태에서는 그 민족 정신이 자연에 의해 그들과 **하나의** 민족 국가(Nation)를 이루게 되는 다른 민족 정신들과 함께 하나의 공동 사업을 향해 결합하고 또 이런 작업을 위하여 하나의 민족 전부 그리고 이와 더불어 하나의 천상계 전부(Gesammthimmel)를 형성한다는 형식을 지니게 된다. 하지만 정신이 자신의 현존재 속에서 도달하는 이런 보편성은 단지 인륜의 개체성에서부터 비로소 출발하여 아직 그 개체의 직접성을 극복하지 못하고 또 이런 여러 부족들(Völkerschaften)로부터 **하나의** 국

---

526) 기원 전후 로마 제국 시기의 로마에 건립된 판테온에는 로마 신화의 주요 신들이 함께 모셔져 있다.

가(Staat)를 형성하지 못한 그런 최초의 보편성에 불과하다. 현실적 민족 정신의 인륜성은 부분적으로는 개별자들이 그들 민족 전체에 대해서 가지는 직접적인 신뢰에 기반을 두고 또 부분적으로는 계층(신분)의 차이에도 불구하고 모든 사람이 정부의 결정과 행위에 직접 참여하는 것에 기반을 둔다. 처음에는 하나의 지속적인 질서로의 통합은 아니고 단지 공동 행위로의 통합에 불과한 이런 통합 속에서 각각의 모든 이가 참여한다는 그런 자유는 **당분간** 보류된다. 그렇기 때문에 이런 최초의 공동성은 개별자들로부터 전체의 의지와 행동에 그들이 자기의식적으로 참여하는 것을 박탈할 터일 추상적 사고의 지배라기보다는 오히려 개인들의 군집(Versammlung)에 가깝다.

여러 민족 정신들의 군집은 이제 자연 전체 및 인륜적 세계 전체를 포괄하는 형태들의 한 권역을 이룬다. 이들 역시 한 사람의 **통치권**(Oberherrschaft) 아래에 있다기보다는 한 사람의 **통솔권**(Oberbefehl) 아래에 서 있다. 대자적으로는 이들이 곧 **자기의식적** 본질이 **즉자적으로** 그러한 바와 또 행하는 바의 보편적 실체들이다. 그러나 이 자기의식적 본질이 우선은 적어도 바로 그런 보편적 본질들이 이루기 위해서 애쓰는 중심점, 그러나 그들의 여러 업무를 단지 겨우 우연한 방식으로만 결합하는 것처럼 보이는 중심점을 이루며, 또 그러한 힘을 이룬다. 하지만 신적 본질이 자기의식 속으로 복귀하는 것이야말로 바로 자기의식이 그런 신적 힘들을 위한 중심점을 형성한다는 근거를 이미 함축하고 있는 것이며, 또 우선은 그 두 세계 사이의 우호적인 외적 관련이라는 형식 아래에 본질적인 통일을 숨겨 놓고 있는 것이다.[527]

내용이 등장하면서 띠게 되는 의식의 형식도 또한 필연적으로 이 내용에 상응하는 것과 똑같은 보편성을 지니게 된다.[528] 그것은 더 이상 숭배 예식의 현실적 행동이 아니라 아직 개념으로 고양되지는 않았지만 이제 비로소 자기의식적 현존재와 외적 현존재의 종합적 연결인 **표상**으로 고양된 그런 행동이다. 이런 표상의 현존재인 **언어**는 최초의 언어, 즉 비록 **사고**의 **보편성**으로서는 아닐지라도 적어도 세계의 **완결성**(Vollständigkeit)으로서 보편적인 내용을 담고 있는 **서사시**이다. **가인**(歌人)은 이 세계의 주체인 그로부터 이 세계가 창출되고 담지되는 그런 개별자이자 현실적 존재이다. 그의 열정은 마비시키는 자연의 위력이 아니라 오히려 므네모시네,[529] 즉 사리 분별(정신이 들어 깸, Besinnung)과 생성된 내면성, 다시 말해 그전에는 직접적이었던 본질에 대한 기억이다. 가인은 그 내용 속에서 사라져버리는 수단(기관, Organ)이며, 그의 고유한 자기(自己)가 아니라 그의 뮤즈,[530] 그의 보편적인 노래가 유효한 것이다. 그러나 실제로 현존하는 것은 바로 신들의 세계라는 보편성의 극단이 특수성이라는 매개 중심을 통해서 가인이라는 개별성과 연결되는 추론이다. 그 매개 중심은 바로 가인과 마찬가지로 개

---

527) (Werke) 하지만 신적 본질이 자기의식 속으로 복귀하는 것이야말로 바로 자기의식이 그런 신적 힘들을 위한 중심점을 형성하고 또 우선은 그 두 세계의 우호적인 외적 관련이라는 형식 아래에 본질적인 통일을 숨겨 놓고 있다는 것의 근거를 이미 함축하고 있다.

528) 이 문장은 주술 관계에 따라 다음과 같이 번역할 수도 있다. "이 내용에 상응하는 것과 똑같은 보편성은 필연적으로 또한 내용이 등장하면서 띠게 되는 의식의 형식도 지니게 된다."

529) 그리스 신화에서 므네모시네는 기억의 여신이며, 학문과 예술의 여신들인 뮤즈의 어머니이다.

530) 그리스 신화에서 뮤즈는 제우스와 므네모시네 사이의 딸들로 학문과 예술의 여신들이다. '아름다운 목소리'라는 뜻의 칼리오페는 서사시를, '명성'이라는 뜻의 클레이오는 역사를, '기쁨'이라는 뜻의 에우테르페는 음악과 서정시를, '춤의 즐거움'이라는 뜻의 테르프시코레는 춤과 합창을, '사랑스러움'이라는 뜻의 에라토는 연애시를, '노래하는 여인'이라는 뜻의 메르포메네는 비극을, '풍요의 환희'라는 뜻의 탈리아는 희극과 전원시를, '풍성한 노래'라는 뜻의 폴리힘니아는 찬가를, '하늘'이라는 뜻의 우라니아는 천문을 담당한다.

별 인간이지만 단지 **표상된** 존재일 따름이고, 따라서 신이라는 보편성의 자유로운 극단과 마찬가지로 동시에 **보편적** 존재인 그런 자신의 영웅들 속에서의 민족이다.

그러므로 숭배 예식에서 **즉자적으로** 이루어지는 것, 즉 신적인 것과 인간적인 것 사이의 관련이 무릇 이런 서사시 속에서는 의식에게 **서술**된다. 그 내용은 자기의식적 본체의 **행위**이다. **행위함**은 실체의 안정을 교란하고 본체로 하여금 자신의 단순성을 분할하여 자연적 힘들과 인륜적 힘들의 다양한 세계로 개방되도록 깨워 일으킨다. 행위는 평온한 대지에 대한 침해, 즉 구덩이인데, 이 구덩이는 피로써 영혼이 불어 넣어지고 또 생명을 갈망하면서 자기의식의 행동 속에서 그 피를 획득하는(혈통을 보존하는) 사별한 정신들을 불러일으킨다. 보편적 노력(공동의 사회적 노동)이 이루고자 애쓰는 업무는 현실적 민족들 전체와 그 정점에 서 있는 개인들에 의해 완수되는 **자기적**(自己的, selbstisch) 측면과 그 민족들의 실체적 위력들에 의해 완수되는 **보편적** 측면이라는 두 측면을 얻게 된다. 그런데 그 두 측면 사이의 **관련**이 앞에서 보편자와 개별자의 **종합적** 결합 또는 **표상**이라고 규정되었다. 이 세계에 관한 평가는 이런 규정성에 달려 있다.— 그리하여 그 양자 사이의 관계는 바로 행동의 통일성을 일관성 없이 나누고서 행위를 그 한 측면에서 다른 측면으로 불필요하게 내던지는 그런 혼합이다. 보편적 위력들은 개체성의 형태를 그리고 이와 더불어 행위의 원리를 그 자체에 지니고 있다. 그렇기 때문에 그것들의 작용은 인간의 행동 못지않게 전적으로 자신으로부터 비롯되는 자유로운 행동으로 나타난다. 그렇기 때문에 한가지 똑같은 것을 신도 그리고 또한 인간도 행한다(신이 행한 것과 인간이 행한 것이 실은 한가지 똑같은 것이다). 보편적 위력들이 실은 행위하는 개인들의 힘인 까닭에(보편적 위력들은 다름 아니라 행위하는 개인들의 힘을 통해서 발휘되는 까닭에), 보편적 위력들이 지닌 진지함은 우스꽝스러운 과잉이다. 그리고 보편적 위력들이 모든 것을 조종하는 까닭에, 행위하는 개인들의 노력과 노동도 그에 못지않게 불필요한 수고이다. ─ 무(無)에 불과한 하루살이의 사멸하는 존재(인간)는 동시에 보편적 본체를 굴복시키고 신들에게 상처를 입히며 또 그들에게 무릇 현실성과 행동에 관한 관심을 마련해주는 위력적인 **자기**(自己)이기도 하다. 이와 마찬가지로 인간의 공물로 살아가면서 인간을 통해 비로소 무엇인가 할 일을 얻게 되는 이런 무력한 보편성들(신)은 역으로 모든 사건의 자연적 본질이자 소재이고 또한 이에 못지않게 행동의 인륜적 질료이자 열정이다. 그들의 요소적(기초적) 본성들은 개체의 자유로운 자기(自己)를 통해 비로소 현실성과 활성화된 관계에 이르게 되지만, 그들은 이에 못지않게 [이러한 결합에서 벗어나 자신의 규정 안에서 아무런 제한 없이 머물고 또 활동하는 자(행위하는 개인)의 점성(點性)과 형상화를 자신의 통일성이 지닌 무적(無敵)의 유연성을 통해 소멸시키고서 자기 자신을 순수하게 보존하며, 모든 개체적인 것을 자신의 유동성 속에서 해체하는] 그런 보편자이다.

그들이 자신과 대립하고 있는 자기적(自己的) 본성과 이렇게 모순되는 관련 속에 빠져들 듯이, 그들의 보편성도 마찬가지로 그들 자신의 규정 및 그 규정이 다른 규정들과 맺는 관계와 상충하게 된다. 그들은 자신의 고유한 현존재 속에서 안주하면서 무상함과 낯선 폭력에서 벗어나 있는 영원하고 아름다운 개인들이다. ─ 그러나 동시에 그들은 **특정한**(규정된) 요소들, 그래서 다른 신들과 관계를 맺고 있는 **특수한** 신이다. 하지만 다른 신들과의 관계가 그 대립에 의해 그들과의 투쟁이 되는데, 이런 관계는 그들의 영원한 본성에 관한 희극적인 자기 망각이다. ─ 그 규정성은 신적인 존립 속에 뿌리박고 있으며, 자신의 경계 안에서 개체성 전체의 자립성을 지니고 있다. 동시에 이런 규정성에[531] 의해 그들의 특성은 고유성의 선명함을 상실하고서 그 다의성 속에서 혼합된다. — 그들의 활동이 타자를 겨냥하고 있고 또 그럼으로써 불패의 신적 힘에 맞서 펼쳐지는 까닭에, 활동의 목적과 그들의 활동 자체가 하나의 우연하고 공허한 허장성세이며, 이런 허장성세는 그에 못지않게 녹아 흘러서 행위가 지닌 외관상의 진지함을 아무런 결과와 성과도 없는 전혀 위험하지 않고 그저 자신감에 찬 유희로 전환시킨다. 그들의 신성이 지닌 본성에서는 그 신성을 부정하는 것과 그 규정성이 단지 그들의 활동의 비일관성으로 그리고 목적과 성과의 모순으로 나타날 뿐이며, 그와 같은 자립적 안전성이 규정된 것에 대해서 우위를 차지한다. 하지만 바로 이를 통해 그들의 맞은편에 **부정적인 것**의 **순수한 힘**이, 게다가 그들이 아무것도 할 수 없는 궁극적인 위력으로서 등장한다. 그들은 그들의 힘을 견뎌내지 못하는 사멸하는 자들의 **개별적 자기**(自己)에 대해서 보편자이자 긍정적인 것이다. 그러나 바로 그런 까닭에 그들 위에서는 그리고 일체의 내용이 속해 있는 이런 표상의 세계 전체 위에서는 **보편적 자기**(自己)가 **필연성**의 **개념 없는 공허**로서 떠돌고 있다. 이는 하나의 벌어진 사건인데, 이에 대해서 그들은 자기(自己)를 결여한 채로 그저 애도하는 태도를 취한다. 왜냐하면 이런 (특수한 신의) **규정된** 본성들은 이와 같은 (공허한 필연성의) 순수성 속에서 자신을 발견하지 못하기 때문이다.

그러나 이 필연성은 개별적 계기들의 모순되는 실체성이 종속되는 **개념의 통일**인데, 이러한 통일 속에서는 개별적 계기들의 행동이 보여주는 비일관성과 우연성이 정돈되고 또 그것들이 벌이는 행위들의 유희가 개념의

---

531) 지시대명사가 '규정성' 대신에 '자립성'을 지시하는 것으로 독해할 수도 있다.

진지함과 가치를 그것들[532] 자체에서 획득하게 된다. (서사시라는) 표상의 세계가 지닌 내용이 풀려 나와 **매개 중심** 속에서 스스로(대자적으로) 자신의 운동을 상연하면서 영웅(주인공. Held)이라는 개체의 주위에 모여든다. 그러나 영웅은 자신의 힘과 아름다움 속에서 생명이 부서졌다고 느끼고 요절을 예기하면서 애통해한다. 왜냐하면 **내적으로 확고한 현실적 개별성**은 극단성으로 내쫓겨서 아직 자신을 발견하지 못하고 서로 통합하지 못한 자신의 계기들로 분열되기 때문이다. 그중 한 개별자인 (신들의 세계라는) **추상적인 비현실적 개별자는**[533] (영웅이라는) 매개 중심의 삶에 참여하지 않는 필연성이며, 이는 또 다른 극단인 **현실적** 개별자, 즉 가인(歌人)도 마찬가지인데, 가인은 매개 중심의 삶 밖에 머물면서 자신의 표상[534] 속에서 가라앉는다. 그 두 극단은 (영웅의 삶을 서술하는 서사시의) 내용에 가까워져야만 한다. 그 한 극단인 필연성은 그 내용으로 자신을 채워야만 하며, 다른 한 극단인 가인의 언어는 그 내용에 참여해야만 한다. 그리고 앞에서 그 자체에 방임되었던 내용은 부정적인 것의 확신과 확고한 규정을 그 자체에서 획득해야만 한다.

그러므로 이처럼 더 상위의 언어인 **비극**은 본질적 세계와 행위하는 세계라는 두 계기가 분산되었던 것을 서로 더 가까이 집약한다. 신적인 것의 **실체**는 **개념의 본성에 따라서** 자신의 형태들로 갈라져 등장하며, 이 형태들의[535] **운동**도 마찬가지로 개념에 부합하게 된다. 형식과 관련해서는, 언어가 내용 속에 진입함으로써 이야기하는 투(erzählend)이기를 멈추며, 이와

---

532) 인칭대명사가 개별적 계기들을 뜻하는 '그것들' 대신에 '행위들'을 지시하는 것으로 독해할 수도 있다.
533) (Werke) 그중 한 개별자인 **추상적**이고 비현실적인 것은
534) "자신의 표상" 대신에 "매개 중심의 삶에 관한 표상"으로 번역할 수도 있다.
535) 인칭대명사가 '형태들' 대신에 '실체'를 지시하는 것으로 독해할 수도 있다.

마찬가지로 그 내용도 표상된 내용이기를 멈춘다. (비극 작품의 주인공인) 영웅은 그 자신이 발화자이고, 상연(표상)은 동시에 관객이기도 한 청자에게 자신의 권리와 목적 그리고 자신의 규정(사명)이 지닌 위력과 의지를 **인지하고 있고 또 말할** 줄 아는 **자기의식적** 인간을 보여준다. 이런 자기의식적 인간은 곧 예술가인데, 그들은 현실적인 삶에서의 통속한 행위에 수반되는 언어처럼 무의식적이고 자연적이면서 순진하게 자신의 결정과 착수의 **외면**을 언표하는 것이 아니라, 오히려 내적 본질을 표출하고 자신의 행위가 지닌 권리(정당성)를 증명하며 그들이 품고 있는 열정을 우연한 상황과 인격성의 특수성에서 해방되어 자신의 보편적 개체성 속에서 신중하게(분별 있게, besonnen) 주장하고 단호하게(규정적으로, bestimmt) 언표한다. 이러한 성격(배역)을 지닌 **현존재**가 결국 영웅이 되는 인격자들을 설정하여(주인공이 되는 인물의 배역을 가면을 쓰고서 맡아)[536] 이들을 이야기하는 투의 언술이 아니라 자신의 고유한 현실적 언술로 서술하는 **현실적** 인간이다. 인간의 손으로 만들었다는 것이 조각상에 본질적이듯이, 이와 마찬가지로 배우는 그의 가면에 본질적이다. 게다가 예술 감상이 사상해야만 하는 외적 조건으로서 배우가 가면에 본질적인 것은 아니다. 또는 예술을 감상할 때 물론 이를 사상해야만 하는 한, 그렇게 함으로써 바로 예술이 진정한 본래의 자기(自己)를 아직 자신 안에 포함하고 있지 못하다고 말하는 셈이다.

이렇게 개념으로부터 산출된 형태들의 운동이 그 위에서 벌어지는 **보편적 지반**은 최초의 표상적 언어와 그것의 자기(自己)를 결여한 채로 뿔뿔이

---

536) 지금까지 주로 '(법적) 인격자'로 옮긴 'Person'이 본래 연극 배우가 쓰고 있는 '가면'을 뜻하는 'persona'에서 유래했다는 점을 상기할 필요가 있다. 이하에서 이 단어가 명백히 연극과 관련하여 사용되는 경우에는 '극중인물'로 옮긴다.

흩어져 놓인 내용에 관한 의식이다. 이러한 의식은 곧 그들의 지혜가 **노인의 합창** 속에서 언어로 표현될 터인 평범한 민중 일반이다.[537] 일반 민중의 대변자는 이런 합창의 무기력함에 있다. 왜냐하면 일반 민중 자신은 단지 그들에 맞서 등장하는 정부의 개체성을 위한 긍정적이면서 수동적인 소재를 이룰 뿐이기 때문이다. 부정적인 것의 위력을 결핍한 채 일반 민중은 신적인 삶의 풍요로움과 다채로운 풍부함을 한데 모아 제어하지 못하며, 오히려 신적인 삶을 뿔뿔이 흩어지도록 만들고는 각각의 개별적 계기를 하나의 자립적인 신으로서 때로는 이 신을 또 때로는 다시금 다른 신을 그들의 찬양 송가 속에서 찬미한다. 그러나 일반 민중이 어떻게 개념이 이러한 형태들을 분쇄하면서 그 너머로 성큼성큼 넘어가는가 하는 개념의 진지함을 감지하고 또 개념이 지배하는 지반 위에서 그들이 찬미하는 신들이 감히 활보하려 할 때 얼마나 나쁜 상태에 놓이게 되는지를 보게 될 터인 곳에서조차, 그들은 스스로가 행위하면서 개입하는 부정적 위력이 되지 못한다. 오히려 그들은 그런 부정적 위력에 관한 자기(自己)를 결여한 사고 속에, 즉 **낯선 운명**에 관한 의식 속에 머물면서 평온해지기를 바라는 공허한 희망과 진정시키기 위한 빈약한 언설을 들고 온다. 일반 민중은 실체의 직접적인 팔인 더 상위의 위력들 앞에서, 또 그 위력들이 서로 벌이는 투쟁에 직면하여, 그리고 이 위력들에 결부되어 있는 산 자들(영웅으로서의 극중인물) 못지않게 또한 그 위력들마저 으깨어버리는 필연성의 단순한 자기(自己) 앞에서 **공포**에 떨며, 또한 일반 민중이 자기 자신과 똑같은 자로 알고 있는 산 자들에 대해서 **연민**(함께 괴로워함. Mitleiden)을 느낀다.[538] 그러는 가운데 일

---

537) 이 문장은 다음과 같이 번역할 수도 있다. "**노인의 합창** 속에서 언어로 표현될 터인 지혜는 바로 평범한 민중 일반이다."

반 민중을 위해서는 단지 이러한 운동에 대한 하릴없는 경악, 그에 못지않게 아무 도움도 되지 않는 한탄, 그리고 마지막으로는 그것의 성과가 배역(品性)의 필연적 행위라고 파악되지도 않고 또 절대적 본체의 그 자체 안에서의 행동으로 파악되지도 않는 그런 필연성에 순종함으로써 얻어지는 공허한 안정만이 존재할 뿐이다.

표상 행위의 아무런들 상관없는 지반인 이런 관람하는 의식 위에서는 정신이 자신의 산만한 잡다성 속에서가 아니라 개념의 단순한 양분(兩分) 속에서 등장한다. 그렇기 때문에 정신의 실체는 단지 자신의 두 가지 극단의 위력들로 갈라 떨어져 나타날 따름이다. 이런 요소적인(기초적인) **보편적** 본체는 동시에 자기의식적 **개체들**, 즉 두 위력 중 어느 하나에 자신의 의식을 놓아두고서는 그것에서 품성(배역)의 규정성을 지니고 또 그 위력의 작동과 현실성을 이루는 영웅들이다. ─ 이미 환기한 바와 같이 이런 보편적 개체화는 본래의 현존재가 지닌 직접적 현실성으로까지 더 하강하여, 합창에서 자신의 대립상을 또는 오히려 자신을 언표하는 그들 자신의 표상을 지니는(합창이 곧 그들을 재현하는 복제물이거나 그들 자신을 대변하는 상연인) 그런 일군의 관객들에게 자신을 전시한다.

여기서 대상이 되는 정신의 내용과 운동은 이미 인륜적 실체의 본성과 실현으로서 고찰되었다. 이 정신은 그의 종교 속에서 자신에 관한 의식에 도달한다. 또는 이 정신은 그의 종교에서 자신의 의식에게 자신을 그의 더 순수한 형식과 더 단순한 형태화 속에서 전시한다. 그러므로 인륜

---

538) Aristoteles, *Peri poietikes*, 1452a 이하(아리스토텔레스, 『시학』, 천병희 역, 문예출판사, 1976, 66쪽): "비극은 완결된 행동의 모방일 뿐 아니라 공포와 연민의 감정을 불러일으키는 사건의 모방이다."

적 실체는 자신의 개념을 통해서 자신을 그 **내용**상 **신적** 권리(신법)와 **인간적** 권리(인간법) 또는 지하의 권리와 상계(上界)의 권리라고 규정되었던 두 개의 위력으로 양분했는데, 그중 전자는 **가족**이었고 후자는 **국가 권력**이었으며, 첫 번째 것은 **여성적 품성**이었고 다른 하나는 **남성적 품성**이었다. 앞서 여러 가지 모양을 띠고 있었고 또 그 규정에서도 흔들렸던 신들의 권역(Götterkreis)은 이러한 규정을 통해서 본래의 개체성에 가까워진 이 두 가지 위력으로 한정된다. 왜냐하면 앞서 실체화되어 나타나는 갖가지 추상적 위력들로 전체가 분산되는 일은 이 위력들이 단지 자신의 자기(自己) 속에서의 **계기들**에 불과하다고 개념적으로 파악하는 그런 **주체**의 **해체**이며, 그런 까닭에 개체성은 단지 그런 본체들의 피상적인 형식에 지나지 않기 때문이다. 역으로 지금 언급한 것보다 더 상세한 **품성들**의 구별은 우연하고 그 자체로 외면적인 인격성으로 간주될 수밖에 없다.

동시에 본체는 자신을 그의 **형식**이나 **지**에 따라서도 분할한다. **행위하는** 정신은 의식으로서 [자신이 그것에 활동을 가하고, 그럼으로써 그것이 인지하는 자에 대해서 **부정적인 것**으로 규정되어 있는] 대상에 맞서 등장한다. 이를 통해 행위자는 지와 무지의 대립 속에 처하게 된다. 그는 자신의 품성으로부터 자신의 목적을 취하고서는 이 목적을 인륜적 본질성이라고 인지한다. 그러나 그는 그 품성의 규정성에 의해서 실체의 위력 중 단지 **하나**만을 인지하며, 다른 위력은 그에 대해 은폐되어 있다. 그렇기 때문에 현전하는 현실은 **즉자적**일 때와 의식에 대해 있을 때 서로 다른 것이다.[539] 이러한 관련 속에서 상계(上界)의 권리와 하계(下界)의 권리는 각각 인지하면

---

539) 이 문장은 다음과 같이 번역할 수도 있다. "그렇기 때문에 현전하는 현실은 또 다른 **즉자**이고 또 의식에 대해 타자이다."

서 자신을 의식에게 현시하는 위력이라는 의미와 자신을 은폐하면서 배후에 잠복해 있는 위력이라는 의미를 얻게 된다. 그 **한 가지** 위력은 **빛의 편**, 자신의 자연적 계기에 따라서 만물을 비추는 태양에서 발원하여 모든 것을 알고 있고 또 현시하는 신탁의 신, 즉 **포에부스**와 그의 아버지인 **제우스**이다.[540] 그러나 이렇게 진실을 말하는 신의 명령과 **존재하는** 것에 관한 그의 공시(公示)는 오히려 기만적이다. 왜냐하면 **의식**이 행위 속에서 그 자체 즉자적으로 이런 대립인 까닭에, 이러한 지는 그 개념에서 직접적으로 무지이기 때문이다. 그렇기 때문에 수수께끼 같은 스핑크스를 그 자신이 풀어 열 수 있었던 자나[541] 어린아이처럼 천진난만하게 신뢰했던 자나[542] 모두 신이 그들에게 계시한 바로 그것에 의하여 파멸로 내던져진 것이다. 아름다운 신이 그녀의 입을 빌려 말하는 여사제는 다름 아니라 그녀의 예언(언약)을 통해서 (이를 신봉하는 자를) 범죄 행위로 내몰고 또 그녀가 확실하다고 내세운 것의 일구이언(Zweizüngigkeit) 속에서 그렇게 계시된 의미를 신뢰했던 자를 기만하는 그런 이중적인 의미를 지닌 운명의 자매이다.[543] 그런 까

---

540) 포에부스는 태양의 신이자 의술과 예언의 신인 아폴론(로마 신화의 아폴로)의 별칭이고, 제우스(로마 신화의 주피터)는 신들의 왕이자 아폴론을 비롯한 주요 신들의 아버지이다.

541) 오이디푸스가 테베의 길목에서 아버지를 우연히 만나 살해하고 또 스핑크스가 낸 수수께끼를 풀고서 테베의 왕이 되어 어머니와 결혼하게 된 것은 그가 델포이 신전에서 받은 '아버지를 죽이고 어머니와 결혼할 것'이라는 신탁의 운명에서 벗어나기 위해 방랑길에 나섰던 탓이기도 하다. 그는 비극적인 운명을 피하려는 자신의 행위가 오히려 그 운명을 실현하는 원인이 되리라는 것도 몰랐고 또 자신이 살해한 라이오스가 자신이 아버지이고 자신이 아내로 맞은 이오카스테가 자신의 어머니라는 사실도 알지 못했다.

542) 오레스테스는 자신의 어머니 클리타임네스트라가 그녀의 남편이자 미케네의 왕인 아가멤논을 살해한 사실을 알게 된 후 혼란에 빠져 델포이 신전으로 가서 신탁의 도움을 구한다. 그는 '아버지의 복수를 해야 마땅하고 자신이 신들의 분노로부터 그를 보호해 줄 것'이라는 아폴론의 신탁을 믿고서 이 명령에 따라 어머니에 대한 존속 살해를 감행한다.

닭에 마녀를 믿는 후자보다[544] 더 순수하고 또 여사제와 아름다운 신을 신뢰하는 전자보다[545] 더 사려 깊고 더 꼼꼼한 의식은[546] 아버지의 정령(정신)이 자신을 살해한 범죄 행위에 관해 몸소 현시했음에도 불구하고 복수하기를 우물쭈물 주저하면서 여전히 또 다른 증거를 찾는 일을 벌였다. 게다가 그렇게 현시하는 정신이 또한 악마일 수도 있을 것이라는 이유에서 그랬던 것이다.[547]

이런 불신에는 근거가 있는데, 그 까닭은 인지하는 의식이 자신을 자기 확신과 대상적 본체 사이의 대립 속에 정립하기 때문이다. 현실이 절대적 법칙과의 대립 속에서는 결코 **즉자적인** 것이 아니라는 인륜의 권리는 의식의 지가 일면적이고 그의 법칙이 단지 자신의 품성에서 나온 법칙에 불과하다는 점, 의식이 실체의 위력들 중 단지 하나만을 붙들 뿐이라는 점을

---

543) 그리스 신화에서 운명의 세 여신인 모이라이는 한편으로는 생명의 실을 자아서 감기도 하지만 다른 한편으로는 그 실을 끊어 생명을 빼앗기도 한다. 또한 셰익스피어의 『맥베스』에서는 세 명의 마녀가 '운명의 자매들'이라고 불리면서 등장하는데, 이들은 맥베스를 '왕이 될 자'라고 예언하고 또한 동시에 그의 동료 장군인 뱅코는 '왕을 낳을 자'라고 예언한다. 이런 모호한 예언에 대해 불안과 두려움을 느낀 맥베스는 결국 뱅코를 살해한다. '운명의 자매들'이라는 용어 및 이중의 예언에 관해서는 특히 셰익스피어, 『맥베스』, 1막 3장 참조.

544) 맥베스.

545) 오이디푸스와 오레스테스. 특히 에우리피데스, 「타우리케의 이피게네이아」, 『에우리피데스 비극 전집 2』, 116쪽 이하 참조: "(**오레스테스**) 하지만 포이보스께서는 나를 속이셨네. 예언의 신이시면서. / 그분은 꾀를 써서 나를 헬라스에서 되도록 멀리 / 꾀어내셨네. 자신의 지난날의 예언을 부끄러워하시며. / 나는 그분께 내 모든 것을 맡기고 그분의 명령에 따라 / 내 어머니를 죽였거늘 이제 내가 죽임을 당하는구나!"

546) 햄릿을 염두에 둔 것으로 추정된다.

547) 셰익스피어, 『햄릿』, 2막 2장, 88쪽 참조: "(**햄릿**) 내가 본 혼령은 / 악마인지도 모른다. 그리고 악마는 제 모습을 / 보기좋게 위장할 힘이 있다. 맞아, 또 / 내 허약함과 우울증을 빌미 삼아, / 심기가 그럴 땐 악귀가 큰 힘을 쓰니까, / 나를 속여 파멸시킬 수도 있어. 좀더 / 설득력 있는 증거를 잡으리라."

경험하게 된다. 행위 자체는 이렇게 **인지된 것**을 그 반대인 **존재**로 전도시키는 것이며, 품성과 지의 권리를 실체의 본질 속에서 그것과 연결되어 있는 대립자의 권리로, 즉 상대편의 적대적으로 격앙된 위력과 품성을 지닌 에리니에스로 전복시키는 것이다.[548] 이런 **하계(下界)의** 권리는 **제우스**와 더불어 왕좌에 앉아서 공개적인 법 및 인지하는 신과 동등한 존경을 누리게 된다.[549]

합창 속에서 신의 세계는 행위하는 개체에 의하여 이 세 가지 본질로 한정된다. 그 **하나는 실체**이고, 또한 (다른 하나는) 화로(집안 살림)의 위력과 가족 간의 공경(Familienpietät)의 정신이며, (마지막으로) 국가와 정부의 보편적 위력이다.[550] 이러한 구별이 실체 자체에 귀속되므로, 이 구별은 표상에 두 개의 구별된 형태로 개체화되는 것이 아니라 오히려 현실 속에서 그 품성을 지닌 두 인격자를 지니게 된다.(이 구별은 비극의 상연에서 가족과 국가, 하계의 위력과 상계의 위력 등과 같은 두 가지 서로 다른 형태로 나타나지 않고 실제로는 그런 구별에 따른 각

---

548) 오이디푸스는 신들의 분노를 사서 테베에 불행을 몰고 온 범인이 바로 자신이라는 사실을 알게 되자 자신의 눈을 스스로 찔러 장님이 된 후 테베를 떠나 깊은 회한을 품은 채 외지를 떠돌다가 죽는다. 또한 오레스테스는 존속 살해의 패륜 범죄에 대해 복수의 여신들의 분노를 사서 끝없이 쫓기다가 광인이 된다.

549) 오레스테스 및 그의 수호신인 아폴론과 에리니에스 사이의 갈등은 아레오파고스 법정에서도 아테네 시민들의 표가 유무죄 동수로 나와 판결을 내리지 못하는 상태가 된다. 그러다가 결국 아테나의 중재와 설득으로 에리니에스가 복수의 여신에서 자비의 여신인 에우메니데스로 변화하면서 이 여신을 찬양하는 신전을 아레오파고스 법정 옆에 건립하는 것을 대가로 하여 오레스테스는 석방된다. 아이스킬로스, 『오레스테이아』, 특히 제3부 「자비로운 여신들」의 결말부 참조. 그러나 에우리피데스에 따르면 에리니에스는 그 후에도 오레스테스에 대한 복수의 추적을 멈추지 않았고, 그래서 아폴론은 오레스테스에게 다시 속죄를 위한 고난의 모험을 요구한다. 에우리피데스, 「타우리케의 이피게네이아」, 126쪽 이하 참조.

550) 이 문장은 다음과 같이 번역할 수도 있다. "그 **하나는 실체**, 즉 화로의 위력과 가족 간의 공경의 정신인 것 못지않게 또한 국가와 정부의 보편적 위력이다."

각의 배역을 지닌 여성과 남성, 안티고네와 크레온, 아폴론과 에리니에스 등과 같은 두 명의 극중인물로 나타난다.) 이에 반해 지와 무지의 구별은 **현실적 자기의식 각자 모두**에게 귀속되며, 오직 추상 속에서만, 즉 보편성이라는 요소 속에서만 그 구별은 두 개체적 형태에 분배된다. 왜냐하면 신인(神人, Heros)의 자기(自己)는 오직 전체적인 의식으로서만 현존재를 지니며, 그런 까닭에 본질적으로 형식에 귀속되는 **전체적** 구별이기 때문이다. 그러나 그의 실체는 규정되어 있고, 그에게는 오직 내용의 구별 중 어느 한 측면만이 귀속된다. 그렇기 때문에 현실 속에서는 결코 분리되지 않고 저마다 고유한 개체성을 지니지 않는 (전체적인) 의식의 두 측면이 **표상**(상연) 속에서는 각각 자신의 특수한 형태를 얻게 된다. 즉, 그 하나는 현시하는 신(아폴론)이라는 형태이고, 다른 하나는 자신을 은폐한 채로 유지하는 에리니에스이다. 양자는 한편으로는 동등한 영예를 누리며, 다른 한편으로는 **실체**의 **형태**인 제우스가 곧 양자가 서로 맺는 **관련**의 필연성이다. 실체는 곧 [지가 대자적으로 존재하지만 그 진리는 단순한 것에서 지니고, 또 현실적 의식이 존재하게끔 만드는 구별은 그 근거를 바로 이 구별을 소멸시키는 내적 본질에서 지니며, **확신**의 스스로에게 명료한 **확언**은 그 입증을 **망각**에서 지닌다는] 그런 관련이다.(이 실체는 곧 양자의 필연적인 관련인데, 이런 관련 속에서는 비록 지가 홀로 성립할지라도 그 지의 진리는 실체의 단순성 속에 있고, 극중인물이 체현하는 현실적 의식이 실체의 구별을 통해 만들어지지만 그런 구별의 근거는 바로 그 구별을 소멸시키는 내부의 전체적 본질에 놓여 있으며, 그런 현실적 의식이 명확하게 단언하는 자기 확신은 오히려 자기 망각 속에서만 그 타당성을 입증한다.)

의식은 행위를 통해 이런 대립을 개시(開示)했다. 의식은 공개적인 지에 따라서 행위하면서 그 지의 기만을 경험하며, 내용상[551] 실체의 속성들 중 **하나**에 헌신하면서 다른 속성을 침해했고, 이를 통해 이 다른 속성에다 자신에 맞설 권리를 부여했다. 의식은 인지하는 신을 추종하면서 오히려 공개적이지 않은 것을 붙잡았으며, 자신이 지를 신뢰했던 것에 대한 대가를 치르는데, 이 지의 양의성이 곧 지의 본성이기에 그런 양의성이 **의식에 대해서도** 존재할 수밖에 없었고 또 그에 대한 **경고**가 현존할 수밖에 없었다. 여사제의 광란, 마녀의 비인간적인 형태, 나무나 새의 목소리,[552] 꿈 등등은 진리가 나타나는 방식이 아니라 오히려 지의 기만과 사려 깊지 못함과 개별성 및 우연성에 대한 경고 신호이다. 또는 같은 말이지만, 의식에 의해 침해받은 대립된 위력은 그것이 가족의 법칙이건 아니면 국가의 법률이건 간에 공포된 법률이자 유효한 권리로서 현존한다. 이에 반해 의식은 자기 자신의 지를 따르면서 오히려 공개적인 지를 자기 자신에게 은폐했던 것이다. 그러나 내용과 의식의(지의 내용에서건 이에 관한 의식 속에서건) 서로 대치하면서 등장하는 위력들의 진리는 바로 [그 두 위력이 동등한 정당성(권리)을 지니고 있으며, 그렇기 때문에 행위가 산출하는 그것들 사이의 대립 속에서는 동등한 부당성(불법)을 지닌다는] 그런 결말이다. 행동의 운동은 그 두 위력과 자기의식적 품성들(배역들)의 쌍방의 몰락 속에서 그것들의 통일을 입증한다. 대립이 자신과 이루는 화해는 곧 죽을 때 **지하 세계의 레테**(Lethe)이거나 아니면 **지상 세계의 레테**, 즉 의식이 스스로 행위했던 까닭에 결코 부인할 수 없는 죄과에 대한 무죄 선고는 아니지만 범죄 행위에 대한 무죄 선고와 속죄의 위무(慰撫)로서의 레테이다. 그 두 가지가 모두 **망각**, 즉 실체의 위력들과 그 개체들의 현실태와 행동이 그리고 선과 악에 관한 추상적 사고의 위력들의 현실태와 행동이 사라져버렸음(Verschwundensein)이

---

551) (Werke) 그 내면에 따라서
552) 셰익스피어, 『맥베스』, 2막 3장 및 3막 3장 참조.

다. 왜냐하면 그중 어느 것도 홀로 본질이 아니며, 오히려 본질은 바로 자기 자신 안에서 전체의 안정, 운명의 움직이지 않는 통일, 가족과 정부의 정적인 현존재 그리고 이와 더불어 비활동성과 비생동성, 아폴론과 에리니에스의 동등한 영예와 그럼으로써 아무런들 상관없는 비현실성, 그들의 정신화와 활동이 단순한 제우스로 귀환하는 것이기 때문이다.

이러한 운명은 하늘나라의 공동화(空洞化)를, 즉 개체성과 본체의 사고를 결여한 혼합의 공동화를, 다시 말해 본체의 행동을 비일관적이고 우연하며 [본체에 단지 피상적으로 매달려 있을 뿐인 개체성은 비본질적인 개체성이므로] 그에 걸맞지 않은 것으로 나타나게 하는 혼합의 공동화를 완결짓는다. 그러므로 고대의 철학자들이 요청한 그런 본질을 결여한 표상의 추방은[553] 이미 비극 작품 일반에서 시작되었는데, 비극 작품에서는 실체의 분류가 개념에 의해 지배되고, 그럼으로써 개체성이 본질적인 개체성이 되고 또 그 규정들이 절대적인 성격(품성)이 됨으로써 그렇게 된 것이다. 그렇기 때문에 비극 작품에서 표상되는(재현되는) 자기의식은 오직 **하나의** 최고 위력만을 알고 있고 또 승인하며, 또한 바로 이 제우스를 오직 국가나 화로(가정)의 위력으로서만 그리고 지의 대립 속에서는 (한편으로는) 오직 **특수자**의 형태화되어 가는 지의 아버지로서만 그리고 (다른 한편으로는) 맹세와 에리니에스의, 즉 **보편자**의, 다시 말해 은폐된 것 속에 거주하는 내면의 제우스로서만 알고 있고 또 승인한다. 이에 반해 여기서 더 나아가 개념에서 벗

---

553) 디오게네스 라에르티우스에 의하면 크세노파네스는 "헤시오도스와 호메로스가 신에 관해 한 발언들에 강경하게 맞섰다."(Diogenes Laertius, *Leben und Meinungen berühmter Philosophen*, IX, II, p. 168) 또한 플라톤도 헤시오도스와 호메로스의 신화가 신을 비도덕적인 존재로 묘사하고 있다는 이유에서 추방할 것을 주장한다. Platon, *Politeia*, 377a 이하 참조.

어나 표상 속으로 흩뿌려지면서 합창이 차례차례 유효하게 만드는 계기들은 영웅의 열정(Pathos)이 아니며, 오히려 그를 격정(슬픔이나 고통 등을 수동적으로 당함, Leidenschaft) 속으로 침몰시킨다.[554] 즉, 물론 자기(自己)를 결여한 합창은 칭송할지라도 영웅의 품성을 이룰 능력을 지니지도 못하고 또 영웅들에 의해 자신의 본질이라고 언표되면서 존중받지도 못하는 그런 우연하고 본질을 결여한 계기들 속으로 영웅을 함몰시킨다.

그러나 신적 본체 자체의 인격자들(신 자신을 재현하는 극중인물들)이나 그 실체의 품성들(배역들)도 또한 무의식적인 것의 단순성 속으로 합쳐져 들어간다. 이런 필연성은 등장하는 형태들 일체에 대한 부정적 위력이고 또 그런 부정적 위력 속에서 (그렇게 등장하는 형태들이)[555] 자기 자신을 인식하기는커녕 오히려 몰락한다는 규정을 자기의식에 맞서 지니고 있다. 자기(自己)는 오직 **품성들**(배역들)에 배정된 상태로 등장할 뿐이지 운동의 매개 중심으로 등장하지는 않는다. 그러나 자신에 대한 단순한 **확신**인 자기의식이 실제로는 부정적 위력, 즉 제우스와 **실체적** 본질과 **추상적** 필연성의 통일이다. 그런 자기의식은 모든 것이 귀착되는 정신적 통일이다. 현실적 자기의식이 아직 실체나 운명과 구별되기 때문에, 현실적 의식이 **한편으로는** 합창이거나 아니면 오히려 관객 대중이다. 이때 관객 대중은 이런 신적 삶의 운동을 **낯선 것**으로서 공포심으로 채우거나 아니면 그들에게는 친근한 것으로서의 그런 신적 삶의 운동이 단지 행위하지 않는 **연민**의 감동을 불러일으킬 뿐이다. 다른 한편으로 의식이 함께 행위하고 또 품성에 귀속되어 있는 한에

---

554) 아리스토텔레스는 파토스를 "무대 위에서의 죽음, 고통, 부상 등과 같이 파괴 또는 고통을 초래하는 행위"라고 정의한다.(Aristoteles, *Peri poietikes*, 1452b)

555) 생략된 주어가 '등장하는 형태들' 대신에 '자기의식'이라고 독해할 수도 있다.

서는, 이러한 통합이 하나의 외적인 통합, 즉 **위선**(Hypokrisie)이다. 왜냐하면 참다운 통합인 자기(自己)와 운명과 실체의 통합은 아직 현존하지 않기 때문이다. 관객 앞에 등장하는 영웅(주인공)은 자신의 가면과 배우 속으로, 즉 극중인물과 현실적 자기(自己) 속으로 와해된다.

영웅의 자기의식은 자신의 가면을 벗고 출현하여 그가 어떻게 자신을 합창 속에서의 신의 운명이자 또한 절대적 위력들 자체의 운명으로 인지하는지를 그리고 어떻게 자신이 보편적 의식인 합창과 더 이상 분리되어 있지 않은지를 스스로에게 전시해야만 한다.

그러므로 **희극**은 우선 현실적 자기의식이 자신을 신들의 운명으로 전시한다는 측면을 지니고 있다. 이런 요소적 본체들은 **보편적** 계기로서 결코 자기(自己)가 아니고 또 현실적이지도 않다. 그들이 비록 개체성의 형식을 갖추고는 있지만, 이 형식은 그들에게 단지 구상해 넣어졌을(상상을 통해 형상화되었을. eingebildet) 뿐이지 그들에게 그 자체 즉자 대자적으로 배속되어 있는 것은 아니다. 현실적 자기(自己)는 그런 추상적 계기를 자신의 실체와 내용으로 삼지 않는다. 그런 까닭에 현실적 자기(自己), 즉 주체는 개별적 특성인 그와 같은 계기 너머로 고양되어 있으며, 그는 대자적으로 무엇인가가 되고자 하는 것의 아이러니를 가면을 착용하고서 언표한다. 보편적 본질태의 허장성세는 자기(自己)에게 폭로되고, 그런 허장성세가 하나의 현실 속에 사로잡혀 있는 것으로 드러나며, 무언가 대단한 것이 되고자 하는 바로 그때 오히려 그 가면이 벗겨진다. 여기서 자기(自己)는 현실적인 것이라는 자신의 의미를 띠고 등장하면서, 그가 일단 자신의 극중인물이 되기 위해 착용했던 가면을 쓰고서 연기를 하기는 하지만, 그는 곧바로 이러한 가상에서 벗어나 이에 못지않게 다시금 자기 자신의 맨얼굴과 평범함 속에서 자신을 과시하며, 이런 자신의 맨얼굴과 평범함이 본래의 자기

(自己)인 배우와 구별되지 않고 또 관객과도 구별되지 않는다는 점을 보여준다.

자신의 개체성을 띠고서 형태화된 본질태 일반의 이런 보편적 해체는, 그 내용이 보다 더 진지하고 필연적인 의미를 지니는 한, 그 내용에서 더 진지해지며, 또 그 결과 더 고의적이고 가혹해진다. 신적 실체는 자신 안에서 자연적 본질태와 인륜적 본질태라는 의미를 통합한다. 자연적인 것에 관해서는 현실적 자기의식이 그런 자연적인 것을 자신의 장식품과 집 등등으로 사용하고 또 자신의 희생물로 향연을 즐긴다. 그렇게 하는 가운데 이미 현실적 자기의식은 자신을 곧 자연의 자기 본질성이 과연 어떤 상태에 있는지에 대한 비밀이 폭로되어 있는 운명으로 드러낸다. 빵과 포도주의 신비 속에서 현실적 자기의식은 자연을[556] 그 내적 본질이라는 의미와 함께 자신의 것으로 만들며, 희극에서는 무릇 이러한 의미가 지닌 아이러니를 자각하게 된다. — 이제 이런 (내적 본질이라는) 의미가 인륜적 본질태를 함축하고 있는 한, 그것은 한편으로는 국가 내지 본래의 시민(Demos)과 가족 개별성이라는 두 가지 측면에서의 민족인 반면에, 다른 한편으로는 자기의식적인 순수한 지 또는 보편자의 이성적 사유이다.[557] — 그런 **시민**, 즉 자신이 주인이자 통치자라고 인지하고 또한 존경받아야 할 오성과 통찰이라고 인지하는 일반 집단은 자신의 현실이 지닌 특수성을 통해서 자신을 강제하고 또 현혹하며, 자신에 관한 그의 사념과 자신의 직접적 현존재, 자신의 필연성과 우연성, 자신의 보편성과 통속성 사이의 우스꽝스러운 대

---

556) 지시대명사가 '자연' 대신에 '빵과 포도주', '자연의 자기 본질성', '자기 본질성' 등을 지시하는 것으로 독해할 수도 있다.

557) (Werke) 다른 한편으로는 보편자의 자기의식적인 순수한 지 또는 이성적 사유이다.

조를 내보인다. 만일 보편자에서 분리된 시민의 개별성이라는 원리가 현실 본래의 형태를 띠고서 대두되어, 그것이 공동체에 대한 숨겨진 해악이면서도 이 공동체를 공공연히 찬탈하고서 다스리려고 한다면, 이론으로서의 보편자와 실천에서 문제가 되는 것 사이의 대조가 더더욱 직접적으로 폭로된다. 즉, 직접적 개별성이 지닌 목적이 보편적 질서에서 완전히 해방되고 또 직접적 개별성이 보편적 질서를 조롱한다는 점이 폭로된다.

이성적 **사유**는 신적 본체를 그의 우연한 형태에서 떼어내 들어올리고, 이런저런 격언들을 언급하면서 온갖 법칙과 특정한 의무 및 권리 개념들을 유효한 것으로 만드는 합창의 몰개념적인 지혜에 대립하여 이를 **미**(美)와 **선**(善)의 단순한 이념으로 끌어올린다. ― 이런 추상 운동은 그런 격률들과 법칙들이 그 자체에 지니고 있는 변증법에 관한 의식이고, 또 이를 통해 이전에는 그런 격률들과 법칙들이 지니고 있는 듯이 보였던 절대적 타당성이 사라진다는 의식이다. 표상이 신적 본질태들에 부여했던 우연한 규정과 피상적인 개체성이 사라지면서 신적 본질태들은 자신의 **자연적인** 측면에 따라서 단지 그 직접적 현존재의 나신(裸身)을 아직 지닐 뿐이다. 즉, 신적 본질태들은 이제 그런 표상들과 마찬가지로 구름 내지 사라져버리는 연기(환영)이다.558) (또한 신적 본질태들이) 자신의 **사유된** 본질성에 따라서 **미**와 **선**에 관한 **단순한** 사고가 되고 나면, 이런 단순한 사고는 그 어떤 임의의 내용으로 채워지더라도 이를 감내할 수 있게 된다. 변증법적 지의 힘은 행위의 특정한 법칙들과 격률들을 (바로 그런 쾌락과 경솔함 때문에 오도된) 청년

---

558) 아리스토파네스의 희극 「구름(Nephelai)」에서 소크라테스는 신을 구름과 동일시하는 소피스트로 등장한다. 아리스토파네스, 「구름」, 『아리스토파네스 희극 전집 1』, 천병희 역, 숲, 2010, 30쪽 및 38쪽 이하 참조. 또한 이 희극 작품 속의 등장인물인 스트렙시아데스는 신을 안개와 이슬과 연기로 묘사한다. 같은 책, 36쪽 참조.

들의 쾌락과 경솔함에 넘겨주고, 또 삶의 개별성으로 한정되어버린 노년의 소심함과 걱정에는 기만의 무기를 손에 건네준다. 그러므로 미와 선에 관한 순수한 사고들은 희극적인 연극을 보여주는데, 즉 그런 사고들이 지닌 내용으로서의 규정성 못지않게 또한 의식의 고착이라는 절대적 규정성을 내포하고 있는 사념으로부터 해방됨으로써 오히려 미와 선에 관한 순수한 사고들은 공허해지고 또 바로 이를 통해 우연한 개체의 사념과 자의(恣意)의 유희가 되어버리는 것이다.

그러므로 앞서 공허한 안정과 망각 속에 존립하면서 자기의식과 분리되어 있던 무의식적 운명이 여기서 자기의식과 통합된다. **개별적 자기**(自己)는 곧 부정적 힘인데, 이 힘을 통해 그리고 이 힘 속에서 여러 신과 그 계기들, 즉 현존재하는 자연과 그 규정들에 관한 사고가 사라지게 된다. 동시에 이 개별적 자기는 사라짐의 공허함이 아니라 오히려 이런 헛됨 속에서 자신을 보존하고 자신에게서 존재하며, 또 이 개별적 자기가 곧 유일한 현실이다. 이런 개별적 자기 속에서 예술 종교가 완성되어 자신 안으로 온전히 되돌아간다. 자기 확신을 지닌 개별적 의식이 곧 자신을 이런 절대적 위력으로 전시하는 바로 그것이라는 점을 통하여 이런 절대적 위력은 [조각상과 또한 생동하는 아름다운 육체성, 서사시의 내용, 비극 속의 위력들과 극중 인물들이 그러했듯이] **표상된 것**이라는 형식, 즉 **의식 일반과 분리되어** 있고 의식에 이질적인 것이라는[559] 형식을 잃게 된다. 또한 (개별적 자기와 보편자의) 통일도 숭배 예식과 비교 의식(秘教 儀式, Mysterien)의 **무의식적** 통일이 아니다. 오히려 배우의 본래적인 자기(自己)가 그의 극중인물과 일치하며, 이와 마찬가지로 관객도 자신 앞에서 상연되는 것에서 전적으로 편안해하고

---

559) (Werke) 즉 **의식** 일반과 **분리된 것** 그리고 의식에 이질적인 것이라는

(zu Hause) 또 바로 자기 자신이 연기하고 있음을 본다. 이런 자기의식은 그 자신 안에서는 자신과 대치한 본질태라는 형식을 취하고 있는 것이 오히려 그 사유와 현존재와 행동에서 해체되고 포기된다는 점을 직관한다. 이 자기의식은 모든 보편자가 자기 확신으로 귀환하는 것이며, 그럼으로써 이런 자기 확신은 곧 모든 낯선 것의 무본질성이자 그런 낯선 것에 대해서 아무런 공포심도 갖지 않음이고 또한 의식의 안녕(Wohlsein)과 자신을 잘 지내도록 만들기(Sich—wohlsein—lassen)이다. 그런데 이는 그런 희극에서만 발견할 수 있다.

C. 계시 종교

예술 종교를 통해서 정신은 **실체**라는 형식에서 벗어나 **주체**라는 형식 속으로 들어섰다. 왜냐하면 예술 종교는 정신의 형태를 **산출하며**, 따라서 공포스러운 실체 속에서는 단지 사라질 뿐이지 신뢰를 가지고서 자기 자신을 파악하지는 못한 **행동**이나 **자기의식**을 그런 정신의 형태 속에서 정립하기 때문이다. 이런 신적 본체의 강생(降生, Menschwerdung)은 조각상에서부터 출발하는데, 조각상은 자기(自己)의 **외적** 형태만을 자체에 지니고 있을 뿐이지 **내면**, 즉 그의 활동은 자신 밖에 귀속된다. 이에 반해 숭배 예식에서는 그 두 측면이 하나가 되며, 예술 종교의 결말에서는 이런 통일이 완성되면서 동시에 자기(自己)라는 극단으로 넘어갔다. 의식의 개별성을 띠고서 자신을 완전히 확신하는 정신 속에서 모든 본질태가 함몰되었다. 이런 경솔함이 언표하는 명제는 바로 **"자기(自己)가 곧 절대적 본질이다."** 라는 것이다. 그것이 곧 실체였고 또 그것에서는 자기(自己)가 우유적 속성

(Akzidentalität)이던 본질은 술어로 전락했으며, 정신은 그 무엇도 본질이라는 형식을 띠고서 대치하지 않는 **바로 이 자기의식** 속에서 자신의 **의식**을 상실했다.

"**자기**(自己)**가 곧 절대적 본질이다.**"라는 이 명제는 자명하게도 비종교적 정신인 현실적 정신에 귀속되며, 이 명제를 표현하는 현실적 정신의 형태가 무엇인지를 환기해야 한다. 이런 정신의 형태는 동시에 자기(自己)를 술어로 격하시키고 실체를 주어(주체)로 고양시키는 그런 명제의[560] 운동과 전도(顚倒)를 포함하게 될 것이다. 즉, 전도된 명제가 **즉자적으로** 또는 **우리에 대해** 실체를 주체로 만드는 것이 아니라, 또는 같은 말이지만, 정신의 의식이 그 시초인 자연 종교로 되돌려지게끔 실체가 복원되는 것이 아니라, 오히려 이런 전도가 **자기의식에 대해** 그리고 **자기의식** 자신을 통해 이루어지게 된다. 자기의식이 의식과 더불어[561] 자신을 포기하면서, 자기의식은 이렇게 자신을 외화(포기)하는 가운데 보존되어 실체의 주체로 남는다. 그렇지만 이에 못지않게 외화된 것으로서 자기의식은 동시에 실체의 의식(실체에 관한 의식)이기도 하다. 또는 자기의식이 자신을 희생함으로써 실체를 주체로서 **산출하는** 가운데 이 주체는 자기의식 자신의 자기(自己)로 남는다. 두 가지 명제 가운데 실체성에 관한 첫 번째 명제에서는 주어(주체)가 단지 사라질 뿐이고 또한 (주체에 관한) 두 번째 명제에서는 실체가 단지 술어에 불과하며, 그 결과 그 두 측면이 각각의 명제에서 상반된(역관계의) 가치 불균등을 지니고서 현존한다. 그러나 명제의 운동과 전도를 통해서 그 두 가지 본성의 통합과 삼투가 대두되는 지점에 이르게 되는데, 이런 통합과 삼투

---

560) 지시대명사가 '명제' 대신에 '정신'을 지시하는 것으로 독해할 수도 있다.
561) "의식과 더불어" 대신에 "의식적으로"로 번역할 수도 있다.

속에서 양자는 동등한 가치를 지니면서 모두 **본질적인** 것 못지않게 또한 단지 **계기**에 불과하다. 그러므로 이를 통해 정신은 자신의 **대상적** 실체로서의 자신에 관한 **의식**이자 이에 못지않게 또한 자신 안에 머무는 단순한 **자기의식**이다.

예술 종교는 인륜적 정신에 귀속하는데, 우리는 앞에서 이 인륜적 정신이 **법적 상태** 속에서, 다시 말해 "**자기**(自己) **자체, 즉 추상적 인격자가 곧 절대적 본질이다.**"라는 명제 속에서 몰락하는 것을 보았다. 인륜적 삶 속에서는 자기(自己)가 그 민족의 정신 속에 침잠해 있고, 그런 자기(自己)는 **충만한** 보편성이다. 그러나 **단순한 개별성**이 이런 내용으로부터 부상하며, 그것의 경솔함은 단순한 개별성을 인격자로, 즉 법의 추상적 보편성으로 순화(純化)한다. 이런 법의 추상적 보편성 속에서 인륜적 정신의 **실재성**이 상실되고, 민족 개체들의 내용 없는 정신들은 **하나의** 만신전으로 집결하는데, 이 만신전은 그것의 무력한 형식이 각각의 정신을 그대로 놓아두는 표상(전시)의 만신전이 아니라 추상적 보편성의 만신전, 즉 민족 개체들을 죽이고서 (탈육체화하고서) 정신을 결여한 자기(自己)인 개별적 인격자에게 즉자 대자 존재를 부여하는 순수한 사고의 만신전이다.

그러나 이런 자기(自己)는 그의 공허함을 통해 내용을 자유롭게 방면한다. 의식은 오직 **자신 안에서만** 본질이다. 그의 고유한 **현존재**, 즉 인격자의 법적으로 승인받은 존재는 채워지지 않은 추상이다. 따라서 이 의식은[562] 오히려 단지 자기 자신에 관한 사고를 가지고 있을 뿐이다. 또는 그가 **현존재하면서** 자신을 대상으로서 인지하는 바대로의 이 의식은 **비현실적인** 것이다. 그렇

---

562) 이 문단 내 이하의 문장에서 인칭대명사가 '의식' 대신에 '자기'를 지시하는 것으로 독해할 수도 있다.

기 때문에 이 의식은 단지 **사유**의 스토아적 **자립성**에 불과하며, 이런 사유의 자립성은 회의주의적 의식의 운동을 두루 거쳐 가면서 **불행한 자기의식**이라고 불린 형태 속에서 자신의 진리를 발견한다.

불행한 자기의식은 추상적 인격자의 현실적 유효성과 또한 순수한 사고 속에서 추상적 인격자가 지니는 유효성이 어떤 처지에 있는지를 알고 있다. 불행한 자기의식은 그와 같은 유효성이 오히려 완전한 상실임을 알고 있으며, 그 자신은 이런 자각된 상실이자 자신에 관한 지의 포기(외화)이다.—우리는 이런 불행한 의식이 내적으로 완전히 행복한 의식인 희극적 의식의 이면(裏面)이자 완성을 이루게 되는 것을 본다. 모든 신적 본체는 희극적 의식으로 귀착된다. 또는 희극적 의식은 **실체**의 완전한 **포기**(외화)이다. 이에 반해 불행한 의식은 그 역(逆), 즉 즉자 대자적이어야 할 **자기 확신**의 비극적 운명이다. 불행한 의식은 **이런** 자신에 관한 **확신 속에서** 모든 **본질태**의 상실에 관한 의식이자 또한 바로 이런 자신에 관한 지의 상실에 관한 의식, 즉 실체의 상실 및 자기(自己)의 상실에 관한 의식이다. 이런 불행한 의식은 자신을 "**신은 죽었다.**"라는 가혹한 말로 언표하는 고통이다.[563]

그러므로 법적 상태에서는 인륜적 세계와 그 종교가 희극적 의식 속에서 침몰하며, 불행한 의식은 바로 이런 **전반적인** 상실에 관한 지이다. 불행한 의식에게는 그의 직접적인 인격성이 지닌 자기 가치(Selbstwert) 못지않게 또한 그의 매개된 인격성, 즉 **사유된** 인격성이 지닌 자기 가치도 상실되었다. 특수한 것을 행할 줄 알았던 신탁과 마찬가지로 또한 신의 영원한

---

563) M. Luther, "Von den Konziliis und Kirchen", Kritische Gesamtausgabe Bd. 50: *Schriften 1536/39*, Weimar, 1914, p. 589: "그리스도는 죽었다 / 그리고 그리스도는 신이다 / 그러므로 신은 죽었다"

법칙에 대한 신뢰도 침묵한다. 조각상은 이제 생기를 불어넣는 영혼이 도망가버린 시체이고, 이와 마찬가지로 찬송가는 신앙이 증발해버린 단어이다. 신의 식탁에는 정신적 음식과 음료가 없으며, 의식은 자신의 유희(연극)와 축제에서 그 자신과 본체의 기쁨에 넘치는 통일을 돌려받지 못한다. 뮤즈의 작품에는 신과 인간의 으스러짐으로부터 정신의 자기 확신이 발현되도록 만들었던 정신의 힘이 결여되어 있다. 뮤즈의 작품은 이제 그것이 우리에 대해 존재하는 바대로의 그것, 즉 나무에서 떼어낸 예쁜 과일이며, 마치 한 소녀가 그 과일을 내어놓듯이 뮤즈의 작품은 우리에게 우호적인 운명을 제공한다. 그 과일의 현존재가 지닌 현실적인(진정한) 생명이라든가 과일을 달고 있던 나무라든가 그것의 실체를 이루던 대지와 요소들이라든가 그것의 규정성을 이루던 기후라든가 과일의 생성 과정을 지배했던 계절의 교체는 (그렇게 떼어내 건네진 과일에는 더 이상) 존재하지 않는다. — 이와 마찬가지로 운명은 그런 예술 작품과 함께 그 작품의 세계, 즉 그 작품이 꽃피고 무르익었던 인륜적 삶의 봄과 여름은 주지 않고, 다만 이런 현실에 관한 껍질에 싸인(감추어진) 회상(Erinnerung)만을 줄 뿐이다. — 그렇기 때문에 이를 향유할 때 우리가 하는 행동도 우리의 의식을 가득 채워주는 완전한 진리가 우리의 의식에 생성될 터일 그런 예배의 행동이 아니라, 오히려 말하자면 과일에서 빗방울이나 먼지를 닦아내는 외적인 행동이다. 다시 말해 예술 작품을 향유할 때 우리가 하는 행동은 작품을 둘러싸고서 창출해내고 또 정신을 불어넣는 인륜의 현실태가 지닌 내적 요소들 대신에 이를테면 언어나 역사적 사실 등과 같이 인륜적 현실태의 외적 현존재를 이루는 죽은 요소들의 널찍한 구조물을 세우는, 게다가 우리가 그런 요소들 속에 들어가 살기 위해서가 아니라 단지 그것들을 내적으로 표상하기 위해서 그런 구조물을 세우는 외적인 행동이다. 그러나 과일을 따서 내어주는 소녀는 나무나 공기나 빛 등과 같이 그 과일을 직접 제공해주는 조건들과 요소들 속에 퍼져 있는 자연 이상의 존재이다. 그 소녀는 이 모든 것을 더 고차의 방식으로 자기의식적인 눈과 건네주는 몸짓의 휘광 속으로 집약시키는 까닭이다. 이와 마찬가지로 우리에게 예술 작품을 제공해주는 운명의 정신도 그 민족의 인륜적 삶과 현실 이상의 것이다. 왜냐하면 이 운명의 정신은 예술 작품 속에서는 아직 **양도되어 있었던**(극중인물에게 위탁되었던, veräußert) 정신의 **내면화**(내면화하여 상기하기, Er-Innerung)이기 때문이다. 이 운명의 정신은 그와 같은 개별 신들과 실체의 속성들 일체를 **하나의** 만신전 속에, 즉 자신을 정신으로서 자기의식하는 정신 속에 집결하는 그런 비극적 운명의 정신이다.

이런 정신의 발현을 위한 모든 조건이 현존하며, 이 조건들의 총체가 곧 이 정신의 **생성** 내지 **개념** 내지 **즉자적으로 존재하는** 발현을 이룬다. ― 예술 창작물의 범위는 절대적 실체의 외화물들이 지닌 여러 형식을 포괄한다. 즉, 절대적 실체는 개체성의 형식을 띠고서 하나의 사물, 즉 감각적 의식의 **존재하는** 대상으로서 존재하기도 하고, 또 순수한 언어로서 또는 그것의 현존재가 자기(自己)에서 벗어나지 않고 순전히 **사라지는** 대상인 그런 형태의 생성으로서 존재하기도 하며, 그 열광 속에서 보편적 **자기의식**과의 직접적 **통일**로서 그리고 행동과 숭배 예식 속에서 매개된 통일로서 존재하기도 하고, 또 아름다운 **자기적**(自己的) **육체성**으로서 존재하기도 하며, 마지막으로 **표상**으로 고양된 현존재로서 그리고 결국은 그에 못지않게 **순수한 자기 확신**이기도 한 보편성 안으로 자신을 회수하는 하나의 세계로 그런 현존재가 확산되는 것으로서 존재하기도 한다. ― (한편으로) 이와 같은 형식들 그리고 다른 한편으로 **인격자**와 법의 **세계**, 자유롭게 풀려난 내용의 요소들이 지닌 황폐화의 난폭성, 그리고 또한 스토아주의의 **사유된** 인격자와 회의주의적 의식의 지지할 곳 없는 불안 등이 바로 자기의식으로 생성되어 가는 정신의 출생지 주위에 고대하고 재촉하면서 둘러 서 있는 형태들이 이루는 주변부이다. 모든 것에 침투하는 불행한 자기의식의 고뇌와 동경은 그런 형태들의 중심점이자 그렇게 자기의식으로 생성되어 가는 정신이 발현되기 위한 공동의 산통, 즉 그런 형태들을 자신의 계기로서 내포하고 있는 순수한 개념의 단순성이다.

그러한 정신은[564] 위에서 두 가지 역(逆)의 명제들로 표상되었던 두 측면을 자체에 지니고 있다. 그 한 측면은 **실체**가 자기 자신을 스스로 외화하여 자기의식이 된다는 것이고, 다른 한 측면은 역으로 **자기의식**이 자신을 스스로 외화하여 물성으로 또는 보편적 자기(自己)로 만든다는 것이다. 이 두 측면은 이런 방식으로 서로를 맞아들이며(서로 호응하며, sich entgegen kommen), 이를 통해 그것들의 참된 통합이 발생한다. 실체의 외화, 즉 실체가 자기의식으로 되는 것은 대립자로의 이행, 즉 **필연성**의 무의식적 이행을 표현한다. 또는 그것은 실체가 **즉자적으로**(그 자체에서) 자기의식이라는 점을 표현한다. 역으로 자기의식의 외화는 자기의식이 **즉자적으로** 보편적 본질이라는 점을 표현한다. 또는 그것은 자기(自己)가 자신의 반대 속에서 자기 자신에 머무는 순수한 대자 존재이기 때문에 실체가 곧 자기의식이고 또 이를 통해 정신이라는 점이 **자기의식에 대해** 존재한다는 것을 표현한다. 그렇기 때문에 실체라는 형식을 떠나서 자기의식의 형태를 띠고 현존재로 들어서는 이런 정신에 관해서, 자연적 생식에서 유래하는 관계를 이용하자면, 이 정신은 **현실적인** 어머니와 그 반면에 **즉자적으로** 존재하는 아버지를 가지고 있다고 말할 수 있다. 왜냐하면 **현실성** 또는 자기의식과

---

564) 인칭대명사가 '정신' 대신에 '순수한 개념'을 지시하는 것으로 독해할 수도 있다.

실체로서의 **즉자**는 이 정신의 두 가지 계기인데, 그 두 계기가 각각 다른 계기로 되는 쌍방적 외화를 통해서 이 정신은 이런 두 계기의 통일로서 현존재에 들어서기 때문이다.

자기의식이 일방적으로 단지 **자기 자신의** 외화만을 파악하는 한, 그래서 자기의식에게 그 대상이 이미 존재이자 또한 자기(自己)이고 또 자기의식이 일체의 현존재를 정신적 본체로 인지할 경우, 그렇다고 해도 존재 일반이나 실체가 그와 마찬가지로 자신의 편에서도 **즉자적으로** 자기 자신을 스스로 외화하여 자기의식이 되지 않은 한에서는, 이를 통해 참된 정신이 자기의식에 대해 생성된 것은 아직 아니다. 왜냐하면 그렇게 되면 일체의 현존재가 단지 **의식의 관점**에서만 정신적 본체이지 그 자체 즉자적으로 그러한 것은 아니기 때문이다. 이런 방식으로는 정신이 현존재에 단지 **구상해 넣어졌을** 뿐이다. 이런 구상(상상)은 자연에도 역사에도 세계에도 또 앞서 종교들이 지녔던 신화적 표상들에도 그것들이 현상할 때 의식에게 직접적으로 제시되었고 또 종교와 관련해서는 그 종교가 바로 그것의 종교였던 자기의식이 그 종교 속에서 알고 있던 의미와는 다른 내적 의미를 밑에 깔아 놓는 **몽상**(Schwärmerei)이다. 그러나 그런 의미는 차용된 의미이며, 현상의 알몸을 덮어주지도 않고 또 아무런 신앙과 존경도 획득하지 못한 채 오히려 의식의 흐릿한 밤이자 자신만의 황홀함으로 남는 의상(衣裳)이다.

그러므로 대상적인 것이 지닌 이런 의미가 한낱 상상에 불과한 것이 되지 않으려면 그 의미가 **그 자체에** 존재해야만(즉자적이어야만) 한다. 다시 말해 **첫째로** 대상적인 것의 의미가 의식에게 **개념**으로부터 발생하여 그 필연성 속에서 발현되어야만 한다. 그런 식으로 **직접적 의식** 또는 **존재하는** 대상에 관한 의식을 그 필연적 운동을 통해 인식함으로써 자기 자신을 인지하는 **정신**이 우리에게 발생했다. **둘째로** 감각적 의식의 내용을 결여한 대상인 **존재**나 **직접성**이 스스로 자기 자신을 외화하고 또 자아가 의식에 대해 생성되면서, 직접적 개념으로서 또한 그 의식에 대해서도 **직접성**의 형태를 지녔던 이 개념은 자기의식이라는 형태를 **즉자적으로**, 즉 바로 개념의 필연성에 따라서 자신에게 부여했다. — 그런데 **사유하는 즉자**로부터 또는 **필연성**에 대한 **인식**으로부터 **직접적 즉자** 또는 **존재하는 필연성** 자체가 구별된다. 그러나 동시에 이런 구별이 개념 밖에 놓여 있는 것은 아니다. 왜냐하면 개념의 **단순한 통일**은 **직접적 존재** 자체이기 때문이다. 개념은 필연성 속에서 자신에 머물면서 그런 필연성을 인지하고 또 개념적으로 파악하는 것 못지않게 또한 자기 자신을 외화하는 것 또는 **직관된 필연성**의 생성이기도 하다. — 자신에게 자기의식이라는 형태를 부여하는 정신의 **직접적 즉자**란 다름 아니라 현실적 세계 정신이 이런 자신에 관한 지에 도달했다는 것을 말한다. 그리고 나서야 비로소 이런 지가 또한 정신의 의식 속으로도 진리로서 들어선다. 어떻게 이것이 이루어지는지는 위에서 이미 밝혀졌다.

절대 정신이 자신에게 자기의식이라는 형태를 **즉자적으로**, 그리고 그럼으로써 또한 자신의 **의식**에 대해 부여했다는 바로 이 점은 이제 그것이 **세계의 신앙**(차안의 현실 세계의 신앙)이라는 것, 정신이 자기의식으로서, 즉 현실적 인간으로서 **현존재한다**는 것, 그런 정신이 직접적 확신에 대해 존재한다는 것, 신앙을 가진 의식이 이런 신성(神性)을 **보고 느끼고 듣는다**는 것으로 나타난다.[565] 그리하여 그것은 상상이 아니라 **신앙을 가진 의식에게**

---

565) 『신약성경』, 요한 묵시록 1:1-2: "예수 그리스도의 계시. 하느님께서 머지않아 반드시 일어날 일들을 당신 종들에게 보여 주시려고 그리스도께 알리셨고, 그리스도께서 당신 천사를 보내시어 당신 종 요한에게 알려 주신 계시입니다. 요한은 하느님의 말씀과 예수 그리스도의 증언, 곧 자기가 본 모든 것을 증언하였습니다."

서 **현실적으로** 존재한다. 그러고 나면 의식은 **자신의** 내면에서, 즉 사고에서 출발하여 **자신 안에서** 신에 관한 사고를 현존재와 결합하는(추론 속에서 함께 묶는) 것이 아니라, 오히려 현전하는 직접적 현존재에서 출발하고 그 속에서 신을 인식한다. — **직접적 존재**라는 계기가 개념의 내용 속에 현존해서, 모든 본질태가 의식으로 회귀하는 가운데 종교적 정신은 **단순한** 긍정적 자기(自己)가 되었고 또 이와 마찬가지로 현실적 정신 자체가 불행한 의식 속에서 바로 이런 **단순한** 자기의식적 부정성이 되었다. 이를 통해 현존재하는 정신의 자기(自己)는 완전한 직접성이라는 형식을 지니게 된다. 부분적으로는 자연 종교에서 또 부분적으로는 예술 종교에서 직접적 자기(自己)가 그랬던 것과는 달리 현존재하는 정신의 자기(自己)는 사유되거나 표상된 자기(自己)로서 정립되어 있는 것도 아니고 또 창출된 자기(自己)로서 정립되어 있는 것도 아니다. 오히려 바로 이 신이 직접적으로 자기(自己)로서, 즉 현실적인 개별 인간으로서 감각적으로 직관된다. 오직 그렇게 해서만 신은 자기의식**이다.**

이런 신적 본체의 강생(降生) 또는 신적 본체가 본질적이고 직접적으로 자기의식의 형태를 지니고 있다는 것이 바로 절대 종교의 단순한 내용이다. 절대 종교에서는 본체가 정신이라고 인지된다. 또는 절대 종교는 정신이라는 자신에 관한 본체의 의식이다.(절대 종교는 신적 본체가 자신을 정신으로서 자각한 것이다.) 왜냐하면 정신은 곧 자신의 외화(양도, 포기) 속에서 자기 자신에 관한 지이기 때문이다. 즉, 정신은 자신의 타자 존재 속에서 자기 자신과의 동일성을 유지하는 운동인 그런 본체이기 때문이다. 그런데 이것은 곧 자신의 우유적 속성 속에서 그에 못지않게 자신 안으로 반성하는 한에서의 실체, 비본질적이고 따라서 낯선 것 속에 있는 것으로서의 우유적 속성에 대해서 아무런들 상관없이 자신 안으로 반성하는 것이 아니라 오히려 우유적 속성 속에서 **자신 안으로** 반성하는 한에서의,[566] 즉 그것이 **주체**나 **자기**(自己)인 한에서의 실체이다. — 그런 까닭에 이런 종교에서는 신적 본체가 **현현되어**(계시되어, 공개되어, geoffenbart) 있다. 신적 본체가 현현되어 있다는 것은 공개적으로(명백히, offenbar) 그런 신적 본체가 무엇인지가 인지된다는 데에 존립한다. 그런데 신적 본체가 인지되는 것은 신적 본체가 정신이라고 인지되면서, 즉 본질적으로 **자기의식**인 본체라고 인지되면서 이루어진다. — 의식의 대상이 **의식**에 대해 **타자**나 **낯선 것**이라면, 그리고 의식이 자신의 대상을 **자기 자신**으로 인지하지 못한다면, 그때 **의식**에게는 자신의 대상 속에 무엇인가가 비밀스럽게 숨어 있게 된다. 이런 숨어 있음은 절대적 본체가 정신으로서 의식의 대상이 되면서 불식된다. 왜냐하면 그렇게 되면 대상은[567] 의식과 맺는 그의 관계 속에서 **자기**(自己)로서 존재하기 때문이다. 즉, 의식은[568] 그 속에서 직접적으로 자신을 인지한다. 또는 의식은 대상 속에서 자신에게 현현해 있다. 의식 자신은 오직 자신에 관한 자기 자신의 확신 속에서만 스스로에게 현현한다. 그와 같은 의식의 대상은 **자기**(自己)이며, 이 자기(自己)는 낯선 것이 아니라 오히려 자신과의 불가분의 통일, 즉 직접적으로 보편적인 것이다. 그것은 순수한 개념, 즉 순수한 사유 또는 **대자 존재**이자 또한 직접적으로 **존재** 그리고 이와 더불어 **대타 존재**이며, 이런 **대타 존재**로서 직접적으로 자신 안으로 복귀하여 자기 자신

---

566) 이 구절은 다음과 같이 번역할 수도 있다. "비본질적이고 따라서 낯선 것 속에 있는 것으로서의 우유적 속성에 대해서 아무런들 상관없이 존재하는 것이 아니라 오히려 우유적 속성 속에서 **자신 안에** 존재하는 한에서의."

567) 인칭대명사가 '대상' 대신에 '정신'을 지시하는 것으로 독해할 수도 있다.

568) 이하의 문장에서 인칭대명사가 '의식' 대신에 '절대적 본체'를 지시하는 것으로 독해할 수도 있으나 문맥상 개연성이 떨어진다.

에 존재한다.[569] 그러므로 그것은 참으로 그리고 유일하게 현현하는 것이다. 자비로움, 의로움, 성스러움, 천지의 창조자 등등은 모두 한 주체(신이라는 주어)의 **술어들**이다. 즉, 그것들은 바로 이 (주체라는) 점(點)에서 지지대를 지니고 또 오직 의식이 사유로 복귀할 때에야 비로소 존재하는 보편적 계기들이다. — 이런 **술어들**이 인지되더라도, 그것들의 근거이자 본질인 **주체** 자체는 아직 현현하지 않았으며, 이와 마찬가지로 보편자의 **규정들**이 곧 **바로 이 보편자** 자신인 것은 아니다. 그런데 **주체** 자체 그리고 이와 더불어 또한 **바로 이 순수한 보편자**는 자기(自己)로서 현현한다.[570] 왜냐하면 주체나 순수한 보편자는[571] 바로 이렇게 직접적으로 현존재하면서 자신 안으로 반성된 내면이고 또 그것에 대해 주체나 순수한 보편자가 현존재하는 그런 자기(自己)의 고유한 확신이기 때문이다. 그 **개념**상 현현하는 것이라는 바로 이것이야말로 정신의 참된 형태이며, 마찬가지로 이런 정신의 형태인 개념만이 유일하게 정신의 본질이자 실체이다. 정신은 자기의식이라고 인지되며, 자기의식에게 직접적으로 현현한다. 왜냐하면 정신이 곧 자기의식 자체이기 때문이다. 신적 본성은 인간적 본성과 똑같은 한가지이고, 이런 통일이 곧 (절대적 계시 종교에서) 직관되는 바로 그것이다.

그러므로 여기서는 실제로 의식이, 또는 본체가 의식 자체에 대해 존재하는 양식인 본체의 형태가, 그 본체의 자기의식과 동일하다. 이 형태는

---

569) (Werke) 그것은 순수한 개념, 즉 직접적으로 **존재**인 순수한 사유 또는 **대자 존재**이며, 이와 더불어 **대타 존재**이고 이런 **대타 존재**로서 직접적으로 자신 안으로 복귀하여 자기 자신에 존재한다.

570) 이 문장은 다음과 같이 번역할 수도 있다. "그런데 **주체** 자체 그리고 이와 더불어 또한 **바로 이 순수한 보편자**는 명백히 **자기**(自己)로서 존재한다."

571) 지시대명사가 '주체나 순수한 보편자' 대신에 '자기'를 지시하는 것으로 독해할 수도 있다.

그 자체가 자기의식이다. 그럼으로써 이 형태는 동시에 **존재하는** 대상이며, 이런 **존재**는 이에 못지않게 직접적으로 **순수한 사유**, 즉 절대적 본체라는 의미를 지니고 있다. — 현실적 자기의식으로서 현존재하는 절대적 본체(본질)는 마치 자신의 영원한 단순성에서 **내려선**(전락한) 듯이 보이지만, 실은 그럼으로써 비로소 자신의 **가장 높은** 본질에 도달한 것이다. 왜냐하면 본체의 개념은 자신의 단순한 순수성을 획득함으로써 비로소 절대적 **추상**이 되는데, 이런 절대적 추상은 곧 **순수한 사유**이고, 그럼으로써 자기(自己)의 순수한 개별성이며, 또한 그 단순성 때문에 **직접적인 것**이나 **존재**이기 때문이다. — 감각적 의식이라고 불리는 것은 바로 이런 순수한 **추상**이다. 감각적 의식은 곧 그것에 대해 **존재** 내지 **직접적인 것**이 존재하는 그런 사유이다.[572] 그러므로 가장 낮은 것(비천한 것)이 동시에 가장 높은 것(고귀한 것)이며,[573] 전적으로 **표면**에 드러난 명백한 것(현현한 것)은 바로 그 속에서 가장 **심오한 것**(깊은 것)이다. 그러므로 최고의 본체가 곧 존재하는 자기의식으로서 보이게 되고 들리게 되고 등등이 되는 것, 이것이야말로 실로 본체 개념의 완성이다. 그리고 이런 완성을 통해서 본체는 그것이 본체인 바대로 직접적으로 **거기에 현존하여** 존재한다(현존재한다).

이런 직접적 현존재는 동시에 단지 한낱 직접적 의식에 불과한 것이 아니라, 오히려 그것은 종교적 의식이다. 직접성은 단지 **존재하는** 자기의식이라는 의미만이 아니라 순수하게 사유된 또는 절대적인 **본질**(본체)이라는 의미도 불가분하게 지니고 있다. 우리가 우리의 개념 속에서 의식하고 있

---

572) (Werke) 감각적 의식은 곧 그것에 대해 **존재**가 **직접적인 것**인 그런 사유이다.

573) 『신약성경』, 루카 14:11: "누구든지 자신을 높이는 이는 낮아지고 자신을 낮추는 이는 높아질 것이다."

는 것, 즉 **존재**가 곧 **본질**이라는 점을 종교적 의식은 스스로 의식하고 있다. 이런 존재와 본질의 **통일**은, 즉 직접적으로 **현존재인 사유**의 통일성은 그런 종교적 의식의 **사고** 또는 그의 **매개된** 지인 것 못지않게 또한 **그의 직접적**(비매개적) 지이기도 하다. 왜냐하면 이런 존재와 사유의 통일이 곧 **자기의식**이고, 그것은 그 자체가 **거기에 현존하여** 존재하기 때문이다. 또는 **사유된** 통일은 동시에 자신이 그것인 바(본질, 즉자)의 이런 형태(현존재)이기 때문이다. 그러므로 여기서 신은 **그가 존재하는** 바대로 **현현**한다. **신은 즉자적으로** 존재하는 바대로 **현존재한다**. 즉, 신은 정신으로서 현존재한다. 신은 오로지 순수한 사변적 지 속에서만 도달될 수 있으며, 오직 이런 지 속에서만 존재하고 또 오직 이런 순수한 사변적 지 자체일 따름이다. 왜냐하면 신은 곧 정신이기 때문이다. 그리고 이런 사변적 지는 바로 계시 종교의 지이다. 사변적 지는 신을 **사유**라고 또는 순수한 본질이라고 인지하며, 이런 사유를 존재이자 현존재로서 그리고 현존재를 자기 자신의 부정성으로서, 그리하여 자기(自己)로서, 즉 **바로 이**(개별적) 자기(自己)이자 보편적 자기(自己)로서 인지한다. 계시 종교는 바로 이 점을 알고 있다.— 앞선 세계가 품었던 희망과 기대는 절대적 본체가 무엇인지를 직관하고 절대적 본체 속에서 자기 자신을 발견하는 이런 계시를 향해 쇄도한다. 절대적 본체 속에서 자신을 바라보는 이런 환희가 자기의식에게 생성되면서 세계 전체를 사로잡는다. 왜냐하면 절대적 본체는 곧 정신이기 때문이다. 즉, 절대적 본체는 그런 순수한 계기들의 단순한 운동인데, 이 운동은 본체가 **직접적** 자기의식이라고 직관됨으로써 비로소 정신으로서 인지된다는 바로 이 점을 그 자체로 표현한다.

　자기 자신을 정신으로서 스스로 인지하는 정신이라는 이 개념은 그 자체가 직접적인 개념이어서 아직 전개되지 않은 것이다. 본질(절대적 본체)은 곧 정신이다. 또는 그것은 현상했고 현현해 있다. 이런 최초의 현현해 있음(현현한 존재, Offenbarsein)은 그 자체가 **직접적**이다. 그런데 직접성은 그에 못지않게 순수한 매개나 사유이다. 그렇기 때문에 직접성은 그러한 것으로서의 그 자체에서 이런 점을 서술해야만 한다. ─이를 좀 더 확실히 고찰하자면, 자기의식의 직접성을 띤 정신은 **보편적** 자기의식에 대립하는 **바로 이 개별적** 자기의식이다. 그런 정신은 배타적 단일자인데, 이 배타적 단일자가 **그에 대해** 현존재하는 의식에 대해(이 배타적 단일자를 자신의 대상으로 삼고 있는 의식에게) 이 배타적 단일자는 **감각적 타자**라는 아직 해소되지 않은 형식을 지니고 있다. 이런 감각적 타자는[574] 아직 정신을 자신의 정신이라고 인지하지 못한다. 또는 정신은 아직 **개별적** 자기(自己)인 것 못지않게 또한 보편적 자기(自己)로서, 즉 만인의 자기(自己)로서 현존재하지 않는다. 또는 그 형태가 아직 **개념**의 형식, 즉 보편적 자기(自己)라는 형식, 다시 말해 자신의 직접적 현실성 속에서 그에 못지않게 지양된 것 내지 사유 내지 보편성이지만 이런 보편성 속에서 자신의 직접적 현실성을 상실하지 않는 그런 자기(自己)라는 형식을 지니고 있지 못하다. ─반면에 이런 보편성의 가장 비근하고 그 자체가 직접적인 형식이 벌써 **사유** 자체라는 형식, 즉 **개념으로서의 개념**이라는 형식이 아니라, 오히려 현실의 보편성(배타적 단일자들로 이루어진 직접적 현실 속에서의 보편성), 즉 자기(自己)들의 총합(Allheit)이고 현존재를 표상으로 고양시키는 것이다. 어디서나 그렇고 또 특정한 사례를 들어 말하자면, 이는 지양된 **감각적 이것**이 이제 겨우 **지각**의 사물일 뿐이지 아직 오성의 **보편자**는 아닌 것과 마찬가지이다.(이는 감각적 확신의 대상인 '이것'이 지양되

---

574) 지시대명사가 '감각적 타자' 대신에 '배타적 단일자' 또는 '의식'을 지시하는 것으로 독해할 수도 있다.

면 우선은 지각의 대상인 '사물'이 될 뿐이지 그 자체로 벌써 오성의 대상인 '보편적인 것'이 되지는 않는 것과 마찬가지이다.)

그러므로 절대적 본체가 그러한 것으로서 현현한 바로 이 개별 인간은 개별자로서의 그 자신에서 **감각적 존재**의 운동을 완수한다. 그는 **직접적으로** 현전하는 신이다. 이를 통해 그의 **존재**(있음. Sein)는 **있었던 존재**(있었음. Gewesensein)로 이행한다. 그것에 대해 **그가** 이런 감각적 현전을 지니는 그런 의식은(그를 감각 대상으로 삼고 있는 의식은) 더 이상 그를 보고 듣지 않게 된다. 이 의식은 그를 보았고 들었다. 그리고 이 의식은 그를 단지 보았고 들었을 뿐이라는 것을 통해서 비로소 그 자신이 정신적 의식이 된다. 또는 그가 전에는 **감각적 현존재**로서 이 의식에 대해 우뚝 서 있었듯이, 이제는 그가 **정신 속에서** 우뚝 서 있다(성령으로 부활했다). ─ 왜냐하면 그를 감각적으로 보고 듣는 그러한 것으로서의 의식은 그 자체가 단지 직접적 의식에 불과한데, 이런 직접적 의식은 대상태와의 비동일성을 지양하여 순수한 사유 속으로 환수하지 않았고, 오히려 바로 이 대상적 개별자를 정신으로 인지하기는 하지만 자기 자신을 정신으로 인지하지는 못하기 때문이다. 절대적 본체라고 인지된 것이 지닌 직접적 현존재가 사라지면서 직접적인 것은 자신의 부정적 계기를 획득하게 된다. 즉, 정신은 여전히 현실의 직접적 자기(自己)로 남지만, 신앙 공동체의 **보편적 자기의식**으로 남으며, 이런 보편적 자기의식이 자기 자신의 실체 속에서 안주하듯이 또한 실체도 이런 보편적 자기의식 속에서 보편적 주체가 된다. 개별자 홀로(대자적 개별자)가 아니라 신앙 공동체의 의식과 함께인 개별자 그리고 그가 이 신앙 공동체에 대해 존재하는 바의 바로 그것이 곧 그의 완전한 전체이다.

그러나 **과거**(지나갔음)와 **거리**(떨어져 있음)는 직접적인 양식이 매개되거나 보편적으로 정립되는 데에 단지 불완전한 형식에 불과하다. 즉, (이런 형식을 통해서는) 직접적인 양식이 단지 피상적으로만 사유라는 요소의 세례를 받으며, 그러는 가운데 감각적 양식**으로** 보존되어서 사유 자체의 본성과 하나로 정립되지는 않았다. 그것은 단지 **표상**으로 고양되었을 뿐이다. 왜냐하면 표상이 바로 감각적 직접성과 그것의 보편성 내지 사유의 종합적 결합이기 때문이다.

이런 **표상의 형식**은 정신이 자신의 신앙 공동체 속에서 자신을 의식하게 되는 규정성을 이룬다. 그것은 아직 그 개념으로서의 개념으로 성장한 정신의 자기의식은 아니다. 즉, 아직 매개가 완성되지 않은 것이다. 그러므로 이런 (표상이라는 형식을 통한) 존재와 사유의 결합에는 정신적 본체가 여전히 차안과 피안으로의 화해되지 않은 분열에 사로잡혀 있다는 결함이 현존한다. 그 **내용**은 참된 내용이지만, 그것의 계기들은 모두 표상이라는 요소 속에 정립되어서 개념적으로 파악되지 못하고 오히려 서로 **외적으로** 관련되어 있는 완전히 자립적인 측면들로 나타난다는 성격을 지니고 있다. 참된 내용이 의식에 대해서도 참된 형식을 획득하려면, 절대적 실체에 대한 의식의 직관이 개념으로 고양되고 또 그것이 우리에 대해 또는 **즉자적으로** 일어난 것과 마찬가지로 **의식 자신에 대해** 그의 의식이 그의 자기의식과 균등하게 되는 그런 의식의 더 높은 도야가 필수적이다.

이런 내용이 그의 의식 속에서 어떻게 존재하는지 그 방식에서 고찰되어야 한다.—절대 정신이 곧 **내용**이고, 그래서 절대 정신은 그 **진리**의 형태 속에 존재한다. 그러나 절대 정신의 진리는 단지 신앙 공동체의 실체나 **즉자**인 것만도 아니고 또한 이런 내면성에서 벗어나 표상의 대상태로 솟아 나오는 것만도 아니며, 오히려 현실적 자기(自己)가 되는 것, 자신을 내적으로 반성하여 주체가 되는 것이다. 그러므로 이것이 바로 정신이 자신의 신앙 공동체 속에서 완수하는 운동이다. 또는 이것이 곧 정신의 삶이다. 그렇기 때문에 이렇게 자신을 현현하는 정신이 **즉자 대자적으로** 무엇인지는 그의 풍부한 삶이 신앙 공동체 속에서 말하자면 열려 시작되고서 그 첫 번째 단초로, 이를테면 최초의 불완전한 신앙 공동체의 표상들로 환원되거나 심지어 현실적 인간이 말한 것으로 환원된다고 해서 드러나지는 않는다. 이러한 환원의 근저에는 개념을 향해 나아가려는 본능이 놓여 있다. 그러나 그런 환원은 최초의 현상이 지닌 **직접적 현존재**로서의 **근원**을 **개념**의 **단순성**과 혼동한다. 그렇기 때문에 신앙 공동체의 표상을 그리고 자신의 표상에 의거한 신앙 공동체의 행동을 일소함으로써 이렇게 정신의 삶을 빈약하게 만들고 나면, 이를 통해 개념이 발생하기는커녕 오히려 한낱 외면성과 개별성이, 직접적 현상의 역사적 양식이, 사념된 개별적 형태와 그것의 과거에 관한 정신을 결여한 기억이 발생할 뿐이다.

정신이 처음에는 **순수한 실체**라는 형식을 띠고서 그 의식의 내용이 된다. 또는 정신은 자신의 순수한 의식의 내용이다. 이런 사유의 요소는 현존재나 개별성으로 하강하는 운동이다. 그것들(순수한 실체와 개별적 현존재) 사이의 매개 중심은 그것들의 종합적 결합, 즉 타자화(달리 됨. Anderswerden)의 의식 또는 표상 자체이다. 세 번째는 표상과 타자 존재로부터의 귀환 또는 자기의식 자체라는 요소이다. ― 이 세 가지 계기가 정신을 이룬다. 정신이 표상 속에서 갈라져 등장하는 것은 하나의 **규정된** 방식으로 존재한다는 데에 존립한다. 그런데 이런 규정성은 다름 아니라 정신의 계기들 중 하나이다. 그러므로 정신의 상세한 운동은 한 가지 요소로서의 자신의 계기들 각각에서 자신의 본성을 확산하는 것이다. 이러한 원환(범위)들이 저마다 자신을 내적으로 완성하는 가운데 이 원환들 각각의 자기 내 반성은 동시에 타자로의 이행이다. **표상**이 순수한 사유와 자기의식 자체 사이의 매개 중심을 이루며, 그것은 단지 (정신의 세 가지 계기를 이루는) 규정성들 중 **하나**일 따

름이다. 그러나 동시에, 이미 드러났듯이, 종합적 결합이라는 표상의 규정
성이 지닌 성격은 이 요소들 모두로 확산되어 그것들의 공통적인 규정성이
된다.

이제 고찰되어야 할 내용 자체는 부분적으로 이미 **불행한** 의식과 **신앙
을 가진** 의식의 표상으로 등장했다. 그런데 불행한 의식에서는 그 내용이
의식으로부터 산출되어 갈망되는 내용이라는 규정 속에서 등장했다. 여기
서는 정신이 아직 **즉자적으로** 또는 자신의 **실체**로서 자신의 내용이 되지
못하기 때문에 자신을 포만하게 만들지도 못하고 또 안정을 발견하지도
못한다. 반면에 신앙을 가진 의식에서는 그 내용이[575] 세계의 자기(自己)를
결여한 **본질**로서 또는 표상이 지닌 본질적으로 **대상적인** 내용으로서 고찰
되었다. 이때의 표상은 무릇 현실로부터 도피하며, 그렇기 때문에 자신을
부분적으로는 지의 허황됨으로서 또 부분적으로는 순수한 통찰로서 대상
적 내용으로부터[576] 분리하는 그런 **자기의식의 확신**을 결여하고 있다.ㅡ 이
에 반해 신앙 공동체의 의식은 그 내용을[577] 자신의 **실체**로 삼고 있으며,
이에 못지않게 그 내용은 신앙 공동체가 자신의 고유한 정신에 대해서 지
니고 있는 **확신**이다.

우선 정신이 **순수한 사유라는 요소** 속에서 실체로 표상될 경우, 그럼으
로써 그는 직접적으로 자신과 자기 동일적인 단순하고 영원한 **본질**(본체)인
데, 그러나 이때 본질은 이런 본질이라는 추상적인 **의미**를 지니는 것이 아

---

575) 인칭대명사가 '내용' 대신에 '정신'을 지시하는 것으로 독해할 수도 있다.

576) 인칭대명사가 '대상적 내용' 대신에 '표상'을 지시하는 것으로 독해할 수도 있다.

577) 인칭대명사가 '내용' 대신에 '정신'을 지시하는 것으로 독해할 수도 있다. 이 경우 이 문장
은 다음과 같이 번역한다. "이에 반해 신앙 공동체의 의식은 정신을 자신의 실체로 삼고
있으며, 이에 못지않게 정신은 신앙 공동체가 자신의 고유한 정신에 대해서 지니고 있는
확신이다."

니라 오히려 절대 정신이라는 의미를 지니고 있다. 물론 정신은 의미 내지 내면인 것이 아니라 오히려 현실적인 것인 그런 것이다. 그렇기 때문에 단순하고 영원한 본질이 그저 단순하고 영원한 본질이라는 표상과 표현에 머문다면, 그것은 단지 공허한 단어에 따른 정신에 불과할 것이다. 그러나 단순한 본질은 추상인 까닭에 실은 **자기 자체에서**(그 자체 즉자적으로) **부정적인 것**이며, 더욱이 사유의 부정성 또는 그것이 **본질** 속에 즉자적으로(본질 자체 속에) 존재하는 바대로의 부정성이다. 즉, 단순한 본질은 자신으로부터의 절대적 **구별** 또는 자신의 순수한 타자화이다. **본질**로서는 그것이 단지 **즉자적으로** 또는 우리에 대해 존재할 뿐이다. 그러나 이런 순수성이 바로 추상이나 부정성이므로, 단순한 본질은 **그 자체 대자적으로**(자기 자신에 대해) 존재하거나 **자기**(自己), 즉 **개념**이다. — 그러므로 단순한 본질은 **대상적으로** 존재한다. 그리고 표상이 방금 언급한 개념의 **필연성**을 **사건의 벌어짐**(Geschehen)으로 파악하고 또 그렇게 언표하므로, 영원한 본질이 스스로에게 타자를 **낳는다**(erzeugen)고 일컬어지게 된다. 그러나 이런 타자 존재 속에서 영원한 본질은 그에 못지않게 직접적으로 자신 안으로 복귀한다. 왜냐하면 그 구별이 **자신에서의** 구별(즉자적 구별)이기 때문이다. 즉, 그 구별은 직접적으로 오직 자기 자신으로부터 구별되어 있을 뿐이며, 따라서 구별은 자신 안으로 복귀한 통일이기 때문이다.

그러므로 **본질**이라는 계기 그리고 본질의 타자 존재**이자** 그것에 대해 본질이 존재하는 **대자 존재**라는 계기 그리고 **타자** 속에서의 **대자 존재** 또는 자기 자신에 관한 지라는 계기, 이 세 가지 계기가 구별된다. 본질은 자신의 대자 존재 속에서 오직 자기 자신을 직관할 뿐이다. 본질은 이런 외화 속에서 오직 자기 자신에 있을 따름이며, 그 자신을 본질로부터 배제하는 대자 존재는 **본질의 자기 자신에 관한 지**이다. 본질은 [언표되면서 언표하는 자를 외화하여 텅 빈 상태로 남겨놓지만, 또한 이에 못지않게 직접적으로 경청되는] 그런 말씀(Wort)이며,[578] 오직 이런 자기 자신의 경청(자기 자신을 알아들음)만이 말씀의 현존재이다. 그래서 만들어진 구별자들은 그것들이 만들어지는 것 못지않게 직접적으로 해체되고 또 그것들이 해체되는 것 못지않게 직접적으로 만들어진다. 그리고 참되고 현실적인 것은 바로 이렇게 자신 안에서 순환하는 운동이다.

이런 자기 자신 안에서의 운동은 절대적 본질(본체)을 **정신**이라고 언표한다. 정신이라고 파악되지 않는 절대적 본질은 단지 추상적인 공허에 지나지 않으며, 이와 마찬가지로 그와 같은 운동이라고 파악되지 않는 정신은 단지 공허한 단어에 불과하다. 정신의[579] **계기들**은, 그 순수성 속에서 포착되면, [오직 자기 자신에서(그 자체 즉자적으로) 자신의 반대이고 또 자신의 안정을 전체 속에서 가질 뿐인] 그런 쉼 없는 개념이다. 그러나 신앙 공동체의 **표상**은 이렇게 **개념적으로 파악하는** 사유가 아니다. 오히려 신앙 공동체의 표상은 내용을 그것의 필연성을 결여한 채로 지니며, 개념의 형식 대신에 아버지와 아들이라는 자연적인 관계를 순수한 의식의 왕국으로 들여온다.[580] 이렇게 신앙 공동체의 표상이 사유 자체 속에서도 **표상하는** 태도를 취하면서 관계하므로, 이런 표상에 비록 본질이 현현하기는 하지만, 본질의 계기들은 이런 종합적 표상 탓에 한편으로는 그 자체가 갈라져 등장해서 그것들 자신의 개념을 통하여 서로 관련되지 못하며, 다른 한편으로

---

578) 『신약성경』, 요한 1:1: "한처음에 말씀이 계셨다. 말씀이 하느님과 함께 계셨는데 말씀은 하느님이셨다."

579) 인칭대명사가 '정신' 대신에 '절대적 본질'을 지시하는 것으로 독해할 수도 있다.

580) 『신약성경』, 마태오 16:16: "시몬 베드로가 "스승님은 살아 계신 하느님의 아드님 그리스도이십니다." 하고 대답하였다."

는 표상이 이런 자신의 순수한 대상으로부터 후퇴하여 단지 외면적으로만 자신을 이 대상에 관련짓는다. 순수한 대상은 낯선 자로부터 표상에 현시되며, 표상은 이런 정신에 관한 사고 속에서 자기 자신을 인식하지 못하고 또 순수한 자기의식의 본성도 인식하지 못한다. 표상이라는 형식 그리고 자연적인 것에서 차용한 관계의 형식을 넘어서야만 하고, 이와 더불어 또한 그것이 곧 정신인 운동의 계기들을 이행하는 계기들로서 취하는 대신에 각각 유리된 채로 흔들리지 않는 실체나 주체로서 취하는 일을 특히 넘어서야만 한다. 그런 한에서 이런 넘어섬은, 앞서 다른 측면에서 환기시킨 바와 같이, 개념의 쇄도(표상 속으로 개념이 몰려 들어와 개념을 향한 충동을 불러일으키는 것. Drängen des Begriffes)으로 간주되어야 한다. 그러나 그것이 단지 본능에 불과하므로 이런 넘어섬은 자신을 오인하여 (표상이라는) 형식과 더불어 그 내용도 내던져버리고서, 같은 말이지만, 내용을 역사적 표상과 전통의 상속물로 격하시킨다. 그렇게 되면서 신앙의 순수하게 외면적인 것만이 그럼으로써 인식을 결여한 죽은 것으로서 보존될 뿐이며, 반면에 신앙의 **내면적인 것**은 사라지게 된다. 왜냐하면 신앙의 내면적인 것은 곧 자신을 개념이라고 인지하는 개념일 터이기 때문이다.

물론 **순수한 본질** 속에서 표상된 절대 정신은 **추상적인** 순수한 본질은 아니며, 오히려 이런 추상적인 순수한 본질은 정신 속에서 단지 계기에 불과하다는 바로 그 점에 의해서 **요소**로 격하되었다. 그러나 이런 요소 속에서 정신을 서술하는 일은 **본질**이 본질로서 지니고 있는 것과 똑같은 결함을 형식상 그 자체에 지니고 있다. 본질은 추상적인 것이고, 그런 까닭에 자신의 단순성에 대해서 부정적인 것, 즉 다른 것(타자)이다. 이와 마찬가지로 본질이라는 요소 속에서의 **정신**은 **단순한 통일**의 **형식**이고, 그런 까닭에 이 단순한 통일의 형식은[581) 그에 못지않게 본질적으로 타자화이다.─또는, 같은 말이지만, 영원한 본질이 자신의 대자 존재와 맺는 관련은 순수한 사유의 직접적이고 단순한 관련이다. 그러므로 이렇게 타자 속에서 자기 자신을 **단순하게** 직관하는 데에서는 **타자 존재가** 타자 존재로서 정립되어 있지 않다. 이런 단순한 직관은[582] 순수한 사유 속에서는 직접적으로 **아무 구별도 아닌** 것과 같은 그런 구별이다. 즉, 그것은 양자가 그 본질상 서로 **대립하지 않는** 그런 **사랑**의 승인이다.─순수한 사유라는 요소 속에서 언표되는 정신은 본질적으로 그 자체가 단지 자신[583] 안에서만 존재하는 것이 아니라 오히려 **현실적인** 정신인 그런 것이다. 왜냐하면 그런 정신의 개념 속에는 그 자체로 **타자 존재가**, 즉 단지 사유되었을 뿐인 순수한 개념의 지양이 놓여 있기 때문이다.

순수한 사유라는 요소는 추상적인 것인 까닭에 그 자체가 오히려 자신의 단순성의 **타자**이며, 그렇기 때문에 **표상**이라는 본래의 요소로 이행한다. 이런 표상이라는 요소 속에서는 순수한 개념의 계기들이 서로에 맞서 **실체적** 현존재를 획득하는 것 못지않게 또한 그것들은 서로에 대한 존재의 아무런들 상관없음을 제3자에 대해 지니는 것이 아니라 오히려 내적으로 반성되어서 자기 자신을 서로로부터 격리시키고 대립시켜서 세워 놓는 **주체들**이기도 하다.

그러므로 단지 영원하거나 추상적일 뿐인 정신은 스스로에게 **타자**가 된다. 또는 그런 정신은 현존재 속으로 그리고 직접적으로는 **직접적 현**

---

581) 관계대명사가 '단순한 통일의 형식' 대신에 '단순한 통일'을 지시하는 것으로 독해할 수도 있다.

582) 인칭대명사가 '단순한 직관' 대신에 '타자 존재'를 지시하는 것으로 독해할 수도 있다.

583) 인칭대명사가 정신을 뜻하는 '자신' 대신에 '순수한 사유' 또는 '순수한 사유라는 요소'를 지시하는 것으로 독해할 수도 있다.

존재 속으로 들어선다. 그러므로 그는 **세계**를 창조한다.[584] 이런 '**창조함**(Erschaffen)'은 그 절대적 운동에 따른 **개념** 자체를 위한 표상의 단어이다.(이런 '창조함'이라는 단어는 절대적으로 운동하는 개념 자체를 표상이 자신의 방식으로 표현한 것이다.) 또는 그것은 절대적이라고 진술된 단순한 것이나 순수한 사유가 추상적인 것이기 때문에 오히려 부정적인 것이어서 자신에 대립하는 것이나 **타자**라는 점에 대한 표상의 단어이다. 또는, 똑같은 것을 또 다른 형식으로 다시 말하자면, 그런 까닭은 **본질**로서 정립된 것이 단순한 **직접성**이나 **존재**이지만, 그것이 직접성이나 존재로서 자기(自己)를 결여하고 있고, 따라서 내면성을 결핍한 채로 **수동적**이거나 **대타 존재**이기 때문이다.─이런 **대타 존재**가 동시에 **하나의 세계**이다. **대타 존재**라는 규정 속에서의 정신은 앞서 순수한 사유 속에 밀폐되어 있던 계기들의 정적인 존립이며, 따라서 그 계기들의 단순한 보편성이 해체되어서 그 계기들이 각각의 고유한 특수성으로 흩어지는 것이다.

그러나 세계는 단지 이렇게 완결성과 그것의 외적 질서 속으로 흩어져 던져진 정신에 불과한 것이 아니며, 이에 못지않게 정신은 본질적으로 단순한 자기(自己)이므로 이런 단순한 자기(自己)가 세계에도 현존한다. 즉, 세계는 [의식을 지니고 있는 개별적 자기(自己)이고 또 타자로서나 세계로서의 자신을 자신과 구별하는] 그런 **현존재하는** 정신이다.[585] ─ 이런 개별적 자기(自己)가 그렇게 비로소 직접적으로 정립되었듯이, 그는 아직 **자신에 대한 정신**(대자적 정신)이 아니다. 따라서 그런 개별적 자기(自己)는 정신**으로서 존재**

---

584) 『구약성경』, 창세기 1:1: "한처음에 하느님께서 하늘과 땅을 창조하셨다."
585) (Werke) 즉, 세계는 [의식을 지니고 있고 또 타자로서나 세계로서의 자신을 자신과 구별하는 개별적 자기(自己)인] 그런 **현존재하는** 정신이다.

하지 않는다. 그런 개별적 자기(自己)가 **결백하다**(unschuldig)고 일컬어질 수는 있을지언정 분명 **선하다**고 일컬어질 수는 없다. 개별적 자기(自己)가 실제로 자기(自己)이자 정신이 되려면, 영원한 본질이 자신의 타자 존재 속에서 자기 자신과 동일하게 존재하게 되는 운동이라고 자신을 서술하듯이, 개별적 자기(自己)도 마찬가지로 우선은 자기 자신에게 **타자**가 되어야만 한다. 이 정신이 이제 비로소 직접적으로 현존재하는 것이라고 또는 자신의 의식이 지닌 잡다성 속으로 분산되어 있는 것이라고 규정되어 있으므로, 이 정신의 타자화는 곧 지 일반이 **자신 안으로** 들어가는 것(Insichgehen)이다. 직접적 현존재는 사고로 전도된다. 또는 단지 감각적인 의식은 사고의 의식으로 전도된다. 더욱이 그 사고가 직접성으로부터 유래하는 또는 **제약된** 사고이기 때문에, 그것은 순수한 지가 아니라 오히려 그 자체에 타자 존재를 지니고 있는 사고이고, 따라서 **선**과 **악**에 관한 자기 자신에 대립하는 사고이다. 인간은 필연적이지 않은 어떤 것으로서의 **사건이 벌어진다**는 식으로 표상된다. 즉, 인간이 **선**과 **악**에 관한 인식의 열매(선악과)를 땀으로써 자기 동일성의 형식을 상실하고서 결백한 의식의 상태로부터, 즉 노동 없이도 스스로를 제공하는 자연과 낙원으로부터, 다시 말해 동물의 정원으로부터 추방당했다고 표상되는 것이다.[586]

이렇게 현존재하는 의식이 자신 안으로 들어가는 것은 곧 자기 자신과 **동일하지 않게** 되는 것이라고 직접적으로 규정되므로, **악**은 자신 안으로 들어간 의식의 첫 번째 현존재로 나타난다. 그리고 **선**과 **악**에 관한 사고가 전적으로 대립된 사고이고 또 이런 대립이 아직 해소되지 않았기 때문에, 이런 의식은 본질적으로 오직 악일 따름이다. 그러나 동시에 바로 이런

---

586) 『구약성경』, 창세기 3장 참조.

대립 때문에 그런 (악한) 의식에 대치한 **선한** 의식도 현존하며, 그 둘 사이의 관계 또한 현존한다. — 직접적 현존재가 **사고**로 전도되는 한에서 그리고 **자기 내 존재**가 부분적으로는 그 자체가 사유이고 또 부분적으로는 그로써 본질의 **타자화**라는 계기가 더 상세히 규정되어 있는 한에서, 악하게 되기를 현존재하는 세계로부터 훨씬 더 거슬러 올라가서 이미 사유의 최초 왕국 속으로 이전시켜 놓을 수 있다. 그래서 이미 빛의 장자(長子)가 자신 안으로 들어가면서 타락한 자가 되었지만, 곧바로 그를 대신하여 다른 아들이 태어났다고 말할 수 있는 것이다.[587] 그 밖에도 **타락**(Abfallen)이라든가 **아들** 같은 그런 단지 표상에 속할 뿐이지 개념에 속하지 않는 형식은 역으로 그에 못지않게 개념의 계기들을 표상으로 격하시키거나 표상을 사고의 왕국으로 끌어올려 도입한다. — 이에 못지않게 영원한 본질 속에 있는 **타자 존재**에 관한 단순한 사고에다가 다른 형태들의 잡다성을 더 덧붙이고서 **자신 안으로 들어가기**를 이런 잡다성[588] 속으로 이전시켜 놓는다고 하더라도, 이는 아무런들 상관없는 일이다. 동시에 이렇게 (잡다한 여러 형태들을 타

---

587) (Werke) 그래서 이미 빛의 장자(長子)가 자신 안으로 들어가는 존재로서 타락한 자가 되었지만, 곧바로 그를 대신하여 다른 아들이 태어났다고 말해질 수 있는 것이다.

여기서 '빛의 장자'는 계명성(새벽별)이라는 의미를 지닌 루시퍼를 가리킨다. 그리스도교에서 루시퍼는 악마가 된 타락 천사의 이름이다. 『구약성경』, 이사야 14:12: "어찌하다 하늘에서 떨어졌느냐? 빛나는 별, 여명의 아들인 네가!" 이 문장에서 헤겔은 특히 뵈메의 다음 구절들을 염두에 두고 있는 것으로 추정된다. J. Böhme, "Aurora, Oder: Morgenröthe im Aufgang", *Theosophia Revelata*, Bd. 1, Hamburg, 1715, Sp. 178: "이렇게 신은 그를 빛의 왕으로 창조했다. 그런데 그가 순종하지 않게 되었고 / 신 전체 위에 있고자 했기 때문에 / 신은 그를 그의 권좌에서 내팽개치고서 / 우리 시대에 그와 똑같은 신성으로부터 또 다른 왕을 창조했다. / 이로부터 주 루시퍼가 창조되었고 … 그를 루시퍼의 왕좌에 앉히고서는 / 루시퍼가 타락하기 전에 지녔던 것과 같은 권세와 위력을 그에게 주시었다. / 바로 이 **왕**이 **예수 그리스도**라고 불리며 / 그는 **신과 인간의 아들**이다."

588) 지시대명사가 '잡다성' 대신에 '다른 형태들'을 지시하는 것으로 독해할 수도 있다.

자 존재에 관한 단순한 사고에) 덧붙이는 것은 좋은 일이라고 일컬어져야만 하는데, 그 까닭은 이렇게 덧붙임으로써 이런 **타자 존재**라는 계기가 마땅히 그러해야 하듯이 동시에 상이성을 표현하기 때문이다. 더욱이 이때 타자 존재라는 계기는 다수성 일반으로서가 아니라 동시에 규정된(특정한) 상이성으로서의 상이성을 표현해서, 그 한쪽인 아들은 자기 자신을 본질이라고 인지하는 단순한 자인 반면에, 다른 한쪽인 대자 존재의 외화(포기)는 오직 본질을 찬양하면서 살아갈 뿐이다. 그리고 나면 또한 외화된 대자 존재가 회수되고 또 악이 자신 안으로 들어가는 것을 이 다른 쪽에 놓을 수 있게 된다. 타자 존재가 둘로 쪼개지는 한에서, 정신은 자신의 계기들 속에서 좀 더 확실하게 규정될 것이다. 그리고 그 계기들을 일일이 센다면, 정신은 (삼위일체 대신에) 사위일체로 표현되거나, 또는 그 집합 자체가 다시 선한 상태에 머무는 자와 악하게 된 자라는 두 부분으로 쪼개지기 때문에, 심지어 오위일체로 표현될 것이다. ─ 그러나 계기들을 **셀** 수 있다는 것은 무릇 쓸모없는 일로 간주되어야 한다. 한편으로 구별된 것은 그 자체가 단지 **하나**(Eines)에 지나지 않고, 즉 단지 **하나의** 사고에 불과한 바로 그런 구별에 관한 **사고**에 지나지 않고, 또한 이에 못지않게 그런 사고는 **바로 이** (개별적인) 구별된 것, 즉 첫 번째 것에 맞선 두 번째 것이므로, 계기들을 세는 일은 쓸모없다. 그러나 다른 한편으로 다수를 하나 속에 포괄하는 사고는 자신의 보편성에서 풀려나 더 많은 세 가지나 네 가지 구별된 것들로 구별되어야만 하기에, 계기들을 세는 일은 쓸모없다. 수의 원리인 추상적 일(一)의 절대적 규정성과 대비하여 그런 보편성은 수 자체와의 관련 속에서 무규정성으로 나타난다. 그래서 **셈하기**(Zahlen) 일반에 관해서 논할 수 있을 뿐이지 구별자들의 **수량**(Anzahl)에 관해서는 논할 수 없을 터이고, 따라서 여기서 무릇 수와 셈에 관해 사유하는 일은 전혀 불필요한 것이 될 터인데, 이는 다른 경우에도 한낱 크기와 분량(Menge)의 구별이 개념을 결여하고 있고 또 아무것도 말해주지 않는 것과 마찬가지이다.

선과 **악**은 그렇게 결과로 나온 사고의 규정된 구별자들이다. 선과 악의 대립이 아직 해소되지 않았고 또 그것들이 저마다 대자적으로 자립적인 사고의 본질들이라고 표상되므로, 인간은 본질을 결여한 자기(自己)이고 또 선과 악의 현존재와 투쟁의 종합적인 토대가 된다. 그렇지만 이런 보편적 위력들은 그에 못지않게 자기(自己)에 속해 있다. 또는 자기(自己)가 곧 그것들의 현실성이다. 그러므로 악은 다름 아니라 정신의 자연적 현존재가 자신 안으로 들어가는 것이듯이, 역으로 선이 현실 속에 등장해서 현존재하는 자기의식으로 나타나는 일이 이런 (자기의 현실성이라는) 계기에 따라서 일어난다. ― 순수하게 사유된 정신 속에서는 신적 본체(본질) 일반의 **타자화**라고 단지 암시되었을 뿐인 일이 여기서는 표상을 위하여 그것이 실현되는 데에 좀 더 가까워진다. 그런 실현이 표상에는 자신의 추상과 비현실성을 포기하는 신적 본체의 자기 비하(스스로를 낮춤. Selbsterniedrigung)에 존립한다.[589] ― 표상은 그 다른 측면인 악을 신적 본체와는 낯선 사건으로 받아들인다. 악을 신적 본체 자체 속에서 **그의 분노로** 포착하는 일은 자기 자신과 씨름하는 표상이 하는 최상의 그리고 가장 힘겨운 노력인데,[590] 이런 노력은 개념을 결여하고 있는 까닭에 아무런 성과도 얻지 못한다.

---

589) 『신약성경』, 필리피 2:7-8: "오히려 당신 자신을 비우시어 종의 모습을 취하시고 사람과 같이 되셨습니다. 이렇게 여느 사람처럼 나타나 당신 자신을 낮추시어 죽음에 이르기까지, 십자가 죽음에 이르기까지 순종하셨습니다."

590) 『신약성경』, 로마 1:18: "불의로 진리를 억누르는 사람들의 모든 불경과 불의에 대한 하느님의 진노가 하늘에서부터 나타나고 있습니다." 또한 J. Böhme, "Aurora, Oder: Morgenröhte im Aufgang", Sp. 98 참조.

그러므로 신적 본체의 소외가 이중의 방식으로 정립되어 있다. 정신의 자기(自己)와 정신의 단순한 사고가 그 두 가지 계기이고, 그것들의 절대적 통일이 곧 정신 자신이다. 정신의 소외는 그 두 계기가 서로 갈라져 등장하면서 그 하나가 다른 하나에 대해서 불균등한 가치를 지닌다는 데에 있다. 그런 까닭에 이런 불균등은 이중적인 것이며, (그래서 그것들 사이의) 두 가지 결합이 발생하는데, 그 공통의 계기들이 바로 방금 제시된 것들이다. 그 한 가지 결합에서는 **신적 본체**가 본질적인 것으로 간주되는 반면에 자연적 현존재와 자기(自己)는 비본질적이고 지양되어야 할 것으로 간주된다. 이에 반해 다른 한 결합에서는 **대자 존재**가 본질적인 것으로 간주되고, 단순한 신적인 것은 비본질적인 것으로 간주된다. 그것들 사이의 여전히 공허한 매개 중심이 곧 그런 결합의 두 가지 계기들 사이의 한낱 공통성인 **현존재** 일반이다.

이런 대립의 해소가 분리된 자립적 본체들이라고 표상된 양자의 투쟁을 통해서 일어나는 것도 아니다. 그들의 **자립성** 속에는 각자가 **즉자적으로,** 즉 자신의 개념을 통해 그 자체에서 자신을 해체해야만 한다는 것이 놓여 있다. 양자가 이런 사고와 자립적 현존재의 혼합이기를 그치고 오직 사고들로서 서로 대치하는 곳에서만 투쟁이 사라진다. 왜냐하면 그렇게 되면 양자가 규정된 개념들로서 본질적으로 오직 서로 대립하는 관련 속에 있게 될 뿐이기 때문이다. 반면에 자립적인 것으로서의 양자는 대립(의 관계) 외부에서 자신의 본질성을 지닌다. 그러므로 그들의 운동은 그들 자신의 자유롭고 고유한 운동이 된다. 따라서 양자의 운동이 그들 자체에서 고찰되어야 하는 까닭에 곧 **즉자적** 운동(그들 자신에서의 운동)이듯이, 또한 운동을 개시하는 자는 둘 중에서 상대방에 맞서 즉자적으로 존재하는 것이라고 규정되어 있는 자이다. 이는 자유 의지에 따른 행동이라고 표상된다. 그러나 단지 대립 속에서만 그렇게 규정되는 즉자적으로 존재하는 것이 바로 그런 까닭에 참다운 존립을 지니지 못한다는 그 개념 속에 그의 외화가 지닌 필연성(그가 단순한 즉자적 본질로서의 자신을 포기해야 하는 필연성)이 놓여 있다. 그러므로 대자 존재가 아니라 단순한 것을 본질로 간주하는 자가 바로 자기 자신을 외화(포기)하고서 죽음으로 나아가고 또 이를 통해 절대적 본질을 자기 자신과 화해시키는 자이다. 왜냐하면 이런 운동 속에서 그는 자신을 **정신**으로서 서술하기 때문이다. 추상적 본질은 자신으로부터 소외되어 있으며, 그는 자연적 현존재와 자기적(自己的) 현실태를 지니고 있다. 이런 그의 타자 존재 또는 그의 감각적 현전은 두 번째 타자화(죽음)를 통해 회수되어 지양된 현전으로서, 즉 **보편적** 현전으로서 정립된다. 이를 통해 본질은 현전 속에서 자기 자신이 된다. 현실의 직접적 현존재는 지양된 것, 보편적인 것이 됨으로써 그에게 더 이상 낯설거나 외적인 것이 아니게 된다. 그러므로 이런 죽음이 곧 정신으로서의 그의 부활이다.

자기의식적 본질의 지양된 직접적 현전은 보편적 자기의식으로서 그러한 것이다. 그렇기 때문에 절대적 본질인 지양된 개별적 자기(自己)라는 개념은 직접적으로 신앙 공동체의 구성을 표현하는데, 이런 신앙 공동체가 지금까지는 표상 속에 머물러 있던 반면에 이제는 자기(自己)로서의 자신 안으로 복귀한다. 그리고 이로써 정신은 그 규정의 두 번째 요소인 표상에서 **세 번째** 요소로, 즉 자기의식 자체로 이행한다.[591] — 더 나아가 그런 표상이 이렇게 전진하면서 어떤 태도를 취하는지 그 양태를 고찰해보면, 우리

---

591) 정신을 구성하는 세 가지 요소인 '순수한 본질' 또는 '즉자 존재', '본질의 타자로서의 대자 존재', '타자 속에서의 대자 존재' 또는 '즉자 대자 존재'는 각각 그리스도교의 '성부', '성자', '성령'에 해당한다.

는 우선 신적 본체가 인간적 본성(자연)을 받아들인다는 점이 표현되어 있다
는 것을 본다. 이미 여기서 그 양자가 **즉자적으로** 분리되지 않는다는 것이
언표되어 있다. 이와 마찬가지로 신적 본체가 **태초에** 자기 자신을 외화하
고 그의 현존재가 자신 안으로 들어가서 악하게 된다는 것 속에는 **즉자적**
으로 이 악한 현존재가 신적 본체에 낯선 것이 아니라는 점이 비록 언표되
어 있지는 않더라도 그 안에 **내포되어** 있다. 만약 정말로 절대적 본질에 **타**
자가 존재한다면, 만약 절대적 본질로부터의 **타락**이 있다면, 절대적 본질
은 단지 그런 공허한 이름을 가지고 있는 데에 불과할 것이다. **자기 내 존**
재라는 계기는 오히려 정신의 **자기**(自己)의 본질적인 계기를 이룬다.—**자기**
내 존재 그리고 이와 더불어 비로소 **현실성**이 본질 자체에 속한다는 점, 우
리에 대해 **개념**이고 또 그것이 개념인 한에서의 이런 점이 표상하는 의식
에게는 불가해한 **사건의 벌어짐**으로 나타난다. **즉자**는 표상하는 의식에 대
해 **아무런들 상관없는 존재**라는 형식을 띤다. 그러나 절대적 본질과 대자
적으로 존재하는 자기(自己)라는 서로 피하는 듯이 보이는 계기들이 분리되
어 있지 않다는 사고는 이런 표상에도 (표상도 참된 내용을 가지고 있으
므로) **또한** 나타나지만, (육화(肉化)되는 신적 본체의 외화 속에서)[592] 뒤늦
게 나타난다. 이런 방식으로 아직 **직접적**이고 또 그렇기 때문에 아직 정신
적이지 못한 이 표상은, 또는 본질의 인간적인 형태를 이제 겨우 단지 하
나의 특수한 형태로 인지할 뿐이지 아직 보편적인 형태로 인지하지는 못
하는 이 표상은 자신의 직접적 현존재를 다시금 희생하고서 본질로 복귀
하는 그런 형태화된 본질의 운동 속에서 이 의식에 대해 정신적으로 된다.
자신 안으로 반성된 것으로서의 본질이 비로소 정신이다.—그러므로 신적

---

592) 『신약성경』, 요한 1:14: "말씀이 사람이 되시어 우리 가운데 사셨다."

본체가 **타자** 일반과 그리고 더 특정해서는 타자에 관한 **사고**인 **악**과 이루는 **화해**는 바로 여기서 표상된다. — 만일 이런 화해가 **그 개념**에 따라서 **즉 자적으로는** 악이 선인 것과 **똑같은 한가지**라거나 또한 신적 본체가 그 전체 범위에서의 자연과 **한가지 똑같은 것**이고 신적 본체와 분리된 자연은 단지 **무(無)**에 불과하다는 것에 존립한다는 듯이 표현된다면,[593] 이는 자신을 표현하는 데에 필연적으로 오해를 불러일으킬 수밖에 없는 비정신적인 방식으로 간주되어야 한다. — 악이 선인 것과 **똑같은 한가지**이므로, 곧 악은 악이 아니고 선은 선이 아니며, 오히려 양자가 지양되어서 악 일반은 자신 안에 존재하는 대자 존재이고 또 선은 자기(自己)를 결여한 단순한 것이다. 양자가 이렇게 그 개념에 따라 언표되면서 동시에 양자의 통일이 드러난다. 왜냐하면 자신 안에 존재하는 대자 존재가 곧 단순한 지이고, 이와 마찬가지로 자기(自己)를 결여한 단순한 것이 곧 자신 안에 존재하는 순수한 대자 존재이기 때문이다. — 그렇기 때문에 그것들의 이와 같은 개념에 따르면, 다시 말해 그것들이 각각 선과 악이 아닌 한에서는, 선과 악이 **한가지 똑같은 것**이라고 말해야 하는 만큼이나 또한 이에 못지않게 선과 악이 한가지 똑같은 것이 **아니라** 오히려 전적으로 **상이하다**고 말해야만 한다. 왜냐하면 단순한 대자 존재나 순수한 지도 또한 마찬가지로 순수한 부정성 또는 그것들 자체에서의 절대적 구별이기 때문이다. — 그 두 가지 (서로 대립하는) 명제가 (함께 결합해야) 비로소 전체를 완성하며, 첫 번째 명제를 주장하고 단언하는 것에는 도저히 물리칠 수 없을 만큼 완강하게 두 번째 명

---

593) F.W.J. Schelling, *Bruno oder über das göttliche und natürliche Princip der Dinge*, Berlin, 1844, p. 179: "그러므로 최고의 위력 또는 참된 신은 그 외부에 자연이 존재하지 않는 그런 존재이고, 이와 마찬가지로 참된 자연은 그것 외부에 신이 존재하지 않는 그런 것이다."

제를 고수하는 것이 대치할 수밖에 없다. 그 두 가지가 동등한 정당성(권리)을 가지므로, 그 두 가지는 동등한 부당성(불법)을 지니며, 그것들의 부당성은 '**한가지 똑같은 것임**'과 '**한가지 똑같은 것이 아님**', '**동일성**(Identität)'과 '**비동일성**' 같은 추상적인 형식들을 참되고 확고하고 현실적인 어떤 것으로 간주하면서 이에 의거한다는 데에 있다. 그 하나나 다른 하나가 진리성을 지니는 것이 아니라, 오히려 [단순한 한가지 똑같은 것임이 추상이고 또 그래서 절대적 구별이며, 그런데 절대적 구별은 그 자체에서의 구별(즉 자적 구별)로서 자기 자신으로부터 구별되고, 따라서 자기 동일성이라는] 바로 그런 양자의 운동이 진리성을 지니는 것이다. 신적 본체가 자연 일반과 그리고 특히 인간적 본성(자연)과 **똑같은 한가지**라는 것도 이와 마찬가지 경우이다. 신적 본체는 그것이 본질이 아닌 한에서 자연이다. 그리고 (인간의 본성을 포함하여) 자연은 그 본질상 신적인 것이다. 그런데 그 안에서 두 가지 추상적인 측면이 그 진리 속에서 존재하는 바대로, 즉 **지양된 것**으로서 정립되어 있는 그런 것은 바로 정신이다.[594] 그런데 이때의 정립은 판단을 통해서는 그리고 판단의 계사(繫辭)인 정신을 결여한 '**~이다**(존재한다, ist)'로는 표현될 수 없다. ─ 이와 마찬가지로 자연은 자신의 본질 **밖에서는 무**(無)이다.[595] 그러나 이런 무 자체는 그에 못지않게 **존재한다**. 무는 절대적 추상, 따라서 순수한 사유 또는 자기 내 존재이며, 그것이 정신적 통일과의 대립이라는 계기를 띠면 곧 **악**이다. 이런 개념들에서 생기는 난관은 다만 '**~이다**'에 집착하면서 그 안에서는 계기들이 **존재하는**(~인) 것 못지않게 또한

---

594) 이 문장은 다음과 같이 번역할 수도 있다. "그런데 신적 본체는 그 안에서 두 가지 추상적인 측면이 그 진리 속에서 존재하는 바대로, 즉 **지양된 것**으로서 정립되어 있는 정신이다."
595) (Werke) 이와 마찬가지로 자연은 자신의 본질 **밖에서는 아무것도** 아니다.

존재하지 않는(~이 아닌), 즉 그것이 곧 정신인 운동만이 존재하는 그런 사유를 망각하는 데에서 비롯된다. — 이런 정신적 통일이, 또는 구별자들이 단지 계기로서 또는 지양된 것으로서 존재할 뿐인 통일이 바로 표상하는 의식에 대해 그런 화해 속에서 생성된 통일이며, 그러한 통일이 곧 자기의식의 보편성이므로, 자기의식은 표상하는 자기의식이기를 멈춘다. 운동은 그런 자기의식 속으로 복귀했다.

그러므로 정신은 세 번째 요소인 **보편적 자기의식** 속에 정립되어 있다. 그런 정신은 자신의 **신앙 공동체**이다. 자신을 자신의 표상과 구별하는 자기의식으로서의 신앙 공동체가 하는 운동은 **즉자적으로** 생성된 것을 (대자적으로) **산출해내는 것**이다. 죽은 신적 인간 또는 인간적 신은 **즉자적으로** 보편적 자기의식이다. 그는 **이런 자기의식에 대해** 그렇게 되어야만 한다.(그는 이미 그 자신에서 보편적 자기의식인데, 이런 보편적 자기의식의 실현태인 신앙 공동체가 이제 그를 보편적 자기의식으로 자각해야만 한다.) 또는 자연적 현존재와 개별적 대자 존재를 본질로 간주하는 것은 바로 표상이 지닌 대립의 **한 가지** 측면, 즉 악의 측면을 이루므로,[596] 자립적인 것으로 표상되고 아직 계기로 표상되지는 않는 이 악의 측면은 자신의 자립성 때문에 그 자체에서 그리고 그 자신에 대해(즉자 대자적으로) 자신을 정신으로 고양해야만 한다. 또는 그것은 그 자체에서 정신의 운동을 서술해야만 한다.

그런 악의 측면이 바로 **자연적 정신이다.** 자기(自己)는 이런 자연성에서 후퇴하여 자신 안으로 들어가야만 한다. 다시 말해 자기(自己)가 **악하게** 되

---

596) 이 문장은 다음과 같이 번역할 수도 있다. "또는 이 자기의식은 표상이 지닌 대립의 **한 가지** 측면, 즉 악의 측면을 이루는데, 이런 악의 측면에는 자연적 현존재와 개별적 대자 존재가 본질로 간주되므로."

어야만 한다. 그러나 이런 악의 측면은[597] 이미 **즉자적으로** 악하다. 그렇기 때문에 자신 안으로 들어간다는 것은 그렇게 하는 가운데 자연적 현존재가 악이라는 점을 **스스로에게 확신시키는** 데에 존립한다. 세계의 **현존재하는** 악하게 됨과 악함 그리고 또한 절대적 본질의 **현존재하는** 화해는 모두 표상하는 의식에게 귀속된다. 이에 반해 이렇게 표상된 것은 형식상 오직 지양된 계기로서만 **자기의식** 자체에 귀속된다. 왜냐하면 **자기**(自己)는 부정적인 것, 따라서 **지**, 더욱이 자기 자신 안에서의 의식의 순수한 행동인 그런 지이기 때문이다.―이런 **부정적인 것**이라는 계기는 그 내용에서도 마찬가지로 자신을 표현해야만 한다. 즉, 본질이 **즉자적으로** 이미 자신과 화해했고 또 그 안에서는 표상의 부분들이 **지양된 것**이나 **계기들**이 되는 정신적 통일이므로, 이런 점은 표상의 각 부분들이 여기서는 앞서 지니고 있던 의미와 **상반된** 의미를 지니고 있다는 것으로 서술된다. 이를 통해 그 각각의 의미는 다른 의미에 의하여 완결되며, 이를 통해 비로소 내용은 정신적 내용이 된다. 앞서 우리에 대해 또는 **즉자적으로** 서로 대립하는 의미들이 합일되고 또 심지어 '**한가지 똑같은 것임**'과 '**한가지 똑같은 것이 아님**', '**동일성**'과 '**비동일성**'이라는 추상적 형식들이 지양되었다. 이와 마찬가지로 규정성이 그에 못지않게 자신과 대립하는 규정성이므로, 타자 존재 속에서의 통일, 즉 정신적인 것이 완성된다.

그러므로 표상하는 의식 속에서는 자연적 자기의식의 **내면화가 현존재하는 악**이었다면, 자기의식이라는 요소 속에서의 **내면화**는 현존재 속에 **즉자적으로** 존재하는 **악** 자체에 관한 **지**이다. 그러므로 이런 지가 물론 악하게 되기이긴 하지만, 단지 **악**에 관한 **사고**의 생성일 따름이며, 그런 까닭에

---

597) 인칭대명사가 '악의 측면' 대신에 '자연성'을 지시하는 것으로 독해할 수도 있다.

화해의 첫 번째 계기로 승인받는다. 왜냐하면 악이라고 규정된 자연의 직접성에서 벗어나 자신 안으로 되돌아가는 것으로서 이런 지는 자연의 직접성을 버리는 것이자 죄악(Sünde)의 소멸이기 때문이다.[598] 의식에 의해 버림받는 것은 자연적 현존재 자체가 아니라 동시에 악이라고 인지되는 그런 것으로서의 자연적 현존재이다. **자신 안으로 들어가기**의 직접적 운동은 그에 못지않게 매개된 운동이다. 그런 자신 안으로 들어가기의 운동은 자기 자신을 전제한다. 또는 그것은 자기 자신의 근거이다. 즉, 자신 안으로 들어가기의 근거는 곧 자연이 이미 즉자적으로 자신 안으로 들어갔기 때문이다. 악 때문에 인간은 자신 안으로 들어갈 수밖에 없다. 그러나 **악**은 그 자체가 자신 안으로 들어가기이다. — 바로 이런 이유에서 그와 같은 최초의 운동은 그 자체가 단지 직접적 운동일 따름이다. 또는 그런 운동은 그 근거가 되는 것과 한가지 똑같은 것이기 때문에 자신의 **단순한 개념**이다. 그렇기 때문에 운동이나 타자화는 아직 그 본래의 형식 속에서 비로소 등장해야만 한다.

그러므로 이런 직접성 외에도 표상의 **매개**가 필수적이다. 즉자는 정신의 참되지 못한 현존재로서의 자연에 관한 **지**이며,[599] 이렇게 자신 안에서 생성된 자기(自己)의 보편성은 정신이 자기 자신과 이루는 화해이다.[600] 개념적으로 파악하지 못하는 자기의식에 대해서는 이런 **즉자**가 **존재하는 것**이라는 그리고 **그런 자기의식에게 표상된 것**이라는 형식을 얻게 된다. 그러므

---

598) 『신약성경』, 로마 6:11 참조.
599) (Werke) 정신의 참되지 못한 현존재로서의 자연에 관한 **지는 즉자적이며**.
600) 이 문장 전체는 다음과 같이 번역할 수도 있다. "정신의 참되지 못한 현존재로서의 자연에 관한 **지와** 이렇게 자신 안에서 생성된 자기의 보편성은 **즉자적으로** 정신이 자기 자신과 이루는 화해이다."

로 그런 자기의식에게는 개념적으로 파악한다는 것이 지양된 자연성을 보편적인, 따라서 자기 자신과 화해한 자연성으로 인지하는 그런 개념의 포착이 아니라, 오히려 신적 본체가 자신을 외화하는 **사건의 벌어짐**과 그렇게 벌어진 그의 강생과 그의 죽음을 통해서 신적 본체가 자신의 현존재와 화해했다는 그런 **표상**의 포착이다. — 이제 이러한 표상의 포착은 더 특정하게 앞서 그런 표상 속에서 정신적 부활이라고 일컬어졌던 것을 또는 신적 본체의 개별적 자기의식이 보편적 자기의식이나 신앙 공동체로 생성되는 것을 표현한다. — 신적 인간의 **죽음**이 **죽음으로서는 추상적** 부정성, 즉 단지 **자연적** 보편성 속에서 종결되는 운동의 직접적인 결말에 불과하다. 죽음은 정신적 자기의식 속에서 이런 자연적인 의미를 잃게 된다. 또는 죽음은 방금 제시한 그 개념이 된다. 죽음은 그것이 직접적으로 의미하는 것, 즉 **바로 이** 개별자의 비존재에서 벗어나 자신의 신앙 공동체 속에서 살고 그 속에서 날마다 죽었다가 부활하는 그런 정신의 **보편성**으로 거룩하게 변용된다.

그러므로 절대 정신이 **하나의 개별적인** 정신으로서 또는 오히려 하나의 **특수한** 정신으로서 자신의 현존재에서 정신의 본성을 내보여준다고(표상한다고) 하는 표상의 요소에 속하는 것이 여기서는 자기의식 자체 속으로, 즉 자신의 **타자 존재** 속에서 자신을 보존하는 지 속으로 이전되었다. 그렇기 때문에 **특수자가 현실적으로** 죽었다고 **표상**되듯이 그렇게 이 타자 존재가[601] 현실적으로 **죽지**는 않는다. 오히려 그의 특수성은 그의 보편성 속에서, 다시 말해 자기 자신과 화해하는 본질인 그의 **지** 속에서 사그라진다. 그러므로 처음에는 앞선 **표상이라는 요소**가 여기서는 지양된 것으로 정립된

---

601) 지시대명사가 '타자 존재' 대신에 '자기의식'을 지시하는 것으로 독해할 수도 있다.

다. 또는 표상이라는 요소는 자기(自己) 속으로, 즉 자신의 개념 속으로 되돌아갔다. 표상의 요소 속에서는 단지 존재자에 불과했던 것이 주체가 된 것이다. — 바로 그럼으로써 또한 **첫 번째 요소**인 **순수한 사유**와 그런 순수한 사유 속에서 영원한 정신이 더 이상 표상하는 의식의 피안에 존재하지도 않고 또 자기(自己)의 피안에 존재하지도 않으며, 오히려 전체가 자신 안으로 복귀한다는 것은 바로 모든 계기를 자신 안에 포함하고 있다는 것이다. — 자기(自己)에 의해 포착된 중개자의 죽음은(그의 죽음이 자기에 의해 포착된 한에서 중개자의 죽음은) 곧 그의 **대상태**의 지양 또는 그의 **특수한 대자 존재**의 지양이다.[602] 이런 **특수한** 대자 존재가 보편적 자기의식이 된 것이다. — 다른 한편으로 바로 이를 통해 **보편자**가 자기의식이 되었고, 한낱 사유의 순수한 또는 비현실적인 정신은 **현실적으로** 되었다. — 중개자의 죽음은 단지 그의 **자연적인 측면**이나 그의 특수한 대자 존재의 죽음에 불과한 것이 아니다. 단지 본질에서 떨어져 나가 이미 죽은 외피만 죽는 것이 아니라 또한 신적 본체라는 **추상**도 죽는 것이다. 왜냐하면 중개자의 죽음이 아직 화해를 완성하지 못한 한에서, 그는 현실과의 대립 속에서 사유의 단순한 것을 **본질**이라고 인지하는 그런 일면적인 것이기 때문이다. 이런 자기(自己)라는 극단은 아직 본질과 동등한 가치를 지니고 있지 못하다. 자기(自己)는 정신 속에서 비로소 본질과 동등한 가치를 지니게 된다. 그러므로 이와 같은 표상의 죽음은 동시에 자기(自己)로서 정립되지 않은 **신적 본체라는 추상**의 죽음을 함축하고 있다. 그런 죽음은 **신 자신이 죽었다**는 불행한 의식의 고

---

602) 신과 인간 사이의 중개자로서의 예수에 관해서는 『신약성경』, 티모테오1 2:5: "하느님은 한 분이시고 하느님과 사람 사이의 중개자도 한 분이시니 사람이신 그리스도 예수님이십니다."

통스러운 감정이다. 이런 가혹한 표현은 자신에 관한 가장 내밀한 단순한 지(das innerste sich einfach Wissen)의 표현, 즉 자신 외부에서는 그 무엇도 구별하지 않고 또 인지하지도 않는 나=나라는 밤의 심연 속으로 의식이 귀환하는 것이다. 그러므로 이런 감정은 실은 **실체**의 상실이자 그 실체가 의식에 대치해 있음의 상실이다. 그러나 그 감정은 동시에 실체의 순수한 **주체성** 또는 실체가 대상으로서나 직접적인 것으로서나 순수한 본질로서는 결여하고 있던 순수한 자기 확신이다. 그러므로 이런 지는 곧 **정신화**이며, 이를 통해 실체는 주체가 되었다. 즉, 실체의 추상과 무생명성이 죽고, 그리하여 실체가 **현실적으로** 되어서 단순하고 보편적인 자기의식이 되었다.

그리하여 정신은 **자기 자신을** 인지하는 정신이다. 그는 **자신을** 안다. 그에게 대상이 되는 것은 또는 그의 표상은 곧 참되고 절대적인 **내용**이다. 우리가 이미 보았듯이, 이런 정신은[603] 정신 자신을 표현한다. 동시에 그는 단지 자기의식의 **내용**에 불과하거나 **자기의식에 대한** 대상에 불과한 것이 아니라 또한 그가 곧 **현실적 정신**이다. 그는 자신의 본성이 지닌 세 가지 요소를 두루 거쳐 가면서 그렇게 된다. 이렇게 자기 자신을 두루 거쳐 관통하는 운동이 곧 정신의 현실성을 이룬다. 운동하는 것은 바로 정신이며, 정신은 운동의 주체이다. 그리고 정신은 이에 못지않게 **운동** 자체이거나 주체가 그것을 거쳐 관통하는 실체이다. 우리가 종교에 들어설 때 우리에게 정신의 개념이 생성되었다. 즉, 악을 용서하고 그러는 가운데 동시에 자기 자신의 단순성과 완고한 불변성을 놓아버리는 그런 자기 자신을 확신하는 정신의 운동으로서, 또는 절대적으로 **대립하는 것**이 자신을 (대립자와) **한가지 똑같은 것**으로 인식하고 또 이런 인식을 그런 극단들 사이의 '그

---

603) 인칭대명사가 '정신' 대신에 '내용'을 지시하는 것으로 독해할 수도 있다.

래'(상호 승인과 화해의 말. Ja)로서 표출하는 운동으로서 정신의 개념이 생성되었다. 절대적 본질이 계시된 종교적 의식은 이런 개념을 **직관하고**, 자신이 **직관한 것**과 자신의 **자기**(自己) 사이의 **구별**을 지양하며, 그가 주체이듯이 또한 실체이고, 따라서 바로 그가 곧 이런 운동이기 때문에 그리고 또 그런 한에서 이 의식은 그 자체가 정신**이다.**

그러나 이 신앙 공동체가 그런 자신의 자기의식 속에서 아직 완성된 것은 아니다. 신앙 공동체가 지닌 내용은 무릇 신앙 공동체에 대해 **표상**이라는 형식을 띠고 있다. 그리고 순수한 사유라는 요소 자체가 분열에 사로잡혀 있었듯이, 신앙 공동체의 **현실적 정신성**도, 즉 신앙 공동체가 표상으로부터 귀환하는 것도 그런 분열을 여전히 자체에 지니고 있다.[604] 신앙 공동체는 자신이 무엇인지에 관한 의식도 지니고 있지 않다. 신앙 공동체는 스스로에게 그와 같은 대상으로서 존재하지 않는 또는 자신을 자기 자신에 관한 의식으로 열어젖히지 못한 그런 정신적 자기의식이다. 오히려 신앙 공동체가 의식인 한에서, 그것은 이미 고찰했던 표상들을 지니고 있다.—우리는 자기의식이 그 마지막 전환점에서 자신에게 **내면화**되어 **자기 내 존재**에 관한 **지**에 도달하는 것을 본다. 우리는 자기의식이 자신의 자연적 현존재를 외화(포기)하고서 순수한 부정성을 획득하는 것을 본다. 그러나 이런 부정성이 또는 **지**의 순수한 **내면성**이 그에 못지않게 **자기 동일적 본질**이라는 점, 또는 실체가 여기서 절대적 자기의식이 되는 데에 도달한다는 점, 바로 이런 **긍정적인** 의미가 경건하게 기도하는 의식에 대해서

---

604) 이 문장은 주술 관계에 따라 다음과 같이 번역할 수도 있다. "그리고 순수한 사유라는 요소 자체가 분열에 사로잡혀 있었듯이, 이러한 분열은 또한 신앙 공동체의 **현실적 정신성**도, 즉 신앙 공동체가 표상으로부터 귀환하는 것도 여전히 그 자체에 지니고 있다."

는 하나의 **타자**이다. 기도하는 의식은 지의 순수한 내면화가 **즉자적으로** 절대적 단순성이나 실체라는 이런 측면을 **개념**에 따라서 그러한 것이 아니라 **낯선**(타자에 의한) 보상 행위로서 그러한 어떤 것에 관한 표상으로 포착한다.[605] 또는 기도하는 의식에 대해서는 이런 순수한 자기(自己)라는 심연이 **추상적 본질**을 그 추상에서 *끄집어내어* 이 순수한 기도의 위력을 통해서 자기(自己)로 고양시키는 그런 폭력이라는 사실이 존재하지 않는다.(기도하는 의식은 그와 같은 사실을 자각하지 못한다.) — 그럼으로써 자기(自己)의 행동은 기도하는 의식에 맞서 이런 부정적인 의미를 얻게 된다. 왜냐하면 실체의 외화가 그런 측면에서는 기도하는 의식에 대해 하나의 **즉자**이고, 또 기도하는 의식은 이에 못지않게 그런 즉자를 포착하여 개념적으로 파악하지 못하거나 **자신의** 행동 자체 속에서 발견하지 못하기 때문이다.[606] — 이런 본질과 자기(自己)의 통일이 **즉자적으로** 이루어졌으므로, 의식은 더 나아가 이런 자신의 화해에 관한 **표상**도 가지고 있기는 하지만 그저 표상으로서 가지고 있다. 의식은 자신의 순수한 부정성에다 본질과 자신의 통일이라는 긍정적인 의미를 **외적으로** 첨가함으로써 만족에 도달한다. 그러므로 그의 만족은 그 자체가 피안과의 대립에 사로잡혀 있다. 그렇기 때문에 타자의 **자기**(自己, 중개자인 예수)에 의해 완수된 화해가 멀리 떨어진 **과거**의 화해로 나타나듯이, 의식 자신의 화해도 **멀리 떨어진 것**으로서, 즉 멀리 떨어진 **미래**의

---

605) 이 문장은 다음과 같이 번역할 수도 있다. "기도하는 의식은 지의 순수한 내면화가 **즉자적으로** 절대적 단순성이나 실체라는 이런 측면을 **개념**에 따라서 그러한 어떤 것에 관한 표상으로서가 아니라 **낯선** 보상 행위로서 포착한다."

606) 지시대명사가 '기도하는 의식' 대신에 '자기'를 지시하는 것으로 독해할 수도 있다. 이 경우 이 문장은 다음과 같이 번역한다. "왜냐하면 실체의 외화가 그런 측면에서는 자기(自己)에 대해 하나의 **즉자**이고, 또 자기(自己)는 이에 못지않게 그런 즉자를 포착하여 개념적으로 파악하지 못하거나 **자신의** 행동 자체 속에서 발견하지 못하기 때문이다."

것으로서 의식 속에 들어선다. **개별적인** 신적 인간이 **즉자적으로** 존재하는 아버지와 단지 **현실적인** 어머니를 가지고 있듯이, 보편적인 신적 인간인 신앙 공동체 역시 자신의 **고유한 행동**과 **지**를 자신의 아버지로 삼는 반면에, 자신의 어머니로 삼는 것은 그들이 단지 **느낄** 뿐이지 자신의 의식 속에서 현실적인 직접적 **대상**으로서 직관하지는 못하는 **영원한 사랑**이다. 그렇기 때문에 신앙 공동체의 화해가 그들의 마음속에 있기는 하지만, 그들의 의식과는 여전히 분열되어 있고 또 그들의 현실은 아직 부서져 있다. 신앙 공동체의 의식 속에 **즉자**로서 또는 **순수한 매개**라는 측면으로서 들어서는 것은 피안에 놓여 있는 화해이다. 이에 반해 **현전하는 것**으로서, 즉 **직접성과 현존재**라는 측면으로서 신앙 공동체의 의식 속에 들어서는 것은 거룩한 변용을 아직 고대해야만 하는 그런 세계이다. 세계는[607] 분명 **즉자적으로** 본질(신적 본체)과 화해했으며, 본질이 대상을 더 이상 자신으로부터 소외된 것으로 인식하지 않고 오히려 그의 사랑 속에서 자신과 동일한 것으로 인식한다는 사실이 **본질**에 의해 분명 인지되었다. 그러나 자기의식에 대해서는 이런 직접적 현전이 아직 정신 형태를 지니고 있지 않다. 신앙 공동체의 정신은 이렇게 그의 직접적 의식 속에서 자신의 종교적 의식과 분리되어 있는데, 그의 종교적 의식은 비록 그 두 가지 의식이 **즉자적으로** 분리되지 않는다고 언표하지만, 이런 **즉자**는 실현되지 않은 것 또는 아직 그에 못지않게 절대적 대자 존재가 되지 못한 것이다.

---

607) 인칭대명사가 '세계' 대신에 '신앙 공동체'를 지시하는 것으로 독해할 수도 있다.

(C)

(DD) 절대지

VIII
절대지

    계시 종교의 정신은 아직 자신의 의식 자체를 극복하지 못했다. 또는 같은 말이지만 그의 현실적 자기의식은 그의 의식의 대상이 아니다. 무릇 계시 종교의 정신 자신과 그 속에서 구별되는 계기들은 표상과 대상성이라는 형식에 귀속된다. 표상의 **내용**은 절대 정신이다. 그리고 이제 관건이 되는 것은 다만 이런 한낱 (표상의 대상이라는) 형식의 지양일 따름이다. 또는 오히려 그런 형식이 **의식 자체**에 속하기 때문에, 이 형식의 진리는 이미 의식이 형태화된 것들 속에서 드러날 수밖에 없었다. — 이런 의식의 대상을 극복하는 일을 그 대상이 자기(自己) 속으로 복귀하는 것으로 나타났다는 그런 일면적인 것으로 받아들여서는 안 된다. 오히려 더 확실하게는 대상이 그 자체로 의식에게 사라지는 것으로 서술되었다는 것으로, 또는 그보다는 물성을 정립하는 것은 바로 자기의식의 외화이며, 이런 외화가 단지 부정적인 의미만이 아니라 긍정적인 의미를 지니고 있고, 더욱이 이런 긍정적인 의미를 단지 우리에 대해서만 또는 즉자적으로만 지니는 것이 아니라 자기의식[608] 자신에 대해 지닌다는 것으로 그런 극복을 받아들여야만 한다. 자기의식이 자신을 외화한다는 것을 통해 대상에 대해서 부정적인 것 또는 대상의 자기 지양이 **자기의식에 대해** 긍정적인 의미를 지니게 된다. 또는 자기의식은 한편으로 그가 자신을 외화한다는 것을 통해서 이런 대상의 헛됨을 **인지한다.** 왜냐하면 자기의식은 이렇게 외화하면서 **자신을** 대상으로 정립하거나 (자기의식이 지닌) **대자 존재**의 분리될 수 없는 통일 때문에 대상을 자기 자신으로 정립하는 것이기 때문이다. 다른 한편으로 여기에는 동시에 자기의식이 이런 외화와 대상성을 그에 못지않게 또한 지양하여 자신 안으로 회수했다는, 그래서 **자신**의 타자 존재 자체 속에서 자신에 존재한다는 또 다른 계기가 놓여 있다. — 바로 이것이 **의식**의 운동이며, 의식은 이런 운동 속에서 자신의 계기들의 총체이다. — 이에 못지않게 의식은 자신의 규정들의 총체성에 따라서 대상에 대하여 태도를 취하며 관계해야만 하고 또 대상을 그런 자신의 규정들 각각에 따라서 그렇게 포착해야만 했다. 이런 자신의 규정들의 총체가 **즉자적으로 대상을**[609] 정신적 본질로 만들며, 대상이 의식에 대해 진실로 이렇게 되는 것은 의식이 그 규정들 각각을 하나하나 자기(自己)라고[610] 파악함으로써 또는 그 규정들 각각에 대하여 방금 언급한 정신적인 태도를 취하며 관계함으로써 그렇게 된다.

그러므로 대상이 부분적으로는 **직접적** 존재나 하나의 사물 일반이다. 이는 직접적 의식에 상응한다. 또 부분적으로 대상은 자신의 타자화, 그

---

608) 이하 처음 줄표 전까지의 문장에서 인칭대명사가 '자기의식' 대신에 '의식'을 지시하는 것으로 독해할 수도 있다.
609) 이 구절은 "**즉자적으로 대상을**" 대신에 "**대상 자체를**"로 번역할 수도 있다.
610) '자기라고' 대신에 '자기의 규정이라고'로 독해할 수도 있다.

것의 관계나 **대타 존재**이자 **대자 존재**, 즉 규정성이다. 이는 **지각**에 상응한다. 또 부분적으로 대상은 **본질**이거나 보편자로서 존재한다. 이는 오성에 상응한다. 전체로서의 대상은 추론이다. 또는 전체로서의 대상은 보편자가 규정을 통해서 개별성으로 나아가는 운동 그리고 역으로 개별성이 지양된 것으로서의 개별성이나 규정을 통해서 보편자로 나아가는 운동이다. — 그러므로 의식은 이런 세 가지 규정에 따라서 대상을 자기 자신으로 인지해야만 한다. 그렇지만 의식이 그렇게 하는 것은 지금 논하는 대상의 순수한 개념적 파악으로서의 지(知)가 아니다.[611] 오히려 이런 지는 오직 그것의 생성 속에서 또는 의식 자체에 속하는 측면에 따른 그것의 계기들 속에서 제시되어야만 하며, 본래의 개념이나 순수한 지가 지닌 계기들은 의식이 형태화된 것들이라는 형식 속에서 제시되어야만 한다. 그런 까닭에 대상이 의식 자체 속에서는 아직 우리가 방금 언표한 것과 같은 정신적 본질태로 나타나지 않으며, 또 대상에 대해서 의식이 취하는 태도는 대상을 이런 총체성 자체 속에서 고찰하는 것이거나 대상을 그 총체성의 순수한 개념의 형식 속에서 고찰하는 것이 아니다. 오히려 그것은 부분적으로는 의식 일반의 형태이고, 또 부분적으로는 일정한 수의 그런 의식 형태들인데, 이 형태들을 취합하는 것은 바로 **우리**이며, 이 형태들 속에서는 대상과 ⁽ᵍ것에 대해서⁾ 의식이 취하는 태도가 지닌 계기들의 총체가 단지 그런 계기들로 해체된 상태로 제시될 수 있을 뿐이다.

그럼으로써 의식의 형태 속에서 존재하는 바대로 대상을 포착하는 이런 측면을 위해서는 단지 이미 등장한 의식의 이전 형태들을 상기하기만 하면

---

611) 이 문장은 문법적으로 정확하지 않다. 그래서 이 문장은 다음과 같이 번역할 수도 있다. "그렇지만 지금 논하는 것은 대상의 순수한 개념적 파악으로서의 지인 그런 것이 아니다."

된다. ― 그러니까 그것이 직접적으로 존재하는 한에서의, 즉 **아무런들 상관 없는 존재**인 한에서의 대상과 관련하여 우리는 관찰하는 이성이 이런 아무런들 상관없는 사물 속에서 자기 자신을 **찾으려 하고 또 발견한다**는 점을 보았다. 즉, 관찰하는 이성이 대상을 단지 직접적인 것으로서만 의식하듯이, 이에 못지않게 자신의 행동도 외적인 것으로서 의식한다는 점을 보았다. ― 또한 우리는 관찰하는 이성의 규정이 그 정점에 이르러서는 무한 판단 속에서 "**자아의 존재는 하나의 사물이다.**"라고 언표하는 것을 보았다. ― 더욱이 하나의 감각적인 직접적 사물이라고. 자아가 **영혼**이라고 일컬어질 때, 물론 자아가 또한 사물로서 표상되고 있기는 하지만 볼 수도 없고 느낄 수도 없는 등등의 사물로서 표상되며, 따라서 실제로는 직접적 존재로서 표상되는 것도 아니고 또 사람들이 사물이라고 사념하는 그런 것으로서 표상되고 있는 것도 아니다. ― 그와 같은 판단을 그 직접적인 내용 그대로 받아들일 경우, 그것은 정신을 결여하고 있거나, 오히려 정신을 결여한 것 그 자체이다. 그러나 그 판단이 자신의 **개념**에 따라서는 실은 가장 풍부한 정신을 가지고 있는 것이며, 이 판단에 아직 **현존하지 않**는 그것의 **내면**은 이제 고찰되어야 할 두 가지 또 다른 계기들이 언표하는 바로 그것이다.

"**사물이 곧 자아이다.**" 이런 무한 판단에서 실은 사물이 지양되었다. 사물은 그 자체로는(즉자적으로는) 아무것도 아니다. 사물은 오직 관계 속에서만, 즉 오직 **자아를 통해서** 그리고 자아와 **그것의 관련을 통해서**만 의미를 지닌다. ― 이런 계기가 순수한 통찰과 계몽 속에서 의식에 대해 드러났다. 사물은 전적으로 **유용한** 것이고 또 오직 그 유용성에 따라서만 고찰되어야 한다. ― 자신으로부터 소외된 정신의 세계를 두루 거쳐 가는 **도야된** 자기의식은 자신의 외화를 통해 사물을 자기 자신으로서 산출했고, 그렇기 때문에 사물 속에서 여전히 자기 자신을 보존하며, 사물의 비자립성을 또는 사물이 **본질적으로** 단지 **대타 존재**에 불과하다는 점을 인지한다. 또는 여기서 대상의 본성을 유일하게 이루는 것인 **관계**를 완벽하게 표현한다면, 자기의식은 사물을 **대자적으로 존재하는 것**으로 간주한다. 즉, 자기의식은 감각적 확신을 절대적 진리라고 언표한다. 그러나 자기의식은 이런 **대자 존재** 자체를 단지 사라지면서 그 반대로, 즉 타자를 위해 포기된 존재(대타 존재)로 이행하는 데에 불과한 계기라고 언표한다.

그러나 그렇게 한다고 해서 사물에 관한 지가 아직 완성된 것은 아니다. 사물이 단지 존재의 직접성에 따라서만 그리고 그 규정성에 따라서만 인지되어서는 안 되고 또한 **본질**이나 **내면**으로서도, 즉 자기(自己)로서도 인지되어야만 한다. 이런 점이 **도덕적 자기의식** 속에 현존한다. 도덕적 자기의식은 자신의 지를 **절대적 본질성**이라고 인지하거나 **존재**를 전적으로 순수한 의지나 지라고 인지한다. 오직 이런 의지와 지 이외에는 그 무엇도 **존재하지 않는다.**[612] 그 이외의 것에는 단지 비본질적 존재, 즉 **즉자적으로** 존재하지는 않는 것, 다시 말해 단지 즉자적으로 존재하는 것의 공허한 껍질만이 배당된다. 도덕적 의식이 그의 세계 표상 속에서 **현존재**를 자기(自己)로부터 방면하는 한에서, 그는 이에 못지않게 이 현존재를 다시 자신 안으로 회수한다. 양심으로서의 도덕적 의식은 결국 더 이상 현존재와 자기(自己)의 여전히 교체되는 정위(Stellung)와 전위(Verstellung)가 아니며(현존재와 자기가 아직도 서로 교체되면서 번갈아 정위되었다가 다시 전위되는 것이 아니며), 그는 자신의 **현존재** 자체가 이런 순수한 자기 확신임을 알고 있다. 그가 자신을 행위하는

---

612) 이 문장은 다음과 같이 번역할 수도 있다. "도덕적 자기의식은 오직 이런 의지와 지일 따름이다."

자로서 내세우는 대상적 요소는 다름 아니라 자신에 관한 자기(自己)의 순수한 지이다.

이것이 바로 정신이 자신의 본래 의식과 이루는 화해를 함께 이룩하는 계기들이다. 이 계기들이 각각 홀로는 개별적이며, 오직 그것들의 정신적 통일만이 이런 화해의 힘을 이루는 것이다. 그런데 이 계기들 중에서 마지막 계기는 필연적으로 이런 통일 자체이며, 이미 밝혀진 것처럼 그것은 실제로 이 계기들을 모두 자신 안에서 결합한다. 자신의 현존재 속에서 자기 자신을 확신하는 정신은 다름 아니라 바로 이런 자신에 관한 지를 **현존재**의 요소로 삼는다. 자신이 행하는 바를 의무에 대한 신념에 따라서 행하는 것이라고 언표하는 일, 이런 정신의 언어가 바로 그의 행위가 지닌 **유효성**이다. — 행위는 개념의 단순성의 첫 번째 **즉자적으로** 존재하는 분리이자 이런 분리로부터의 복귀이다. 승인이라는 요소가 행위 자체 안에 놓여 있는 **구별**과 **분열**에 맞서 의무에 대한 **단순한** 지로 정립되고 또 이런 방식으로 (본질적으로 분열을 야기하는) 행위에 맞선 강철 같은(완강한) 현실을 형성하면서,[613] 이런 첫 번째 운동은 두 번째 운동으로 전도된다. 그런데 우리는 용서 속에서 어떻게 이런 완강함이 자기 자신으로부터 놓여나서 자신을 외화하는지를(포기하는지를) 보았다. 그러므로 여기서 현실은 **직접적 현존재**로서도 자기의식에 대해 순수한 지라는 것 이외에 그 어떤 의미도 지니지 않으며, 또한 **규정된**(특정한) 현존재나 관계로서도 서로 대치하고 있는 것은 이에 못지않게 한편으로는 이런 순수하게 개별적인 자기(自己)에 관한 지이고, 다른 한편으로는 보편적 자기(自己)로서의 지에 관한 지이다.[614] 여기에 동

---

613) (Werke) 행위 자체 안에 놓여 있고 또 이런 방식으로 행위에 맞선 강철 같은 현실을 형성하는 **구별**과 **분열**에 맞서 의무에 대한 단순한 지로서 승인이라는 요소가 정립되면서,

시에 **세 번째** 계기인 **보편성**이나 **본질**이 서로 대치하고 있는 그 두 가지 각각에 오직 **지**로서만 유효하다는 점이 정립되어 있다. 그리고 최종적으로 그것들은 아직 남아 있는 공허한 대립도 이에 못지않게 지양하여 나=나라는 지, 즉 그것이 곧 직접적으로 순수한 지나 보편적 자기(自己)인 그런 바로 이 **개별적** 자기(自己)가 된다.

그럼으로써 의식이 자기의식과 이루는 이런 화해는 이중의 측면에서, 즉 한 번은 종교적 정신 속에서 그리고 다른 한 번은 의식 자신 그 자체 속에서 이루어지는 것으로 나타난다. 그 두 측면은 서로 구별되어서, 첫 번째 측면은 **즉자** 존재라는 형식 속에서의 화해이고, 두 번째 측면은 **대자 존재**라는 형식 속에서의 화해이다. 이렇게 고찰된 대로는 그 두 측면이 일단 서로 갈라져 나간다. 종교 역시 그 대상에 현실적 자기의식이라는 형태를 부여했지만, 그러기 훨씬 전에 이미 의식은 자신의 형태들이 우리에게 등장하는 순서(배열)에 따라서 한편으로는 그 형태들의[615] 개별적 계기들에 다다랐고, 다른 한편으로는 그것들의 통합에 다다랐다. 이 두 측면의 통합은 아직 제시되지 않았다. 이런 통합이 바로 정신이 형태화된 것들의 계열을 종결짓는 것이다. 왜냐하면 이런 통합 속에서 정신은 단지 자신이 **즉자적으로** 또는 자신의 절대적 **내용**에 따라서 어떠한지만을 인지하는 것도 아니고 또 단지 자신이 **대자적으로** 내용을 결여한 자신의 형식에 따라서 또는 자기의식이라는 측면에 따라서 어떠한지만을 인지하는 것도 아니며, 자신이 **즉자 대자적으로** 어떠한지를 스스로 인지하기 때문이다.

---

614) 이 구절은 "보편적 자기로서의 지에 관한 지이다." 대신에 "보편적 지로서의 지에 관한 지이다"로 번역될 수도 있다.

615) 지시대명사가 '형태들' 대신에 '순서'를 지시하는 것으로 독해할 수도 있다.

그렇지만 이런 통합이 **즉자적으로는**, 더욱이 또한 종교 속에서도, 즉 표상이 자기의식으로 복귀하면서 이미 일어났다. 그러나 종교적 측면이 자기의식의 운동에 맞서 있는 **즉자**라는 측면인 까닭에 종교 속에서는 이런 통합이 본래의 형식에 따라서 일어나지는 않는다. 그렇기 때문에 통합은 이와 반대로 자기 내 반성의 측면에, 따라서 자기 자신과 그 반대항을 단지 **즉자적으로** 또는 보편적인 방식으로만이 아니라 오히려 **대자적으로** 또는 전개되고 구분된 상태로 포함하고 있는 (자기의식이라는) 다른 측면에 귀속된다. 내용은, 그리고 그것이 **다른** 측면인 한에서 자기의식적 정신이라는 다른 측면은 완결된 상태로 현존하고 또 그렇게 제시되었다. 아직 결여되어 있는 통합은 바로 개념의 단순한 통일이다. 자기의식 자체의 측면에는 이미 이런 개념도 또한 현존한다. 그러나 이 개념이 선행하는 것에서 등장하는 바대로는 여타의 모든 계기들과 마찬가지로 **의식의 특수한 형태**라는 형식을 띠고 있다. ─그러므로 이 개념은 자신의 개념 속에 머물러 있으면서 **아름다운 영혼**이라고 일컬어졌던 그런 자기 자신을 확신하는 정신의 형태를 이루는 부분이다. 이런 형태는[616] 자신의 순수하고 투명한 통일 속에서 정신의 자기 자신에 관한 지이다. 즉, 그것은 이런 **순수한 자기 내 존재**에 관한 순수한 지를 정신이라고 인지하는 자기의식, 단지 신적인 것에 관한 직관만이 아니라 바로 신적인 것의 자기 직관이다. ─이런 개념이 자신의 실현에 대립하면서 자신을 고수하기에, 그것은 일면적인 형태인데, 우리는 그런 일면적인 형태가 공허한 연기 속으로 사라지지만 또한 그것이 긍정적으로 외화되면서 전진 운동을 하는 것을 보았다. 이런 실현을 통해서 이렇게 대상을 결여한 자기의식이 자신을 고수하는 일이, 즉 자신의 **충족**에 대

---

616) 인칭대명사가 '형태' 대신에 '아름다운 영혼'을 지시하는 것으로 독해할 수도 있다.

항하는 개념의 **규정성**이 지양된다. 그의 자기의식은 보편성이라는 형식을 획득하며, 그에게 남는 것은 자신의 참다운 개념 또는 그 실현을 성취한 개념이다. 이런 자기의식은 그 진리 속에서의 개념, 즉 자신의 외화와 통일되어 있는 개념이다. 그것은 의무라고 하는 추상적 **본질**로서의 순수한 지에 관한 지가 아니라 오히려 [**바로 이** 지 내지 **바로 이** 순수한 자기의식이고, 따라서 동시에 그 대상이 곧 대자적으로 존재하는 자기(自己)인 까닭에 참다운 **대상**이기도 한] 그런 본질로서의 순수한 지에 관한 지이다.

이 개념은 한편으로는 자기 자신을 확신하면서 **행위하는** 정신 속에서, 다른 한편으로는 **종교** 속에서 자신을 충만하게 만들었다. 후자 속에서는 개념이 절대적 **내용**을 **내용으로서** 또는 **표상**이라는, 즉 의식에 대한 타자 존재라는 형식 속에서 획득했다. 이에 반해 전자의 형태 속에서는 그 형식이 곧 자기(自己) 자체이다. 왜냐하면 그 형식은 자기 자신을 확신하면서 **행위하는** 정신을 내포하고 있으며, 자기(自己)는 절대 정신의 삶을 두루 영위하기 때문이다. 우리가 보듯이 이 형태가 곧 그와 같은 (종교와 자기의식, 즉자 존재와 대자 존재, 추상적 보편성과 개별성의 통일을 이루는) 단순한 개념이되, 그러나 이 단순한 개념은 자신의 영원한 **본질**을 포기하고서 **현존재하는** 것 또는 행위하는 것이다. 그런 개념은 개념의 **순수성**에서 **분열**이나 출현을 지니고 있다. 왜냐하면 개념의 순수성이 곧 절대적 추상이나 부정성이기 때문이다. 이와 마찬가지로 이 개념은 자신의 현실성이나 존재라는 요소를 자신 안에, 즉 순수한 지 자체에 지니고 있다. 왜냐하면 순수한 지는 **본질**, 즉 긍정적 사유 자체인 것 못지않게 또한 **존재**이자 **현존재**, 즉 부정적 사유인 그런 단순한 **직접성**이기 때문이다. 이런 현존재는 결국 그에 못지않게 현존재로서건 의무로서건 간에 순수한 지에서[617] 벗어나 자신 안으로 반성하는 것 또는 **악하게** 되는 것이다. 이런 자신 안으로 들어가기가 곧 **개념의**

대립을 만들어내며, 그럼으로써 그것은 본질의 **행위하지 않고** 또 **현실적이지도 않은** 순수한 지의 등장이 된다. 그러나 이처럼 대립 속에서 그런 순수한 지가 등장하는 것은 곧 거기에(대립에) 참여하는 것이다. 본질의 순수한 지는 **즉자적으로** 자신의 단순성을 포기했다(스스로 외화했다). 왜냐하면 본질의 순수한 지는 **분열**이나 부정성인데, 이런 부정성이 곧 개념이기 때문이다. 이런 분열이 **대자화**(자신만을 위하게 됨)인 한, 그것은 악이다. 이런 분열이 **즉자**인 한, 그것은 선하게 머무는 것이 된다. — 이제 일단 **즉자적으로** 벌어지는 일은 동시에 **의식에 대해** 존재하며, 이에 못지않게 그 자체가 이중적이어서, **의식에 대해** 존재할 뿐만 아니라 또한 동시에 그것은 의식의 **대자존재** 또는 의식 자신의 행동이다. 따라서 이미 **즉자적으로** 정립된 것이 이제 그것에 관한 의식의 지이자 의식적 행동으로서 반복된다. 각자가 모두 타자를 위해 그가 타자에 맞서서 등장하게 되는 규정성의 자립성을 내려놓는다. 이런 내려놓음(놓아 보냄, Ablassen)은 **즉자적으로** 시원(始原, Anfang)을 이루었던 것과 똑같이 개념의 일면성을 포기하는 행위이지만, 이제 그것은 바로 **자신의** 포기 행위이고, 또 이와 마찬가지로 그가 포기하는 개념도 바로 자신의 것이다. — 그런 시원의 **즉자**는 부정성으로서 실로 그에 못지않게 **매개된** 것이다. 그러므로 그런 즉자는 이제 그 진리 속에 존재하는 바대로 자신을 **정립하며, 부정적인 것**은 타자에 대해 그리고 즉자적으로 각자가 지닌 **규정성**으로서의 자기 자신을 지양하는 것이다.[618] 대립의 양측 가운데 하나는 **자신 안에서** 자신의 **개별성** 안에 있음(자신의 개별성 속에서의 자기

---

617) 인칭대명사가 '순수한 지' 대신에 '본질'을 지시하는 것으로 독해할 수도 있다.
618) 이 구절은 다음과 같이 번역할 수도 있다. "**부정적인 것**은 각자의 **규정성**으로서 타자에 대해 그리고 즉자적으로 자기 자신을 지양하는 것이다."

내 존재, Insich-in seiner Einzelheit-Sein)이 보편성에 맞서 지니는 비동일성이고, 다른 하나는 추상적 보편성이 자기(自己)에 맞서 지니는 비동일성이다. 전자는 그의 대자 존재를 소멸시키면서 자신을 포기하고는(외화하고는) (자신의 죄를) 고백한다. 후자는 자신의 추상적 보편성이 지닌 완강함을 단념하며, 그럼으로써 그의 생동하지 않는 자기(自己)와 그의 움직이지 않는 보편성을 소멸시킨다. 그리하여 전자는 본질이라는 보편성의 계기에 의해 그리고 후자는 자기(自己)라는 보편성의 계기에 의해 보완되었다. 이러한 행위의 운동을 통해서 정신이 존재한다. 정신이 **현존재하고** 또 자신의 현존재를 **사고**로 그리고 이를 통해 절대적 **대립**으로 고양시키고는 바로 이런 대립을 통해 그리고 이런 대립 자체 **속에서** 대립에서 벗어나 복귀한다는 것, 바로 그렇게 해서 정신은 비로소 정신이다. 즉, 정신은 그렇게 해서 그것이 곧 자기의식인 지의 순수한 보편성으로서 그리고 그것이 곧 지의 단순한 통일인 자기의식으로서 출현했다.

그러므로 종교에서 **내용**이었거나 **타자**에 관한 표상(Vorstellen eines anderen)이라는 형식이던 것과 똑같은 것이 여기서는 **자기**(自己)의 고유한 **행동**이다. **내용**이 곧 **자기**(自己)의 고유한 **행동**이라고 묶어주는 것은 바로 개념이다. 왜냐하면, 우리가 보듯이, 이 개념은 자기(自己)의 내적 행동이 곧 모든 본질태이자 모든 현존재라는 지, **바로 이 주체가** 곧 **실체**이고 또 실체가 곧 자신의 행동에 관한 바로 이런 지라는 지이기 때문이다.— 여기서 우리가 첨가한 것은 다만 한편으로는 저마다 자신의 원리 속에서 전체 정신의 삶을 서술하는 그런 개별적 계기들의 **집결**(Versammlung)이고, 다른 한편으로는 그 내용이 이와 같은 계기들 속에서 이미 귀결되었고 또 그것 자체가 이미 **의식의 형태**라는 형식 속에서 도출되었을 터일 그런 개념의 형식 속에서 개념을 고수하는 일이었을 따름이다.

이런 정신의 최종적인 형태는 자신의 완결되고 참된 내용에 동시에 자기(自己)라는 형식을 부여하고 또 이를 통해 자신의 개념을 실현하는 것 못지않게 또한 이렇게 실현하는 가운데 자신의 개념 속에 머무는 그런 정신이다. 이런 정신의 최종적인 형태가 곧 절대지(絕對知)이다. 절대지는 정신 형태 속에서 자신을 인지하는 정신 또는 **개념적으로 파악하는 지**이다. **진리**는 단지 **즉자적으로** (의식의 자기 자신에 대한) 확신과 완전히 동일한 것만이 아니라 또한 자기 확신이라는 **형태**도 지니고 있다. 또는 진리는 그 현존재 속에, 다시 말해 인지하는 정신에 대해 자기 자신에 관한 지라는 **형식** 속에 존재한다. 진리가 곧 **내용**인데, 이런 내용이 종교에서는 아직 자신의 확신과 동일하지 않았다. 그런데 이런 동일성은 내용이 자기(自己)라는 형태를 획득하는 데에 있다. 이를 통해 본질 자체인 것이 현존재라는 요소 또는 의식에 대한 **대상성이라는 형식**이 되었다. 이것이 곧 **개념**이다.[619] 이러한 요소 속에서 의식에게 **현상하는** 정신이, 또는 여기서 같은 말이지만, 이런 요소 속에서 의식에 의해 산출되는 정신이 바로 (정신현상학이라는) **학문**이다.

그러므로 이런 지의 본성과 계기와 운동은 곧 이 지가 자기의식의 순수한 **대자 존재**라는 것으로 밝혀졌다. 그런 지는 [**바로 이 자아**이지 그 어떤 다른 자아도 아니지만, 또한 이에 못지않게 직접적으로 **매개된** 또는 지양된 **보편적** 자아인] 그런 자아이다. — 이 자아는[620] 그가 자신과 **구별하는 내용**을 가지고 있다. 왜냐하면 자아는 순수한 부정성 또는 자신을 양분하

---

619) 이상의 두 문장은 다음과 같이 번역할 수도 있다. "이를 통해 본질 자체인 것이 의식에 대해 현존재라는 요소로 또는 의식에 대한 **대상성이라는 형식**으로 생성되었다. 즉, **개념**이 생성되었다."

620) 이하의 두 문장에서 인칭대명사가 '자아' 대신에 '지'를 지시하는 것으로 독해할 수도 있다.

기이기 때문이다. 이것이 곧 **의식**이다. 이런 내용은 그 구별 속에서 그 자체가 자아이다. 왜냐하면 이 내용은 자기 자신을 지양하는 운동 또는 그것이 곧 자아인 똑같은 순수한 부정성이기 때문이다. 자아는 구별된 것으로서의 내용 속에서 자신 안으로 반성되어 있다. 오직 자아가 자신의 타자 존재 속에서 자기 자신에 머무는 것을 통해서만 내용이 **개념적으로 파악된다**. 이런 내용을 좀 더 확실하게 진술하면, 그것은 다름 아니라 방금 언표된 운동 자체일 따름이다. 왜냐하면 이 내용은 곧 그가 자신의 대상성 속에서 개념의 형태를 지님으로써 자기 자신을, 더욱이 **대자적으로** 정신으로서 두루 거쳐 가는 그런 정신이기 때문이다.

그러나 이 개념의 **현존재**에 관해서는, 정신이 이런 자신에 관한 의식에 이르기 전까지는 **학문**이 시간과 현실 속에서 현상하지 않는다. 그전에는 정신이 자신이 무엇인지를 아는 정신으로서 실존하지 않으며, 자신의 불완전한 형태를 제압하여 자신의 의식에 대해 자신의 본질의 형태를 스스로 마련하고 또 그런 방식으로 자신의 **자기의식**을 자신의 **의식**과 균등하게 만드는 노동을 완성한 다음이 아니라면 그 어디에도 실존하지 않는다. — 즉자 대자적으로 존재하는 정신이 자신의 계기들 속에서 구별된 채로는 그저 **대자적으로** 존재하는 지, 즉 그 자체로는 아직 **실체**에 도달하지 못한 또는 그 자체 즉자적으로 절대지는 아닌 그런 **개념적 파악** 일반이다.

그런데 현실에서는 인지하는 실체가 그것의 형식이나 개념 형태보다 먼저 존재한다. 왜냐하면 실체는 아직 전개되지 않은 **즉자** 또는 아직 운동하지 않는 그 단순성 속에서의 근거이자 개념, 따라서 아직 **현존재하지 않는** 정신의 **내면성**이나 자기(自己)이기 때문이다. **현존재하는 것**은 아직 전개되지 않은 단순하고 직접적인 것으로서 또는 **표상하는** 의식 일반의 대상으로서 존재한다. 인식은 곧 **즉자적으로** 존재하는 것이 오직 **자기(自己)에 대한**

존재이자 **자기**(自己)의 존재 또는 개념인 한에서만 그에게 존재하는 그런 정
신적 의식이다. 그런 까닭에 인식이 처음에는 단지 하나의 빈약한 대상만
을 지니며, 실체와 실체의 의식은 이에 비해 더 풍부하다. 실체가 이런 인
식 속에서 지니게 되는 공개성은 실은 은폐성이다. 왜냐하면 실체는 아직
자기(自己)를 **결여한 존재**이고, 오직 자기 자신의 확신만이 공개적이기 때문
이다. 그런 까닭에 처음에는 실체에서 단지 그 **추상적 계기들**만이 **자기**의
식에게 귀속된다. 그러나 이런 추상적 계기들이 순수한 운동으로서 자기
자신을 더 멀리 추동하면서, 자기의식은 실체 전체를 의식으로부터 탈취하
여 실체의 본질태들이 이루는 건축물 전체를 자신 안으로 흡수하는 데에
이를 때까지, 그리고 이런 대상태에 대해서 부정적인 태도를 취하며 관계
하는 것이 그에 못지않게 긍정적인 것, 즉 정립이므로 이 대상태를[621] 자신
으로부터 산출하고, 그럼으로써 동시에 의식에 대해 다시 구축해내는 데에
이를 때까지 자신을 풍성하게 만든다. 이로써 자신을 개념으로서 인지하
는 **개념** 속에서는 **충만한 전체**보다 그 **계기들**이 먼저 등장하는데, 이 계기
들의 운동이 곧 충만한 전체의 생성이다. 이에 반해 **의식** 속에서는 전체가
계기보다 먼저 존재하되, 그러나 개념적으로 파악되지 않은 채로 존재한
다. ― **시간**은 **현존재하는 개념** 자체이며, 의식에게는 그것이 공허한 직관
으로 표상된다. 그렇기 때문에 정신은 필연적으로 시간 속에서 현상하고,
정신이 자신의 순수한 개념을 **포착하지** 못하는 동안에는, 다시 말해 시간
을 소멸시키지(tilgen) 못하는 동안에는 시간 속에서 현상한다. 시간은 직관
된 **외적** 자기(自己), 자기(自己)에 의해 **포착되지 못한** 순수한 자기(自己), 단지
직관되었을 뿐인 개념이다. 개념이 자기 자신을 포착하면서 정신은 자신의

---

621) 인칭대명사가 '대상태' 대신에 '실체의 본질태들'을 지시하는 것으로 독해할 수도 있다.

시간 형식을 지양하며, 직관을 개념적으로 파악하여 개념적으로 파악되고 또 개념적으로 파악하는 직관이 된다. — 그런 까닭에 시간은 아직 내적으로 완성되지 않은 정신이 지닌 운명이자 필연성으로 나타난다. 시간은 자기의식이 의식에게서 지니는 지분을 확충하면서 (실체가 의식 속에 존재하면서 띠는 형식인) 즉자의 **직접성**을 운동하게끔 만드는 필연성 또는, 역으로 즉자를 **내적인 것**으로 간주한다면, 이제 겨우 **내적으로** 존재하는 것을 실현하고 현시하는, 즉 내적인 것을 자기 확신에 반환할 것을 청구하는 필연성이다.

이런 이유에서 다음과 같이 말해야만 한다. 즉, **경험** 속에 없는 것은 그 무엇도 **인지되지** 않는다.[622] 또는 이를 달리 표현하면, **느껴진 진리**로서, **내적으로 계시된** 영원한 **것으로서**, **신앙으로 받아들여진** 신성한 것으로서, 또는 그 밖에 어떤 표현을 사용하건 간에, 그렇게 현존하지 않는 것은 그 무엇도 인지되지 않는다. 왜냐하면 경험이란 바로 그 내용이 (이 내용이 곧 정신인데) **즉자적**이고 또 실체이며, 따라서 **의식의 대상**이라는 것이기 때문이다. 그런데 그것이 곧 정신인 이런 실체는 자신이 **즉자적으로** 그것인 바로의 정신의 **생성**이다. 그리고 이렇게 자신을 자신 안으로 반사하는 생성으로서야 비로소 정신은 그 자체에서(즉자적으로) 진실로 **정신**이다. 정신은 그 자체에서 곧 인식인 운동, 즉 그와 같은 **즉자를 대자로**, **실체를 주체**

---

622) "감각 속에 없는 것은 지성 속에도 없다.(Nihil est in intellctu, qoud non fuerit in sensu.)"라는 격언은 근대 이전부터 경험주의를 대변해온 오래된 원칙이다. 이 격언은 조금씩 변형되면서 P. Gassandi, *Opera Omnia*, Lugduni, 1658, V, I, p. 92; J. Locke, *An Essay Concerning Human Understanding*, London, 1690, II, I, § 23; G. W. Leibniz, *Nouveaux Essais sur l'entendement humain*, Amsterdam−Leipzig, 1765, II, I, § 8 (로크에 대한 비판의 맥락에서); I. Kant, *Kritik der reinen Vernunft*, B 185 등에서 등장한다.

로, **의식**의 대상을 **자기의식**의 대상으로, 다시 말해 그에 못지않게 지양된 대상으로 또는 **개념**으로 전환하는 것이다. 그런 운동은 자신의 시원(시작)을 전제하면서 이 시원을 오직 그 종착점(끝)에 이르러서야만 도달하는 그런 자신 안으로 되돌아오는 원환이다. — 그러므로 정신이 필연적으로 이런 자기 내 구별인 한에서, 정신 전체가 직관된 채로는 자신의 단순한 자기의식에 맞서 등장하며, 따라서 정신 전체가 구별된 것인 까닭에 그것은 (한편으로) 자신의 직관된 순수한 개념인 **시간**과 (다른 한편으로) 내용이나 **즉자**로 구별된다. 주체로서의 실체는 자신을 자기 자체에서(그 자체 즉자적으로) 자신이 **즉자적으로** 그것인 바로서, 즉 **정신으로서** 서술해야 할 그런 **이제 겨우 내적인** 필연성을 자체에 지니고 있다. (실체의) 완성된 대상적 서술은 비로소 동시에 실체의 반성 또는 실체가 자기(自己)로 됨(자기로의 실체의 생성)이다. — 그렇기 때문에 정신이 **그 자체에서**(즉자적으로) 완성되기 전까지는, 즉 정신이 세계 정신으로서 완성되기 전까지는, 그는 **자기의식적** 정신으로서 자신의 완성에 도달할 수가 없다. 그런 까닭에 시간상 종교의 내용이 학문보다 더 먼저 **정신**이 무엇**인지**를 언표하지만, 오직 학문만이 정신의 자기 자신에 관한 참된 지이다.

정신의 자신에 관한 지가 지닌 형식을 발현시켜서 추동하는 운동은 정신이 **현실적 역사**로서 완수하는 노동이다. 종교적 신앙 공동체가 처음에 절대 정신의 실체인 한, 그것은 조야한 의식인데, 이런 조야한 의식은 그 내적 정신이 심오하면 할수록 더욱더 야만적이고 완고한 현존재를 지니며, 그의 둔탁한 자기(自己)는 자신의 본질과, 즉 그의 의식이 지닌 자신에게 낯선 내용과 씨름하는 더욱더 고된 노동을 떠안고 있다. 이 의식이 낯선 존재를 외적인 방식인 낯선 방식으로 지양하려는 희망을 단념한 후에야 비로소 그는 자기 자신을 향해, 즉 자신의 고유한 세계와 현전을 향해 돌아선다.[623] 왜냐하면 지양된 낯선 방식은(낯선 방식을 지양하는 것은) 곧 자기 의식으로의 귀환이기 때문이다. 그리하여 그는 자신의 고유한 세계와 현전을 자신의 소유물로 발견하며, 그럼으로써 **지성계**(Intellektualwelt)에서 벗어나 아래로 내려오는 또는 오히려 지성계의 추상적 요소에 현실적 자기(自己)로 정신을 불어 넣는 첫걸음을 내디뎠던 것이다. 한편으로 의식은 관찰을 통해서 현존재가 곧 사고임을 깨닫고 또 이를 개념적으로 파악하며, 역으로 자신의 사유 속에서 현존재를 발견한다. 이렇게 의식이 우선 사유와 **존재**, 추상적 본질과 자기(自己)의 직접적 **통일**을 그마저도 추상적으로 언표했고 또 최초의 광원체를 **더 순수하게**, 즉 (빛보다는 연장(延長)이 순수한 사유와 더 유사한(더 동일한. gleicher) 단순성이므로) 연장과 존재의 통일이라고 언표했으며, 그럼으로써 사고 속에서 일출(日出)의 **실체**를 다시 일깨웠다.[624] 그렇게 하면서 정신은 동시에 이런 추상적 통일로부터, 즉 이런 **자기(自己)를 결여한** 실체성으로부터 전율하며 물러서서는 이에 맞서 개체성을 주장한다.[625] 그러나 도야 속에서 정신은 개체성을 외화하고, 이를 통해 개체성을 현존재로 만들고서 모든 현존재 속에서 관철시키며,[626] 유용성이라는 사고에 도달하고, 또 절대적 자유 속에서 현존재를 곧 자신의 의

---

623) 뒷구절은 다음과 같이 번역할 수도 있다. "비로소 그는 자기 자신에서(그 자체 즉자적으로) 자신의 고유한 세계와 현전을 향해 돌아선다."

624) B. de Spinoza, *Ethik*, 제2부, 정리 1: "**사유는 신의 속성이다. 또는 신은 사유하는 것이다.**" 및 정리 2: "**연장은 신의 속성이다. 또는 신은 연장된 것이다.**" 및 정리 7: "**관념의 질서 및 결합은 사물의 질서 및 결합과 같은 것이다.**"

625) 특히 G. W. Leibniz, *Monadologie*, Frankfurt-Berlin, 1720을 염두에 두고 있다.

626) 이 구절에서 지시대명사를 '개체성' 대신에 '실체성'을 지시하는 것으로 독해할 수도 있다. 이 경우 이 구절은 다음과 같이 번역한다. "그러나 도야 속에서 정신은 실체성을 외화하고, 이를 통해 실체성을 현존재로 만들고서 모든 현존재 속에서 관철시키며,"

지라고 포착한다. 그 후에야 비로소 정신은 그럼으로써 자신의 가장 깊은 내면의 심연에 있는 사고를 끄집어 드러내고서 본질을 나=나라고 언표한다. 그러나 이런 나=나는 자신을 자신 안으로 반성하는 운동이다. 왜냐하면 이런 동일성은 곧 절대적 부정성으로서 절대적 구별이므로, 자아의 자기 동일성이 이런 순수한 구별에 대치해 있기 때문이다. 그런데 이 순수한 구별은 순수하면서도 동시에 자신을 인지하는 자기(自己)에게 대상적인 구별이라고, 즉 **시간**이라고 언표되어야 한다. 그리하여 앞에서 본질이 사유와 연장의 통일이라고 언표되었듯이, 이제는 본질을 사유와 시간의 통일이라고 파악해야 할 것이다. 그러나 자기 자신에 내맡겨진 구별, 즉 쉼 없이 멈추지 않는 시간은 오히려 그 자체 안에서 붕괴된다. 시간이 **연장**의 대상적 정지(안정)인 반면에, 연장은 자기 자신과의 순수한 동일성, 즉 자아이다.— 또는 자아는 자기(自己)에 불과한 것이 아니라 오히려 **자기(自己)의 자신과의 동일성**이다. 그런데 이런 동일성이 곧 자기 자신과의 완전하고 직접적인 통일이다. 또는 **바로 이 주체**가 그에 못지않게 곧 **실체**이다. 실체 그 홀로는 내용 없는 직관이거나 특정한 내용으로서는 단지 우유성만을 지닐 뿐이고 아무 필연성도 없을 그런 내용의 직관일 것이다. 오직 실체가 **절대적 통일**이라고 사유되거나 직관되는 한에서만 절대자로 간주될 터이고, 일체의 내용은 그 상이성에 따라서 실체 외부에 있는 반성에 귀속될 것이다. 이런 반성은 실체에 속하지 않을 터인데, 왜냐하면 실체가 주체가 아니거나, 즉 자신에 관해 그리고 자신을 자신 안에서 반성하는 것이 아니거나 정신이라고 개념적으로 파악되지 않았을 것이기 때문이다. 그럼에도 불구하고 어떤 내용을 언급해야만 한다면, 이는 한편으로는 단지 이 내용을 절대자의 공허한 나락 속으로 던져버리기 위해서일 뿐이고, 다른 한편으로는 이 내용을 감각적 지각으로부터 외적으로 긁어모은 것이다. 지는 어떻게 그리고 어디에서인지도 파악하지 못한 채 사물에, 자기 자신으로부터의 구별에, 잡다한 사물들의 구별에 이른 듯이 보일 것이다.

그러나 정신은 자신이 단지 그의 순수한 내면성으로 자기의식이 퇴각하는 것에 불과한 것도 아니고 또 실체 속으로 그리고 자신의 구별의 비존재 속으로 자기의식이 한낱 함몰되어버리는 것도 아니라는 점을 보여주었다. 오히려 정신은 스스로 자기 자신을 외화하고 자신을 자신의 실체 속으로 침잠시키지만 또한 주체로서 실체에서 벗어나 자신 안으로 들어가면서 실체를 대상과 내용으로 만드는 것 못지않게 이런 대상성과 내용의 구별을 지양하는 그런 자기(自己)의 **바로 이 운동**임을 보여주었다. 그와 같은 직접성으로부터의 첫 번째 반성은 주체가 자신의 실체로부터 자신을 구별하기 또는 자신을 양분하는 개념, 즉 순수한 자아가 자신 안으로 들어가서 생성되기이다. 이런 구별이 나=나의 순수한 행동이므로, 개념은 실체를 자신의 본질로 삼으면서 대자적으로 존립하는 그런 **현존재**의 필연성이자 떠오름이다. 그러나 현존재의 존립 홀로는 규정성 속에 정립된 개념이며, 이를 통해 단순한 실체 속으로 내려가는 그런 **자기 자체에서의** 자신의 운동이다. 이때 단순한 실체는 이런 부정성이자 운동으로서 비로소 주체가 된다.—마치 자아가 자신의 외화에 대해서 두려움을 가지고 있기라도 하듯이, 자아를 실체성과 대상성이라는 형식에 대치한 **자기의식**이라는 **형식** 속에서 고수해서는 안 된다. 오히려 정신이 지닌 힘은 자신을 외화하는(포기하는) 가운데서도 자기 자신과 동일하게 유지되고 또 **즉자 대자적으로** 존재하는 것으로서 즉자 존재 못지않게 또한 **대자 존재**도 단지 계기로 정립하는 것이다. 또한 자아는 구별자들을 절대자의 나락 속으로 되던지고서 그 속에서 그것들의 동일성을 언표하는 그런 제3자도 아니다.[627] 오히려 지는 어떻게 구별된 것이 그 자체에서 운동하여 자신의 통일 속으로 귀환하는지를 단지 고찰할 뿐인 그런 외관상의 비활동성에 존립한다.

그러므로 정신의 형태화가 의식의 극복되지 않은 구별과 결부되어 있는 한, 지 속에서 정신은 자신을 형태화하는 운동을 종결지었다. 정신은 자신의 현존재의 순수한 요소인 개념을 획득했다. 그 내용은 자신의 **존재**의 **자유**에 따라서 자신을 외화하는 자기(自己)이거나 자기 자신에 관한 지의 **직접적** 통일이다. 이런 외화의 순수한 운동이 그 내용에서 고찰될 때 곧 그 내**용**의 **필연성**을 이룬다. 상이한 내용은 **규정된** 내용으로서 관계 속에 있지 즉자적으로 존재하는 것은 아니며, 자기 자신을 지양하는 불안정이나 **부정성**이다.[628] 그러므로 그것은 필연성 또는 상이성 및 자유로운 존재이자 이에 못지않게 자기(自己)이며,[629] 현존재가 직접적으로 사고가 되는 이런 자기적(自己的) **형식** 속에서는 그 내용이 곧 **개념**이다. 그러므로 정신이 개념을 획득하는 가운데 정신은 이런 자신의 생명의 에테르 속에서 현존재와 운동을 펼치면서 **학문**(논리학)이 된다. 정신의 운동이 지닌 계기들이 학문 속에서는[630] 더 이상 자신을 **의식**의 규정된 **형태**로 서술하는 것이 아니라, 오히려 의식의[631] 구별이 자기(自己) 안으로 복귀하면서 정신의 계기들을 **규정된 개념**으로 그리고 그런 규정된 개념들의[632] 자기 자신에 근거를 둔 유기

---

627) 이 문장은 다음과 같이 번역할 수도 있다. "또한 제3자가 구별자들을 절대자의 나락 속으로 되던지고서 그 속에서 그것들의 동일성을 언표하는 것도 아니다."
    여기서 헤겔이 셸링의 동일성 철학을 염두에 두고 있는 것으로 보인다

628) 이 문장은 문법적으로 불완전하고 불명료하다. Werke판 역시 번역문과 같이 보완하고 있다.

629) 이 구절은 다음과 같이 번역할 수도 있다. "그러므로 필연성 또는 상이성 및 자유로운 존재는 이에 못지않게 자기(自己)이며,"

630) 인칭대명사가 '학문' 대신에 '운동'을 지시하는 것으로 독해할 수도 있으나 개연성이 떨어진다.

631) 지시대명사가 '의식' 대신에 '정신'을 지시하는 것으로 독해할 수도 있다.

적 운동으로 서술한다. 정신현상학에서는 각각의 계기가 지와 진리의 구별이고 또 그 구별이 지양되는 운동이다. 이에 반해 학문은 이런 구별과 그것의 지양을 함유하지 않으며, 오히려 그 계기는 개념이라는 형식을 지니고 있으므로 진리와 인지하는 자기(自己)의 대상적 형식을 직접적 통일 속에서 통합한다. 계기는 의식이나 표상에서 자기의식으로 그리고 그 역으로 이리저리 오가는 운동으로 등장하지 않으며, 오히려 의식 속에서의 그 현상에서 해방된 순수한 계기의 형태인 순수한 개념과 그것의 전진 운동은 오로지 자신의 순수한 **규정성**에 달려 있다. 역으로 학문의 추상적 계기들 각각에 현상하는 정신 일반의 한 가지 형태가 상응한다. 현존재하는 정신이 학문보다 더 풍부한 것은 아니지만, 그렇다고 해서 현존재하는 정신이 그 내용에서 (순수한 학문인 논리학보다) 더 빈약한 것도 아니다. 이런 의식의 형태라는 형식 속에서 학문의 순수한 개념을 인식하는 것이 곧 학문의 실재성이라는 측면을 이룬다. 이런 실재성의 측면에 따라서 학문의[633] 본질은, 즉 자신의 **단순한** 매개 속에서 학문 속에 **사유**로 정립되어 있는 개념은 이런 매개의 계기들을 따로따로 떼어내 열어젖히고서 내적 대립에 따라서 자신을 서술한다.

학문은 순수한 개념의 형식을 외화하는 필연성 그리고 개념이 **의식**으로 이행하는 것을 그 자체 안에 포함하고 있다. 왜냐하면 자기 자신을 인지하는 정신은 바로 그가 자신의 개념을 포착하는 까닭에 자기 자신과의 직접적 동일성인데, 이런 직접적 자기 동일성이 그 구별 속에서는 **직접적**

---

(632) 지시대명사가 '규정된 개념들' 대신에 '계기들'을 지시하는 것으로 독해할 수도 있다.

(633) 인칭대명사가 '학문' 대신에 '실재성'을 지시하는 것으로 독해할 수도 있다. 이 경우 이 구절은 다음과 같이 번역한다. "이런 실재성의 측면에 따라서 실재성의 본질은, 즉 실재성 속에 자신의 **단순한** 매개 속에서 **사유**로 정립되어 있는 개념은"

인 것에 관한 확신 또는 (우리가 출발점으로 삼았던 시원인) **감각적 의식**이기 때문이다. 이렇게 자신을 자신의 자기(自己)라는 형식으로부터 방면하는 것이 바로 정신의 자신에 관한 지가 지닌 최고의 자유이자 안전성(확신성, Sicherheit)이다.

하지만 이런 외화는 아직 불완전하다. 이런 외화는 대상과 맺는 자기 확신의 **관련**을 표현하는데, 이때의 대상은 바로 그런 관련 속에 있다는 점에서 아직 자신의 완전한 자유를 획득하지 못한 것이다. 지는 자신만이 아니라 또한 자기 자신에 대해서 부정적인 것이나 자신의 한계도 알고 있다. 자신의 한계를 안다는 것은 자신을 희생할 줄 안다는 것을 뜻한다. 이런 희생이 곧 정신이 자신의 순수한 **자기**(自己)를 자신 외부의 **시간**으로 직관하고 또 이와 마찬가지로 자신의 **존재**를 공간으로 직관하면서 자신이 정신으로 생성되는 것을 **자유롭고 우연한 사건의 벌어짐**이라는 형식 속에서 서술하게 되는 그런 외화이다. 이런 정신의 생성 중에서 후자인(정신이 자신의 존재를 공간으로 직관하면서 정신으로 생성되는 외화된 양태인) **자연**이 곧 정신의 생동하는 직접적 생성이다. 자연, 즉 외화된 정신은 그 현존재에서 다름 아니라 이런 자신의 **존립**의 영원한 외화이자 **주체**를 수립하는 운동이다.

그런데 정신의 생성이 지닌 또 다른 측면인 **역사**는 자신을 **매개하면서 인지하는** 생성, 즉 시간에 외화된(양도된) 정신이다. 그러나 이런 외화(양도, 포기)는 그에 못지않게 외화 자체의 외화이다. 부정적인 것은 자기 자신에 대해서 부정적인 것이다. 이러한 생성은 여러 정신의 완만한 운동이자 연쇄를 서술한다. 즉, 그것은 각각의 상(像)이 저마다 정신의 온전한 보고(寶庫)를 갖추고 있고 또 자기(自己)가 이런 자신의 실체가 지니고 있는 보고 전부를 뚫고 들어가서 소화해야만 하기 때문에 그처럼 완만하게 움직일 수밖에 없는 그런 상(像)들의 회랑을 보여준다. 정신의 완성이 곧 자신이 무엇

인지를, 즉 자신의 실체를 완전히 **인지하는** 데에 존립하므로, 이런 지는 정신이 자신의 현존재를 떨쳐버리고서 그의 형태를 회상에 넘겨주게 되는 그런 정신의 **자신 안으로 들어가기**이다. 이렇게 정신이 자신 안으로 들어가면서 자신의 자기의식의 밤 속에 침잠하지만, 이렇게 사라진 자신의 현존재는 그 밤 속에서 보존되며, 이런 지양된 현존재는 (즉, 앞에서와 같은 것이긴 하지만 지로부터 새롭게 태어난 현존재는) 새로운 현존재이며 새로운 세계이자 정신 형태이다. 이런 새로운 세계이자 정신 형태 속에서 정신은 마찬가지로, 마치 선행하는 모든 것이 그에게는 상실되었고 또 앞선 정신들이 겪은 경험으로부터 아무것도 배우지 못한 듯이, 그 무엇에도 얽매이지 않고서 맨 처음 정신의 직접성에서 시작하여 그로부터 다시 성장해야만 한다. 그러나 **내면화**(회상. Er-Innerung)는 그런 앞선 정신들의 경험을 보존했으며, 그것은 내면적인 것이면서 실제로도 실체의 더 상위 형식이다. 그러므로 이 정신이 자신의 도야를 단지 자신으로부터 (전혀 새롭게) 출발할 뿐인 듯이 나타나면서 다시 맨 처음부터 시작할 때에도, 그가 시작하는 지점은 동시에 더 높은 단계에 있다. 이런 방식으로 현존재 속에서 형성된(자신을 도야한) 정신의 왕국은 하나의 정신이 다른 정신을 대체하면서 각각의 정신이 선행하는 정신으로부터 세계의 왕국을 넘겨받는 그런 연쇄이다. 이 연쇄의 목표는 심연의 현시(정신의 심오함을 현시하는 것)이며, 이것이 곧 **절대적 개념**이다. 그럼으로써 이러한 현시는 정신이 지닌 심연의 지양 또는 정신의 **연장**(확장), 즉 이렇게 자신 안에 존재하는 자아의 외화 또는 실체인 그 자아의 부정성이면서, 또한 그것은 이 외화가 그 자체에서 자신을 외화하여 이런 자신의 연장 속에서도 이에 못지않게 자신의 심연인 자기(自己) 속에 존재하는 그런 정신의 **시간**이다. 그 **목표**가 되는 절대지, 즉 자신을 정신이라고 인지하는 정신은 온갖 정신들이 그들 자체에서 어떠하며 또 어떻게 그들의 왕국의 조직화를 완수하는지에 관해서 회상하는 것을 자신의 도정으로 삼는다. 이 정신들을 우연성의 형식을 띠고서 현상하는 그들의 자유로운 현존재라는 측면에 따라서 보존하는 것이 곧 역사인 반면에, 그 정신들을 개념적으로 파악된 그들의 조직체라는 측면에 따라서 보존하는 것이 곧 **현상하는 지의 학문**이다. 이 양자를 합쳐놓은 개념적으로 파악된 역사는 바로 절대 정신의 회상이자 골고다 언덕(해골당, Schädelstätte)을 이루며,[634] 절대 정신이 앉는 왕좌의 현실과 진리와 확신을 이룬다. 만약 이 왕좌가 없었다면 절대 정신은 생명 없는 고독한 자에 불과했을 것이다. 다만,

> 이 정신들의 왕국의 성배(聖杯)에서
> 그에게 자신의 무한성이 흘러넘치네.[635]

---

[634] 『신약성경』, 마태오 27:33: "이윽고 골고다 곧 '해골 터'라는 곳에 이르렀다." 해골의 언덕이라는 뜻을 지닌 골고다는 예수가 자신의 처형 도구인 십자가를 지고서 힘겹게 걷는 고난의 죽음길이자 죽음을 딛고 부활과 구원을 향해 나아가는 오름이다.

[635] J. Ch. F. von Schiller, *Gedichte*, Stuttgart, 1879, 「우정(Freundschaft)」: "위대한 세상의 주인은 친구가 없어서 / **결핍**을 느꼈네 ─ 그래서 그는 정신들을 창조했네 / **자신의** 지복의 행복한 거울을! ─ / 지고의 존재는 이미 자신과 견줄 만한 것을 발견할 수 없었네 / 영혼의 왕국 전체의 성배에서 / 그에게 무한성이 흘러넘치네."

옮긴이 해제

1. 서지(書誌) 사항 및 번역 원칙

본 번역서는 G. W. F. Hegel, *Phänomenologie des Geistes*, Gesammelte Werke Bd. 9, Hg. W. Bonsiepen/R. Heede, Düsseldorf, 1980(이하 'Gesammelte Werek판'으로 축약)을 기본 원문으로 삼았다. 그 외에도 독일어 판본으로는 G. W. F. Hegel, *Phänomenologie des Geistes*, Hegel Werke in 20 Bde., Bd. 3, Frankfurt/M., 1970('Werke판'으로 축약)과 G. W. F. Hegel, *Phänomenologie des Geistes*, Hg. von J. Hoffmeister, Hamburg, 1952('Hoffmeister판'으로 축약)를 참조했다. 우리말 번역본으로는 G. W. F. 헤겔, 『정신현상학』, 김양순 역, 동서문화사, 1987과 G. W. F. 헤겔, 『정신현상학 I, II』, 임석진 역, 지식산업사, 1988 및 G. W. F. 헤겔, 『정신현상 1, 2』, 임석진 역, 한길사, 2005를 함께 대조하면서 참조

했으며, 영어 번역본으로는 G. W. F. Hegel, *Phenomenology of Spirit*, trans. by A. V. Miller, Oxford etc., 1977('Miller판'으로 축약)과 G. W. F. Hegel, *The Phenomenology of Spirit*, ed. by T. Pinkard, Cambridge, 2018('Pinkard판'으로 축약)을 참조했다. 「서문」에 한해서는 이신철 역, 『『정신현상학』 서문』, 『헤겔의 서문들』, 도서출판b, 2013과 전대호 역, 『『정신현상학』 서문』, 테리 핀카드 저, 『헤겔, 영원한 철학의 거장』, 이제이 북스, 2006을 추가로 참조했다.

이미 여러 판본의 우리말 번역서가 존재하는 데에도 불구하고 새로운 번역서를 출간하는 이유를 밝힐 필요가 있겠다. 우선 세계 학계에서 헤겔 연구의 표준으로 확고하게 자리 잡은 새로운 독일어 판본이 꽤 오래전에 출간된 상황에서 이에 따른 새로운 우리말 번역서가 요구된다는 점이 무엇보다 중요한 이유이다. 『정신현상학』의 원문으로는 G. W. F. Hegel, *Phänomenologie des Geistes*, Bamberg-Würzburg, 1807('1807판'으로 축약)이 최초로 출판되었는데, 이것이 헤겔 자신이 출간한 유일한 판본이다. 그러나 기존의 번역서들은 주로 헤겔 사후에 편집된 판본인 *G. W. F. Hegel's Werke*. Vollständige Ausgabe durch einen Verein von Freunden des Verewigten, Bd. 2: *Phänomenologie des Geistes*, Hg. von J. Schulze, Berlin, 1832('1832판'으로 축약)와 이에 기초한 그 이후의 편집본들인 Hoffmeister판이나 Werke판을 원문으로 삼고 있다. 현재 독일 Felix Meiner 출판사에서 원본성에 충실한 새로운 비판적 헤겔 전집이 오랜 기간에 걸쳐 방대한 분량으로 출간되고 있으며, 이 전집은 이미 헤겔 연구의 표준 전거로 널리 인정받고 있다. 『정신현상학』과 관련해서도 이 전집 중 제9권으로 1807판의 원문을 신뢰성 있게 복원한 새로운 편집본이 1980년에 나왔다. 사실 1807판만이 헤겔 자신이 직접 출간한 유일한 판본이기에 이론(異論)의 여지가 없는 원본성을 지니고 있는데, Gesammelte Werke판은 이를 현대 독일어 표기 방식과 편집 양식에 맞추어 다듬으면서도 원문 내용은 원본 그대로 재현하고 있다. 반면에 1832판과 이에 기초한 그 이후의 판본들은 사망 직전에 헤겔 자신이 수기로 삽입하거나 그때마다 매번 여러 편집자들이 차후에 첨가하고 수정한 부분을 담고 있어서 1807판과는 어느 정도 유의미하고 때로는 중요한 차이를 보이고 있다.[1] 새로운 비판적 전집의 출간 이후에 헤겔 연구는 세계적으로 이 전집을 기초로 이루어지고 있는 만큼『정신현상학』과 관련해서도 Gesammelte Werke판의 원문에 따른 새로운 번역이 요구되고 있다. 영미권에서도 이미 G. W. F. Hegel, *The Phenomenology of Mind*, trans. by J. B. Baillie, London-New York, 1910과 Miller판 등의 여러 번역서들이 있으나 최근에 Pinkard판이 Gesammelte Werke판에 기초하여 새롭게 출간되었다. 본 번역서는 기존의 우리말 번역서들과는 달리 원본성을 재확보하려는 최근의 연구 동향에 부합하게 1807판 및 Gesammelte Werke판을 원문으로 삼고 있다.

두 번째 이유는 기존의 번역서들이 안고 있는 한계의 문제이다. 1980년대 후반에 처음 출판된『정신현상학』완역서들은 헤겔 철학에 대한 관심이 한껏 고조되어 있던 시대적 상황에서 본격적인 헤겔 연구를 폭발적으로 확산시키는 기폭제가 되었다. 당시에 그 수혜를 입었던 젊은 연구자들이 이제는 우리 철학계의 중견 학자들로서 왕성하게 활동하고 있다. 이 번역

---

[1] 또 하나의 언급할 만한 주요 독일어 판본인 G. W. F. Hegel, *Phänomenologie des Geistes*, Hg. von G. Lasson, Leipzig, 1928[3] 역시 기본적으로 1832판을 계승하고 있다. 이 밖에도 몇 가지 독일어 판본이 더 있다.

서들이 헤겔 철학에 대한 연구는 물론 이를 넘어서 우리나라 철학계 전반에 기여한 공적은 아무리 높이 평가해도 지나치지 않다. 역자 역시 번역 과정 중에 기존 번역서들로부터 여러 면에서 도움을 받았다. 그러나 당시와는 비교할 수 없을 정도로 학문적 담론이 축적되어 그 지반이 높아지고 견고해진 현재에는 이런 변화에 걸맞은 새로운 번역서가 요청되고 있다. 기존 번역서들이 안고 있는 문제는 이제는 어쩔 수 없이 세월의 흔적이 묻어 있는 예스러운 단어 사용과 문체만이 아니다. 여러 번역상의 문제점과 오류에 관한 지적도 지속적으로 제기되어 왔다. 이런 이유에서 헤겔 전문 연구자들 사이에서도 학문적 신뢰성을 확보하여 안심하고서 읽고 인용할 수 있는 새로운 번역이 시급히 필요하다는 점에 대한 광범위한 공감대가 형성되어 있다.

이와 같은 상황을 고려하여 본 번역서는 원본에 충실하고 학문적으로 신뢰받을 수 있는 완전히 새로운 완역을 최우선 목표이자 원칙으로 삼았다. 이런 원본성의 원칙을 바탕으로 삼아 이를 벗어나지 않는 범위 내에서 독자를 위한 가독성을 가능한 한 높이려고 애썼다. "모든 번역은 창작이다."라는 오래된 경구가 있지만, 본 역자는 작품에 대한 해석은 궁극적으로 독자의 몫이라는 생각을 가지고서 역자의 개입을 최소화하면서 원문의 의미와 맥락을 직접 전달하려고 노력했다. 그래서 원저작의 형식과 구조를 때로는 그것이 불완전한 경우에도 그대로 반영했다. 그리고 원문이 안고 있는 구문론적 복잡성과 의미론적 애매성, 심지어 문법적 오류까지도 섣불리 윤색하기보다는 가급적 번역문에서도 드러날 수 있도록 문장을 구성하거나 적어도 각주 등에서 독자에게 환기하려고 했다. 더욱이 소크라테스가 등에를 자처하면서 반어법을 사용했듯이, 헤겔 역시 독자의 사유를 뒤흔들고 일깨우기 위해서 구문의 난해함을 의도적으로 활용했다는 사실을 고려한다면, 번역 문장의 유려함과 수월성을 이유로 삼아 역자가 과도하게 개입하거나 의역하는 일은 더더욱 신중히 삼가야 마땅하다. 물론 번역에서 우리말로 이해할 수 있고 문법적으로 완성된 문장으로 옮겨야 한다는 것은 당연한 전제이고, 독자를 위한 배려를 항상 염두에 두어야 한다는 것도 정당한 요구이다.

그런데 『정신현상학』은 서양 철학의 전 역사를 망라하여 가장 난해하고 심오한 내용을 가진 저작 중의 하나로 익히 알려져 있다. 더 나아가 독일 관념론 특유의 끝없는 만연체 문장도 아마 『정신현상학』에서 그 정점에 이른다고 해도 과언이 아니다. 또한 원문에서 대명사의 지시 관계가 불분명하거나 부정확한 경우가 수없이 많은데, 이를 우리말로 옮길 때 이해할 수 있는 문장을 만들려면 대부분 그때마다 지시 관계를 명확히 밝혀서 해당하는 명사를 제시해야 한다는 점도 번역의 어려움을 가중시킨다. 더욱이 『정신현상학』은 시대적으로나 개인적으로나 매우 급박한 상황에서 시간에 쫓기며 촉박하게 집필되었기 때문에, 원문 자체가 문법적으로 불완전한 문장인 경우도 종종 있고, 심지어 출판 과정 중에 저서 전체의 제목과 차례마저 변경되었지만 막상 본문에 이를 제대로 반영하지 못하는 등의 우여곡절을 겪었다. 이런 원문의 복잡함과 난삽함 그리고 구조의 애매함 때문에 역자의 개입을 최소화한다는 원칙에도 불구하고 곳곳에서 문장 해독을 넘어선 해석의 문제가 발생하여 역자에 의한 보완이 불가피한 경우가 적지 않다. 이러한 난점을 본 역자는 다음과 같은 방법으로 해소하거나 적어도 완화하려고 시도했다.

(1) 원문의 번역은 직역을 원칙으로 삼았고, 우리말 문법과 어법상 불가피한 경우에만 약간 의역하거나 문장 구조를 변경했다. 원문에서 하나의 문장이 연이어진 관계문이나 부문장 등으로 상당히 길더라도 될 수 있는

한 하나의 문장으로 옮겼지만, 우리말 번역문이 너무 복잡해져서 이해와 전달에 어려움이 생길 때는 관형구나 관형절을 [ ] 안에 삽입하거나 아예 문장을 분할하기도 했다. 독일어에 고유한 문장 부호는 우리말 표기 양식에 맞추어 바꾸었다.

(2) 본문 중에 고딕체로 된 ( ) 안의 문구는 역자가 독자의 이해를 돕기 위해 첨가한 것이다. 원어나 한자어 병기 그리고 독일어 단어나 구절이 그 자체로 또는 우리말로 옮길 때 다의성을 지닌 경우의 대안적 번역어도 ( ) 안에 고딕체로 적었다. 원어 병기시 고어체 독일어 단어를 현대 독일어로 바꾸어 표기했다. 애초에는 이런 첨가 구절을 꼭 필요한 경우로 최소화하려고 했으나 결과적으로 꽤 많아진 점에 대해서 양해를 구한다. 다만, 이 첨가 구절이 없더라도 문장의 완성에 지장이 없게끔 번역문을 구성했다. 그래서 인용할 때에는 선택에 따라 첨가 구절을 생략해도 무방하다. 또한 고딕체로 표기한 소제목들은 원문의 차례에는 명기되어 있지만 본문에서는 생략된 것을 역자가 삽입한 것이다.

(3) 원문에는 주석이 없다. 따라서 모든 각주는 역주이다. 각주는 내용상 크게 세 가지이다.

(4) 첫 번째 부류의 각주는 본문 내용의 배경 담론이나 용어 설명 또는 전거(典據)나 참고문헌을 제시한 것이다.

(5) 두 번째 부류의 각주는 원문에서 대명사의 지시 관계가 불명확하거나 문장 구조가 애매하여 본 번역서의 본문과는 다른 번역이 가능한 경우에 이런 대안적 번역을 제시한 것이다. 문법과 문맥과 논의 배경 등을 고려하여 가장 개연성이 높은 번역을 본문으로 채택했고, 거의 비슷한 수준의 개연성을 가졌거나 개연성은 떨어지더라도 확실하게 배제하기 어려운 대안 번역은 각주로 처리했다. 특히 한글본이건 영어본이건 기존의 번역서가

본 번역서와 달리 독해한 경우에는 대부분 이를 각주로 제시했다. 다만, 개연성이 현저히 떨어지거나 오독이 명백하면 문법적으로 가능하고 또 선례가 있는 번역이라 하더라도 아무 언급 없이 각주에서 제외했다.

(6) 세 번째 부류의 각주는 Gesammelte Werke판과 Werke판의 문장이나 문구가 차이가 있을 때 이를 명시한 것이다. 그동안 우리나라 연구자들은 Werke판을 가장 많이 전거로 사용했다. 1807판을 재현한 Gesammelte Werke판과 1832판을 계승한 Werke판 사이에는 추후 편집자가 수정하거나 첨가한 구절들이 있다는 점 외에도 Werke판은 노년의 헤겔이 사망 직전까지 손수 진행하던 『정신현상학』의 재판을 위한 수정 수기를 본문으로 직접 반영했다는 차이점이 있다. 서두에서 밝혔듯이 본 번역서는 Gesammelte Werke판을 원문으로 삼았으며, Werke판이 이와 유의미한 차이를 보이는 구절이나 문장은 각주에서 (Werke)로 표기하여 그에 따른 번역문을 제시했다. 본 번역서에는 「서문」의 주 62)까지가 헤겔 자신의 작업 수기에 해당한다. 두 판본 사이에 차이가 있더라도 강조 문구나 문장 부호 등의 사소한 문제이거나 우리말로 옮겼을 때 의미 있는 차이를 보이지 않으면 각주에서 제외했다.

(7) 본문에서 보통 크기로 된 (　) 안의 구절은 원문에 따른 것이다. 단, 원문에서 한 문장 내의 긴줄표(—)를 번역문에서 생략하여 본문에 통합했지만, 필요하면 (　)로 바꾸어 그 안에 해당 문구를 삽입했다.

(8) 모든 번역어를 전면 재검토했다. 그러나 '관념론(Idealismus)', '즉자(Ansich)', '대자(Fürsich)' 등과 같이 썩 마땅치는 않지만 이미 학술 용어로 정착되어 있고 그 내포 의미가 널리 공유된 용어는 기존 번역어를 유지했다. '아프리오리(a priori)'는 칸트학회의 선례를 따랐다.

2. 저서의 발생사

『정신현상학』은 헤겔이 36세이던 1807년 4월에 독일 밤베르크에 소재한 굄하르트(Goebhardt) 출판사에서 최초로 출간되었다. 헤겔이 대학 사강사로 재직하던 예나에서 원고를 집필했기 때문에 이 저서는 헤겔이 청년기를 보낸 예나 시기의 마지막 저작으로 간주된다. 그러나 출판은 처음부터 밤베르크에서 진행되었고, 공교롭게도 헤겔이 전쟁의 화마에 휩싸인 예나를 피해 지역 신문 편집장직을 맡아 밤베르크로 이주한 직후에 이곳에서 출판되었다. 이 저서는 개인적으로나 시대적으로나 학문적으로나 출판 절차상으로나 긴급 상황과 우여곡절의 산물이었고, 이런 저간의 다급한 사정은 이 저서의 문장과 구조 그리고 책 제목과 차례의 뒤늦은 변경 등 저서 내부의 곳곳에서 넓고 깊은 여파를 남겼다. 그러나 『정신현상학』은 청년기 헤겔의 대표작일 뿐만 아니라 많은 연구자들도 헤겔의 전체 저작들 가운데 으뜸가는 주저로 내세운다. 이 책은 독일 관념론의 위풍당당한 선언문이라고 할 수 있으며, 이 저서의 출판을 통해서 헤겔은 피히테나 쉘링을 넘어서 독일 관념론을 대표하는 철학자로서 확고하게 자리를 잡게 된다. 더 나아가 헤겔의 『정신현상학』은 서양 철학의 긴 역사에서 최고의 문제작으로 평가받으면서 플라톤의 『국가』, 아리스토텔레스의 『형이상학』, 칸트의 『순수이성비판』 등과 함께 사상적 성취물의 최고 반열에 올라 있다. 이 저서는 난삽하고 한없이 길고 불친절한 문체와 도무지 이해하기 어려운 내용과 사방으로 뻗어나가면서도 늘 자기 참조적으로 회귀하는 복잡한 논변 구조로 악명이 높은가 하면, 체계의 엄밀성과 논변의 치밀성 그리고 더할 나위 없는 내용의 풍요로움과 심오함으로 철학만이 아니라 문학, 심리학, 역사학, 정치학, 예술학, 종교학 등 수많은 학문과 예술의 영역에서 지금까지도 풍부한 영감과 화두를 제공해주는 보고(寶庫)로 칭송받고 있다. (『정신현상학』에는 물리학, 화학, 생물학, 의학 등의 자연과학적 논의도 풍부하게 포함되어 있다. 당시 기준으로는 최첨단 이론을 반영하고 있으나 현재의 과학적 지식 수준에 비추어보면 뒤떨어진다는 점을 부인할 수 없다. 그러나 여기서 제시된 헤겔의 자연철학적 시각은 적어도 부분적으로 여전히 유효하다.)

튀빙겐 대학교를 졸업한 후 프랑크푸르트에서 가정교사를 하면서 본격적인 학문 활동을 모색하던 헤겔은 1800년 11월 초에 절친한 대학 동기이자 이미 예나 대학교에 교수로 자리를 잡고서 신성(新星) 철학자로 일약 명성을 얻고 있는 쉘링에게 자신의 학문 구상을 담은 편지를 보낸다. 여기서 헤겔은 자신이 인간의 하위 욕구에서 출발하여 반성 형식을 통해 학문 체계로 전개된 후에 인간의 구체적인 삶으로 되돌아가 관여하는 학적 구조물을 기획하고 있다고 밝힌다.[2] 이후 예나 대학교의 강사로 공식적인 학문 활동을 시작하는 예나 시기 헤겔의 저작들은 모두 바로 이 구상을 실현하려는 시도이다. 1802~03년의『인륜성의 체계』, 1803~04년의『체계 기획 I』, 1804~05년의『체계 기획 II』, 1805~06년의『체계 기획 III』이 모두 이런 시도의 잔여물이다.[3] 그러나 이 기획들은 초고 형태로만 남고 헤

---

2) J. Hoffmeister (Hg.), *Briefe von und an Hegel*, Bd. 1, Hamburg, 1952, pp. 59 f. 참조.

3) 각각 G. W. F. Hegel, "System der Sittlichkeit", Gesammelte Werke Bd. 5: *Schriften und Entwürfe (1799-1808)*, Hg. von M. Baum/K. R. Meist, Düsseldorf, 1998 (헤겔, 『인륜성의 체계』, 김준수 역, 울력, 2007); 같은 이, *Jenaer Systementwürfe I*, Gesammelte Werke Bd. 6, Hg. von K. Düsing/H. Kimmerle, Düsseldorf, 1975; 같은 이, *Jenaer Systementwürfe II*, Gesammelte Werke Bd. 7, Hg. von R.-P. Horstmann/J. H. Trede, Bonn-Bad Godesberg, 1971; 같은 이, *Jenaer Systementwürfe III*, Gesammelte Werke Bd. 8, Hg. von R.-P. Horstmann, Düsseldorf, 1976. 『체계 기획 I』과『체계 기획 III』중 정신 철학 부분은 헤겔, 『헤겔 예나 시기 정신철학』, 서정혁 역, 이제이북스, 2006으로 번역되어 출판되었다.

겔 생전에 완성된 저서로 출간되지는 못한다. 원고 자체가 강의용 초고 수준을 벗어나지 못했을 뿐만 아니라 무엇보다 이 시기에 헤겔의 근본 사상과 체계 구상 및 학문 방법론이 급격한 변화를 겪었던 점이 완성에 이르지 못하게 된 가장 큰 이유로 보인다. 예나 초기 셸링과 더불어 스피노자의 실체 철학에 경도되어 있던 헤겔은 예나 중기부터 피히테의 의식 철학을 적극적으로 재수용하면서 자신의 고유한 정신 철학과 그 방법론인 변증법을 정립하기 시작한다. 1800년에 밝힌 구상은 여러 차례의 시도와 시행착오와 재출발 끝에 마침내 1807년의 『정신현상학』으로 그 결실을 보게 된다. 좀 더 정확히 말하자면 헤겔은 『정신현상학』을 통해서 훨씬 더 원대한 철학 체계의 완성을 위한 대장정의 첫 기착지에 도달하여 탄탄한 베이스캠프를 구축하게 된다.

헤겔은 1805년 여름학기 강의를 위해서 정신 철학을 포함한 사변 철학을 다루는 저서의 출판을 예고했고, 1806년 여름학기 강의 계획에서 다시 이를 반복한다. 그러나 예고된 저서는 출간되지 않았다. 로젠크란츠에 따르면 헤겔이 이 와중에 이미 1804년부터 정신현상학을 준비해 왔고 1806년 여름학기에 실제로 이에 관한 강의를 진행했다고 한다.[4] 1806~07년 겨울학기에 비로소 헤겔은 사변 철학에 선행하는 입문학으로서 학문 체계의 제1부를 이루는 '정신현상학'을 명시하고 이를 다루는 저서를 언급한다. 그리고 1807년 여름학기에는 드디어 이 책을 서점에서 구입할 수 있다고 공지한다.

헤겔이 최종적으로 『정신현상학』이라는 제목으로 출간하게 될 '의식의 경험의 학' 또는 '학문의 체계 제1부로서의 입문학'을 본격적으로 집필하

---

4) K. Rosenkranz, *Georg Wilhelm Friedrich Hegel's Leben*, Berlin, 1844, p. 214 참조.

기 시작한 것은 대략 1805~06년 『체계 기획 III』의 핵심 부분을 집필한 이후이거나 이와 중첩되는 시기일 터이고, 따라서 1805년부터로 추측된다. 이 책의 전반부에 해당하는 원고 또는 그 일부가 출판 작업에 들어간 때는 1806년 2월이며,[5] 늦어도 같은 해 4월의 부활절 전까지는 전반부 원고 전체가 출판사에 전달되었다. 이때 말하는 전반부가 『정신현상학』에서 어느 부분까지인지는 확실치 않으나 완결된 책의 중간 정도에 해당하는 「이성」 장까지로 추정된다. 당시에는 여러 차례로 나누어 탈고한 일부 원고부터 먼저 인쇄를 시작하고 나머지 원고가 도착하면 이어서 인쇄하는 부분 인쇄 방식이 드물지 않았다. 남은 원고의 집필 작업에 전념한 헤겔이 원고의 후반부를 출판사에 보낸 시기는 같은 해 10월 초순이었는데, 그나마 원고의 맨 마지막 부분은 10월 20일에야 보낼 수 있었다. 그러나 이 저서에서 가장 늦게 집필된 「서문」은 1807년 1월에야 비로소 출판사에 전달되었다. 『정신현상학』 초판은 750부가 인쇄되었고, 공식 출간일은 1807년 4월로 등록되었다.

헤겔이 『정신현상학』을 집필하고 출판한 시기는 혁명과 전쟁 그리고 그로 인한 극심한 혼란과 참상의 한복판에 서 있는 역사적 변혁기였다. 프랑스 혁명 이후 나폴레옹이 황제로 등극하고 신성로마제국이 붕괴되면서 유럽 전역, 그중에서도 특히 독일 지역의 정치 지형이 급격하게 재편되었다. 1806년에는 프랑스를 중심으로 한 라인동맹과 이에 대항하여 프로이센, 러시아, 영국 등이 결성한 대프랑스동맹 사이의 전쟁이 발발해서 급기야 헤겔이 살던 예나가 가장 치열한 격전지가 되었다. 1806년 10월 14일에

---

5) 1806년 8월 6일 니트함머(I. Niethammer)에게 보내는 헤겔의 편지. J. Hoffmeister (Hg.), *Briefe von und an Hegel*, Bd. 1, p. 113 참조.

벌어진 예나 전투에서 프로이센군은 궤멸했고 10월 17일에는 프랑스 혁명군이 프로이센의 수도 베를린을 점령했다. 프랑스의 승리를 공식 선언한 1807년 7월 틸지트조약을 맺기까지 독일은 연이은 패배로 붕괴되었다. 헤겔이 강의하던 예나 대학교도 폐교는 겨우 면했지만 복구가 불가능할 정도로 폐허가 되었다. 헤겔이 예나를 떠나 밤베르크로 이주한 가장 큰 이유도 여기에 있다. 헤겔은 『정신현상학』의 마지막 부분 원고를 예나 전투의 혼란 속에서 분실할 것을 염려하여 품속에 보관하고 있다가 뒤늦게야 출판사에 보낼 수 있었다.

『정신현상학』의 탄생을 둘러싼 환경의 열악함은 이런 정치적 혼란에만 있는 것이 아니었다. 이 시기에 헤겔은 개인적으로도 매우 곤란한 상황에 처해 있었다. 셸링과 괴테의 도움으로 예나 대학교에서 강의를 하고는 있지만 사강사의 지위와 수입은 매우 불안정하고 박했다. 헤겔은 예나 대학교나 하이델베르크 대학교 등에서 정규 교수직을 얻으려고 많은 애를 썼지만, 이 목표를 실현하려면 무엇보다도 단독 저서 같은 형태의 현저하고 탁월한 학문적 성과가 필요했다. 그러나 그가 오랫동안 계획하고 공언하던 학문 체계에 관한 저서의 출간은 예나 시기 내내 계속 미루어지고 있었다. 실제로 그의 하이델베르크 대학교 정규 교수 취임은 『정신현상학』이 출간된 지 9년이 흐른 1816년에야 비로소 이루어졌다. 더욱이 이때의 재정 상황도 매우 좋지 않았다. 1799년 아버지의 사망으로 물려받은 재산은 이미 소진되었고, 헤겔 자신의 수입은 변변치 못했다. 게다가 1807년에 하숙집 여주인과의 사이에서 혼외자가 출생하여 이들의 생활비와 양육비도 감당해야 했다. 헤겔은 『정신현상학』의 인세를 받아 이런 힘겨운 재정 상황을 타개하고자 했으나 원고의 완성은 예정보다 훨씬 지체되었고, 이를 빌미로 출판업자는 처음 약속과는 달리 인세의 중간 정산을 완강히 거부했다. 헤겔은 『정신현상학』의 출판 과정 내내 인세 이외에도 여러 가지 문제로 출판업자와 갈등과 불화를 겪었는데, 친구인 니트함머의 개입으로 겨우 중간 정산이 해결되고 최종 인쇄가 마무리될 수 있었다. 『정신현상학』은 이렇게 지극히 불안하고 곤궁한 상황 속에서 탄생했으며, 오랜 준비 기간이 있었더라도 이 저서의 집필은 매우 다급하게 이루어질 수밖에 없었다. 『정신현상학』의 구조와 문장이 혼란스럽고 편집 상태가 매끄럽지 못한 이유의 일부를 이런 발생 배경에서 찾을 수 있다. 그러나 이렇게 열악한 환경 속에서 태어난 각고의 산물은 고전 명저로 영원히 남게 된다.

1807년에 『정신현상학』 초판이 출간된 직후부터 이미 헤겔은 개정된 제2판을 계획했다. 초판의 형식과 내용과 구문 모두에서 개선이 필요하다고 생각했을 것이다. 그러나 이 계획의 실행은 무려 24년이 지나서야 겨우 시작할 수 있었다. 1829년에 초판이 절판되고 나서 헤겔은 제2판의 필요성을 다시 절감했고, 1831년 가을부터 본격적인 수정 작업에 착수했다. 수정은 결국 「서문」의 앞부분까지만 진행될 수 있었는데(30쪽 주 62), 이는 헤겔이 사망하기 전에 수행한 마지막 저작 활동이었다. 1831년 10월에 그는 베를린에 소재한 둔커 운트 훔블로트(Duncker & Humblot) 출판사에서 『정신현상학』의 개정 제2판을 출판하기로 결정하고서 출판 계약서에 서명했다. 그러나 1831년 11월 14일 헤겔의 갑작스러운 사망으로 더 이상 개정 작업이 진행될 수 없었고 제2판의 출간도 끝내 이루어지지 못했다.

3. 저서의 제목과 목차 그리고 서문

그런데 『정신현상학』의 구조적 복잡성이 이런 외적 환경에서만 기인하는 것은 아니다. 오히려 집필 과정 중에 일어난 저서의 전체적인 역할과 위상의 재설정 그리고 이에 따른 내용의 변화라는 내적 요소가 더 큰 원인으로 작용했다. 그것은 출판의 마지막 단계에서 저서의 제목과 차례가 변경되고 서문이 뒤늦게 첨가되는 결과를 가져왔는데, 바로 이런 단면이 『정신현상학』을 집필하면서 헤겔의 구상이 어떻게 변했는지를 추적할 수 있는 뚜렷한 실마리가 된다. 먼저 차례의 변화부터 살펴보자. 다음 표에서 (1)은 『정신현상학』의 본래 차례이고, (2)는 이 저서가 출간되기 직전에 수정된 차례이며, (3)은 1830년 제3판 『철학 백과전서』(이른바 『베를린 엔치클로페디』)의 제3부 「정신 철학」의 차례이다.[6] 각각의 세부 차례는 생략했다.

우선 (1)과 (2)를 비교해보면, (1)에서는 '감각적 확신'에서 출발하여 '절대지'에 이르는 운동 과정이 I장부터 VIII장까지 연속적으로 이어진 반면에, (2)의 수정된 차례에서는 더 상위의 장인 'A. 의식', 'B. 자기의식', 'C'가 삽입되어 'A. 의식' 아래에 'I. 감각적 확신'과 'II. 지각'과 'III. 오성'이, 'B. 자기의식' 아래에 'IV. 자기의식'이, C' 아래에 'V.(AA.) 이성'과 'VI.(BB.) 정신'과 'VII.(CC.) 종교'와 'VIII.(DD.) 절대지'가 묶여 있다. 수정된 차례의 상위 장 제목인 'A. 의식', 'B. 자기의식', 'C', 'AA. 이성', 'BB. 정

---

6) G. W. F. Hegel, *Enzyklopädie der philosophischen Wissenschaften im Grundrisse* (1830), Gesammelte Werke Bd. 20, Hg. von W. Bonsiepen/H.-Ch. Lucas, Düsseldorf, 1992.

(1) 본래 차례	(2) 수정된 차례	(3) 『철학 백과전서』의 「정신 철학」 차례
서문	서문: 학문적 인식에 관하여	I. 주관 정신
서론	서론	A. 인간학. 영혼
I. 감각적 확신; 또는 '이것'과 사념	(A) 의식	a. 자연적 영혼
	I. 감각적 확신, '이것'과 사념	b. 느끼는 영혼
II. 지각; 또는 사물과 착각	II. 지각, 또는 사물과 착각	c. 현실적 영혼
III. 힘과 오성, 현상과 초감각적 세계	III. 힘과 오성, 현상과 초감각적 세계	B. 정신현상학. 의식
IV. 자기 확신의 진리	(B) 자기의식	a. 의식 그 자체
A. 자기의식의 자립성과 비자립성; 지배와 예속	IV. 자기 확신의 진리	α) 감각적 의식
B. 자기의식의 자유; 스토아주의, 회의주의, 불행한 의식	A. 자기의식의 자립성과 비자립성; 지배와 예속	β) 지각
	B. 자기의식의 자유	γ) 오성
V. 이성의 확신과 진리	(C) (AA) 이성	b. 자기의식
A. 관찰하는 이성	V. 이성의 확신과 진리	α) 욕망
B. 자기 자신에 의한 이성적 자기의식의 실현	A. 관찰하는 이성	β) 승인하는 자기의식
C. 스스로에게 그 자체 즉자 대자적으로 실재하는 개체성	B. 자기 자신에 의한 이성적 자기의식의 실현	γ) 보편적 자기의식
	C. 스스로에게 그 자체 즉자 대자적으로 실재하는 개체성	c. 이성
VI. 정신	(C) (BB) 정신	C. 정신학. 정신
A. 참된 정신, 인륜성	VI. 정신	a. 이론적 정신
B. 자신으로부터 소외된 정신; 도야	A. **참된 정신. 인륜성**	b. 실천적 정신
C. 자기 자신을 확신하는 정신. 도덕성	B. **자신으로부터 소외된 정신. 도야**	c. 자유로운 정신
	C. **자기 자신을 확신하는 정신. 도덕성**	II. 객관 정신
VII. 종교	(C) (CC) 종교	A. 법
A. 자연 종교	VII. 종교	
B. 예술 종교	A. **자연** 종교	B. 도덕성
C. 계시 종교	B. **예술** 종교	
	C. **계시** 종교	C. 인륜성
VIII. 절대지	(C) (DD) 절대지	AA. 가족
	VIII. 절대지	BB. 시민 사회
		CC. 국가
		III. 절대 정신
		A. 예술
		B. 계시 종교
		C. 철학

신', 'CC. 종교', 'DD. 절대지'는 (수정된 차례에 첨가된 가장 하위의 세부 장 제목과 더불어) 전체 차례에만 표기되어 있고 본문에는 누락되었다. 본문이 이미 인쇄된 이후에 차례가 수정되었기 때문에 본문에 미처 반영되지 못한 탓일 것이다. 모두 여덟 개의 장을 'A. 의식'과 'B. 자기의식'과 'C'라는 더 상위의 세 장 아래로 재편한 것은 이 저서가 더 이상 의식의 연속적인 일련의 발전 과정을 서술하기보다는 "의식에게 **현상하는** 정신"(778쪽)의 형태들을 서술하는 학문 체계로 보았다는 방증이다. 즉, '의식의 경험의 학'이 '정신현상학'으로 바뀐 것이다.

이번에는 『정신현상학』의 차례 (1) 및 (2)를 『철학 백과전서』 내에 편입되어 있는 「정신현상학」의 차례 (3)과 비교해보자. 가장 먼저 눈에 띄는 점은 『철학 백과전서』의 「정신현상학」이 『정신현상학』의 전반부인 '의식' 장과 '자기의식' 장과 '이성' 장의 일부만을 포함하고 있다는 사실이다. 반면에 『정신현상학』은 『철학 백과전서』의 「정신현상학」을 훨씬 뛰어넘어 주관 정신 내에서는 인간학과 정신학 그리고 더 나아가 법·도덕성·인륜성·역사로 현실화되는 객관 정신과 예술·종교·철학으로 드러나는 절대 정신까지 포함하면서 정신 철학 전반을 포괄하고 있다. 아마도 『철학 백과전서』 내의 「정신현상학」에서 제한적으로 다룬 내용이 헤겔이 처음 구상한 학문 체계의 제1부에 더 잘 부합했을 것이다. 그러나 막상 집필 작업을 진행하면서 애초의 구상을 훨씬 넘어서서 헤겔 스스로도 예상하지 못할 만큼 논의가 대폭 확장되었다. (이 저서의 후반부를 집필하는 작업의 마무리가 계속 지체된 연유도 바로 여기에 있다.) 우선 「정신현상학」과 비교할 때 『정신현상학』에서는 '이성' 장이 양적으로 크게 확장되어 '정신학'까지 포괄한다. 그러나 내용상으로는 이때의 이성이 인륜성의 주체가 될 '보편적 자기의식'을 토대로 삼아 형성된 것이 아니라 단지 '불행한 의식'을 극복한 불완전한 의식 형태, 그래서 인륜성을 이룩하기 위해서는 이제 비로소 '정신'으로 나아가면서 지양되어야 할 단계로 등장한다. 이와 더불어 「서론」에서 예고했던 "개념이 대상과 일치하고 또 대상이 개념과 일치하는 곳"(81쪽)도 애초의 'V. 이성' 장에서 'VI. 정신'의 마지막 단계인 '도덕성' 장으로 그리고 급기야는 『정신현상학』 전체의 최종 단계인 'VIII. 절대지' 장으로 계속 미루어진다. 사변적 정신의 한 형태로서의 「정신현상학」의 '이성'과는 달리 '의심과 절망의 길' 위에서 비판적으로 검토되는 의식 형태로서의 『정신현상학』의 '이성'만으로는 순수 사유의 입장에 도달하여 사변 철학으로 인도하는 입문학이라는 이 저서의 본래 목적이 달성되지 못했기 때문이다. 사변 철학의 지평에 올라서기 위해서는 "정신 형태 속에서 자신을 인지하는 정신 또는 **개념적으로 파악하는 지**"(778쪽)인 '절대지'의 단계로까지 의식이 나아가야만 했던 것이다. 그래서 결국 『정신현상학』은 '의식의 학'을 넘어선 '정신의 학'이 될 수밖에 없었다.

이러한 이유에서 저서의 제목도 차례와 내용의 변화에 맞추어 변경하는 것이 불가피해졌다. 『정신현상학』의 최초 구상에 따른 본래 제목은 '학문의 체계 제1부. 의식의 경험의 학'이었으며, 실제로 출판된 여러 권의 인쇄본에서도 차례 앞 속표지가 여전히 '제1부. 의식의 경험의 학'이라는 제목을 유지하고 있었다. 그러나 헤겔은 인쇄가 진행되고 있는 와중에 마침내 저서의 제목을 '정신현상학'으로 변경하기로 확정했다. 그래서 표제도 '학문의 체계 제1부. 정신현상학'으로 바뀌었다. 그러나 이미 인쇄가 한창 진행 중이었고 몇 권은 이미 인쇄가 거의 끝난 상황이었기 때문에 이를 바로잡기 위해 'I. 정신현상학의 학문'이라는 중간 표지를 「서문」과 「서론」 사이에 첨가했다. 『정신현상학』 초판에서 그 겉표지는 모두 '정신현상학'으로 바뀌었지만, 책 내부에서는 이런 변화가 채 반영되지 못한 경우도 있었다.

그래서 그중에는 중간 표지조차 첨부되지 못하고서 '의식의 경험의 학'이라는 속표지만으로 출판된 인쇄본도 있고, 애초의 속표지와 뒤늦게 첨가된 중간 표지를 함께 가지고 있는 것도 있고, 속표지가 구제목과 신제목이 이중으로 겹친 것도 있으며, 아예 속표지부터 '의식의 경험의 학'이 제거되고 '정신현상학'으로 완전히 바뀐 인쇄본도 있다.

『정신현상학』에 「서문」이 뒤늦게 첨부된 것도 이런 변화와 밀접한 관련이 있다. 「서문」은 『정신현상학』에서 맨 앞에 나오는 부분이지만 실은 가장 마지막에 집필되어 출판사에 전달되었다. 『정신현상학』에는 이미 상당한 분량의 「서론」이 있는데, 여기에다 다시 훨씬 더 많은 분량의 「서문」을 그 앞에 덧붙인 까닭은 무엇일까? 더욱이 그렇게 첨가한 「서문」의 첫머리에서 헤겔이 스스로 철학서에서 통상적인 서문은 "불필요할 뿐만 아니라 사태의 본성상 심지어 부적절하고 목적에 어긋나는 듯이 보인다"(1쪽)고 말하면서 '서문'의 필요성 자체에 대해 비판적으로 언급하고 있지 않은가? 물론 헤겔의 다른 공식 저서들인 『논리학』, 『철학 백과전서』, 『법철학』 등도 다 「서론」과 함께 「서문」이 있고, 이 서문들은 모두 (그중에서도 『정신현상학』의 「서문」은 특히) 헤겔 철학의 핵심과 이해의 단초를 풍부하게 담고 있다. 그러나 『정신현상학』의 서문은 형식상의 중복일 뿐만이 아니라 그 존재 자체가 역설적으로 보이기까지 한다.

하지만 「서론」은 집필 순서상 가장 먼저 쓴 부분이고, 「서론」을 집필할 당시의 헤겔은 이 저서를 확고하게 **의식의 경험의 학문**(88쪽)으로 구상하고 있었다. 그러나 집필을 진행하는 중에 이 저서의 내용과 제목을 '정신현상학'으로 변경하면서 말하자면 이런 전체적인 성격 변화에 부합하는 제2의 서론이 필요하게 되었다. 그러나 기존의 「서론」이 이미 인쇄된 터라 이를 다시 수정하는 일은 편집 기술상 불가능했다. 그래서 헤겔은 관례적으로도 일반화된 「서문」을 저서의 맨 앞에 덧붙이되, 실제로는 서론의 역할을 할 풍부한 내용을 이 안에 담았던 것이다. 헤겔은 「서문」에서 한편으로는 여전히 『정신현상학』을 "의식이 겪는 **경험**의 학문"(34쪽)이라고 확인하면서도, 다른 한편으로는 곧바로 이 저서가 서술하는 것은 "정신의 경험의 체계"(36쪽)라고 재규정한다. 「서문」에는 「서론」과 마찬가지로 '의식'이라는 단어가 여전히 많이 등장하지만, 이와 더불어 「서론」에서는 드물게 언급되었던 '정신'이라는 단어가 훨씬 높은 빈도로 출현하면서 중심적인 역할을 한다. '정신현상학'이라는 제목도 「서론」에는 전혀 언급되지 않는 데에 반해, 「서문」에서는 드디어 명확히 제시된다(26쪽, 35쪽). 마지막 단계에서 수정된 차례를 제외하면 '정신현상학'이라는 용어가 본문에 등장하는 것은 『정신현상학』 중에서 「서론」과 인접한 시기에 집필되었을 맨 마지막 장인 'Ⅷ. 절대지'의 거의 끝부분(787쪽)이 최초이다. 「서론」이 '의식의 경험의 학'의 서론이라면, 「서문」은 '정신현상학'의 서론이라고 할 수 있다. 바로 이런 「서문」과 「서론」 사이의 미묘한 차이가 『정신현상학』의 이중적 목적과 중첩적 논변 층위를 상징적으로 웅변한다.

『정신현상학』이 사변 철학, 그중에서도 특히 논리학으로 들어서기 위한 입문학의 역할을 한다는 체계상의 목표는 마지막까지 고수된다. 그러나 『정신현상학』이 '학문의 체계 제1부'라는 체계적 위상은 결국 포기될 수밖에 없었다. 『정신현상학』이 그 내용과 구조에서 더 이상 학문 체계의 일부분에 머물지 않고 이후에 『철학 백과전서』로 등장하는 사변 철학에 대해서 상대적 독자성을 지닌 하나의 전체적인 학문 체계가 되었기 때문이다. 『정신현상학』이 '학문 체계의 제1부'라는 설정은 『정신현상학』 자체에서는 물론이고(표지 외에도 26쪽, 40쪽 참조), 이 저서 이후의 그다음 공식적인 출간물인 1812~13년 『논리학』에서도 다시 반복되고,[7] 심지어는 후기 저작에 속하는 1830년 『철학 백과전서』에서도 그대로 유지된다.[8] 그러나 1832년 제 2판 『논리학』에서는 '학문의 체계 제1부'라는 "이런 제목이 다음 부활절에 출간될 제2판(결국 출간되지 못한 『정신현상학』 개정 제2판)에서는 더 이상 덧붙여지지 않을 것"이라고 선언한다.[9] 이에 상응하여 『정신현상학』의 제2판을 위한 수정 수기에서도 "학문 체계의 제1부인 정신현상학"이라는 구절을 '학문 체계의 제1부'가 생략된 "정신현상학"으로 바꾼다.(26쪽 주 39) 결국 헤겔이 애초에 구상한 제목인 '학문의 체계 제1부. 의식의 경험의 학'에서 먼저 '의식의 경험의 학'이 그리고 나중에는 '학문의 체계 제1부'가 모두 탈락한 것이다. 그러고는 사변 철학의 입문학이라는 체계적 역할을 여전히 수행하지만 본격적인 학문 체계와는 독립적으로 고유한 총체성을 지닌 학문 체계로서의 『정신현상학』이 후대에 전하게 된다.

4. 감사의 말

이 번역서의 번역 작업에 처음 착수한 후 출간되기까지는 헤겔이 이 저서를 구상하고서 집필하여 출판하기까지의 기간 못지않은 오랜 시간이 소요되었다. 본문의 번역 자체만큼이나 번역 원고를 여러 차례 반복적으로 검토하고 타 번역본과 대조하면서 수정과 교정 작업을 거치는 일이 많은

---

7) G. W. F. Hegel, *Wissenschaft der Logik*, Erster Band: Die objektive Logik (1812/1813), Gesammelte Werke Bd. 11, Hg. von Fr. Hogemann/W. Jaeschke, Düsseldorf, 1978, p. 8.

8) G. W. F. Hegel, *Enzyklopädie der philosophischen Wissenschaften im Grundrisse* (1830), § 25 A., p. 68.

9) G. W. F. Hegel, *Wissenschaft der Logik*, Erster Band: Die Lehre vom Sein (1832), Gesammelte Werke Bd. 21, Hg. von Fr. Hogemann/W. Jaeschke, Düsseldorf, 1985, p. 9. 주.

품과 시간을 요구했다. 그동안 많은 분이 고맙게도 이 번역서의 완성에 힘을 보태주었다. 이분들의 도움이 없었다면, 현재의 모습을 가진 번역서의 출간이 불가능했거나 훨씬 더 오랜 세월이 걸렸을 것이다.

누구보다도 그 긴 시간 동안 '정신현상학 스터디'를 함께하면서 꾸준히 번역 원고를 검토하고 성심껏 조언을 주었던 학형과 학우들께 감사를 드린다. 이분들 덕분에 개인 혼자서는 결코 확보할 수 없는 좀 더 넓고 객관적인 시각을 가지고서 번역을 바로 잡을 수 있었다. 일일이 거명하지는 못하지만, 그렇다고 고마운 마음이 모자란 것은 아니다. 월례발표회를 통해서 번역어의 적절성과 번역문의 타당성을 점검할 수 있는 기회를 마련해주고 학문적 비판과 대안을 제시해준 한국헤겔학회의 여러 동료 학자들께도 감사의 마음을 전한다. 그리고 본 번역서는 한국연구재단에서 진행한 명저번역지원사업의 지원을 받아 수행한 연구의 결과물이다. 한국연구재단의 관계자와 익명의 여러 심사위원들께 감사를 드린다. 성실하고 성의를 다해 교정과 편집을 해주시고 출판을 진행해주신 아카넷과 관계자 여러분께도 깊이 감사드린다. 이렇게 많은 분들의 도움 덕분에 이 번역서가 현재의 완성도와 수준으로 빛을 볼 수 있었다. 그러나 여전히 수정과 정정이 필요한 부분들이 역자가 미처 발견하지 못한 채로 많이 남아 있을 것이다. 이는 전적으로 역자의 책임이다.

「서문」의 맨 마지막 구절이자 『정신현상학』을 집필하면서 가장 나중에 쓴 문구에서 헤겔은 독자에게 다음과 같은 당부를 남기는데, 저 역시 독자들께 똑같은 부탁의 말씀을 드린다. "정신의 보편성이 자신의 범위 전체와 충분히 계발된 풍요로움을 견지하고 또 이를 요구하는 시대에는 정신의 작업 전체에서 개인의 활동이 담당하는 몫이 그저 미미할 수밖에 없다. 그렇기 때문에 이미 학문의 본성이 이런 결과를 수반하듯이 개인은 더욱더 자신을 망각해야 하며, 설사 그가 할 수 있는 것을 하고 또 그렇게 된다 하더라도 개인 스스로가 자기 자신에게서 너무 많은 것을 기대해서는 안 되고 또 자신을 위해 요구해서도 안 되듯이 또한 개인에게도 너무 많은 것을 요구해서는 안 된다."(69쪽) 독자들께서 이 번역서에 남아 있는 오류와 미흡한 점에 대한 날카로운 지적과 가차 없는 질책을 역자에게 전달해주신다면, 이런 보편적 정신의 힘으로 훨씬 더 개선된 『정신현상학』 수정판이 언젠가 나올 것이라고 행여 기대한다.

주요 번역어 목록

가상: Schein
가인(歌人): Sänger
간계, 교지(巧智): List
감각: Sinn (의미), Empfinden
감각적, 감성적: sinnlich
감성: Sinnlichkeit
감수성: Sensibilität
감정, 느낌: Gefühl, Empfindung (지각)
감화: Erbauung
강생: Menschwerdung
개념: Begriff
개념적 파악: Begreifen
개별성: Einzelnheit
개인, 개체: Individuum
개체성, 개체: Individualität
거리낌 없는, 얽매이지 않은: unbefangen
검증: Prüfung
격분: Empörung
격정: Leidenschaft
경악: Schrecken
경험: Erfahrung
계몽, 계몽주의: Aufklärung
계율, 율법, 명령: Gebot
고결한: edelmütig
고귀한: edel
고유성: Eigenheit

공개적인, 드러난, 현시된, 계시된: offenbar
공경, 경애, 정성, 효성: Pietät
공동체: Gemeinwesen
공포: Furcht
과실, 책임: Schuld
관계: Verhältnis
관념론: Idealismus
관련: Beziehung
관망: Zusehen
관습: Sitte
관심, 이해 관심, 관심사, 흥미: Interesse
광기: Wahnsinn
구별, 구분, 차이: Unterschied
군집, 집결: Versammlung
권력, 폭력: Gewalt
권역: Weltteil
귀환: Rückkehr
규정, 소명: Bestimmung
규정된, 특정한: bestimmt
규정성, 규정태: Bestimmtheit
규정태: Bestimmtsein
긍정성, 실정성: Positivität
기관: Organ
기도, 예배: Andacht
기만: Betrug
기준: Kriterium

기호, 신호: Zeichen
나쁜, 조악한: schlecht
내던져짐, 버림받음, 배척당함, 타락: Verworfenheit
내면: das Innere
노예: Knecht
다가와 가해지다: hinzutreten
다수성: Vielheit
다양성, 잡다성: Mannigfaltigkeit
단순성: Einfachheit
단일자, 하나, 일: Eins
단일자임, 하나임: Einssein
당파, 편들기: Partei
대립: Gegensatz, Entgegensetzung
대립상, 복사본: Gegenbild
대자적, 자신을 위해, 홀로, 스스로: für sich
대중, 집합, 분량: Menge
대타 존재: Sein für anderes
대타적, 타자를 위해: für anderes
덕: Tugend
도덕성: Moralität
도야, 교양, 교육, 형성: Bildung
도취: Taumel
동경, 갈망: Sehnsucht
동일성: Identität, Gleichheit (동등성, 평등)
되돌아옴: Zurückkommen
두려움: Angst
마음, 심성, 심장: Herz
만신전: Pantheon
만족: Befriedigung
매개: Vermittlung
매체: Medium
머물며 천착하다: verweilen
명예, 영예: Ehre
모순: Widerspruch

몰아의 황홀: Ekstase
무사유, 무사유성: Gedankenlosigkeit
민족 국가: Nation
민족, 민중: Volk
밀쳐냄: Abstoßen
반대, 반대편, 반대항: Gegenteil
반성, 반사: Reflexion
범죄: Verbrechen
범주: Kategorie
법, 권리: Recht
법칙 수립, 입법: Gesetzgeben
법칙, 법률: Gesetz
변증법: Dialektik
복귀, 되돌아감: Zurückgehen
본질, 본체, 존재: Wesen
봉사: Dienst
부등성, 비동일성, 불평등, 불균등: Ungleichheit
부딪힘: Anstoß
부정성: Negativität
부족: Völkerschaft
분열, 양분: Entzweiung
불안정, 쉼 없음: Unruhe
비진리, 비진리성: Unwahrheit
사고, 사상: Gedanke
사념: Meinung, Meinen
사라짐, 소멸: Verschwinden
사리를 따지는 요설: Räsonieren
사물: Ding
사변: Spekulation
사별한, 유리된: abgeschieden
사유: Denken
사유물: Gedankending
사태: Sache
상이성: Verschiedenheit

814

생명, 삶: Leben
서술, 전시: Darstellung
선: das Gute
선험적: transzendental
설명: Erklärung
성격, 품성, 개성, 특징, 배역: Charakter
성질, 특성: Beschaffenheit
성향: Neigung
세계 운행: Weltlauf
세태: Weltzustand
소여된 것: das Vorgefundene
소외: Entfremdung
소유, 소유물, 소유권: Eigentum
소재: Material
소질: Anlage
수행, 수행 과정, 상술: Ausführung
숭배 예식: Kultus
습관: Gewohnheit
승인, 인정: Anerkennung
시원, 시초, 단초, 시작: Anfang
신비: Mysterium
신앙 공동체, 구역 공동체: Gemeinde, Gemeine
신앙, 믿음: Glaube
신체: Leib
실체, 기체: Substanz
심성: Gemüt
심정: Gesinnung
아무런들 상관없는: gleichgültig
아프리오리: a priori, apriorisch
악: das Böse
압형(押型): Abdruck
언사: Reden
언설: Rede
언어, 말: Sprache
여건: Lage

연관: Zusammenhang
열광, 영감: Begeisterung
열정: Pathos
영혼: Seele
예속: Knechtschaft
오성: Verstand
외면: das Außere
외화, 양도, 포기: Entäußerung
외화, 표출: Äußerung
요구: Forderung
요인: Faktor
요처: Stätte
요청: Postulat
욕망: Begierde
용모, 생김새: Züge
용서: Verzeihung
우리에 대해, 우리를 위해: für uns
우유적 속성: Akzidens
운명: Schicksal
위력: Macht
유: Gattung
유기체: das Organische, Organismus
유도(誘導): Sollizitation
유희, 유동(遊動), 놀이: Spiel
의도: Absicht
의식에 대해, 의식을 위해: für Bewußtsein,
  für es
의심: Zweifel
의지: Wille
의향: Vorsatz
이념: Idee
이성: Vernunft
이행: Übergehen
인격성: Persönlichkeit
인격자, 극중인물: Person

인륜성: Sittlichkeit
일자: das Eine, der Eine
자극 반응성: Irritabilität
자기 내 반성, 자신 안으로의 반성:
  Reflexion in sich
자기 내 존재: Insichsein
자기(自己): das Selbst
자만: Eigendünkel
자연, 본성: Natur
작업, 작업 성과, 작품: Werk
재료, 소재: Stoff
저열한: niederträchtig
전개, 발전, 발달: Entwicklung
전도(顚倒): Verkehrung
전위, 왜곡: Verstellung
절대적인 것, 절대자: das Absolute
절망: Verzweiflung
점유, 점유물: Besitz
정부: Regierung
정신: Geist
정지, 안정, 평온: Ruhe
정직한, 솔직한: ehrlich
제압: Bezwingen
조형 행위: Formierung, Formieren
조형, 형성: Formation
종: Art
죄악: Sünde
주인: Herr
주체, 주어: Subjekt
중심, 매개 중심, 매개항: Mitte
즉자적, 그 자체, 자신에게서: an sich
지(知), 앎: Wissen
지각: Wahrnehmung, Empfindung
지배: Herrschaft
지복: Glückseligkeit

지양: Aufhebung
지양태, 지양되어 있음, 지양된 존재:
  Aufgehobensein
직관: Anschauung
진리, 진실, 진리성: Wahrheit
질료: Materie
집단, 군중: Masse
징표: Merkmal
착각: Täuschung
착란: Verrücktheit
참, 참된 것, 진리: das Wahre
처벌, 형벌: Strafe
척도: Maßstab
첨가 행위: Zutat
추론: Schluß
충동: Trieb
쾌락: Lust
타자 존재, 달리 있음: Anderssein
타자화: Anderswerden
탈자 존재: Außersichsein
태도, 태도를 취하며 관계하기, 취급, 반응:
  Verhalten
토지, 지구, 흙: Erde
통속적인, 통상적인, 평범한: gemein
통일, 통일성, 단일성: Einheit
통찰: Einsicht
특성: Eigenschaft
파괴, 무화: Vernichtung
파벌: Faktion
판단, 판결: Urteil
평정심: ataraxia
평행: Parallele
폐기, 근절, 절멸, 말살, 소멸: Tilgung
폭력 행위: Gewalttätigkeit
표상, 상연, 재현: Vorstellung

표출, 외화: Äußerung
풍습, 인륜: Sitten
해소, 해체: Auflösung
해악: Übel
행동: Tun
행복, 행운: Glück
행실: Tat
행위: Handlung
향유: Genuß
헛됨: Nichtigkeit
현상: Erscheinung
현재, 현전, 임재: Gegenwart

현존재: Dasein
형태: Gestalt
화해: Versöhnung
확신: Gewißheit
확언, 단언: Versicherung
활동: Tätigkeit
활동 작용: Aktion
활동적, 능동적: aktiv
회합: Zusammenkunft
훈육: Zucht
힘: Kraft

찾아보기

---

1) 각주에 나오는 색인어는 소괄호로 묶었다.

호메로스(Homeros) (716)

개념어

ㄱ

가면(Mask) 183, 308, 641, 707, 718
가상(Schein) 17, 48, 62, 77, 89, 138, 257,
  350, 357, 383, 385, 388, 425, 460, 466,
  571, 584, 641, 718
가인(Sänger) 702, 706
가족/가정(Familie) 418, 431~435,
  437~444, 446, 457~458, 460~461,
  464, 472, 479, 514, 710, 713, 715~716,
  719
간계/교지(List) 52, 75
감성(Sinnlichkeit) 142, 233, 588~590,
  594, 604~605, 609~611, 616, 624, 639
감정/느낌(Gefühl) 6~8, 46, 66~67, 189,
  210, 212~213, 216~217, 324, 354,
  408~409, 432, 439~440, 506~507,
  522, 760
감화(Erbauung) 7~8, 16, 63, 375
강생(Menschwerdung) 668, 722, 731, 758
개념(Begriff) 5~8, 10~11, 21, 23, 26,
  30, 32~35, 40~43, 46, 48, 50, 53~59,
  61~63, 65, 67~68, 78~79, 81, 84~85,
  87~88, 96, 128, 131, 136~137,
  139, 145~146, 148~150, 152~153,
  157~158, 162, 167~168, 170, 177,
  193, 196, 198, 210~211, 215, 219~220,
  230, 233, 237, 240, 243, 246~247,
  249, 251~252, 255, 257~258, 270,
  273~277, 282~283, 291~293, 318,
  320~321, 337, 353, 391, 423, 427,
  474, 503, 515~516, 519, 528, 530,
  548, 550~551, 558, 562~563, 565,
  569~570, 596, 651, 665, 668, 679,
  705~708, 716, 728~730, 732~733,
  735~736, 738, 741~743, 747, 759,
  775~780, 782, 785~787, 789
개념적 파악(Begreifen) 11, 41, 56, 232,
  473, 530, 769, 778~779, 781, 790
개별 의지(einzelner Wille) 220, 581
검은 돌(der schwarze Stein) 675, 681
검증(Prüfung) 68, 75, 79~80, 82~86,
  411, 416, 419~420, 443, 617
경험(Erfahrung) 34, 36, 61, 68, 78, 86~
  88, 103~104, 114, 152, 163, 167, 175,
  185, 188, 199, 201, 205, 237, 240, 246,
  249, 346, 348, 354, 361~362, 392~
  393, 401~402, 429, 542~543, 584~
  585, 781, 789
경험론/경험주의(Empirismus) 235, 781
고통(Schmerz) 16, 204, 210, 221, 357,
  455, 522, 655~656, 680, 684, 717, 725,
  759~760
골고다 언덕(Schädelstätte) 790
공간(Raum) 41~43, 45, 93, 101, 147,
  149, 158, 171, 388~389, 788
공동체(Gemeinwesen) 430~432, 434,
  436~438, 442, 445, 457~463, 479,
  690, 720
공포(Furcht) 31, 75~76, 82, 188~191,
  195, 453, 578, 708, 717, 722
관념론(Idealismus) 52, 99, 226~227, 229,
  231, 234~237, 395, 524
관망(Zusehen) 85
관습(Sitte) 340~342, 344~345, 349, 431,
  443, 469, 677~678, 700

지은이

:: 게오르크 빌헬름 프리드리히 헤겔 Georg Wilhelm Friedrich Hegel, 1770~1831

헤겔은 자유와 이성을 원리로 삼아 독일 관념론, 더 나아가 근대 철학을 완성한 동시에 그 한계를 반성한 철학자이다. 그는 1770년 8월 27일 독일 서남부에 위치한 슈투트가르트에서 출생하여 1831년 11월 14일 61세의 나이로 베를린에서 사망한다. 18세에 튀빙겐 대학교에 입학하여 신학부를 졸업한 후 스위스 베른과 독일 프랑크푸르트에서 가정교사 생활을 한다. 헤겔은 대학 재학 중 이웃 나라 프랑스에서 발발한 프랑스 혁명의 이념과 나폴레옹에 의한 그 제도적 확산을 평생 열렬히 지지한다. 이 시기의 주요 저작으로는 「예수의 생애」, 「그리스도교의 실정성」, 「종교와 사랑」, 「그리스도교의 정신과 그 운명」 등이 있다. 31세에 예나 대학교에서 교수자격시험을 통과한 후 처음에는 사강사로서, 나중에는 비정규 교수로서 7년간 강의를 담당한다. 이 기간에 「피히테와 셸링의 철학 체계의 차이」, 「신앙과 지식」, 「자연법」 논문 등을 발표하고, 나중에 유고로 출간될 『인륜성의 체계』와 일련의 『체계 초고』 등의 원고를 남긴다. 청년 헤겔은 자신의 시대를 분열의 시대, 죽은 법과 사물이 지배하는 시대로 진단하고 이에 대한 해결책을 그리스도교적 사랑과 고대 그리스적 인륜성에서 찾는다. 예나 후기에 집필되어 1807년에 출간된 『정신현상학』은 헤겔의 청년기를 매듭지으면서 원숙기로 넘어가는 전환점이 되는 작품이다. 프랑스와 치른 전쟁의 여파로 밤베르크로 이주하여 잠시 『밤베르크 신문』의 편집장을 맡았다가 다시 뉘른베르크로 이주하여 김나지움 교장으로 8년간 재직한다. 이 시기 동안 자신의 학문 방법론이자 사유와 존재의 운동 원리인 사변적 변증법을 체계화하여 「존재론」, 「본질론」, 「개념론」의 총 3권으로 구성한 『논리학』을 완성하여 출간한다. 46세에 하이델베르크 정교수로 취임하여 2년간 재직하면서 「논리학」, 「자연철학」, 「정신철학」으로 이루어진 『철학 백과전서』를 출간하면서 자신의 철학 체계를 집대성하고, 또 「뷔르템베르크 왕국 신분 의회의 심의」 등의 글을 발표한다. 48세에 피히테의 후임으로 베를린 대학교에 취임하여 철학 교수로 재직하면서 철학부 학장과 대학교 총장을 역임한다. 베를린 시기 동안 『법철학』을 비롯하여 『철학 백과전서』 제2판과 제3판을 출간하고 「영국의 개혁 법안에 대하여」 등의 글을 발표한다. 후기의 주저인 『법철학』에서 그는 그리스적 인륜성과 근대적 자유를 통합한 근대적 인륜성의 이념을 기반으로 하여 법과 도덕, 가족, 시민사회, 국가 등의 사회 제도를 원리적으로 구성하려고 기획한다. 그 밖에도 이후 유저로 출판될 『역사철학 강의』, 『미학 강의』, 『종교철학 강의』, 『철학사 강의』 등의 강의 원고를 집필한다.

옮긴이

:: 김준수

현재 부산대 철학과 교수로 재직하며 윤리학, 정치철학, 독일 관념론 등을 강의하고 있다. 중앙대학교에서 경제학사를 취득한 후 독일 프랑크푸르트 대학교에서 철학, 정치학, 사회학을 수학하고 헤겔 철학에 관한 연구로 철학과에서 석사 학위와 철학 박사 학위를 취득했다.

주요 연구 분야는 헤겔 철학을 비롯한 독일 관념론, 정치철학, 상호주관성 이론, 소유권 이론 등이다. 저서로는 『헤겔의 자유 개념(*Der Begriff der Freibiet bei Hegel*)』 (Peter Lang), 『헤겔』(한길사), 『승인이론』(용의 숲) 등이 있고, 역서로는 『자연법』(헤겔 저, 한길사), 『인륜성의 체계』(헤겔 저, 울력), 『정치사상의 거장들』(마이어/덴처 저, 시와진실) 등이 있다. 그 밖에 30여 편의 학술 논문을 발표했다.

:: 한국연구재단총서 학술명저번역 **638**

정신현상학 2

1판 1쇄 펴냄 | 2022년 9월 23일
1판 3쇄 펴냄 | 2024년 1월 19일

지은이 | 게오르크 빌헬름 프리드리히 헤겔
옮긴이 | 김준수
펴낸이 | 김정호

책임편집 | 박수용
디자인 | 이대응

펴낸곳 | 아카넷
출판등록 | 2000년 1월 24일(제406-2000-000012호.)
주소 | 10881 경기도 파주시 회동길 445-3
전화 | 031-955-9511(편집)·031-955-9514(주문)
팩시밀리 | 031-955-9519
www.acanet.co.kr

ⓒ 한국연구재단, 2022

Printed in Paju, Korea.

ISBN 978-89-5733-810-0 94160
ISBN 978-89-5733-214-6 (세트)

이 번역서는 2018년 대한민국 교육부와 한국연구재단의 지원을 받아 수행된 연구임
(NRF-2018S1A5A7028652)

This work was supported by the Ministry of Education of the Republic of Korea
and the National Research Foundation of Korea. (NRF-2018S1A5A7028652)